*Hans Walter   Griechische Götter*

*Hans Walter*

# GRIECHISCHE GÖTTER

*Ihr Gestaltwandel aus den Bewußtseinsstufen des Menschen dargestellt an den Bildwerken*

R. Piper & Co. Verlag München

ISBN 3-492-01910-2
Titelnummer 1910
© R. Piper & Co. Verlag, München 1971
Gesetzt aus der Janson-Antiqua
Gesamtherstellung
Graphische Werkstätten Kösel, Kempten
Printed in Germany

# Inhalt

Vorwort 7
Vorolympische Götter 10
Olympische Götter 20
Zeus 27
Poseidon 120
Hades 145
Hera 156
Aphrodite 168
Artemis 203
Athena 217
Hephaistos 251
Ares 262
Hermes 271
Apollon 304
Dionysos 347
Nachwort 386
Verzeichnis
der Abbildungen 388

# VORWORT

›Die Erforschung und Darstellung der Tatsachen und dessen, was als Tatsache erscheint, ist das eine, die Deutung das andere; dort wird Geschehenes entschleiert, hier wird eine Richtung gesucht; dort ein Wissen, hier eine Initiative; es ist gut, auf das entschiedenste zu trennen, was sich niemals vereinigen läßt. In einer Deutung kann es sich nicht um das Gewesene handeln, sondern allein um die Gegenwart des Künftigen: um eine Form des Lebens.‹

Reinhold Schneider

Dieses Buch ist eine Geschichte der griechischen Götter: wie sie von den Bildnern geschaut und gestaltet wurden; wie sie am Ende des zweiten Jahrtausends v. Chr. in einem nicht ergründbaren Sprung der Geschichte, welcher der Geburt des Geistes gleichkommt, von den Erd- und Muttergottheiten, den Göttern der Burgen, Landschaften und Stämme zu den griechisch-olympischen Göttern sich gewandelt haben. Aus dem Umbruch wurden im ersten Jahrtausend v. Chr. Seinsstufen, die die Götter, sich wandelnd, gegangen sind. Das Buch geht den Weg, den die Bildwerke ihm weisen: Bilder, die Göttermythen erzählen; Figuren, die den Inhalt des erzählenden Bildes verdichten und die geistige Gestalt des Gottes erfassen. Bildwerke sind eine selbständige Quelle und ein eigener Beitrag neben den Worten der Dichter. Diese Behauptung ist nicht selbstverständlich. Es gibt die Vorstellung von dem allmächtigen Wort, dem sich das Bildwerk anpaßt. Und es gibt die Meinung, das Wort mache die Bildwerke erst anschaulich oder Bild und Wort erklären einander, wenn sie nur das gleiche Thema haben – und seien sie auch Jahrhunderte voneinander entfernt entstanden. Versteht man griechische Bildwerke so, dann sind sie kein Weg zu den griechischen Göttern. Man muß sie als eine selbständige Quelle sehen, die sich je nach Zeit, Ort und Bildner verändert.
Ein griechisches Bildwerk hat nicht verschiedene Schichten, also Form, Thema, Motive, die für sich sein können. Inhalt und Form des Bildwerkes gehören zusammen, sie sind eine Einheit, die man nicht zerlegen kann. Selbst die reine Form ist zugleich Inhalt. Der Stil eines Werkes umfaßt Form *und* Inhalt. Wie ein Ereignis im Epos dem gleichen Thema in der Tragödie nicht ohne weiteres

gleichgesetzt werden kann, so kann ein Bildwerk nicht einem literarischen Werk einer anderen Zeit gleichgesetzt werden. Darstellungen aus dem sechsten Jahrhundert können nicht eine Verbildlichung von Szenen aus dem homerischen Epos sein, das ein oder zwei Jahrhunderte vor diesem entstanden ist: sie geben zwar die gleichen Themen wieder, haben aber einen anderen Inhalt. Denn der Inhalt ist nicht das Thema allein, sondern wiederum das Thema *und* die Form. Formen und Inhalte wandeln sich, die Gottheit bleibt die gleiche Person, aber nicht das gleiche Wesen. Versucht man ein Bild von einer Gottheit zu entwerfen mit Bildwerken aus verschiedenen Zeiten, so entsteht etwas, das es nie gegeben hat.

Deuten ist nichts anderes als die Form lesen, wie das Thema dargestellt ist. Bei einem Bildwerk ist der Stand der Figur, die Haltung des Körpers, der Hände, der Bezug der Glieder, der Figurenzusammenhang so wichtig wie das Thema, die Attribute oder das Beiwerk. Es kann für die Gottesvorstellung nicht gleichgültig sein, ob eine Götterstatue gerade gerichtet ist, ob sie gebaut ist aus gegen- und zueinander gerichteten Gliedern, ob sie einen Kontrapost hat oder nicht. Gleiches gilt davon, ob die Gestalt in sich ruht, sich öffnet, herausdrängt oder einer Spirale ähnlich ist. Die Gottesvorstellung ist nicht woanders zu suchen als eben in der Figur, im Bild selbst. Das Gemeinsame auch artverschiedener Themen derselben Zeit liegt im geistigen Bezug: den gilt es aufzusuchen. Die Form eines griechischen Bildwerks nach dessen Inhalt befragen, führt freilich an die Grenze des Sagbaren; aber erst hier wird die Eigenart der griechischen Götter sichtbar.

Wenn ein Bildner etwas formt, deutet er es zugleich und – er kann gar nicht anders – setzt es gegenwärtig und künftig. Deshalb wird hier versucht, den Weg von der Form zum Inhalt und umgekehrt beständig zu gehen, um dem Bildner so nah wie möglich zu kommen.

Was bestimmt den Inhalt eines griechischen Gottesbildes? Persönliches Empfinden des Bildners? Vorstellungen des Auftraggebers, Religion, Glaube, Frömmigkeit? Ein griechisches Bildwerk ist weder das Geheimnis des Gegenstandes, noch was hinter seiner sinnlichen Form steht. Wir kommen dem Inhalt näher, wenn wir nach dem geistigen Ort fragen, wo ein Bildwerk entsteht: der liegt zwischen dem Bildner und dem zu Formenden. Ein Bildwerk enthält mehr als die Gestalt, als eine Göttergeschichte, als Kultbräuche und Institutionelles: es ist das Ergebnis der leiblich-geistigen Begegnung des Bildners mit der Gottheit; denn es stellt dar, was sich zwischen dem Menschen und dem Gott ›ereignet‹. Dieses Ereignis wird zum Bild. Es ist das Höchste, was besteht und dargestellt werden kann. Im ›Gegenüber‹ erfaßt der Bildner die Gottheit – nicht in einem religiösen Erlebnis, nicht im christlich-kreatürlichen Sinn; denn der griechische Gott ist nicht der Schöpfer des Menschen. Das Werk des griechischen Bildners ist nicht eine Botschaft des Menschen von der Gottheit, sondern ein Formgebilde, das aus der Spannung zwischen der Wirklichkeit der Gottheit und dem Dasein des Menschen entsteht.

Wenn im Untertitel dieses Buches gesagt ist, daß der Gestaltwandel der griechischen Götter sich aus den Bewußtseinsstufen des Menschen vollzieht, so ist damit gemeint: alle Wandlungen werden aus den Bewußtseinsstufen des Menschen verstanden. Der Gestaltwandel der Götter ist weder willkürlich noch umkehrbar, sondern hat eine Logik. Er folgt den Bewußtseinsstufen des Menschen und den sich mit ihnen wandelnden Menschen. Der Gestaltwandel der Götter ist also ein Wandel *mit* dem Menschen und *durch* den Menschen. Das Bildwerk ist die Verwirklichung der Spannung zwischen der Existenz des Menschen und der der Gottheit.

# VOROLYMPISCHE GÖTTER

Bevor es Götter gab, wurde Chaos – so sagt Hesiod in der Theogonie. Theogonie heißt ›Götterentstehung‹. Das Epos hat Hesiod im frühen siebten Jahrhundert verfaßt. Er sagt, wie alles geworden ist: die Götter, die Wesenheiten des Weltalls, die Mächte des Lebens. Nur der Mensch kommt darin nicht vor. Aber Hesiod zeigt das Wirken der Mächte und so den Bereich, in dem der Mensch steht.

In der Genesis des ›Alten Testaments‹ gibt es Gott, der nie geboren, der war, noch ehe etwas war: er schuf den Himmel und die Erde, und als die Ordnung und eine Fülle von Gestalten – der Lebensraum für den Menschen – geschaffen waren, bildete er den Menschen. Hesiods Welt ist nicht durch das Wirken der Götter entstanden. Am Anfang war kein Schöpfergott, am Anfang wurde das Chaos, die gähnende Leere. Chaos ist nicht das ungeordnete Weltall, kein Weltzustand, kein toter Stoff oder ein formloses Etwas, das in der Hand eines Schöpfers ein gestaltetes Gebild wird. Chaos ist ein klaffender Raum. Chaos ist geworden, bleibt bestehen und nimmt alles in sich auf, was nach ihm kommt. Chaos schafft nicht, es entstehen aus ihm: *Erebos*, die Finsternis der Tiefen, und *Nyx*, die Nacht, das irdische Dunkel – zwei substanzlose Wesen. Und als die Nacht und die Finsternis sich vereinigten, schied von der Nacht das Licht als *Äther* und *Tag*. Nach dem Chaos wurde die breitbrüstige *Gaia*, die Erde, und *Eros*, die Urkraft der Vereinigung und Zeugung. Auch Gaia schafft nicht, sie gebiert aus sich, ohne Zeuger. Sie ist die fruchtbare Allmutter der urweltlichen Wesen. Sie bringt hervor: *Uranos*, den gestirnten Himmel, ihr gleich, daß er sie ganz umhülle, und die Berge und das Meer.

Der erste Weltherrscher ist Uranos. Er vermählt sich mit Gaia und zeugt mit ihr die hundertarmigen *Riesen*, die einäugigen *Kyklopen* und die *Titanen*. Doch keines seiner Kinder läßt er ans Licht kommen, er versteckt sie tief unter der Erde, damit sie ihn nicht stürzen, bis ihn sein listiger jüngster Sohn, der Titan *Kronos*, mit der Sichel entmannt und das Titanengeschlecht zur Herrschaft bringt. Kronos zeugt mit seiner Schwester, der Titanin *Rhea*, die Götter Hera, Hades, Poseidon und Zeus. Auch er verschlingt, aus Angst vor einem Umsturz, seine Kinder gleich nach der Geburt. Nur Zeus, der jüngste, entgeht ihm, überwältigt den Vater und die anderen Titanen nach schwerem Kampf. Er verbannt sie in die Tiefen der Erde und befreit seine Geschwister. Das Göttergeschlecht des Zeus tritt die Weltherrschaft an.

Zur Familie des *Zeus* gehören seine Geschwister *Hera, Hades, Poseidon* und die Kinder *Hephaistos, Ares, Hermes, Apollon, Dionysos, Artemis, Athena* und die aus der Scham des Uranos geborene *Aphrodite*. Sie sind die ›olympischen Götter‹. Von Uranos bis zu den Zeuskindern sind es drei Göttergenerationen.

1   Muttergöttin

Das Werden der Götter und der Welt, von Chaos bis zu Kronos, hat Hesiod nicht im Nachhinein ersonnen, um Zeus und den anderen olympischen Göttern einen Stammbaum zu geben. Im Bewußtsein der Griechen war der Glaube stets lebendig, daß die olympischen Götter nicht die ältesten gewesen sind, daß ihnen urweltliche Gestalten, Potenzen und Götter vorausgingen und Gaia die Ahnherrin der Götter war. Was sich in den Kämpfen zwischen Kronos und Uranos, Zeus und Kronos spiegelt, ist ein Vorgang des Werdens, den die frühen Dichter und Seher als mythische Bilder gewaltiger Kämpfe gesehen haben. In dem Werden, das ohne Schöpfer einem Ziel zustrebt, liegt ein tiefer Sinn; denn es führt auf die olympischen Götter hin, die nunmehr die Weltherrschaft antreten. Dennoch ist das Reich der kosmogonischen und titanischen Mächte nicht bloß eine Vorstufe zur Zeuswelt oder ein Reich des Werdens, sondern ein in sich ruhendes, geschlossenes Reich. Nichts von dem, was vor Zeus geworden ist, ist untergegangen: Chaos verschwindet nicht, nachdem es Geschöpfe hervorgebracht hat, sondern bleibt bestehen, und die Titanengötter sind unsterblich, ihre Macht ist auch später noch groß.

2   Erscheinende Gottheit

Die Bildwerke der frühen Jahrtausende, weibliche Figuren aus Stein und Ton: was besagen sie über die vorolympischen Götter? Die Figuren (Abb. 1) sind nackt und füllig, sie wölben sich, sind weder von außen noch von innen begrenzt. Solche Körper haben kein Gerüst, keinen Aufbau. Ein solches Gebilde ist eine Masse, gleichmäßig bis zum Kern, ständig sich bewegend, ähnlich einer Frucht, die wächst, groß wird und das Reifgewordene entläßt, so wie die Erde immerfort Lebendiges aus sich hervorbringt, aus einem ständig sich wölbenden und gebärenden Körper. Solche Figuren sind bildgewordener Leib der gebärenden und unerschöpflichen Kräfte des Lebens aus dem Schoß der Erde und des Weibes: sie sind Zeugung, Geburt, Tod und Wiederkunft in einem. Diese Kräfte des Lebens waren den vorzeitlichen Menschen göttliche Ereignisse. Trägerin des Werdens im Schoß der Erde und des Weibes ist eine Fruchtbarkeits- und Muttergottheit, die das Leben spendet und erhält. Will man ihr einen Namen geben, so könnte sie ›Mutter Erde‹ heißen.

Wenn das Werden im Schoß der Natur und des Weibes jenen frühen Menschen wesensgleiche Vorgänge waren, dann kann eine vorzeitliche Frauenfigur eine Göttin oder eine Frau sein. Neben der hervorbringenden Erd- und Muttergottheit muß es aber auch einen männlichen Gott gegeben haben, der die zeugenden und zerstörenden Kräfte in sich trug, damit das Werden beständig währt.

Die frühen Menschen haben die Gottheit und die Welt primär naturhaft und unbewußt erfaßt. Die Gestalt mit erhobenen Händen auf einem Topf des dritten Jahrtausends (Abb. 2) ist die magiehaft erscheinende Gottheit oder der sie beschwörende und schauende Rufer. Auch die Bildwerke des zweiten Jahrtausends, ob sie vom minoischen Kreta, vom Festland oder von den Inseln

3    Kultbau        Erscheinende Göttin        Anbetender Mann

stammen, haben gemeinsame Züge. Der Mensch hat in dieser Zeit mit der Gottheit Umgang in ekstatischer Entrückung, im Traum, im Hellsehen, in Mysterienkulten, durch Orakel, Magie und Zauber. Die Götter können ihm auch in Verwandlungsformen, als Tiergestalten oder als menschenähnliche Dämonen erscheinen. Gerufen werden sie durch Opfer, Gebet, Beschwörung, Tanz und Musik. Damit sie erscheinen können, ist ein dinglicher Ort notwendig: ein Kultbau, eine Säule, ein Altar, ein Baum, ein Steinmal, ein Steinhaufen. Zum Götterkult gehört von alters her die Verehrung heiliger Bäume und Haine. Jedoch sind solche Mäler und Gegenstände weder der Gott selbst noch sein Symbol. Der Rufende erhebt die Hände zur Beschwörung, die Gottheit erscheint in den Lüften und läßt sich auf den Malen nieder (Abb. 3. 4), ist so lange anwesend, als die Vision des beschwörenden Priesters und Beters währt: der schaut sie in der Vision und bleibt in der verehrenden Haltung. Wie nah scheint diese Welt dem Dionysischen im ersten Jahrtausend zu sein; dennoch ist jene frühe Ekstase nicht der in späterer Zeit gleichzusetzen. Denn der Weg von der Nüchternheit zur ekstatischen Vision ist im zweiten Jahrtausend nicht lang, da der Mensch, im Gegensatz zur Ekstase späterer Zeit, nicht erst aus einem Bewußtseinszusammenhang herauszutreten braucht, um in die visionäre Schau zu gelangen: die Ekstase der Frühzeit ist ein Grundzustand der Welt, des Menschen und aller Wesenheiten, auf sie trifft das griechische Wort Ekstasis, das Aus-sich-Heraustreten, nicht zu.

Um aber etwas über Götter und ihre Beziehungen zu den Menschen zu erfahren, genügen nicht Kultgegenstände oder Darstellungen mit Riten und der Götterverehrung – man muß die Eigenart der Bildwerke zu verstehen versuchen.

4                        Göttin und Priesterinnen

Im Bild der minoischen Kunst sind viele Grundzüge deutlich: von den Palästen mit einem Hof, um den die Räume liegen und, ohne scharfe Grenze zur Umgebung, hinauswachsen in die Natur, so als wären sie ein Teil von ihr; von den nicht gegliederten Figuren, deren gleitende Formen dem Fluß des Lebendigen folgen, ohne Nur-Lebendiges zu sein; von den Bildern an den Wänden der Paläste, auf Tonsarkophagen, Gefäßen und Geräten, die kein Rahmen einfaßt, kein ordnender Geist gliedert; denn immer sind sie ein Ausschnitt aus dem Unendlichen (Abb. 5. 6. 3). Wie die Räume eines Palastes, die Glieder einer Gestalt, Muster und Bildelemente auch angeordnet sind – kreisförmig oder im Wirbel – die Räume haben keine scharfe Grenze zum Hof, die Glieder nicht zum Körper, die Figuren und Muster nicht zum Bildrand. Es gibt kein Gegenspiel der Elemente, es entsteht keine Polarität, kein Zwischenraum, kein Gegenüber. Es gibt auch keine Grundfläche, die als ruhige Ebene ein Bild aufnimmt: denn die Fläche selbst ist mitbewegt. Wenn je eine Mitte spürbar wird, dann ist sie eine irrationale; denn sie liegt wiederum zugleich innerhalb und außerhalb der Palastanlage, der Figuren, der Darstellungen, der Ornamente. Die Mitte und zugleich die bewegende Kraft ist der Fluß des Lebens, und dieser ist überall und hält zusammen, auch ohne Bildrahmen, ohne Achsen und Gerüst in der

5  Göttin

Figur. Die Beweglichkeit einer minoischen Figur (Abb. 5), eines Ornaments (Abb. 6) ist eigenartig, sie ist ungebrochen fließend. Die Figur verbindet sich mit anderen, ohne sich zu berühren; und weitet sich zugleich ins Unendliche, ohne überzuquellen. Die minoische Welt, wie sie in den Denkmälern erscheint, ist stets bewegt, nie ruhend. Wahrscheinlich sind in einer Figur unendlich viele Bewegungen, da sie aber ohne Rhythmus im Sinne des ersten Jahrtausends sind, erkennen wir sie nur als eine Gesamtbewegung. Eine ekstatisch tanzende Gestalt, wenn sie sich dreht, die Arme rufend und beschwörend erhebt, ist verbunden mit der erscheinenden Gottheit und zugleich mit anderen Gestalten. Was sich ereignet, ereignet sich nicht in Raum und Zeit. Solche Bilder geben keine objektivierte Welt wieder; denn der Mensch steht den Dingen nicht als einer von ihm gesonderten Umwelt gegenüber, es widerfährt ihm nichts, er ist nicht die Mitte dieser Welt, hat keinen festen Punkt darin, er ist Teil einer

6   Ornament eines Gefäßes

Gesamtbewegung. Denn ihm fehlt das bewußte Verstehen. Auf dieser Stufe gibt es keine Umwelt, nicht einmal ein Miteinandersein, sondern ein Einssein des Menschen und der Götter, der Tiere, der Pflanzen, der Gesteine, der Ornamente in der Gemeinsamkeit des Lebendigen. Daher spiegeln die minoischen Bilder weder eine Scheinwelt noch eine naturnahe Wirklichkeit; weder Lebenslust noch sinnliche Erlebnisse und Eindrücke. Die minoische Welt ist keine sorglose, fröhliche: aber sie ist eine vorbewußt paradiesische; denn sie kennt kein Schicksal.

Wir gingen aus von Erscheinungen in der Kunst – nicht von Formen des Kultes und der Götterverehrung –, um zur Gottheit zu gelangen. Was können wir über die minoischen Götter sagen? Ob es viele oder wenige gab, wissen wir nicht. Aber es gab keine Götterfamilie; denn das erfordert eine Gliederung. Die Beziehung des Menschen zur Gottheit ist jedoch in den Bildern deutlich. Es bestand weder eine Kluft noch eine Spannung; denn die Götter sind noch unpersonhaft, und der Mensch steht noch auf einer vorbewußten Stufe. Darum wird hier mühelos erreicht, was die Mysten in den späteren Mysterienreligionen erstreben: die Grenzen, die zwischen Mensch und Gott gezogen sind, zu über-

7                        Bronzezeitliches Gefäß

schreiten. Ohne eigenen Akt der Versenkung, der inneren Verwandlung und besinnlichen Vorbereitung ist das Einssein mit der Gottheit erreicht. Ein solcher Akt ist im minoischen Bereich weder möglich noch notwendig; denn es besteht nicht die geringste Distanz zwischen allem, was die Welt ausmacht, das Selbst des Menschen ist noch nicht da, es hat sich noch nicht erhoben. Das ›Leben‹ ist das allen Gemeinsame. Und da das ›Leben‹ nicht bloß ein Teil neben anderen Teilen, sondern das alles erfüllende eine Element ist, ist die Gemeinsamkeit aller Wesen vollkommen. Fassen wir zusammen: der minoische Götterglaube ist – wie das Ornament (Abb. 6) – ein Widerhall aus dem All.

In der festländischen Kunst der frühen und mittleren Bronzezeit, im dritten und in der ersten Hälfte des zweiten Jahrtausends, zeichnen sich keine umstürzenden Veränderungen ab; auch nicht, als im ausgehenden dritten Jahrtausend neue Völkerschaften griechischen Boden betreten. Auch die Art der Malerei stammt nicht von den neuen Leuten. Auf dem Gefäß (Abb. 7) sind

17

8                                   Krieger

Striche gezogen, senkrechte, waagrechte, schräge. Sie sind Schmuck, teilen den Gefäßkörper ein und bilden eine Verstrebung, gehen auf die Gefäßform ein. Da die Ornamente jedoch dem Gefäß keine geistige Gliederung bedeuten, die bis ins Innere dringt, um so am Gefäß selbst teilzuhaben, kann die Gliederung nicht tektonisch genannt werden. Gerade solche Gefäße und ihr Schmuck scheinen ein Glied in einer Entwicklung zu sein, die lange vor der ›Griechischen Wanderung‹ am Ende des dritten Jahrtausends begann. Die neuen Völkerschaften brachten Gefäße mit, die sich in der Machart und den wenigen bestimmten Ornamenten von den einheimischen Gefäßen und ihrem Schmuck (vgl. Abb. 7) unterscheiden. Aber sie brachten keine Veränderung in der Entwicklung. Nach dem, was die sichtbare Hinterlassenschaft der neuen Völkerschaften bei ihrem Eintritt auf griechischem Boden zeigt, waren sie von sich aus nicht geeignet, die Kultur des ausgehenden dritten Jahrtausends und der nachfolgenden Jahrhunderte hervorzubringen. Dies bedeutet, daß auch im heimischen Götterglauben nur einzelne Elemente von außen und nur allmählich hinzugekommen sind.

Gegen die Mitte des zweiten Jahrtausends wirkt die Kultur Kretas auf die festländische (sogenannte mykenische) Kunst ein. Formen und Muster und Themen werden von dort übernommen. Die Ornamente auf den Gefäßen greifen auf andere über: aber sie gleiten nicht ineinander, es kommt nicht zu einem bewegten Spiel mit dem Untergrund wie auf minoischen Gefäßen. Selbst die Figuren sind von dem Neuen berührt; aber ihre Körper sind aufgeteilt, man sieht Gelenke, die wiederum keine sind, weil der Funktionszusammenhang nicht erkannt wird (Abb. 8). Vor allem bildet sich kein Kraftfeld, das die Glieder der Figuren, die Ornamente in eine geistige Ordnung drängen würde.

Und die ›mykenischen‹ Götter? Es gibt Darstellungen von Götterverehrungen und -erscheinungen. Was besagt die Eigenart der mykenischen Form? Weil die Glieder einer Figur, die Teile eines Ornaments oder eines Gefäßes nicht wie in einem Kraftfeld zueinander geordnet sind, kann es auch kein Kräftespiel zwischen den Göttern, zwischen Menschen und Göttern geben. Wahrscheinlich gab es keine Götterfamilie als Träger einer Ordnung; denn es fehlte der innere Zusammenschluß der einzelnen Gottheiten, das alle verbindende geistige Band der Ordnung und der Kräfte. Aber die Götter hatten Namen, hießen ähnlich wie später: Zeus, Poseidon, Ares, Dionysos, Hermes, Hera, Artemis, Athena. Wenn die Gottheit einen Namen hat, so ist eine bestimmte Gottheit gemeint, doch steht diese deswegen noch nicht im Gefüge einer Ordnung. Diese Götter müssen, anders als später die olympischen, Gottheiten der Tiere und Pflanzen, der Erde, des Wassers, der Natur und ihrer Erscheinungen gewesen sein; sie standen nicht über den Elementen, sondern waren in sie verwoben. Manche waren zugleich Götter der Burgen, der Paläste und Throne; waren gebunden an Landschaften, Orte und Stämme. Vielleicht galt Zeus schon als ein mächtiger, Dionysos als ein naturhafter Gott; die Göttin mit den Tieren wird Artemis, die Schild- und Schlangengöttin Athena, und Hera, die Pflanzengöttin, wird wie Athena auch eine Burggöttin gewesen sein.

Lange vor der Jahrtausendwende waren also die griechischen Götter schon da, doch olympische Götter mit fest umrissener Gestalt und Person als Ausdruck einer Wesenheit sind sie erst am Ende des zweiten Jahrtausends geworden: nicht durch neue wandernde Völkerschaften, sondern in einem Wandlungsprozeß, der sich ähnlich und gleichzeitig auch in anderen Bereichen kundtut. Dies war ein geistiger Vorgang, der das erste Jahrtausend einleitet.

# OLYMPISCHE GÖTTER

Was man an den Kultplätzen des späten zweiten Jahrtausends, wo der Gottheit Opfer dargebracht und die Riten begangen wurden, über die Götterkulte erfährt, zeigt, neben dem Fortdauern alter Formen, einen Wandlungsprozeß, aus dem die neuen Götter aufgestiegen sind. Im Heraheiligtum auf der Insel Samos ist die Ausgrabung zur verehrungswürdigsten Kultstelle vorgedrungen und hat den Kultbaum (Lygos) und einen gepflasterten Platz mit dem Heraaltar aufgedeckt. Vieles blieb noch nach der Jahrtausendwende unverändert bestehen: der Kultbaum, der älteste Altar mit dem Pflaster waren Kultmal und Ort der neuen Opfer und Riten. Über dem Altar, am gleichen Ort, wurden dann ein neuer Altar und alle späteren Opferaltäre errichtet. Sogar die südöstliche Ausrichtung des ersten Altars zum Aufgang des Siriussterns wird viereinhalb Jahrhunderte beibehalten. Auch die Kulttradition reißt nicht ab: nach altem Brauch umschnüren sich Priesterinnen und Gläubige beim Kult mit den Ruten des Lygos, um der Kräfte des Baumes teilhaftig zu werden. Die Göttin am Lygos kann im zweiten Jahrtausend kaum eine andere als Hera oder ihre Vorgängerin gewesen sein. Dann, im frühen ersten Jahrtausend, wird Hera ein persönliches Wesen, wird Glied der Götterfamilie und olympische Göttin, bekommt ihre eigene Legende. Diese erzählt von ihrer Geburt und Jugendzeit, dem gemeinsamen Lager mit Zeus am Lygosbaum, wo sie Braut und Gattin des Zeus wurde. Ein Holzbrett, welches sie darstellt, wird im Lygosgebüsch gefunden, das, wie alle Kultbilder der Frühzeit, als nicht von Menschenhand verfertigt gilt: eine Erscheinung der Gottheit in der Materie. Das Kultbild soll von Zweigen des Lygos umschnürt gewesen sein, als man es fand: ein alter ritueller Brauch der Kultgänger wird auf die Göttin selbst übertragen. Und der Lygosstrauch, wie andere heilige Bäume, Sträucher und Steine im zweiten Jahrtausend der Ort der Rufung der Gottheit, wird zum persönlichen Zeichen von Heras leibhaftiger Anwesenheit. Ein Kultmal also, Mittelpunkt des Heiligtums und von höherer Bedeutung als Altar und Tempel. Und als der alte aus unbehauenen Natursteinen errichtete Heraaltar durch einen neuen ersetzt wird, wird der alte nicht weggeräumt, sondern belassen, aber seine unregelmäßige Form wird durch die behauenen Steine gradlinig und von dem Rechteck des neuen ummantelt.
Als um die Jahrtausendwende geometrische Ornamente (Abb. 9) wie der konzentrische Kreis, der Mäander, Haken, Zickzackreihen und andere Muster die Naturbilder, Spiralmuster, Wellenlinien verdrängen, war das nicht der letzte Schritt, den das zweite Jahrtausend getan hat, sondern der erste des neuen Jahrtausends. Zwar hören die alten Formen und Muster nicht auf, aber sie zerbrechen, und aus den Trümmern entsteht in der Menschen- und Tierplastik, in den Gefäßformen und Ornamenten ein neues Formprinzip, das man *Glieder-*

9  Geometrisches Gefäß

*bau* nennen muß. Mit ihm kommt in der Kunst zunächst eine Verarmung: die fließenden Formen werden unterbrochen und Widerstände gesetzt; die Muster sind knapp und streng. Die neue geometrische Ordnung ist nicht die letzte Regung der alten Zeit, sie kommt mit einer Notwendigkeit, weil die bisherigen Vorstellungen zu Ende geformt sind. Selbst wenn in der Plastik und Architektur, in den Gefäßformen und in der Malerei alle Übergangsglieder von der alten Zeit zur neuen gefunden sind, ist die Erscheinung ein Neuanfang.
Was ist ein Gliederbau? Er ist ein geordnetes Feld von Gliedern: es kann eine Figur (Abb. 68–70), ein Tempel, ein Gefäß (Abb. 9), ein Gerät oder ein Ornament (Abb. 9) sein. Wenn eine Figur unterteilt ist nach seinen Körperteilen wie eine mykenische (Abb. 8), dann ist sie kein Gliederbau. Wenn die Bronzefigur des frühen ersten Jahrtausends (Abb. 69) die Arme hebt, dann mag sie der Gestalt auf der jungsteinzeitlichen Scherbe ähnlich sein (Abb. 2), aber sie ist nicht wie diese magiebestimmt. Die Figur ist nicht einfach aus den sichtbar

auffälligen Teilen einer Gestalt (wie Abb. 8) gebildet, sondern mit von innen her geordneten Gliedern. Und ist der Aufgabenwert der Glieder deutlich, dann sprechen wir von einem Gliederbau. Dabei erscheinen etwa Beine, Arme nur als Teile der Gelenke. Zur Ordnung aber gehört ein Achsengerüst, die Ausrichtung der Glieder in geometrischer Zeit nach der Senkrechten und Waagrechten, mit dem Streben nach oben. Ein solcher Gliederbau ist in jedem Fall eine geistige Konzeption. Um eine solche Form zu verstehen, muß man sich eine ›geometrische‹ (Abb. 68) oder auch eine spätere griechische Figur vor Augen halten. Es ist nicht so, als modelliere der Bildner in ein vorgegebenes, gedachtes Gerüst oder Achsenkreuz – wie immer man dieses geistige System auch nennen mag –, sondern in jedem Glied, in jedem Teil einer Figur ist das Prinzip dynamisch mitenthalten. Achsenkreuz, Form, Inhalt und Materie können nicht einmal getrennt gedacht werden.

Was besagt ein Gliederbau? Zunächst sind es einfache, körperliche Grundlinien: auffallend beim Menschen die Schultergerade, die Glieder, die aufrecht, andere, die waagrecht sind. Bald wird der funktionelle Zusammenhang der Glieder gesehen. Diese Ordnung erkennt der Mensch überall: in der eigenen Gestalt, im Tier, in der Pflanze, sie erscheint ihm auch im Kosmos. Der Mensch hat wahrgenommen, was auf dem Grund der Erscheinungen ist, und dort eine verborgene Ordnung erkannt: sie erschien ihm vornehmlich als Achsenkreuz, als rechter Winkel, als geistiges Gerüst.

Wie entsteht ein solcher Gliederbau, wie ihn geometrische Figuren oder ein Gefäß zeigen (Abb. 68. 9)? Haben einwandernde Stämme die Formen mitgebracht? Es ist ein innergriechischer Vorgang. Zum alten Erbe des zweiten Jahrtausends wird nicht von außen etwas Neues hinzugefügt, sondern das Alte wird neu gesehen, so stark, daß es als etwas grundlegend anderes erscheinen mußte.

Ungeordnet war die Welt auch den Nichtgriechen und Griechen des dritten und zweiten Jahrtausends nicht. Die Griechen nach der Jahrtausendwende aber haben die Welt neu geordnet mit den Kategorien des Geistes. Der Geist kam nicht von einem fremden Stern; auch nicht mit den Dorern in der ›Dorischen Wanderung‹; denn die Dorer saßen bereits in Griechenland. In der geschichtlichen Stunde der großen Veränderung um die Jahrtausendwende äußerte sich die Gabe der Griechen, die Welt vom Geist her zu durchdringen. Am Anfang stand die ›Erkenntnis‹, daß alles Seiende einem Ordnungsgesetz unterliegt, das im griechischen Sinn ›Physis‹ heißt und soviel wie innerer Bauplan bedeutet. Man sah um die Jahrtausendwende offenbar in jeglicher Form nicht bloß Teile, die sich äußerlich zu einem Bild des Menschen zusammenschließen, sondern ein geistiges Gefüge und eine Ordnung. Das Achsenkreuz, das die Struktur eines Bildwerks ist, ist nicht starr, in ihm ist nämlich ein Kraftfeld.

Daß gleichzeitig die alten Götter neu erstehen, Form und Gliederung annehmen, die bis ins Innere ihrer Gestalt dringt, das bringt die neue Ordnung, der Gliederbau, das Kraftfeld, mit sich. Wie in den Bildwerken muß auch bei den Göttern ein Ordnungsfeld entstanden sein. Die Götterfamilie, mit Zeus an der Spitze, wird sich gebildet haben mit jenen Göttern als Mitgliedern dieser Familie, die einmal die Götter der verschiedenen Stämme und Orte gewesen waren. Grundlegend neu ist die Personwerdung der Götter. Zum Personsein, zum Personcharakter gehört der Eigenname, der jetzt nicht nur eine Benennung bedeutet, sondern den geistigen Umriß der Person, ihre bestimmte Aufgabe, ihren Machtbereich und ihre Legende.

Um die Wende vom zweiten zum ersten Jahrtausend gibt es erstmals einen Bezug zwischen Gott, Kosmos und Mensch. Denn um diese Zeit tritt der Mensch erstmals der Welt, den Göttern gegenüber. Er bezieht jedoch nicht eine eigene, freie, ungebundene Position, sondern steht mit den Göttern, den Wesenheiten der Natur, den Lebensmächten in einem gemeinsamen Kraftfeld. In diesem Kraftfeld vollzieht sich ein gemeinsamer Wandel all dessen, was darin steht und in der Kunst als Formwandel faßbar ist. Die Stufen dieses Wandels, die nichts anderes als Seins- und Bewußtseinsstufen des Menschen sind, seien hier vorläufig bezeichnet:

Die ersten drei Jahrhunderte nach der Jahrtausendwende (Abb. 68–70) haben eine gemeinsame Seinsgrundlage, die schwer zu benennen ist. Am nächsten kommt ihr die Bezeichnung ›spirituelle‹ Seinsstufe. Wenn im siebten Jahrhundert in den Bildwerken vor allem dämonische Wesen und Tiere: die Sphinx, der Löwe und andere, dargestellt sind, die auch Menschen und Götter umgeben und an Ereignissen teilnehmen, dann ist das kein Drang, Phantastisches darzustellen, sondern die geisterhaften dämonischen Lebenskräfte: sie dürfen als die Göttern, Menschen, Tieren und allen Wesen gemeinsame Seinsstufe im siebten Jahrhundert bezeichnet werden. Betrachten wir nur das Auge einer menschlichen Figur, eines Mischwesens, eines Tieres dieser Zeit (Abb. 14. 191. 198. 305): es ist groß, blickt nicht, sondern schaut, geisterhaft und dämonisch. Wenn im homerischen Gleichnis vom Krieger gesagt wird, er bricht in die Schlachtreihe, wie ein Löwe in die Herde eindringt, dann ist das keine literarische Metapher, sondern der Vergleich kommt aus einer dem Löwen und dem Krieger gemeinsamen Seinsgrundlage: sie ermöglicht, daß die ungeheure Stärke des Kriegers mit der des Löwen verglichen wird. Im sechsten Jahrhundert tritt das Geisterhafte zurück. Was jetzt in der Darstellungsweise der Figur des Menschen, der Gottheit, im Tier- und Pflanzenbild erscheint (Abb. 307), ist eine vitale Kraft, an der alles teilhat: drängendes Leben, das sich nicht näher beschreiben läßt.

Diese drei Seinsstufen der ersten Hälfte des ersten Jahrtausends sind zugleich Bewußtseinsstufen des Menschen. Aber im Hinblick auf die folgenden Jahrhunderte sind sie unreflektiert. Erst mit dem fünften Jahrhundert, als in der Figur der Kontrapost aufkommt, der Mensch zu reflektieren beginnt und in ihm das Bewußtsein eigener Freiheit und Selbstverantwortung entsteht, löst sich die allen Wesen gemeinsame Seinsgrundlage älterer Zeit. Es entstehen mehrere Seinsebenen. Der Mensch erkennt seine Existenz mit all ihrer Freiheit und Gebundenheit. Es beginnt die Entdeckung des menschlichen Innern und der im Menschen wirkenden Mächte und Kräfte. Der Mensch steht zwischen Einsicht und Leidenschaft. Der Vorgang dauert bis ans Ende des ersten Jahrtausends fort.

Die griechische Religion war im dritten und zweiten Jahrtausend eine Naturreligion. Sie hat diese Züge bis an ihr Ende nie ganz abgestreift. Aber um die Jahrtausendwende kam eine neue Dimension des Geistes hinzu. Das eine gehört in den Bereich der Religionsgeschichte, das andere in den der Menschheitsgeschichte.

Was unterscheidet die griechischen Götter wesenhaft von denen anderer Religionen? Griechische Götter sind innerweltliche Götter, sie gehören zu dieser geordneten Welt. Die Ordnung im Kosmos beginnt der griechische Mensch mit dem Beginn des ersten Jahrtausends deutend zu erkennen und schaut die Götter mit. Die neu geschauten olympischen Götter haben nicht nur bestimmte Herrschaftsbereiche und Aufgaben, sie sind Träger der Ordnung des Kosmos, auch alle Kräfte des Kosmos und des Lebens sind in ihnen enthalten: das Geistige, die Ordnung, das Recht, der Lebensstrom, das rauschhaft Vitale, überhaupt alle Möglichkeiten des menschlichen Seins. Jeder Gott verkörpert nicht alle, sondern bestimmte Bereiche. Alle diese ›Elemente‹ haben eine Beziehung zueinander wie die Götter, die auch aus dem gegenseitigen Bezug existieren. Und noch etwas. Der Wandel der griechischen Götter durch die Jahrhunderte hat eine Richtung. Es ist uns daher nicht nur erlaubt, den Wandel zu verfolgen, sondern ihn als eine Eigenart der griechischen Götter zu verstehen.

Götter, Menschen, alle Wesenheiten des Kosmos, alle Formen haben ein geistiges System, ein Kraftfeld in sich, und alle zusammen stehen in einem gemeinsamen Kraftfeld. In diesem Feld gibt es Bezüge, Spannung und Polarität. Jede Veränderung in diesem Kraftfeld geht vom Menschen aus, weil er der Erkennende ist. Da der Mensch zugleich aber von anderen Wesenheiten im Kraftfeld getroffen wird, vollzieht sich eine Veränderung nicht durch die freie Entscheidung des Menschen allein. In dem Kraftfeld stehen der Mensch und die Götter; wenn der Mensch sich mit innerer Notwendigkeit verändert, verändern sich die Götter mit. Das Kraftfeld ist ja der Existenzraum des Menschen.

Zusammenfassend läßt sich noch sagen: Die Bildwerke zeigen, daß das Kraftfeld in ständiger Bewegung ist, aber auch in eine Richtung drängt. Das erste

Jahrtausend gleicht einem Achsenbau, dessen senkrechte Achse geschichtsbildend in die Jahrhunderte stößt. Der griechische Mensch, weder Mittelpunkt des Kraftfeldes noch am Rande stehend, ist ›Achse‹ und ›Pfeil‹ der Entwicklung durch die Jahrhunderte. Die wirkende Kraft in diesem Feld ist offenbar eine geistige Energie.

Wo sich für das ›rationale‹ Denken der Griechen Unbegreifliches ereignet, dessen Ursache dunkel ist, sieht der Mensch noch andere Mächte: die niederen Götter und Dämonen. Diese Wesen entstammen großenteils der Religion des zweiten Jahrtausends. Auch sie sind mit den großen Gottheiten ins erste Jahrtausend gekommen, haben häufig früheren hohen Rang eingebüßt. Es sind körperhafte Mächte. Substanzlose Wesen wie Schrecken, Angst, Unheil, Schmerz, Streit, Lüge und andere sind den Griechen wirkliche Mächte, wenn auch nur selten mit personhaften Zügen. Selbst eine so wesenlose Erscheinung wie das Schicksal (Moira), der dem Menschen zugeordnete ›Teil‹, sein ›Anteil‹, ist oft eine selbständig wirkende Gestalt.

Die Erkenntnis einer Ordnung im Kosmos wie in der menschlichen Figur brachte den Sieg einer hell-bewußten, geistig gespannten Welt über eine erdgebundene, rauschhaft-ekstatische, deren Erlebnisse noch jenseits des Bewußtwerdens lagen. Das Aufleuchten der neuen Götter brachte keinen jähen Bruch. Keine Unduldsamkeit gegen die ›Vorolympischen‹ entsteht, kein Religionskrieg entbrennt, aber das Neue gestaltet das Alte von innen her um. Die alten Götter der Natur, der Elemente, der Burgen und Paläste gewinnen feste Gestalt und heben sich von den Elementen ab, mit denen sie bis dahin eng verbunden waren.

Die olympischen Götter haben menschliche Gestalt und sind doch unsterblich. Sie haben Eigenschaften und sind Gegenbilder der Menschen. Sie kennen weder Kummer noch Leid, nicht die Last der Sterblichen. Dem Tod überhoben, leben sie in Herrlichkeit. Sie sind nicht an die Erde gebunden wie der Mensch, der unter ihrem Ratschluß steht und abhängig ist von den Mächten, die ihn umgeben. Die Götter tragen keine Bürde. Sie können in den Gang der Welt eingreifen und sich ihm wieder entziehen. Sie sind um ihrer selbst willen da, wohnen auf den Höhen des Olymps, in der Erde und in der Tiefe des Meeres, bilden eine große Familie und haben ihre heilige Geschichte, sind frei und natürlich, haben Erlebnisse, Abenteuer und Zwiste wie die Menschen auch. Auf Erden werden sie an besonderen Orten verehrt. Als Nachbarn der Menschen kommen sie zu den Behausungen der Sterblichen, zu den Kriegern aufs Schlachtfeld. Zeitweilig wohnen sie auf der Erde. Manche werden dort geboren und aufgezogen. Sie haben Umgang mit den Menschen, freien sterbliche Frauen, ziehen sogar Sterbliche an ihre Tafel. Aber wehe dem, der die Schranken zu den Göttern durchbricht: der wie Tantalos die Allwissenheit der Götter erproben will, der wie Salmoneus den Zeus nachahmt, der wie Ixion Hera zu verführen sucht, der wie Aktaion Artemis belauscht, der wie Lykurgos und Pentheus dem kultstiftenden Dionysos entgegentritt, der wie Niobe sich vor Leto mit ihrer Kinderzahl brüstet, der wie Thamyris auch nur die Musen herausfordert und der wie Oinomaos Hochmut und Frevel auf sein Haupt lädt.

Die olympischen Götter sind allmächtig, und doch sind ihnen Grenzen gesetzt. Ein griechischer Gott kann Geschehenes nicht ungeschehen machen, kann die Ordnung nicht aufheben. Er behütet sie, aber er hat sie selbst nicht hervorgebracht. Das Leben stammt nicht von ihm, er kann nicht verhindern, daß der Krieger fällt, der Mensch stirbt.

10

# ZEUS

Zeus ist der höchste und mächtigste der olympischen Götter, aber kein Weltenschöpfer. Die Welt ist nicht seine Vorstellung, nicht der Ausfluß seines Willens und seiner Macht, die Natur nicht sein Werk – sie war vor ihm da. Er ist nicht aus sich seiend, kein Gott des Anfangs, sondern ein Gott der mittleren Göttergeneration.

Aber Zeus ist der unumschränkte Herr der Welt. Seine Gestalt und sein Haupt mit den ›dunklen Brauen und den göttlichen Locken‹ sind majestätisch. Zepter, Blitz und Adler sind seine Attribute. Er thront auf dem Olymp, der in das Lichtreich des Äthers hineinragt. Von hier sendet er seinen Blitz, läßt er seinen Adler fliegen. Er ist stärker als sein Vater Kronos und die Titanen, als Prome-

11   Rhea   Zeuskind   Kronos

theus und das Ungeheuer Typhon. Er ist Gegner der alten Erdmächte und ihr Überwinder. Mit Weisheit herrscht er über Götter und Menschen. Sein Wille ist unbezwinglich, sein Auge sieht alles, seine Gedanken sind so tief, daß kein Seher sie ergründen kann. Er ist der Ordner der Welt, ratwissender Lenker der Geschichte. Alle Ordnung ist an ihn gebunden. Von ihm stammt die Gabe der Klugheit und des guten Rates. Er verleiht den Königen die Würde, den Richtern das Amt, er bestimmt Gesetz und Satzung und bestraft den, der die Macht mißbraucht und die Ordnung nicht achtet. Er wacht über die Eide, hütet das Gastrecht, ist der Hort der Schutzflehenden, der Gott des Haussegens. Er leitet die Schlacht, Sieg und Ruhm liegen in seiner Hand. Er sendet Sturm und Regen, Hagel und Schnee, Donner und Blitz und setzt den Regenbogen. In der Götterversammlung führt er den Vorsitz. Immer, wenn Entscheidungen gefällt werden, ist er anwesend. Er lenkt das Schicksal und wägt das Los, verteilt das Gute und das Böse, gibt Reichtum und Lohn, schickt Verblendung, Unheil und Leid. Er ist gefürchtet und ist doch väterlich gerecht. In so reiner Gestalt hat Homer Zeus gesehen und nennt ihn ›Vater Zeus‹.

Mit Zeus verbindet sich fast immer die Vorstellung von einer ehrwürdigen Gestalt, die meistens thront und Zepter und Blitz in den Händen hält (Abb. 10). Diese Haltung hat Zeus nicht von Anfang an, aber seit dem sechsten Jahrhundert zeichnet sie ihn aus.

12  Nymphe  Zeuskind

*Zeus im mythologischen Bild.* – Die bildende Kunst stellt viele Ereignisse aus dem Leben des Zeus dar. Es gibt Darstellungen aus seiner Kindheit, von seiner Vermählung mit Hera, von seinen Kämpfen mit den Titanen – vor allem mit Prometheus und Typhon – und den Giganten, die ihm Thron und Herrschaft streitig machen. Wir kennen Bildwerke, wie er Hochmut und Frevel bestraft, wie er seine Tochter Athena aus dem Haupt, Dionysos aus dem Schenkel gebiert, wie er Frauen gewinnt, seinen Söhnen hilft und Herakles in den Olymp aufnimmt.

Zeus stammt aus dem Titanengeschlecht. Seine Mutter ist Rhea, sein Vater Kronos. Doch, kaum geboren, war sein Leben gefährdet: einst hatte Uranos seine Kinder, aus Angst vor einem Usurpator, im Schoß der Erde behalten; jetzt verschlingt des Uranos Sohn und Überwinder Kronos die seinen, sobald

29

13  Atlas  Adler  Prometheus

sie geboren sind, damit sie ihm nicht gefährlich werden können. Nur die List der Mutter rettet Zeus, indem sie ihn heimlich in einer Höhle auf Kreta zur Welt bringt und dem Vater Kronos statt des Kindes einen in Windeln gewickelten Stein gibt (Abb. 11). Dem Auge des Kronos verborgen, wächst Rheas jüngster Sohn Zeus unter der Fürsorge der Ziegennymphe Amaltheia und im Waffenlärm ekstatisch tanzender Berggeister (Abb. 12) schnell heran, besiegt den Vater, befreit seine älteren Geschwister aus dessen Bauch und kämpft mit ihnen, den hundertarmigen Riesen und den einäugigen Kyklopen gegen die Göttergeneration seines Vaters, die Titanen. Denn Zeus hat seine Herrschaft nicht ohne schwere Kämpfe mit den vorweltlichen Wesen begründet und gefestigt. Aus ihren Reihen, den Söhnen des Uranos und der Erde, sogar aus der eigenen Familie droht ihm Umsturz oder tritt ihm schwerer Widerstand entgegen. In ungeheuren Bildern hat der Mythos die Ablösung der Erdmächte geschaut: wie in der Entscheidungsschlacht, vom Gipfel des Olymp und des Othrys her, die olympischen Götter mit Zeus als Anführer die Herrschaft der Titanen und vorweltlichen Wesen zerbrechen, wie die Söhne der Gaia und des Uranos von Zeus und den verbündeten Göttern in das eherne und finstere Gefängnis des Tartaros gestoßen werden und ihren Widerstand mit ewigem

14  Herakles  Prometheus  Adler

Kerker büßen müssen. Es gibt keine Darstellung von diesem gewaltigsten aller Kämpfe; es sei denn, die titanischen Züge der Gigantenschlacht auf einem Gefäß vom Ende des fünften Jahrhunderts (Abb. 26), wo fellbekleidete Urweltliche mit Felsblöcken und Ästen von der Erde gegen die Götter aufbrechen, stammen aus einer solchen Vorstellung. Die alten Mächte sind gestürzt, die Schlacht haben sie verloren, aber sie selbst sind nicht ausgelöscht worden. Unversöhnt steigen sie immer wieder aus dem Gefängnis des Tartaros und melden ihren Herrschaftsanspruch an. In der ›Orestie‹ des Aischylos zieht sich die Gegnerschaft der vorweltlichen Mächte und der olympischen Götter wie ein roter Faden durch die Trilogie, bis in der Schlußszene die beiden sich versöhnen und aus den Rachegeistern der Erinyen die segenspendenden Eumeniden werden und einen Kult bekommen.

Auch nach dem Titanenkampf hat Zeus Konflikte mit vorweltlichen Wesen zu bestehen. Sein gefährlichster Feind ist Prometheus (Abb. 13. 14), der ›Vorauswissende‹, der schlaueste der Titanen, der auch in seiner Gestalt und seinem Handeln schärfer umrissen ist als seine Geschwister. In ihm vollendet sich titanisches Wesen.

Als das Reich des Kronos gestürzt wird, treten Gaia, Okeanos und Prometheus, noch vor der Entscheidungsschlacht, auf die Seite des Zeus. Prometheus hat Zeus sogar beraten: er sollte nicht mit bloßer Gewalt die Titanen niederwerfen, sondern auch mit List seine Herrschaft aufrichten. Aber als Zeus nach seinem Sieg beschließt, das dumpf dahinlebende Geschlecht der Menschen auszurotten, um es durch ein vollkommeneres zu ersetzen: da stellt sich Prome-

15  Satyrn　　　　　　　　　Prometheus　　　　　　　　　Satyr

theus dem Zeus furchtlos entgegen und wird den Menschen ein Helfer. Er selbst hat einst den Menschen aus Ton geformt, jetzt lehrt er ihn jede Kunst: die Schrift, das sichere Denken, die Wetterschau, die Heilkunst und allerlei mantische Fähigkeiten, aber auch praktische Dinge wie den Hausbau, die Metallschmelze und anderes. Seine Sorge um die Menschen geht so weit, daß er versucht, Zeus um die besten Opferteile zu prellen, und den Menschen zeigt, wie sie opfern sollen: Knochen, in Fett gewickelt, nicht Fleisch und Eingeweide. Für den Menschen holt er das Feuer vom Himmel auf die Erde. Und seine höchste Gabe an den Menschen: er nimmt ihm die Angst vor dem Tod, indem er ihm die Hoffnung gibt. Zeus aber ist er der gefährlichste Gegner; denn nur er weiß um ein Geheimnis, das den Sturz des Zeus verhüllt: wenn die sterbliche Thetis Zeus einen Nachkommen gebiert, so wird dieser stärker sein als sein Vater. Prometheus hat Zeus das Geheimnis nicht verraten. Auf die Frage des Zeus, wer denn die Frau sei, die so tief in sein Leben eingreifen könnte, antwortet der Titan nicht.

Einst hat Prometheus Zeus zum Sieg über die Titanen verholfen, doch als er sich mit Zeus mißt und unterliegt, vergilt ihm dieser seine Hilfe mit Kettenstrafen. Der dem Titan befreundete Hephaistos schlägt ihn auf Zeus' Geheiß mit Ketten an einen einsamen Felsen. Weil Prometheus ein Freund und Gönner der Menschen war und Zeus getrotzt hat, muß er diese harte Strafe auf

16       Athena       Pandora       Hephaistos

sich nehmen. Doch der tiefere Grund seines Sturzes ist der Versuch, die Polarität zwischen Göttern und Sterblichen aufzuheben und den Menschen in Götternähe zu heben. Niemand – auch kein Gott – kann den Gegensatz zwischen Göttern und Menschen verwischen, ohne schwer bestraft zu werden. Prometheus hat die menschlichen Grenzen an die göttlichen gerückt, indem er den Menschen den Blick auf den Tod nahm. Für diesen Frevel muß der Rebell büßen.

Fesselung und Lösung des Prometheus – nicht Leiden und innere Qualen, die er aussteht – schildern die Darstellungen des siebten und sechsten Jahrhunderts auf drastische Weise (Abb. 13. 14). Der Ort ist unwichtig, es genügen: ein Pfahl, eine Säule, woran der Titan gebunden ist; der Adler wird dargestellt, der ihm tagsüber die Leber zerhackt, die über Nacht nachwächst; das Blut aus

33

17    Zeus    Hermes    Epimetheus    Pandora Eros

der Wunde wird gezeigt. Eindringlich wie seine Folter ist die Befreiung durch Herakles, den Sohn seines Erzfeindes Zeus, der den Raubvogel mit Pfeilen erlegt (Abb. 14).

Prometheus als Feuerdieb darzustellen, dazu kam der Anstoß in der zweiten Hälfte des fünften Jahrhunderts wohl von einem Satyrspiel ›Prometheus‹, das die sogenannte Persertrilogie des Aischylos abgeschlossen hat. Satyrn umtanzen den Fackelträger (Abb. 15). Das lodernde Feuer hat es ihnen angetan. Sie wagen sich vor und weichen zurück, aus Angst, sich den Bart zu verbrennen. Das Schauspiel hatte neben dem vordergründigen Scherz der täppischen Wildnisgeister, die mit dem Element des Feuers nichts anfangen können und das Ungewohnte nur bestaunen, sicher einen tieferen Bezug. Die Hauptgestalt ist der vermessene Prometheus, der Zeus herausgefordert hat. Aischylos hat im ›Prometheus‹ den leidenden Titan gezeigt; aber er konnte im Drama nicht nur die Leiden und Qualen des Titanen zeigen, sondern auch seine Umkehr von Trotz und seine Erhöhung: vom Feind zum Freund des Zeus, vom Gefolterten zum Kultgenossen des Hephaistos, vom Menschenfreund zum Wohltäter der Menschheit, der sogar einen Kult bekommt. Zu einer solchen Ausdeutung des Prometheusmythos, die im Leiden zugleich den Weg zur Einsicht sieht, zwingen die Bildwerke nicht; aber die Vorstellung, daß der Titan

18    Athena    Herakles    Atlas

den Menschen ein Helfer wurde, steckt selbst in den Szenen mit den Satyrn. Zeus' Rache gilt auch Epimetheus, dem ›Nachsinnenden‹, Bruder des Prometheus. Er ersinnt ein garstiges Übel – Hesiod berichtet davon: Hephaistos muß eine Frau aus Ton formen, Athena ihr Leben einhauchen, Aphrodite ihr Schönheit und Anmut verleihen und Hermes sie List und Trug lehren. Pandora – so heißt das künstliche Geschöpf – bringt einen Krug mit, worin Krankheiten und alle Übel der Welt und die Hoffnung eingesperrt sind. Sie hebt den Deckel und läßt die Plagen heraus: als die Hoffnung heraus will, schlägt sie den Deckel zu. Die Hoffnung als Gegengewicht zu den Übeln ist da, aber sie ist eingesperrt

35

19  Zeus  Typhon

und kann nicht zu den Menschen gelangen. So bestimmen die Mühsale das Los des Menschen. Die Bildwerke zeigen nicht die Flucht der Plagen aus dem Krug, sondern die Erschaffung des Weibes, die solches getan hat. In einer frühklassischen Darstellung, in der ersten Hälfte des fünften Jahrhunderts (Abb. 16), wird Pandora (Nesidora) erschaffen, um sie herum die tätigen Götter Hephaistos und Athena. Hephaistos hat sein Werk vollendet. Athena hängt ihr ein silbernes Gewand um und schmückt sie. Dann schickt Zeus Pandora zu Epimetheus, um ihn zu täuschen und zu strafen. In einer Darstellung aus der Mitte des fünften Jahrhunderts (Abb. 17) tritt sie nicht vor Epimetheus hin, der den Hammer hält und sie überrascht empfängt, sondern steigt aus der Erde. Warum taucht Pandora aus der Erde auf? Ist sie nicht ein Geschöpf des Hephaistos? Man könnte in dem Bild einen Bühneneinfall des Sophokles sehen. Tatsächlich hat er ein Satyrspiel ›Pandora‹ geschrieben, von dem freilich nur der Name bekannt ist. Für das Spiel hätte die Geschichte Witz, wenn Pandora plötzlich vor dem überraschten Epimetheus aus den Bühnenbrettern auftauchen würde. Als Machwerk aus Erde könnte sie sinnvoll aus der Erde aufsteigen, auch die Überraschung wäre größer. Allein, das Auftauchen des Erdgeschöpfes aus der Erde

20                Typhon            Zeus

ist nicht der ganze Inhalt der Szene. Zeus, von dem alles ausgeht, der das Listweib ersonnen hat, ist, für die Betroffenen natürlich unsichtbar, anwesend. Sein Wille lenkt: er befiehlt dem Götterboten Hermes, und sein Befehl reicht bis in das Geschehen im rechten Bildteil, wo Epimetheus Pandora begrüßt. Epimetheus – ohne die Warnung seines Bruders Prometheus zu beachten, nichts von Zeus anzunehmen – empfängt Pandora, die Wurzel jeglichen Übels. Seine Handbewegung und der kleine Eros sind unmißverständlich wie die Blume in Hermes' Hand. Zeus (vielleicht nicht ohne mit dem Auge zu zwinkern) blickt Hermes an: der Plan ist geglückt.
Prometheus und Epimetheus haben den Titanen Japetos zum Vater, dessen dritter Sohn Atlas heißt. Der haust draußen am Rande der Erde, wo Tag und Nacht im gleichen Haus wohnen. Dort wohnen auch die Hesperidenmädchen, und dort steht der von ihnen behütete Wunderbaum mit den goldnen Äpfeln. Weil Atlas mit anderen Titanen in der Titanenschlacht auf der gegnerischen Seite kämpfte, wird er bestraft: er muß ›unter dem furchtbaren Zwang des Zeus‹ die Last des Himmelsgewölbes auf Haupt und Händen tragen. Auf Darstellungen des sechsten Jahrhunderts (Abb. 13) ist des Titanen Last übergroß, er muß in die Knie gehen, um sie zu halten. In einer Metope des im zweiten Viertel des fünften Jahrhunderts erbauten Zeustempels in Olympia (Abb. 18) steht Atlas im Dienst des Herakles, um die goldenen Äpfel aus dem Hesperidengarten zu holen. Unterdessen ist der Heros unter das Himmelsjoch getreten, und Athena, unsichtbar anwesend, hilft ihm die Last mittragen. ein Heros und eine Göttin müssen also zusammenhelfen – so schwer ist Atlas' Bürde! Das Thema der Metope ist die Tat des Herakles, der die Äpfel vom Hesperidenbaum holen

21  Zeus        Typhon        22  Zeus        Typhon

muß, um sie Athena zu geben. Aber jede Zeit stellt die Geschichte anders dar, so auch der Olympiameister, der nicht umsonst diese Art wählte: sie sollte über die Handlung der Äpfelübergabe hinaus auf einen anderen Bildinhalt weisen, der zwar nicht zur Heraklessage gehört, wohl aber zur frühklassischen Vorstellung von den Frevlern und dem strafenden Zeus. Der Bildner konnte Zeus selbst nicht in die Metope einfügen, aber er hat Atlas eingefügt und so des Zeus Strafe sichtbar gemacht. Der Titan steht hier der Last seiner Strafe gegenüber und doch ganz unter ihr, gleich unter dem Schicksal, und muß darüber hinaus noch einem Halbgott zu Diensten sein – er, der aus dem Titanengeschlecht stammt. Mit solchen und ähnlichen Bezügen steht die Atlasmetope in der Reihe der Metopen am Zeustempel nicht allein: wie in allen frühklassischen Ereignissen wird immer auch eine schicksalsmäßige Notwendigkeit des Geschehens sichtbar. Man muß nur die Haltung einer jeden Figur und die aller zueinander lesen können.

Als die Titanen überwältigt sind, wird Typhon, ein gräßliches vorweltliches Ungeheuer, von seiner Mutter Gaia aufgestachelt, den Sturz ihrer Titanensöhne zu rächen und Zeus zu stürzen. Ein gewaltiges Ringen beginnt. Am Ende wird Typhon, vom Blitz des Zeus bezwungen, in den Tartaros geworfen. Hesiod nennt Typhon ein vielgestaltiges Unwesen mit hundert Schlangenköpfen, die aus den Schultern wachsen, sich ständig bewegen, vielfältig brüllen und toben wie der Sturmwind. Im Orkan, wenn die ganze Natur in Aufruhr ist und alles bebt, wird die Gegenwart des Ungeheuers erlebt. Der Dichter beschreibt das Scheusal bis ins nicht mehr Gestaltbare. Der Bildner jedoch muß ihm eine Gestalt geben: er schafft ein Mischwesen, halb Mensch, halb Tier. Der frühe

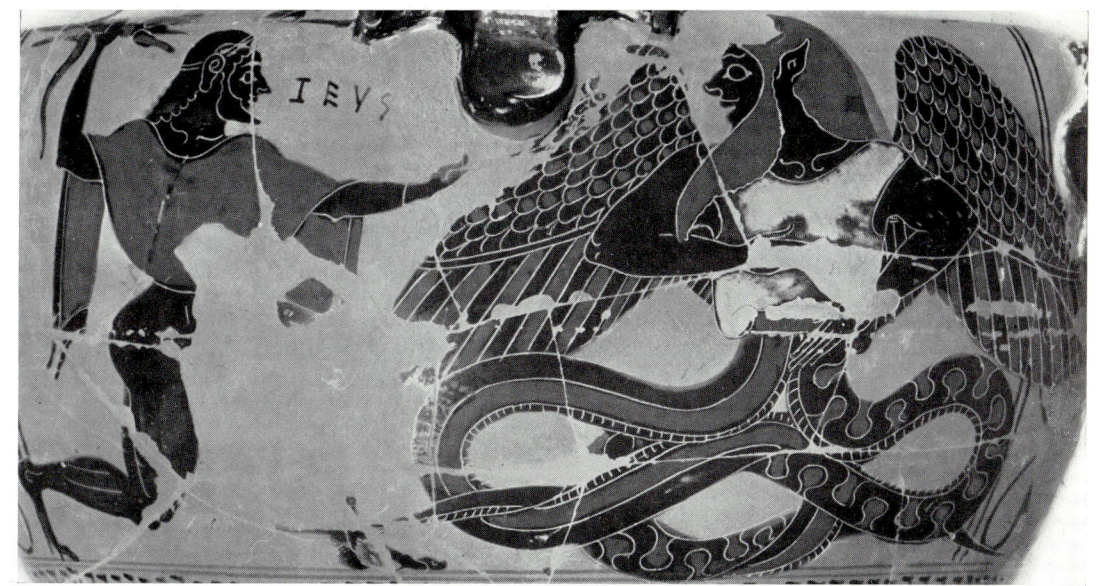

23          Zeus                                Typhon

Typhon ist einem Roßmenschen ähnlich, er gleicht den Kentauren, die im Pholoegebirge und in Thessalien hausen, sich mit Herakles und den Lapithen bekriegen. Möglicherweise stellt eine Bronzegruppe aus dem achten Jahrhundert (Abb. 19) den Typhonkampf des Zeus dar. Der Kämpfer mit Blitz und Zepter, der auf einem Gefäß des frühen siebten Jahrhunderts (Abb. 20) einem solchen Roßmenschen feindlich gegenübersteht, ist Zeus, das Mischwesen ist Typhon. Bald ändert jedoch Typhon seine Gestalt. Etwa vom zweiten Jahrzehnt des siebten Jahrhunderts an behalten allein die Kentauren die Gestalt eines Roßmenschen, der vorher als männliches Wesen Typhon, als weibliches Medusa heißen konnte. Typhon aber wird, als im sechsten Jahrhundert der Typhonkampf erneut auflebt, ein struppiger, geflügelter Schlangenfüßler mit phantastischem Aussehen. Und der Kampf zwischen dem Gott und dem Ungeheuer gewinnt drastische Züge. Auf Schildbändern (Abb. 21. 22) packt Zeus zu und faßt das flehende Unwesen am Hals und am Kopf oder greift ihm ins Maul. Auf einem inselgriechischen Gefäß (Abb. 23) ist Zeus der Angreifer, aber auch sein Gegner, breit auf seinen Schlangenbeinen ruhend, ist mächtig. Kein Wunder, daß der Typhonkampf ein echtes Thema dieses Jahrhunderts geworden ist; denn in ihm ist alles enthalten, was die Zeit liebte: phantastisches Aussehen, drastischer Kampf.

Gegner der Götter sind auch die Giganten. Wie die Titanen und die hundertarmigen und die einäugigen Riesen sind sie Urwesen. Aber es fehlen ihnen uranische Züge, wie die Titanen sie haben. Die Giganten verkehren mit den

39

24 Hermes Zeus Herakles Gaia Athena Gigant
Poseidon
Aphrodite Artemis Apollon Hephaistos

Göttern und gehören doch nicht zu ihnen. Ihre Mutter ist Gaia, die sie, von den Blutstropfen des von seinem Sohn Kronos entmannten Uranos befruchtet, geboren hat, aber sie sind nicht unsterblich wie ihre Eltern. Weil sie von Gaia abstammen und immer eng mit ihr verbunden bleiben, heißen sie auch ›Erdgeborene‹. Und von der Mutter, die ihren alten Herrschaftsanspruch auf die Welt nicht aufgeben will, erben sie die Gegnerschaft zu Zeus und den olympischen Göttern. Phlegra gilt als das Geburtsland der Giganten, und auf dem Feld von Phlegra werden sie von den Göttern besiegt.

Die Giganten sind stets die Angreifer, ihr Ziel ist der Olymp und der Sturz des Zeus. In diesem Kampf steht Zeus nicht allein, aber er steht an der Spitze, ist Vorkämpfer mit Athena und dem Halbgott Herakles, ohne dessen Bogen – so sagt der Mythos – die Schlacht nicht entschieden werden konnte. Im Giebel des

25   Zeus   Gigant

Artemistempels auf Korfu, aus dem frühen sechsten Jahrhundert, steht die älteste monumentale Gruppe dieses Themas: der jugendliche Zeus und ein struppiger Unhold, der nach dem Aussehen auch ein Titan sein könnte. Doch den größten bildnerischen Beitrag zur Gigantensage haben attische Töpfer um die Mitte des sechsten Jahrhunderts mit kostbar bemalten Gefäßen geleistet (Abb. 24). Die Götter ziehen bekleidet und die Giganten gerüstet, gleich den Kriegern mit Panzer, Helm, Schild und Lanze, in die Schlacht. Die Gefäße waren Weihgaben an Athena, die Burgherrin und Gigantenkämpferin. Das Vorbild dieser frühen attischen Darstellungen ist bekannt: es ist der in das heilige Gewand der Athena Parthenos eingewebte Gigantenkampf. Denn gegen die Mitte des sechsten Jahrhunderts – als das große Athenafest eingerichtet wurde – ist es fester Brauch geworden, der Göttin ein Webgewand mit dem Bild der Gigantenschlacht zu weihen. Damals ist auch auf den Gefäßen eine für lange Zeit gültige Schlachtordnung festgelegt worden: Zeus kämpft vom Wagen aus, der Sohn und Heros Herakles ist Bogenschütze und zugleich Lenker der Pferde, Athena dringt neben dem Gespann nach vorn. In diese Ordnung der drei Vorkämpfer bricht die Erdgöttin und bestürmt Zeus, das Leben ihrer Kinder zu schonen.

Die Vorkämpfer – Zeus, Athena und Herakles – stehen in der Schlacht immer zusammen. Zwar hat Zeus – wie andere Götter auch – seinen Gegner und seinen Ort im Kampf, aber wo er kämpft, ist der Mittelpunkt der Schlacht. Alle Götter – nicht er allein – sind im fünften Jahrhundert übermächtige Streiter,

41

Selene  Enkelados          Porphyrion          Gaia    Helios

26        Zeusgespann                    Athenagespann

42

27   Athena   Zeus  Nike           Herakles      Artemis

und die Gegner brechen unter der Wucht des Angreifers nieder, wie von einer Erscheinung getroffen. Aber des Zeus Gestalt reicht über die Mitstreiter hinaus, ob er allein kämpft (Abb. 25), zu Fuß oder auf dem Wagen den olympischen Palast verläßt und in die Feldschlacht eingreift.

Gegen die Mitte des fünften Jahrhunderts, als die Feldschlacht offener wird, tut sich ein Zwischenraum zwischen den Kämpfern auf: in ihm ist das unmittelbare Aufeinanderstoßen der Streiter abgeschwächt und eine bewußtere Gegnerschaft spürbar. Und je stärker die Giganten in die Abwehr gedrängt sind, desto großartiger ist ihr Fallen und Sterben (vgl. Abb. 25). Im Gigantenkampf dieser Zeit gilt es eben nicht nur, einen Gegner niederzuwerfen: der Gegner ist ein Frevler, darum muß er bestraft werden. Der frühklassische Gedanke vom Frevler und den strafenden Göttern verändert das alte Thema, macht die Götter zu überlegenen Kämpfern und verschärft den Gegensatz zwischen Göttern und Erdwesen. Die Götter siegen nicht nur, weil sie Götter sind und Macht haben – gewiß auch deswegen –, sondern auch, weil sie frevlerischen Übermut bestrafen müssen. So will es die Weltordnung, die Zeus behütet.

Der Schauplatz der Schlacht ist das phlegräische Feld, jedenfalls eine Ebene, wo die Kämpfer, Mann gegen Mann, stehen. Aber einmal ist die Vorstellung von den himmelstürmenden Giganten auch im Bild verwirklicht worden. Als es galt,

43

28   Athena   Herakles   Zeus   Porphyrion Dionysos

die Innenseite des Schildes der Athena im Parthenon (Abb. 216. 217) mit dem Kampf der Götter und Giganten auszumalen, wurde vermutlich die Gigantomachie neu für Schild und Peplos gefaßt. Die alte Anordnung genügte nicht mehr. An diese verlorene Darstellung aus dem dritten Viertel des fünften Jahrhunderts führt ein jüngeres Gefäßbild heran (Abb. 26). Der Pinselstrich ist malerisch breit, Schattenstriche kommen auf, wie sie am Ende des Jahrhunderts häufig sind. Aber die Auffassung des alten Themas ist parthenonisch, der Entwurf weist auf Phidias, den Schöpfer des Athena-Kultbildes.

Am Ursprung der Sage, an dem *alten Bild* des Urmythos, das durch keine Darstellung und in keiner Zeit verbraucht werden kann, haben sich solch kühne Entwürfe entzündet. Neue Gedanken über Tod und Untergang, über Schuld und Sühne haben dem Thema Inhalt und Form gegeben. Unter dem Himmelsbogen stehen die Giganten, nackte Gestalten, die aus der Erde auftauchen, Felle tragen, Felsen und Feuerbrände werfen – keine gewappneten Krieger mit Schild und Lanze wie einst. Sie dringen zum Olymp hinauf und kämpfen schon am Himmelsbogen. Über ihnen, auf der Kuppe oben, wo der Himmelsbogen den

29  Hephaistos    Gigant         30    Gigant        Gott

Berg durchschneidet, liegt der Götterpalast, dort stehen ihre Gegner, die Götter. Zwei Gespanne trugen die Hauptkämpfer in die Schlacht. In der Wurflinie des Porphyrion stand der Wagen des Zeus, auf der anderen Seite Athenas Gespann. Daß der Sonnengott aus dem Ringstrom auffährt und die Mondgöttin hinabreitet, soll nicht heißen, daß der Kampf am frühen Morgen stattfindet. Der Ort der Schlacht ist hier also nicht die Ebene von Phlegra oder der Olymp und seine Hänge. Der Sonnengott taucht aus dem Ringstrom, der die Erde umschließt, auf, während die Mondgöttin auf der anderen Seite, wieder am Rand der Erde, in den Strom hinabtaucht. Das bedeutet: die ganze Erde wird zum Schlachtfeld.

Die Götter siegen. Die Giganten werden besiegt und gehen unter. Ein titanischer Zug liegt in der Darstellung: Erdensöhne von hoher Abstammung fallen, weil es sein muß. Der Maler deutet den Hintergrund des Geschehens und die Schuld am Untergang der Giganten an. Schuld sind nämlich nicht ihr Herrschaftsanspruch allein, sondern ihre Abstammung von Gaia und der unüberbrückbare Gegensatz zwischen Gaia und Zeus. Am Rand des Schlachtfelds, vom Himmelsbogen miteingeschlossen, taucht die Erdmutter auf und fleht, zu Zeus die Hände erhebend, um das Leben ihrer Söhne. Schon auf der Darstellung des

31   Gigant            Zeus            Gigant            Porphyrion

sechsten Jahrhunderts (Abb. 24) bittet sie darum; aber erst jetzt wird das Gaiathema im Gigantenkampf ausgetragen, wird die Mutter zur wahren Gegnerin des Zeus: es geht nämlich um einen alten Rechtsanspruch der Erdmutter auf die Erde.

Auf dem Hintergrund des Todes wird der Raum, in dem die Giganten kämpfen, ihr gemeinsamer Todesraum, in ihm erfüllt sich ihr Schicksal. Wenn sich die Unterirdischen und die Olympier in zwei Räumen gegenüberstehen, wie auf dem Gefäß (Abb. 26) und seinem Urbild, dem Peplos und Schild der Athena Parthenos, dann ist eine Ebene geschaffen, wo Giganten und Götter gleichwertige Gegner sind. Und weil Unterliegende und Sieger gleichrangig sind, sind auch Tod und Sieg austauschbar geworden.

Nicht jeder Bildner hat den Kampf der Götter gegen die Giganten als seinsgemäßen Gegensatz zweier Mächte aufgefaßt. Ein unteritalischer Maler (Abb. 27) ging nicht einmal vom hohen Rang der Giganten aus. Er läßt die Götter von hinten, von einem erhöhten Gelände angreifen. Es entbrennt ein ›Kampf aus der Höhe‹, noch heftiger als auf dem attischen Gefäß (Abb. 26). Sogar der Himmelsbogen ist darauf angedeutet, aber die beiden Bereiche sind nicht streng getrennt. Der Maler wußte zwar, daß die Giganten aus der Erde aufsteigen und

| Alkyoneus | Athena | Gaia | Nike |

besiegt werden. Und er wollte die Übermacht der Götter zeigen und wie grausam ihre Gegner, niedergeschmettert von den Waffen der Götter oder versengt vom Feuerstrahl des Blitzes, untergehen. Aber er kannte weder die Gedanken von Tod und Schuld, noch die Gleichheit von Sieg und Niederlage.

Auf den Bildern des vierten Jahrhunderts kommt erstmals ein schlangenfüßiger Gigant vor, der die Abkunft der Giganten von der Erde auch äußerlich zeigt. Im übrigen wird der Kampf wieder in offener Feldschlacht ausgetragen, offenbar auch auf Wandgemälden, von denen wir durch ein Tongefäß (Abb. 28) Kunde haben: die zwei auseinanderfahrenden Gespanne, das des Zeus und des Ares, und in der Mitte Poseidon zu Pferd, sind keine Gefäßbildanlage. Die göttlichen Streiter stehen nach dem Grad ihrer Verwandtschaft auf dem Feld beieinander, die engere Familie – Athena, Herakles und Dionysos – um Zeus. Die Schlacht verdichtet sich dort, wo Zeus mit dem Anführer der Giganten kämpft. So stark diese Kampfszene auch ist, das ältere Bild (Abb. 26), mit dem Gegenüber von Himmels- und Erdmächten, bleibt unerreicht, es konnte keine Nachfolge finden.

Im Fries des Pergamenischen Zeusaltars aus der ersten Hälfte des zweiten Jahrhunderts nimmt der Kampf Formen an, die in apokalyptische Abgründe rei-

47

Myrtilos        Poseidon    Athena    Zeus    Ganymed

33            Oinomaos            Pelops Hippodameia

chen. Die olympischen Götter und ihr Anhang aus vorweltlichen Mächten und wer sonst zu Bundesgenossen des Zeus zählen kann, sind gegen die Giganten aufgerufen (Abb. 29–32): an der Ostseite die olympischen Götter (Abb. 31.32), an der Südseite die Titanen und Götter der Tagesgestirne, an der Westseite die Götter des Meeres und der dionysische Kreis, an der Nordseite die Götter der Nacht und die Sternbilder des nächtlichen Himmels. Es scheint, als habe sich auch die Erde geöffnet und ihre Ausgeburten in die Schlacht geworfen: schlangenfüßige Kämpfer, Flügeldämonen mit Krallen, Bestien mit Löwen- (Abb. 30) und Stierkopf (Abb. 29), sie stoßen zu menschengestaltigen, bärtigen und jugendlichen Giganten. Die einen kämpfen mit Kriegerwaffen, andere greifen lodernde Brände und Steine. Der Gegner des Zeus ist der König der Giganten, der schlangenfüßige und tierohrige Porphyrion (Abb. 31). Auf ihn hat Zeus den Blitz gerichtet, aber die Waffe reicht weiter, bis zur Mutter Erde, die, unweit von Zeus, vor Athena aus dem Boden auftaucht (Abb. 32). Sie selbst kämpft nicht, sie wendet sich nur flehend an Zeus, und keiner der Götter hebt die Waffen gegen sie. Gaia, die Mutter der Giganten, ist in gerader Linie sogar mit Zeus verwandt. Und dennoch ist sie, vom Ursprung her, seine eigentliche Gegnerin und die der olympischen Götter; denn ihr alter Herrschaftsanspruch

Seher　　Sterope Oinomaos Zeus Pelops Hippodameia　Seher

wirkt noch immer. In ihren kämpfenden Söhnen stellt sie sich gegen die Macht des Zeus. Die Tragweite des Gigantenkampfes liegt vor allem in dem Gegensatz zwischen Zeus und Gaia.

Weit über eine Gigantenschlacht und weit über den Gegensatz der Erdwesen zu Zeus hinaus tobt im Fries des Pergamenischen Altars ein Kampf aller gegen alle, der einem Aufruhr der Elemente gleicht: die eine Hälfte der Natur liegt im Kampf mit der anderen, die untersten Naturgewalten stehen gegen die oberen auf. Die Giganten kämpfen verbissen wie die Götter. Die Olympier siegen. Das Elementhafte macht die Leiber der Streitenden wuchtig und formt Götter und Giganten und den Kampfstil; denn das Streben, diese Gestalten körperlich zu übersteigern, das Gegensätzliche zwischen den Kämpfern zu verschärfen – das ist hellenistische Art. Und der Raum, in dem die Kämpfer stehen, ist ein wirklicher geworden.

Wenn der alte Gegensatz Gaia – Zeus in der attischen Darstellung vom Ende des fünften Jahrhunderts (Abb. 26) und ihren Vorbildern auch im Kampf ausgetragen wird, so ist doch das Gegenüber von Göttern und Giganten auch ein geistiger Gegensatz der zwei Mächte. Es geht um die Weltordnung, die Zeus behütet. Im Pergamenischen Altarfries, wo nunmehr Physis gegen Physis steht, wird der Rechtsanspruch der Erdmutter und die Ablehnung durch Zeus auf körperliche Weise geltend gemacht.

Hochmut und Frevel sind Zeus zuwider. Er schickt schwere Strafe dem, der ihn herausfordert oder eine vermessene Tat begeht. So vernichtet er das Haus des Oinomaos, des Königs von Pisa, als dieser frevlerisch seine Tochter Hippodameia dem Mann als Frau verspricht, der ihn, Oinomaos, im Wagenrennen besiegt. Die Sage wird auf einem Gefäß des vierten Jahrhunderts (Abb. 33) ausführlich dargestellt. Anwesend sind außer den Beteiligten noch Zeus, als Herr von Olympia, Athena und Pelops' Vater Poseidon. Oinomaos steht am Altar und opfert um einen für ihn günstigen Ausgang des Wagenrennens: er wirft die Gerste und bringt das Widderopfer an Artemis dar. Des Königs Wagenlenker hält sich mit dem Gespann bereit. Unterdessen fährt der Freier Pelops, dem in der Wette ein Vorsprung zugestanden ist, mit Hippodameia ab. Was nach der Wettfahrt sich ereignet, sagt das Bild nicht, nichts deutet auf den Ausgang der Wette hin. Der Maler hat lediglich wiedergegeben, was vor der

49

35  Hera    Zeus          36       Hera    Zeus

Abfahrt geschieht, doch ohne Spannung, ohne die Szene auch nur auf eine Mitte auszurichten: etwa auf Zeus, der Oinomaos für sein verwegenes Ansinnen bestrafen wird.

Anders im Ostgiebel des Zeustempels in Olympia, aus dem zweiten Viertel des fünften Jahrhunderts (Abb. 34. 84. 85): hier ist gerade der Frevel des Oinomaos der Kern der Darstellung. Versammelt ist die Familie des Königs: Oinomaos und seine Frau Sterope, die Tochter und Braut Hippodameia, der Freier Pelops, die Seher des königlichen Hauses, Stallknechte, Gesinde. Die Gespanne stehen zur Wettfahrt bereit. Der Meister hat im Giebel nicht bloß die peloponnesische Oinomaos-Pelops-Sage ausgebreitet, Stellung und Rhythmus der Figuren im Giebel, das Erscheinen von Zeus sind nicht nur Erzählung. Die alte Sage erscheint im Giebel ähnlich wie im Drama. Aber dramatisch wird sie nicht durch die formalen Gegebenheiten eines Giebels, nicht durch die Schrägen, die Rückwand, die Mitte, die Ecken. Denn in archaischen Giebeln, welche die gleichen Elemente haben, entsteht dennoch keine dramatische Darstellung. Den dramatischen Gehalt bekommt die Sage, als in ihr Menschenfrevel und Rache der Götter gesehen werden. Der Frevel des Oinomaos und die Rache des Zeus sind zum Thema des Giebels geworden. Auf welche Weise das geschieht, ist deutlich

37        Zeus        Hera

zu erkennen: die beiden Parteien, der König und der Freier, wenden sich in leichter Drehung einander zu, doch nur so viel, daß zwischen ihnen eine Spannung entsteht und sie doch getrennt sind, jeder für sich. In dem entstandenen Zwischenraum erscheint leibhaftig, aber den Anwesenden unsichtbar, Zeus. Den Kopf zu Oinomaos gewendet, greift er, voll Unwillen über den Frevler, in den Mantel. Zeus ist nicht erschienen, um Pelops vor dem Tod zu retten, sondern um den frevlerischen König und seine Sippe zu vernichten. In dem unsichtbar erscheinenden Zeus, der über die Ordnung wacht, gipfeln alle Vorgänge. Der entwerfende Meister des Giebels hat die Geschichte von Oinomaos allein auf die göttliche Rache bezogen und in Zeus den strafenden Gott der frühklassischen Zeit gesehen, der Unrecht nicht ungeahndet läßt. Und da sind noch die beiden Seher (Abb. 34. 85): sie sitzen hinter den Gespannen und sind die Angelpunkte der Figurenanordnung im Giebel, sie verknüpfen durch ihren Ort und die Richtung ihrer Blicke die Ecken mit der Mitte. Nur sie schauen, was außer ihnen im Giebel niemand sieht: den Gott, seine Kopfwendung, den

38        Hera                    Zeus

Blitz in seiner linken Hand und die unwillige Geste seiner Rechten am Mantel. Und sie schauen in der Haltung des Gottes das furchtbare Strafgericht, das über das Haus des Oinomaos hereinbrechen wird. Mit den Sehern tauchen gleichsam alle Angehörigen des königlichen Hauses in die dunkle Vorahnung des Kommenden hinab; denn alles im Giebel ist tragische, abwartende, auf Künftiges vorausweisende Handlung. So hat der Bildner aus einer elischen Geschichte ein Drama gestaltet, das Inhalt für einen frühklassischen Giebel werden konnte: das Drama von den Menschen, die schuldig werden, und von den unsichtbaren und strafenden Göttern.

Hera ist Zeus' eigentliche Gattin. Ihre ›Heilige Hochzeit‹ wird als ein großes Ereignis geschildert. Voraus gingen die wundersame Vermählung der Groß-

39  Iris　　　　　Hera　　　　　　　　　　Zeus

eltern Uranos und Gaia und die der Eltern Kronos und Rhea. Gleich diesen ist die ›Heilige Hochzeit‹ von Zeus und Hera ein kosmisches Geschehen – und doch grundverschieden von der kosmischen Vermählung der älteren Götter: denn sie ist zugleich ein persönliches und familiäres Ereignis und ohne den Wandel der Götter um die Jahrtausendwende nicht zu verstehen. Darstellungen des siebten Jahrhunderts zeigen das, wenn Zeus Heras Hand ergreift, um von ihr Besitz zu nehmen. In Darstellungen, die von Kreta, der Geburtsinsel des Zeus, und aus dem Heiligtum der Hera auf Samos stammen, faßt der Krieger Zeus Hera an der Hand, während sie den Schleier wegzieht (Abb. 36). Oder beide fassen sich an den Händen, Zeus die Braut am Kinn (Abb. 35. 140), und vollziehen die ›Heilige Hochzeit‹. In der Handlung wird auch die Vorstellung von der Fruchtbarkeit eine Rolle gespielt haben. Eine samische Holzgruppe aus dem Ende des Jahrhunderts (Abb. 37) enthält beides; denn Umarmen, Fassen der Hände, Berühren des Leibes sind alte Zeichen der Fruchtbarkeit und des

53

Wachstums. Aber der Schnitzer wollte außer der göttlich-menschlichen Fruchtbarkeit auch anschaulich machen, wie Zeus von Hera Besitz ergreift.

Im fünften Jahrhundert erscheint die ›Heilige Hochzeit‹ verwandelt: auf einer Metope vom Heratempel in Selinunt aus dem zweiten Viertel des Jahrhunderts (Abb. 38) sitzt Zeus lässig auf einer Felskuppe, faßt die zögernd sich nähernde Hera am Handgelenk, zieht das Schleiertuch weg und sieht sie an. Der großgriechische Meister hat das Fassen am Handgelenk, das Besitzen bedeutet, noch wörtlich genommen, aber vielfältige Bezüge geschaffen. Das Götterpaar berührt sich nicht naturhaft wie in der samischen Gruppe (Abb. 37): der Heilige Bund wird geschlossen in dem Zwischenraum, der zwischen den Göttern entsteht. Und in ihm erscheint die mädchenhaft göttliche Braut dem Herrscher Zeus.

Als Phidias Zeus und Hera im Ostfries des Parthenon im dritten Viertel des fünften Jahrhunderts (Abb. 39) eigenhändig gestaltet, macht er das Nebeneinander beider Götter zu einer Begegnung, ohne die Züge der ›Heiligen Hochzeit‹ zu verwischen. Die Szene im Fries ereignet sich im olympischen Palast und zugleich auf der Akropolis, wo beide zusammen mit anderen Göttern den Zug der Athener zum Feste Athenas erwarten. Zeus ist oberster Gott durch seine Haltung, nicht durch das Zepter in seiner rechten Hand. Vor ihm sitzt Hera. Wie wenn ein urmütterlicher Wesenszug Hera dazu drängt, wendet sie sich nach Zeus um und zieht das Schleiertuch vom Gesicht. Er antwortet ihr: sie begegnen einander, ohne die Hände zu fassen, in einem Zwischenraum, der durch sie erst entsteht. Dieser Raum ist nicht wirklich, sondern ontisch und Träger der Begegnung. In ihm sind Ruhe und Spannung, in ihm treffen und trennen sich zugleich die beiden Götter, gleich einer Epiphanie. In ihm wird auch der Gegensatz der mädchenhaften Hera zu dem mächtigen Zeus aufgehoben. Zeus und Hera sind darin gleichgewichtige, wenn auch abgestufte Gestalten.

Um die Gruppe und den Vorgang zu verstehen, muß man die Figuren und ihre Haltung, die so bei anderen Göttern im Fries nicht wiederkehrt, verstehen. Zunächst die Körper: gleich einem Quaderbau sind sie geschichtet und in den Achsen gerichtet, jede Wendung des Körpers geschieht in dieser achsialen Ordnung, nicht in einer kurvigen Drehung. Darin ruht die Figur, aufragend und entlastet. Steht eine solche Figur einer anderen (oder auch nur einem gedachten Inhalt) gegenüber, so entsteht zwischen ihnen eine Spannung und ein Gegenüber. Der Ansatz zum Gegenüber ist im frühen fünften Jahrhundert da, als in der griechischen Kunst der Kontrapost aufkommt, der sich in der Figur äußerlich als Stand- und Spielbein, Verschiebung der Körperachsen und Neigen des Kopfes darstellt (vgl. Abb. 211. 212. 272. 309–311). Aber der Kontrapost bedeutet mehr: den Beginn der Reflexion des Menschen über sich und die Bezugnahme

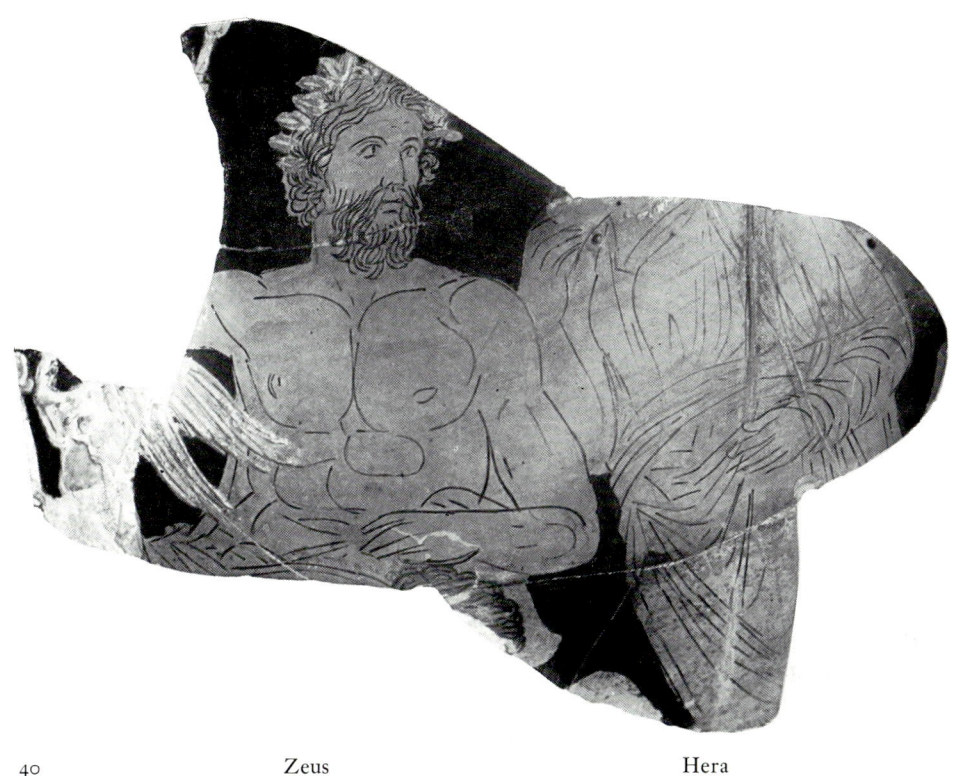

40          Zeus                    Hera

zu einer anderen Gestalt oder zu ›Etwas‹. Der Kontrapost ist also in jedem Fall ein zweifacher Bezug: des Menschen zu sich und zu einer anderen Figur oder zu einem außerhalb des Menschen Seienden. Unter ›Gegenüber‹ ist nicht etwa nur eine zweite Figur zu verstehen, die man sich gar hinzudenken oder in die vorhandene hineindenken muß, wenn sie fehlt. Der Bezug ist ein existentieller: beim Menschen zum Beispiel ist seine Existenz, sein Dasein, sein Los angesprochen. Und ›Zwischenraum‹ ist der Abstand von einer Figur zur anderen, nicht das, was zwischen zwei Figuren freibleibt, sondern der Zwischenraum reicht von der achsialen Mitte der einen Figur zu der anderen. Er entsteht mit dem Kontrapost der Figuren und ist ein geistiger und ontologischer. Deshalb handelt es sich in der Begegnung im Zwischenraum nicht um eine zufällige, persönliche, sondern um eine existentielle. Und weil Zwischenraum und Bezug geistiger Natur sind, gibt es sie auch ohne eine zweite Figur: denn jede Gestalt des fünften Jahrhunderts ist vom Bezug her zu verstehen.

Im mittleren Jahrhundert kann der Kontrapost ein dialogischer Kontrapost sein. Dialogischer Kontrapost bedeutet, wie schon der Kontrapost, weit über das Formale hinaus etwas Inhaltliches: er umfaßt zunächst das, was sich im Zwischenraum begibt. Ein Grundzug des Dialogischen ist daher schon mit dem

55

41                    Zeus-Athena

Einsetzen des Kontrapostes da, doch ist das Dialogische in der Figur, in der Gruppe, im Fries, im Giebel noch etwas Besonderes. Versteht man den Inhalt des Dialogischen richtig, so ist er von keinem anderen Bildner verwirklicht worden als von Phidias: in der Gruppe Zeus und Hera in der Komposition des Ostfrieses am Parthenon. Zeus und Hera sind nicht allein durch eine Spannung, durch den Kontrapost miteinander verbunden: Zeus ist gegenwärtig *aus* dem Gegenüber von Hera und Hera *aus* dem Gegenüber von Zeus. So entsteht ein dialogisches Gegenüber. Der Ausgangspunkt im dialogischen Kontrapost ist (anders als im ›gewöhnlichen‹ Kontrapost) das Gegenüber.

Das Gegenüber von Zeus und Hera ist wiederum existentiell zu verstehen. Ihre Verbindung ist ein reiner Seinsbezug. Die Begegnung von Zeus und Hera enthält also mehr als nur einen Ausschnitt aus dem Leben des Götterpaares, als die ›Heilige Hochzeit‹ und das Zusammensein am Panathenäenfest. Indem Hera

42   Hephaistos   Helferin   Zeus-Athena   Helferin   Poseidon

den Schleier vom Gesicht nimmt und Zeus im ›Seinsraum‹ begegnet, ist Zeus nicht nur Herr der Welt, Bräutigam und Gatte, Hera nicht nur Braut und Gattin, sondern beide *sind* existentiell Mann und Frau. So liegt der Ursprung der Gruppe des Phidias nicht in einem Mythos oder einem Ereignis am Athenafest, sondern in einer Schicht des Menschen, welche die ältere Zeit noch nicht entdeckt hatte. Der Grundinhalt ist »Urdistanz und Beziehung« (M. Buber) zweier Menschen, wie er in der Gemeinschaft zwischen Mann und Frau erfahren wird. Die Begegnung in der Gruppe aus dem Urgrund von Mann und Frau, ja, aus dem Urgrund des menschlichen ›Zwei-Seins‹ kommend, ist dialogischer Art. Hält man unter den Denkmälern Umschau, so findet sich keines, das den Inhalt der Parthenongruppe hätte, obgleich manche späteren Bilder mit Zeus und Hera im Banne der Ostfriesgruppe stehen. Die Darstellung auf einer Scherbe des vierten Jahrhunderts (Abb. 40) – ein Ausschnitt aus einer mythischen Begebenheit – ist eine eigene Erfindung: Zeus ist Blitzträger und mächtiger Herr des Olymp, und Hera steht an ihn gelehnt. Es fehlt allein schon die verbindende und distanzierende Haltung der beiden Götter wie im Parthenonfries, die Gruppe hat keinen dialogischen Bezug.
Zeus ist mit Hera vermählt, aber zwei seiner Kinder hat er aus seinem eigenen Körper geboren: seine Lieblingstochter Athena aus dem Haupt (Abb. 41–48),

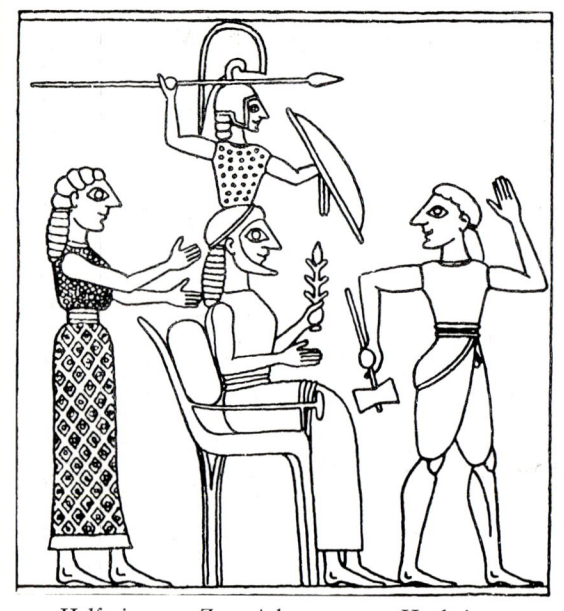 

43  Helferin    Zeus-Athena    Hephaistos       44    Zeus-Athena    Hephaistos

den Sohn Dionysos aus dem Schenkel (Abb. 50). Es ging eine alte Sage, wonach die kluge Titanin Metis Gemahlin des Zeus wurde und mit Athena schwanger ging. Und es gab eine Prophezeiung, daß sie noch weitere, dem Zeus gefährliche Kinder gebären werde. Um die Gefahr für Thron und Herrschaft zu bannen, verschlingt Zeus die Metis, wird selbst der Gott des Rates und der Weisheit und gebiert aus seinem Haupt die kluge Göttin Athena. Doch noch älter ist die Kunde, daß Athena nur die Tochter des Vaters ist.

Die Geburt der Göttin findet im olympischen Palast statt: Zeus sitzt auf seinem Thron, Geburtshelferinnen leiten die Wehen ein, stehen Zeus bei und führen das Kind ans Licht. Der Schmied Hephaistos muß Zeus mit einem Beil das Haupt spalten, und mit lautem Ruf springt die bewaffnete Göttin heraus. In einem ungewöhnlichen Bild eines inselgriechischen Gefäßes des frühen siebten Jahrhunderts (Abb. 41) ist ein Geburtsereignis als wunderbare Epiphanie dargestellt: ein geflügelter Gott, auf einem Thron sitzend, erhebt die Arme, und eine ebenfalls geflügelte Gestalt in Kriegerausrüstung springt aus dem Haupt. Zwei Flügelwesen stehen mit ›staunender‹ Geste dabei, eine dritte legt Holzscheite in die Glut, um das Kultbad zu bereiten. Wer ist der gebärende Gott und wer der Geborene? Ist es ein vorzeitliches Ereignis? Die Erde gebiert Uranos, Rhea gebiert Zeus auf natürliche Weise. Athena aber konnte, als das vor anderen ausgezeichnete Geistwesen, nur aus dem Haupt des Vaters, dem Sitz der Weisheit, entspringen. Ein Gegenwunder zur mutterlosen Geburt Athenas ist, daß Hera den Sohn Hephaistos (nach Hesiod) ohne Vater zur

45 Dionysos  Hephaistos  Hermes  Helferin  Zeus-Athena  Demeter

Welt brachte. Oder man denkt an Ares, zu dem die Waffen gehören und der auch ein Sohn Heras ist. Man wird einwenden: eine Göttin muß ihr Kind nicht notwendig wie ein Gott aus dem Haupt gebären. Das Geschehen auf dem inselgriechischen Gefäß scheint doch die Geburt Athenas zu sein, in einer frühen wundersamen Darstellungsart.

Das Ereignis der Athenageburt wird im sechsten Jahrhundert sehr vielfältig dargestellt. Zeus vor und nach der Geburt, auch dieses Motiv kommt vor. Aber die Bildner wollen lieber den Geburtsvorgang selbst darstellen und berichten ausführlich: Zeus hält sich, sichtlich von den Wehen der Geburt erfaßt, an Zepter und Blitz fest (Abb. 42), während Athena mit erhobener Lanze aus seinem Haupt springt und die Geburtshelferinnen und anwesenden Götter die Hände erheben. Die Verfertiger von Schildbändern hatten nur kleine rechteckige Felder zu füllen (Abb. 43), aber sie tun es recht eindringlich: Zeus sitzt ›fügsam‹ auf dem Stuhl, die Geburtshelferin hat noch ein Kissen zwischen Rücken und Lehne gestopft, um den gebärenden Gott in die ›richtige Haltung‹ zu bringen. Athena ist schon bis zur Hälfte aufgetaucht, und Hephaistos' Tätigkeit ist beendet: gewichtig winkelt er den Arm, der die Axt trägt, ab, hebt die Hand zum Gruß und geht. Ein Gefäßbild (Abb. 44) erzählt das Ereignis mit nur zwei Figuren, aber um so kräftiger ist das Bild: Zeus, mit riesigem Blitzbündel und offensichtlich ›erregt‹, erwartet seine Niederkunft. Andere Maler lieben ein großes Aufgebot von Personen und schreiben obendrein noch die Namen dazu (Abb. 45): wir erfahren, daß außer den Beteiligten Hermes, der von den Kyllenischen Bergen stammt, Apollon und sogar Dionysos, Demeter

46    Hephaistos    Hera Poseidon    Apollon    Zeus-Athena

anwesend sind. Noch ehe alles vorüber ist, eilt Hephaistos nach getaner Arbeit mit langen Schritten an Hermes vorbei und schaut mit ›staunender‹ oder ›erschreckter‹ Gebärde über die Wirkung des Schlages zurück. Unterdessen vollzieht sich in der Mitte das Wunder.

Ob die Bilder groß oder klein sind, in dieser Zeit wird alles und jedes erzählt: die anwesenden Personen, die Kleider, der Schmuck und sogar die Geräte werden so wichtig genommen wie das Geschehen selbst. Die Gegenstände sind nicht da, um die Szene anschaulich zu machen: sie haben Aufgaben, in ihnen sind Kräfte enthalten, die sie zeigen. Was immer die Bildner des sechsten Jahrhunderts – bis ins letzte Viertel – darstellen, jede Szene ist bestimmt und konkret. Manches mag witzig und humorvoll erscheinen, ist es aber nicht: die innere Anteilnahme an einem Geschehen, sei es staunend, sei es erschreckt, ist in dieser Zeit noch gering. Die vielen Bewegungen und eindringlichen Gesten dienen allein dem wundersamen Ereignis.

Noch die Maler der zweiten Hälfte des sechsten Jahrhunderts (Abb. 46) lieben große Szenen mit vielen Gestalten. Athena ist geboren! Sogleich beginnt die Feier der Geburt: Apollon greift in die Saiten, die Götter wenden sich zur Neugeborenen. Manche Maler versuchen die Figuren szenisch an die Mitte zu binden; die Darstellungen gewinnen sogar dramatische Züge; die Anwesenden sind weder bloße Nebenfiguren noch schon innerlich beteiligte Mitträger des Geschehens, aber sie lenken auf die Mitte hin und verdichten den Vorgang.

47 Poseidon　　Hephaistos　　Zeus-Athena　　　　Helferin　　　　Artemis

Den archaischen Glauben an die kleine Athena, die gerüstet dem Haupt des
Zeus entspringt, haben die Gefäßmaler nicht aufgegeben, auch dann nicht, als
der Sinn für eine drastische Darstellung längst geschwunden war. Noch im
zweiten Viertel des fünften Jahrhunderts (Abb. 47) erscheint das Geburts-
wunder in alter Weise. Aber die Gestalten sind anders: Zeus ist ein mächtiger
Herr auf dem Thron, die Gebärde seines ausgestreckten rechten Armes reicht
gebietend über Hephaistos und Poseidon hinaus, sein Blick trifft die Geburtshelferin und Artemis. Die anwesenden Götter stehen jetzt unter dem Eindruck
der Geburt – und im Banne des Zeus. Dazu paßt die archaische Erzählweise
nicht mehr. Das alte Bild hat sich überlebt, im Ostgiebel des Parthenon, im
dritten Viertel des fünften Jahrhunderts (Abb. 48), konnte es nicht wiederkehren.

Die Figuren der Giebelmitte, Zeus, Athena und andere Götter, sind noch nicht
oder nur sehr bruchstückhaft aufgefunden worden: deswegen braucht man es
nicht aufzugeben, sich um die Anordnung der Mitte und wer von den Göttern
anwesend war Gedanken zu machen. Das Geschehen war weder einfach erzählt noch drastisch wiedergegeben, doch gewiß ungewöhnlich, das darf man
vermuten. Aber wie? Bei dem Ereignis waren außer den Hauptfiguren Zeus

48 Helios　　　　　　Dionysos Kore Demeter Artemis Apollon Leto Hephaistos Hera　　　Zeus

und Athena, dem Sonnen- und Mondgespann noch achtzehn olympische und nichtolympische Götter dabei, aber wohl keine Götterbotin, keine Schicksalsgöttinnen und Horen. Auch die in Darstellungen des sechsten Jahrhunderts unmittelbar mit Zeus beschäftigten Geburtshelferinnen sind nicht anzunehmen. Dafür wurde der Kreis der olympischen Gottheiten erweitert. Nach der Auswahl im Ostfries müssen als Zuschauer im Giebel, außer den erhaltenen Göttern, Dionysos (Abb. 357), Kore, Demeter, Artemis, Aphrodite, Peitho (Abb. 171), Hestia, und den bruchstückhaften, Hera (Abb. 146) und Poseidon, noch Apollon, Leto, Hephaistos, Amphitrite, Themis (?), Ares, Hermes dabei gewesen sein. Man kommt auf die achtzehn anwesenden Götter und ihre Namen, wenn man die Komposition des Giebels versteht.

Erhalten sind nur die Figuren der Giebelecken und einige Torsen von Figuren des Mittelteils: nicht einmal die Hälfte des Bestandes. Außerdem sind es nicht die Hauptgestalten. Dazu kommt als gewaltiges Rahmenmotiv: links der Sonnengott und sein Gespann, rechts die Mondgöttin und ihr Gespann. Die Gestirne nehmen an dem Geschehen nicht teil, sie ziehen ihre Bahn. Auf Helios folgt der nackte jugendliche Dionysos, an einem Hang gelagert, über den er das Pantherfell gebreitet hat. Es ist kein Zufall, daß dieser Gott, der kein eigentlicher Olympier ist und in den Bergen mit seinem Gefolge schwärmt, ganz am Rande erscheint. Er ist fast unbeteiligt an dem Ereignis in der Giebelmitte. Und dann folgt der Mysterienort Eleusis mit den Gottheiten Kore und Demeter. Sie sitzen auf Truhen, in denen die geheimnisvollen, unnennbaren Dinge ruhen, die bei der Einweihung in die eleusinischen Mysterien gezeigt werden. Die Mutter lehnt sich an die Tochter, sie sind auch sonst unzertrennlich. Demeter erfährt durch Artemis, der sie ihre Hände entgegenstreckt, von Athenas Geburt. Dann kommt die große Lücke bis zur rechten Giebelecke.

.thena   Poseidon Amphitrite Themis   Ares   Hermes   Hestia Peitho Aphrodite   Selene

Dort liegt Aphrodite im Schoß einer göttlichen Frau, die man Dione oder Peitho nennt. Ihre Nachbarschaft zur Mondgöttin und zur Nacht ist nicht zufällig. Die Göttinnen sind am Geschehen der Mitte kaum beteiligt, sie haben wie Dionysos und die eleusinischen Gottheiten ihr eigenes Reich. Hestia, die immer sitzend dargestellt ist, ›im Hause thronend‹, dreht sich leicht zur Mitte. Ihre Rolle in der Gesamtbewegung entspricht der der Demeter. Auch auf sie kommt die Nachricht zu, deren Überbringer Hermes sein muß. Die nun folgenden Götter befinden sich im olympischen Palast, sie sitzen und stehen und nehmen unmittelbar am Geschehen teil. Da ist Apollon mit der Kithara, der nur auf seine Schwester Artemis gefolgt sein kann, wie Ares dem Hermes auf der Seite der Aphrodite. Apollon und Ares sind Angelpunkte in der Komposition, hinter ihrem Rücken beginnt der weite Erdenraum. Sitzend und zur Giebelmitte blickend, verstärken sie das Geschehen im Palast, indem sie die von der Mitte ausgehende Spannung wieder zur Mitte drängen. Um die Nachricht von dem Ereignis im olympischen Palast in die Gefilde außerhalb des Olymp zu tragen, sind die flinken Götter, Artemis und Hermes, zu Boten bestellt. Auf Apollon und Ares müssen ältere Gottheiten gefolgt sein, sie waren wohl teils stark zur Mitte gewendet. Auf der linken Seite ist Leto bei ihren Kindern Apollon und Artemis, wie so oft auf frühklassischen und hochklassischen Darstellungen (Abb. 297–299). Hephaistos, auf Leto folgend, war nicht wegeilend dargestellt, sonst müßte auf der andren Seite eine ebenfalls wegeilende Gottheit entsprochen haben. Und außerdem: es geht im Giebel ja nicht um das archaische Wunder der Kopfgeburt, den Sprung der Neugeborenen aus dem Haupt, und schon gar nicht um den Axtschlag des Schmiedegottes. Hephaistos stand sicher bewegt, aber auf Zeus und Athena hin gerichtet. Hera und Poseidon mußten als Frau und Bruder des Zeus unmittelbar bei ihm sein. Hera – von ihr gibt es Bruchstücke vom Körper und vom Kopf (Abb. 146) – steht bei Zeus und greift in den Schleier und, ihr gegenüber, faßt Poseidon – von ihm ist der Oberkörper erhalten – heftig bewegt, den Dreizack. Zwischen Poseidon und Ares standen wohl Poseidons Frau Amphitrite und wahrscheinlich Themis, die alte Erdgöttin. Hera und Poseidon waren nach außen gedreht, um die Mitte des Giebels zu öffnen und die Götter im Palast stärker an das Geschehen zu binden.

Das früh im fünften Jahrhundert entstandene kosmische Bild des Sonnenaufgangs und Monduntergangs wird im Giebel zum Rahmen einer olympischen Szene. Die frühe Morgenstunde ist damit gewiß nicht gemeint. Solch einfache Erklärung mag für andere Darstellungen genügen; die Absicht des Giebelmeisters kann es nicht gewesen sein. Die Geburt ist durch die Titanenkinder Helios und Selene zwar als kosmisches Geschehen bezeichnet; doch vor allem ist ein Ort gemeint: die ganze Erde, die an den Ringstrom grenzt, und der Himmel, der Äther, der Kosmos, soweit die Gestirnbahn reicht. Und dieser Ort ist durch die Gliederung des Giebels bestimmt und in Göttersitze unterteilt: der olympische Palast, wo Zeus wohnt; Eleusis, wo die Mysteriengötter Demeter und Kore weilen, und die übrige Erde, die Dionysos und Aphrodite untertänig ist.

Die Hauptgestalten waren Zeus und Athena in der Mitte. Wie sah die verlorene Giebelmitte aus? Zeus in der Mitte thronend und Athena aus dem Haupt entspringend, das wäre archaische Erzählweise! Oder: Zeus zwischen den wegeilenden Göttern Athena und Hephaistos – das wäre allenfalls zu erwägen. Athena würde dem hilfeleistenden Hephaistos auf der anderen Giebelseite entsprechen: die zwei Gestalten – und mit ihnen die Figuren der Giebelseiten – müßten aufeinander und auf Zeus bezogen sein. Es ist selbstverständlich, daß Athena, die Herrin des Tempels, die Göttin der Stadt, nicht klein gebildet war, sondern erwachsen und heftig bewegt neben Zeus stand.

Seit dem frühen fünften Jahrhundert hat sich vieles verändert: der Körperbau, die Haltung, der Stand der Figuren. Und die Giebelkompositionen sollten gleichgeblieben sein? Für die Figurenanordnung des Parthenongiebels gelten weder archaische noch frühklassische Gesetze. Der besser erhaltene Westgiebel des Parthenon mit den zwei streitenden Göttern, Athena und Poseidon, in der Mitte bezeugt es (Abb. 109). Seit der Wende vom sechsten zum fünften Jahrhundert gibt es eine ruhende und zugleich erregte Giebelmitte (Abb. 34. 283): *eine* Gottheit steht dort, von ihr geht die Handlung aus. Ihre Macht bestimmt selbst das Vordringen und Zurückweichen der Kämpfer in der Schlacht. Indessen hat sich auch der Kontrapost der Figur mit jedem Jahrzehnt bereichert. In einer Figur sind jetzt viele Bewegungen, vor allem solche, die übergreifen auf andere Gestalten, Beziehungen schaffen: sie gehen vom Zentrum einer jeden Figur aus. Und endlich im dritten Viertel des Jahrhunderts, dem der Par-

49  Hermes Dionysoskind  Semele  Iris  Hera

thenon angehört, wird die Spannung stärker zwischen zwei Gestalten und ebenso der geistige Zwischenraum, aus dem heraus der Bildner die Gestalten geschaffen hat. In den Giebelhälften erscheinen aufeinander bezogene und doch für sich seiende Figuren und Figurengruppen. An bestimmten Stellen setzen Gestalten im Giebel gliedernde Akzente, die sowohl bindende wie trennende Aufgaben haben. Es gibt keine durchgehende Bewegung, die von Figur zu Figur reicht; wie es im Ostgiebel nicht *einen*, sondern mehrere Orte gibt. Man könnte vielleicht sagen: eine durchartikulierte Gliederung schafft ein Gleichgewicht, das nicht mehr in strenger Symmetrie ruht, sondern in einer freien Entsprechung der Giebelhälften. Näher kommt man dem Ostgiebel, wenn man ihn wie die Einzelfiguren und Gruppen des Phidias als eine dialogische Komposition (Abb. 39. 211. 214. 271. 310. 311. 87. 216) zu verstehen sucht.

Hat man die dialogische Grundlage einer Komposition wie den Parthenongiebel erkannt, dann fällt es nicht schwer, sich die verlorene Giebelmitte vorzustellen. Frühklassische Vasenbilder mit der Geburt Athenas führen jedenfalls nicht auf die Eigenart des Ostgiebels hin, sie sind dem Verständnis eher hinderlich. Zuvor muß aber noch auf ein Phänomen hingewiesen werden: in einer frühklassischen Abschiedsszene steht der Scheidende in der Mitte der Anwesenden; auf einem Bild aus der Zeit des Parthenon bilden zwei Gestalten die Mitte: der ausziehende Krieger und die Frau und Gattin, die gleichrangig neben dem

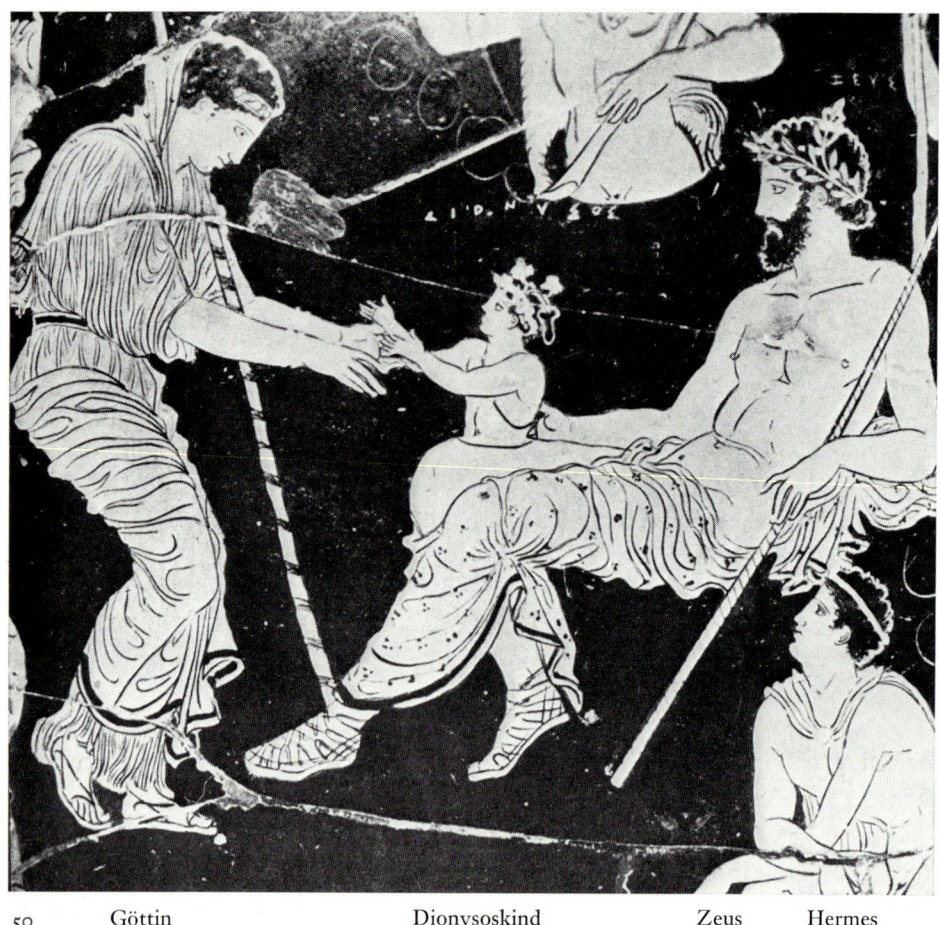

| 50 | Göttin | Dionysoskind | Zeus | Hermes |

Scheidenden steht; denn sie ist Mitträgerin des Abschieds und alles Kommenden. In der Mitte des Ostgiebels müssen – ähnlich dem Westgiebel (Abb. 109) und den Abschiedsszenen – zwei Gestalten gleichrangig gestanden haben: Zeus und Athena. Was begibt sich dort? Zeus auf dem Thron sitzend, in sich ruhend und zugleich bewegt; vor ihm Athena, wegeilend, zurückschauend und gegenbewegt auf Zeus hin – so dürfen die beiden Götter in der Giebelmitte angenommen werden. Die Erregung geht dann wirklich von Zeus *und* Athena aus, und die Botschaft von dem Wunder wird nicht allein durch Artemis und Hermes weitergegeben, und alle im Giebel Anwesenden sind daran beteiligt. Spannung und wirkender Zwischenraum kommen in den Figuren des Phidias – wie in der Gruppe von Zeus und Hera im Ostfries (Abb. 39) – aus dem Gegenüber. Das ergibt den denkbar stärksten Bezug: nicht nur für die Figuren der Mitte, sondern für alle Gestalten im Giebel. Die Geburt vollzog sich in der Bewegung von Vater und Tochter, in einer Zwischensphäre also. Wie in

51  Poseidon   Zeus   Dionysoskind   Hermes   Nymphen

der Ostfriesgruppe muß im Giebel der Zwischenraum von Bedeutung gewesen sein: in ihm müssen beide Götter eingetaucht sein und dort sich in gegenseitiger Überraschung getroffen haben. Aus dem Verzicht auf das äußere Ereignis der Geburt entstand das Wunder einer Epiphanie. ›Epiphanie‹ bedeutet jetzt – um die Mitte des fünften Jahrhunderts und vor allem durch Phidias – nicht Erscheinen einer Gestalt, sondern Erscheinen und Begegnen aus dem Gegenüber.

Phidias gab der Einzelfigur und den Göttersitzen größte Selbständigkeit und der Gesamtheit den stärksten Zusammenschluß, den je ein Giebelfeld hatte. Und wiederum ist selbstverständlich, daß Idee, Gesamtentwurf und Mittelgruppe, Zeus und Athena, von Phidias stammen. Die ausführenden Meister schufen, ausgehend vom Gesamtentwurf, Einzelentwürfe, vielleicht Modelle. Daß das Weiterentwerfen und Ausführen durch die Mitarbeiter aus einem Guß geschah, ist die Wirkung des Phidias; daß ein dialogischer Bezug zwischen Zeus und Athena und allen Figuren bis in die Ecken des Giebels entstand, kommt aus seiner Vorstellung vom Menschen als einem dialogischen Wesen. Als Phidias den Ostgiebel entwarf und die Mittelgruppe ausführte, war er kein Mythenbildner aus der alten Tradition, der Athena auf den Giebelboden stellte, nur weil über dem Haupt des Zeus kein Platz war. Als Phidias seine Vorstellungen von Athenas Geburt verwirklichte, war er ein Mensch, der die Geburt der Tochter als Begegnung von Vater und Tochter sah, so wie in der ›Heiligen

52　　　　　　　Heroine　　　　　　　　　　Zeus

Hochzeit‹ von Zeus und Hera (Abb. 39) die Begegnung von Mann und Frau. Zeus hat seine Tochter aus dem Haupt geboren, dem Sitz des Geistes; Athena war so als geistige Göttin vorherbestimmt. Seinen Sohn Dionysos gebar Zeus aus dem Schenkel, dem Sitz vegetativer Kräfte: er wurde ein mit Naturkräften begabter Gott. Dionysos war auch Sohn der thebanischen Königstochter Semele, zugleich aber wird er in einem geheimnisvollen Geburtsmythos zum Zeussohn. Als Zeus mit Semele Dionysos zeugt, die Mutter, noch vor ihrer Niederkunft, den Vater des Kindes zu schauen begehrt und Zeus auf ihre Bitte hin erscheint, wird sie mitsamt dem Kadmoshaus vom Blitz vernichtet. Dieser Vorfall ist auf einem Gefäß aus dem Ende des fünften Jahrhunderts (Abb. 49) dargestellt: Semele liegt unter einem Efeugewinde, der Blitz des Zeus kommt von oben und trifft sie. Hermes rettet die noch unreife Frucht aus den Flammen und bringt sie zu Zeus, der sie in seinem Schenkel birgt, damit das Kind ausreifen kann. Und als die Zeit um ist, kommt der Sohn zum zweiten Mal zur Welt. Auch die zweite Geburt wird um die Mitte des fünften Jahrhunderts dargestellt: der Knabe steigt aus dem Schenkel des Zeus und in die Arme einer göttlichen Frau (Abb. 50), oder Zeus, versunken in die Geburt, bemüht sich selbst um den Sohn und hilft ihm aus dem Schenkel. Hermes, der das Kind vor dem Flammentod bewahrt hat, bringt es nach der Geburt zu den Ammen (Abb. 253–255), die den Knaben großziehen werden. Einmal ist Hermes nur Geleiter (Abb. 51): wenn Zeus den Sohn selbst zu den Nymphen auf Nysa trägt, von vielen Göttern begleitet.

Zeus ist mit Hera vermählt, aber auch mit anderen Göttinnen verbunden, sogar mit sterblichen Frauen. Wenn man göttliches Liebeswerben irdischem

53  Heroine  Zeus

gleichsetzt, wird der Kern solcher Sagen verkannt; denn Götterliebe wurzelt nicht wie Menschenliebe und -begehren allein in der Zuneigung zu einer anderen Person. Die Götter greifen in das Leben der Menschen ein und verfolgen ihre, den Sterblichen unergründlichen Absichten. Die Verbindungen der Götter mit Sterblichen sind eben ein notwendiger und geschichtsbildender Vorgang: am Anfang der Geschlechter steht ein Gott, der eine Sterbliche liebte und sich mit ihr verband (Abb. 52-57): Volksstämme und Königshäuser führen ihren Stammbaum auf die Götter zurück, Heroen und andere Personen leiten ihre Abkunft von göttlich-menschlichen Verbindungen her. Bilder, die solches darstellen, illustrieren keine Liebesgeschichten, die willkürlich und nach Laune des Gottes geschehen: eine Macht treibt die Götter, die begehrte Frau zu besitzen. Zeus tut es nicht gewaltsam. Aber um das Wirken der göttlichen Aphrodite in frühklassischer Zeit auszudrücken, ist die Verfolgung notwendig. Die Götter sind zwar in ihren Neigungen frei, stehen aber unter dem Zwang der Liebe wie die Menschen.

Ein tiefer Sinn liegt in dem Glauben, daß auch Götter an notwendige Weltvorgänge gebunden sind, wodurch sie ihr Schicksal haben. Ist es ein Zufall, wenn in frühklassischer Zeit Darstellungen der Götterliebe aufkommen, gleichzeitig mit dem Drama, in dem Schützlinge der Götter in schwere Verstrickun-

54  Europa

gen geraten und großem Leid verfallen? Überschauen wir die Darstellungen dieses halben und des dritten Viertels des fünften Jahrhunderts, dann erscheinen jede Begebenheit, jedes Zusammentreffen von Gestalten, jede Bewegung, jeder Schritt, jeder Hand- und Schwertschlag, selbst das Halten der Schale wie vorbestimmt und unabänderlich (Abb. 297–299).

Es ist eine der schönsten Mythen, daß auch Olympier – wie vom Schicksal bezwungen – dem Schönen nicht widerstehen und eine Sterbliche nicht ohne Mühe erlangen können. Der Mythos verlangt – in innerer Übereinstimmung mit der Zeit –, wie etwas geschehen soll: der Gott muß die begehrte Frau oder einen auserwählten Sterblichen verfolgen, will er sie besitzen. Selbst Zeus, der stärkste der Götter, muß vom Olymp herniederkommen und Ägina, Semele, Thetis, Alkmene und andere (Abb. 52. 53) verfolgen. Er scheut sich nicht, so-

55  Europa

gar seine Gestalt zu wechseln, um sich ihnen zu nähern. Als Stier trägt er Europa auf dem Rücken davon (Abb. 54–55), im Goldregen besucht er Danae (Abb. 57), und in der Gestalt des Schwanes kommt er zu Leda. Dem schönen Knaben Ganymed eilt er als einfacher Wanderer nach (Abb. 58–61). Die Erfindungen sind unerschöpflich: wo Zeus weit ausschreiten muß, um die Fliehende einzuholen, ist die Szene eindringlich (Abb. 52); überraschend, wenn er unter Äginas Gespielinnen auftaucht und die Mädchen erschreckt fliehen und sich doch umdrehen. Die Flucht kommt so zur Ruhe, und Zeus steht wie eine Erscheinung inmitten der Mädchenschar. Immer wird auch seine Übermacht betont: der erhobene Blitz ist Zeichen seiner Mächtigkeit, nicht allein seine Waffe. Im Innenbild eines Gefäßes (Abb. 53) ist die Szene lebhaft, und doch gipfelt sie weniger in der Verfolgung und der Flucht als im Sich-Treffen von Verfolger und Verfolgten. In solchen Szenen wirkt auch Aphrodite, obwohl sie selbst nicht erscheint. Ihre Macht über die Götter ist nicht willkürlich, sondern schicksalsmäßig und geschichtsformend: die Göttin muß wirken, und die Götter müssen danach handeln, damit sie ihren Auftrag erfüllen, nämlich die Heroen zu zeugen.

56　　　　　　　　　　　Europa

Die Verfolgungsbilder sind ein großes Thema der frühklassischen Zeit. Im dritten Viertel des fünften Jahrhunderts werden sie selten, und der Grundton verändert sich: der Gott ist nicht mehr ein übermächtiger Verfolger. Der Zwischenraum wird tief, jede Bewegung, die in ihn hineinreicht, ist anders als einst. Aber was bedeutet jetzt der Zwischenraum? Er muß einen neuen Sinn und Inhalt haben; denn er wirkt, trennt und fügt neu, ist jedenfalls anders als früher: die Handlung wird von ihm aufgesogen, die Gestalten bleiben darin abgestuft als Gott und Sterbliche und sind doch im Gegenüber fest vereint.
Um die schöne Europa zu entführen, nähert sich ihr Zeus als Stier und trägt das ahnungslose Mädchen davon. In dem Mythos ist keine Spur von Gewalt, aber viel List. Es macht den Zauber solcher Bilder aus, daß der Gott nicht durch seine Macht die begehrte Frau gewinnt, daß er schlau und bereit sein

57                              Danae

muß, wenn nötig, sogar seine Gestalt zu wechseln. Der Stier ist wirklich Zeus selbst, sein Name steht auf dem Grund eines Gefäßes geschrieben. Die Sage, älter als andere von der Liebe des Gottes, hat offenbar wegen ihres erzählenden Inhalts einen Höhepunkt schon im sechsten Jahrhundert erreicht. Ganz bäuerlich und anschaulich wirken in einer Metope von Selinunt (Abb. 54) Europa und der Stier, die Haltung der Frau und des Tieres, die Gesten, der starke Blick. Der Ritt geht hier übers Meer. Ein Meisterwerk ist die Metope von einem Bau in Delphi (Abb. 55): Europa beugt sich nach vorn, ihr Mantel liegt sorgfältig gefaltet über dem Arm. Die Bildner des fünften Jahrhunderts verändern den Inhalt wenig; es kommt vor, daß Europa dem Stier zu Fuß folgt. Schließlich wird die alte, in den Bildern seit zwei Jahrhunderten lebendige Vorstellung, daß Zeus als Stier Europa raubt, im vierten Jahrhundert grundlegend verändert: nicht mehr Zeus erscheint als Stier, sondern das Tier ist sein Bote, der auszieht und ihm die Heroine bringt. Die alten Bilder waren knapp und eindringlich, jetzt sind sie reich ausgeschmückt. Der bronzene Spiegeldeckel (Abb. 56) ist zwar ein selbständiges Bild, aber doch nur ein Ausschnitt aus dem jetzt üblichen Gepränge: Europa wird am Strand entführt, der Zug geht übers Meer, Eroten umflattern die Braut, und aus den Fluten tauchen Meermädchen als Geleit auf. Die alte, hintergründige Erzählung vom Raub der Europa ist zu einem

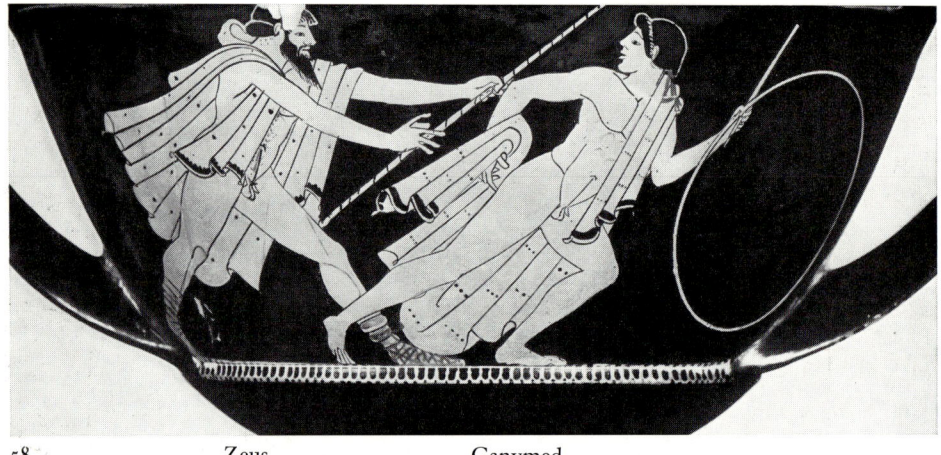

58      Zeus          Ganymed

phantastischen Hochzeitszug geworden. Und Zeus? Er wartet am andern Ufer auf die Braut.

Auch um Danae zu lieben, muß Zeus sich verwandeln. Denn der Vater Akrisios hat seine Tochter in ein ehernes Zimmer gesperrt, damit ihm nicht – so der Seherspruch – ein Nachkomme werde, der ihn töten wird. Zeus könnte, kraft seiner Macht, die ehernen Wände durchdringen, aber der Mythos läßt es nicht zu: denn Wunder, die Naturgesetze durchbrechen, sind den Olympiern – vor allem in der Frühzeit – zuwider. Lieber kommen die Götter in anderer Gestalt, wenn sie in Menschengeschicke eingreifen, als daß sie durch ihre Übermacht etwas mühelos gewinnen. Der Gott muß erfinderisch sein, will er etwas erreichen. So kommt Zeus im Goldregen zu Danae ins Gemach (Abb. 57) und zeugt mit ihr den Heros Perseus, der Andromeda von dem Meeresungeheuer befreien und die Gorgo-Medusa töten wird. Ein ferner Anklang an ein kosmisches Ereignis aus titanischer Zeit, als das Meer den Samen des Uranos aufgenommen hat und Aphrodite aus dem Schaum geboren wird.

Als Zeus einst Ausschau hielt nach einem Knaben, der ihn im Olymp bedienen sollte, wählte er Ganymed, den schönsten der Sterblichen, zum Mundschenk. Wenn der Knabe in der Götterversammlung anwesend ist, steht er bei Zeus, schenkt ihm ein und ist eine gewichtige Person. Die bildende Kunst hat ihn stets als Knaben gesehen, der mit dem Stock den Reifen treibt, dem Zeus nacheilt oder den er wegträgt. Reifen und Stock waren Spielzeug der Athener Knaben. Der werbende Gott schenkt Ganymed einen Hahn und erfüllt ihm den Wunschtraum aller Knaben; denn wer einen Hahn besitzt, hat einen Sieg im Hahnenkampf errungen. Die Bildner, stets einfallsreich, beließen es nicht beim Geschenk: der Gott muß den Knaben entführen. Die lebhaftesten Bilder stammen aus der ersten Hälfte des fünften Jahrhunderts: Zeus, den kurzen Über-

59 Zeus Ganymed

wurf um die Schultern, schreitet kräftig aus, um den fliehenden Ganymed zu fassen (Abb. 58). Ein anderer Maler (Abb. 59) sieht den Gott, wie er den Knaben, in den Mantel gehüllt, wegträgt; ein anderer (Abb. 60) hat Mühe, seine großformatigen Gestalten in ein Rundfeld zu fügen: den Knaben, den Hahn und den zupackenden Zeus, der Zepter und Blitz beiseite gelegt hat, um den Widerstrebenden festzuhalten. Eine solche Sage, die Umwerben, Nacheilen, Fassen, Wegtragen und vor allem viel Schläue verlangt, war für die Rundplastik keine leichte Aufgabe. Der Bildner einer tönernen Gruppe aus Olympia (Abb. 61) hat die Darstellung gewagt, und dazu noch mit einem besonderen Einfall: Zeus, verkleidet mit Mantel und Knotenstock, kommt unerkannt als einfacher Erdenwanderer, nicht als der mächtige Gott mit Blitz und Zepter, auf die Erde nieder. Er nimmt den Knaben mitsamt dem Geschenk in den Arm.

Als Zeus im vierten Jahrhundert (Abb. 62. 63) nicht mehr selber auf die Erde

60  Zeus  Ganymed

kommt, sondern den Knaben von seinem Adler in den Olymp holen läßt, zerreißt die enge Verbindung zwischen dem Gott und Ganymed. Der Athener Bildhauer Leochares formte das neue Thema in einer Bronzegruppe, deren Original verloren ist; der marmornen römischen Nachbildung (Abb. 63) – für eine andere Verwendung als ursprünglich geschaffen – wurde Nichtzugehöriges angefügt, doch sind wichtige Züge, wie die innige Verbindung zwischen Ganymed und Adler, der den Knaben behutsam faßt, und der freie Drang nach oben nicht ganz ausgelöscht worden. Was eine solche Nachbildung schuldig bleiben muß, hat eine ähnliche Gruppe auf einem ehernen Klappspiegel des vierten Jahrhunderts (Abb. 62) eingelöst. Sie ist kein Ersatz für das originale Werk des Leochares, aber Form und Geist der Zeit erscheinen ungetrübt: wie der Knabe mit dem Adler verbunden ist, schwebend am Hals des Tieres hängt; wie der Raubvogel sich ihm zuneigt, ihn mit den Krallen behutsam umfaßt und Zeus' Auftrag ohne Zwang ausführt. Wenn Zeus im vierten Jahrhundert den Adler schickt und nicht mehr selbst auf die Erde kommt, um das Begehrte zu entführen, wenn der Stier, der Europa wegträgt, nicht mehr Zeus selbst ist,

61  Ganymed    Zeus

sondern von ihm geschickt ist, so besteht auch nicht mehr die Vorstellung von der geschichtsbildenden Notwendigkeit der Götterliebe. Dazu gehörte der persönliche Einsatz und die Verwandlung des Gottes. Daraus entstand das Gegenüber zwischen dem Gott und der Verfolgten; der Zwischenraum und der Bezug ergab das schicksalhafte Zueinander.

62                                        Ganymed

Gewiß, die Götter müssen sich mit sterblichen Frauen verbinden und die Heroen erzeugen, die nach dem Glauben der Griechen aus dieser Verbindung stammen. Aber die Götterliebe der frühklassischen Zeit beleuchtet auch hell Macht, Freiheit und Gebundenheit der Götter. Der Mythos zeigt deutlich, wie sehr der in der Weltordnung verankerte Drang auch in der Gottheit steckt, für sie ein Schicksal bedeutet, nicht nur für Paris und Helena, für die Heroen und für die Sterblichen.

Von den Heroen, die Zeus mit einer Sterblichen gezeugt hat, ist nur Herakles, der Sohn der Thebanerin Alkmene, dem Vater ähnlich geworden, wie von den Töchtern nur Athena dem Vater wesensgleich ist. Nicht zufällig sind gerade sie beide Vorkämpfer in der Gigantenschlacht. Von allen Heroen und Heroengeschlechtern göttlichen Ursprungs ist auch keinem eine solche Auszeichnung zuteil geworden wie dem Sohn der Alkmene: nach schweren Arbeiten und bestandenen Prüfungen darf der Lieblingssohn von der Erde zu Zeus in den

63     Ganymed

Olymp kommen. Sein Einzug in den olympischen Palast hat etwas Feierliches. Da sitzt Zeus in vollem Ornat auf dem Thron, Götter stehen herum und warten auf den Ankommenden, Athena führt den Heros herein. Manche Darstellungen sind sehr eindringlich: die Göttin packt ihren ängstlichen Schützling am Arm und zieht ihn vor den Thron des Göttervaters (Abb. 64). Das sechste Jahrhundert liebt solche Szenen, insbesondere den Einzug mit Gefolge und anschließender Feier in der großen Götterversammlung. Das Bild (Abb. 65) mit der Einführung des Herakles in den Olymp ist im ausgehenden Jahrhundert entstanden, als sich die Darstellungen mit Götterzusammenkünften häufen. Die

64    Herakles             Athena                  Zeus

65    Hestia      Hermes         Apollon         Herakles        Athena

66    Zeus    Athena    Herakles

Darstellung hat zwei Mittelpunkte, die Götterversammlung um Zeus und den feierlichen Zug mit Herakles. Die Götter sitzen auf Stühlen zu fünf Paaren: Zeus und Hera, Poseidon mit Gemahlin, Ares und Aphrodite, Dionysos mit Ariadne; die Göttinnen am Eingang in den Olymp sind vielleicht Hestia und Themis. Vor ihnen stehen die Horen, Hüterinnen der Tore des olympischen Palastes. Von Hermes angeführt, nähert sich der Zug, der sich offenbar noch einmal gesammelt hat, bevor er in den Palast einzieht. Der Ankömmling Herakles hebt die Rechte und ruft von weitem, über die Köpfe der anderen hinweg, Zeus als Gruß – wie die Beischrift sagt – zu: ›Lieber Zeus‹.
Frühklassische Darstellungen dieses Themas verzichten auf den großen Aufzug und auf die ausgeschmückte Handlung (Abb. 66). Ein thronender Zeus, ein zaghafter Herakles und Athena zwischen Vater und Sohn. Die Gesten sind nicht archaisch: einmal sind sie weniger stark, und dann kommen sie aus dem Innern der Gestalten; sie bezeichnen weniger das Ereignis als die innere Einstellung der Figur zum Geschehen. Athena, die Vermittlerin, ist zweifach bewegt: sie steht am Thron des Zeus, hat Herakles gebracht und heißt den Heros will-

67    Orientalischer Gott

kommen. Man muß den Kontrapost der Personen genau lesen, dann werden die Haltung der Athena und die rangmäßige Abstufung der Personen deutlich: oberster Gott, göttliche Tochter, Heros. Die Spannung in den Figuren, der Ernst in dem einfachen Ereignis der Heimkehr des Herakles – das ist frühklassische Art.

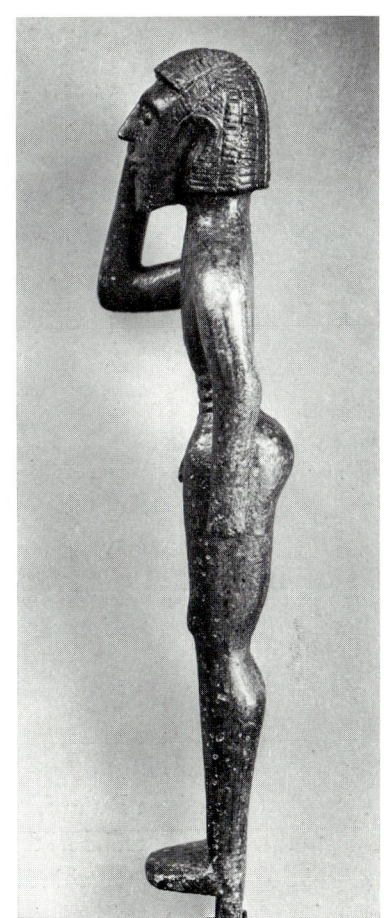

68              Krieger

*Zeus als geistige Gestalt.* – Als die Griechen in der Frühzeit des ersten Jahrtausends sich ihr Bild von Zeus zu machen suchten, bot ihnen die Kunst des Vorderen Orients eine Reihe von Gestalten an, in der sie ihren Zeus wiedererkannten: den Gott auf dem Stier mit Blitz und Schwert (Abb. 67); den mächtigen Helden, der von Flügeldämonen umgeben ist, der den Löwen bezwingt; den Gott mit der Doppelaxt und dem Blitz, wie er auf assyrischen und hethitischen Reliefs erscheint. Vor allem das Inhaltliche hätte die bildnerische Phantasie befruchten können. Doch nicht diese Vorbilder formten das Bild des Zeus: es waren die Gesichte der frühgriechischen Seher, Sänger und Bildner, die Zeus als eine griechische Gestalt erschauten. Dieses Bild vom Zeus der Frühzeit ist vor allem durch die Funde aus dem Zeusheiligtum von Olympia deutlich geworden. Bronzefiguren des zehnten und neunten Jahrhunderts (Abb. 68–70), mit ausgebreiteten Armen oder Armstümpfen, stark und beweglich, haben eine

83

69  Zeus         70  Zeus

eigenartige Gestalt: keinen Rumpf, nur Kopf, Beine, Arme, Gelenke. Vor allem in den Gliedern sieht der frühe Bildner die Menschengestalt, das kleine Rumpfstück soll die Glieder nur verbinden. Der Grieche kannte anfangs gar kein Wort für den lebenden Leib, dagegen mehrere für die beweglichen Glieder und die Teile des Körpers, die auch den Körper meinen können. Solche frühe Figuren sind keine Standbilder, sie sind bewegt und tätig und nicht auf die Erde, auf den Boden bezogen.
Der Helmträger mit erhobenen Armen (Abb. 69. 70) ist der erscheinende Zeus. Der Helm macht ihn keineswegs nur zu einem Gott der Krieger, sein Machtbereich bleibt uneingeschränkt. Der erscheinende Zeus und der Krieger-Zeus sind in den frühen Jahrhunderten des ersten Jahrtausends ein und dieselbe Göttergestalt. Solche oder ähnliche Figuren können auch den Menschen darstellen, der die Gottheit ruft und beschwört, in der gleichen Geste, mit der diese erscheint. Ob nun die Gottheit oder der Rufer gemeint sind, ist keine Frage ersten Ranges: der gerufene Gott kann gar nicht anders geschaut worden sein als in der Gebärde des ihn Rufenden. Das liegt in der Zeit; denn die Zeusdarstellungen und ihr Wandel durch die frühen Jahrhunderte des ersten Jahrtausends beweisen den engen Zusammenhang zwischen Rufendem und Gerufenem.

71     Zeus     72     Zeus

An der Wende vom zweiten zum ersten Jahrtausend, an der Wende von den *alten* zu den *neuen Göttern*, stellt sich dagegen eine Frage ersten Ranges, die für das Werden der olympischen Götter sehr bedeutsam ist: was bedeutet es für die Vorstellung des Gottes, wenn seine Gestalt plötzlich eine andere wird als die einer Figur der vorangegangenen Zeit? Obwohl die alte Art der Erscheinung und Rufung gleich oder ähnlich geblieben ist und noch lange fortdauert bis ins frühe siebte Jahrhundert. Figuren vor der Jahrtausendwende sind in ihren Gliedern nicht geordnet, sondern gleichsam visionär zusammengesehen (vgl. Abb. 8). Nach der Jahrtausendwende haben die Figuren erstmals einen axial geordneten Gliederbau. Die Gestalt im zehnten Jahrhundert (Abb. 68) ist gegliedert und hat einen Umriß. Diese geistige Ordnung löst die Figur zwar nicht völlig aus der Umwelt, in der sie einst, in einer ›vororganischen‹ Zeit, eingebunden war, aber ein erstes selbständiges Sein wird in der neuen Form sichtbar, das schon personhaft genannt werden kann. Das *Person-Werden* der alten Götter macht sie zu neuen Göttern. Und wie im frühen ersten Jahrtausend sich im Bildwerk der menschliche Körper gegliedert und geordnet hat, so muß auch die Götterwelt sich geordnet haben, eben zu dem olympischen Götterkosmos, mit Zeus als oberstem Gott und Haupt der Götterfamilie.

Die Vorstellung vom gerüsteten Zeus, der zum Helm auch die Lanze und vielleicht den Schild trägt, bestand wohl schon im zehnten Jahrhundert neben dem Bild des erscheinenden Gottes (Abb. 69. 70). Der eherne Lanzenträger aus Olympia (Abb. 68), der mit am Anfang der Plastik des ersten Jahrtausends steht, ist zwar bloß ein Krieger, der sein Pferd an der Schildhand führt und

85

73  Hera   Zeus   Urania   Kalliope

mit ihm am Ringhenkel eines dreifüßigen Kessels angenietet war: doch wird Zeus als Krieger nicht viel anders ausgesehen haben. Daß Zeus als Krieger verehrt wird, ist auch nicht sonderbar. Denn seine Wurzeln hat dieses Zeusbild zunächst im elischen Adel: die Ritter und Krieger haben sich ja in der Frühzeit bei den Wettkämpfen in Olympia gemessen, und Zeus war Herr des Ortes und Schirmherr der Spiele. Der tiefere Grund liegt gewiß in der ganz allgemeinen Vorstellung vom Mann, der in den frühen Jahrhunderten nicht anders gesehen wurde denn als Krieger, schließlich noch als Wagenlenker, Waffenschmied, Sänger – alles Tätigkeiten, die mit dem Waffengang und dem Heldensang zu tun haben. Diese Vorstellung von Zeus ist weithin und lange Zeit gültig gewesen. Noch am Ende des achten Jahrhunderts (Abb. 71) trägt Zeus zum Blitz die Kriegerrüstung. Und der Mann im Mantel mit Zepter und Schwert (Abb. 72) kann ein König, ein Heerführer, aber auch Zeus sein, von dem der Könige Macht und Würde stammen, mit dem die mythischen Heerführer und offenbar alle Heerführer Umgang hatten.

Ein neues Bild des Zeus, das sich weit von dem alten entfernt, entsteht im sechsten Jahrhundert: die würdige Erscheinung, das volle, nicht näher zu benennende Leben werden ins neue Gottesbild aufgenommen. Zeus steht auf

74   Zeus

bespanntem Wagen, umgeben von versammelten Göttern, die ihn verabschieden, geleiten oder als Ankommenden begrüßen. Am eindrucksvollsten ist der Götterzug (Abb. 73), in dem Zeus und Hera an der Spitze der Wagenkolonne fahren, auf dem Weg zum Pelion, wo die Götter Gäste sind bei der Hochzeit des Peleus mit der Thetis. Zeus trägt, wie es seine Würde und die Zeit verlangen, ein reich besticktes Gewand, hält den Zügel der aufgeputzten Pferde und einen schön gebildeten Blitz.

Die Kunst des sechsten Jahrhunderts hat das Bild des thronenden Zeus geprägt. Häufig erscheint auf Darstellungen ein reich geschnitzter Thron mit hoher Rückenlehne, Armlehnen von Sphingen getragen, und mit Figuren zwischen den Beinen. Meist ist Zeus der Inhaber des Throns (Abb. 74. 75. 42–46). Er sitzt auf dem Thron, hat prunkvolle Gewänder an. Hält er Attribute in seiner Hand, dann sind sie nicht bloß gewichtig, sondern wirken wie Kraftzeichen. Das Zepter gehört zum König, der Blitz zum Weltenherrscher. In der Götterversammlung nimmt Zeus die Mitte ein, er führt den Vorsitz und überragt die

75   Ares        Aphrodite        Artemis        Apollon        Zeus

anderen Götter. Hervorgehoben wird auch seine Rangstellung, wenn es um eine Entscheidung in der Götterversammlung geht – wie auf dem Fries des Siphnier-Schatzhauses in Delphi (Abb. 75. 76).
Am Beginn des letzten Viertels des sechsten Jahrhunderts ist der Fries entstanden. Rechts von den Göttern (vgl. Abb. 76) ist ein Kampf dargestellt. Zwei Kämpferpaare stehen sich über einem Gefallenen gegenüber. Namensbeischriften besagen, daß es troische und griechische Helden sind. Ihretwegen haben sich die Götter versammelt, offenbar soll durch sie eine Entscheidung fallen. Sie gestikulieren lebhaft. Auch die Götter sind in zwei Parteien gespalten. Die rechte Gruppe mit Poseidon (verloren), Athena, Hera und Demeter stehen auf der Seite der Griechenhelden, die linke mit Apollon, Artemis, Aphrodite und Ares auf der Seite der Trojaner. Nur Zeus, durch den Thron ausgezeichnet, ist unparteiisch, bei ihm liegt letztlich die Entscheidung.
Archaisch sind die Gewänder und Haare der Figuren, die Fügung und Gesten der Gestalten. Archaisch ist der Inhalt des Frieses. Die archaischen Eigentümlichkeiten gelten auch für die Komposition. Die Gestalten sind gereiht und gleichgeordnet, aber nicht nebeneinander und gleichartig. Auf dem Klitiaskrater (Abb. 229), wo die Götter beraten, was denn geschehen soll, daß Hera wieder von ihrem Thron loskommt, ist es eine einfache Reihung. Nicht auf dem Fries des Schatzhauses. Hier sitzt Zeus für sich. Ares ist abgesondert: der Bildner will besagen, daß es für ihn keine Diskussion gibt, sondern nur den Kampf und das Waffengeklirr. Und die übrigen Götter wenden sich nicht unmittelbar an Zeus, sondern an Apollon und Athena als die Hauptvertreter der beiden Parteien. Die Götter bilden also keine einfache Reihung, sie sind auch nicht gleichwertige Gestalten. Dennoch entsteht ein gemeinsames Thema, das sich aufbaut durch die Haltung der Gestalten. Und es besteht durch die Kampfszene eine

76  Athena  Hera  Demeter (?)

Situation. Und darauf geht alles hinaus. Es bleibt noch die Frage nach dem Verhältnis der Götter zu den Heroen und Menschen. Wir befragen den Reliefgrund. Er ist eigentümlich, anders als später: er ist den Figuren keine Wand, ist auch nicht neutral, noch hat er die Eigenschaften eines Luftraumes oder es entwickelt sich durch ihn und die Gestalten ein geistiger Zwischenraum. Weil dieser nicht besteht, sind die Götter zwar für sich, aber auf einer Ebene mit den Vorgängen nebenan. Sie sind immer anwesend, immer bei den Helden, was sich auch ereignet.
Im sechsten Jahrhundert hat auch das Bild des stehenden Zeus Würde, wenn er im Mantel, mit Blitz und Zepter als olympischer Herrscher erscheint (Abb. 77). Die Zeus angemessene Darstellung aber ist der thronende Gott (Abb. 74. 75). In solchen Bildern ist Ruhe und Würde, Kraft und Macht. Das hat schon die archaische Zeit in Zeus gesehen, lange bevor Phidias den thronenden Gott für Olympia schuf (Abb. 87–95). Und da ist noch ein Bronzekopf vom Ende des sechsten Jahrhunderts (Abb. 78), der dies alles rein wiedergibt und noch unbelastet ist von dem, was den Gott im fünften Jahrhundert (Abb. 96) so nachdenklich macht. Damals, im frühen fünften Jahrhundert, ist etwas in die Figuren hineingekommen und hat sie von Grund auf verändert, etwas, das zum Leben an sich, auch dem der Götter, nicht gehört: der Kontrapost, der gebrochene Lebensstrom, das Sinnen, das Eingehen auf den Menschen, die Erfahrung der Existenz.
Am Ende des sechsten Jahrhunderts erscheint das Bild des blitzschwingenden Zeus. Ein halbes Jahrhundert lang – in frühklassischer Zeit – hat es den Vorrang vor dem thronenden und stehenden und ist – weit über die Peloponnes hinaus – eine allgemein griechische Vorstellung (Abb. 79–83). Die kleinen Bronzen des blitzschwingenden Gottes kommen vor allem aus argivischen,

77  Zeus

korinthischen, lakonischen und äginetischen Werkstätten. Entstanden sind sie im Schatten der großen ehernen Zeusstatuen des Argivers Hageladas und anderer Erzgießer, von denen wir nur ungenaue Kunde haben. Die Statuetten konnten sich natürlich nicht mit den großen Bildwerken in den Heiligtümern messen, aber manche von ihnen stammen aus Meisterhand und sind ein reiner Spiegel der verlorenen Statuen. Den blitzschleudernden Zeus hat die Flächenkunst vorgebildet, dort ist er der Kämpfer gegen Typhon (Abb. 20–23) und die Giganten (Abb. 24). Der freiplastische Blitzschwinger des fünften Jahrhunderts aber ist über die bloße Sagenerzählung erhoben und hat einen vielschichtigen Inhalt: er kann Gigantenkämpfer sein, doch Gegner sind jetzt vor allem Hochmut und Frevel.

78 Zeus

Wie im Bewußtsein des frühklassischen Menschen das Bild des Gottes sich wandelt, das Verhältnis des strafenden Zeus zum Gegner sich ändert, wie es Spannung gewinnt, wie der Gott zur überragenden Gestalt wird und wie er schließlich den Gegner als ein gewichtiges Gegenüber annehmen muß, das ist der beeindruckendste Vorgang in frühklassischer Zeit. Die älteren Bronzefiguren (Abb. 79. 80) sind noch gebunden, der Arm, die Schulter – also Teile des Körpers – schleudern den Blitz. Später ist der ganze Körper beteiligt und drängt nach vorn (Abb. 81). Gegen die Mitte des Jahrhunderts (Abb. 82) ist der Wurf der Waffe nicht mehr so stark, aber er kommt aus der federnden Gesamtbewegung der Gestalt. Der Blitz scheint wie von weither geholt und in weite Bezirke zu reichen. Der Gott hält im Wurf gleichsam inne, eine starke Spannung kommt auf, das bewirkt der federnde Stand, und das Verweilen im Bezug gehört mit zum Thema. Die jüngste Kleinbronze des blitzschleudernden Zeus (Abb. 83), ein Werk von hohem Rang, steht schon jenseits der Jahrhundertmitte, die vielfach entlastete Figur hat nicht mehr die Wucht älterer Blitzschleuderer, dafür gewinnt sie einen stärkeren Bezug zum Gegenüber. Der blitzschleudernde Zeus ist nicht als ein Ausschnitt aus der Szene zu verstehen.

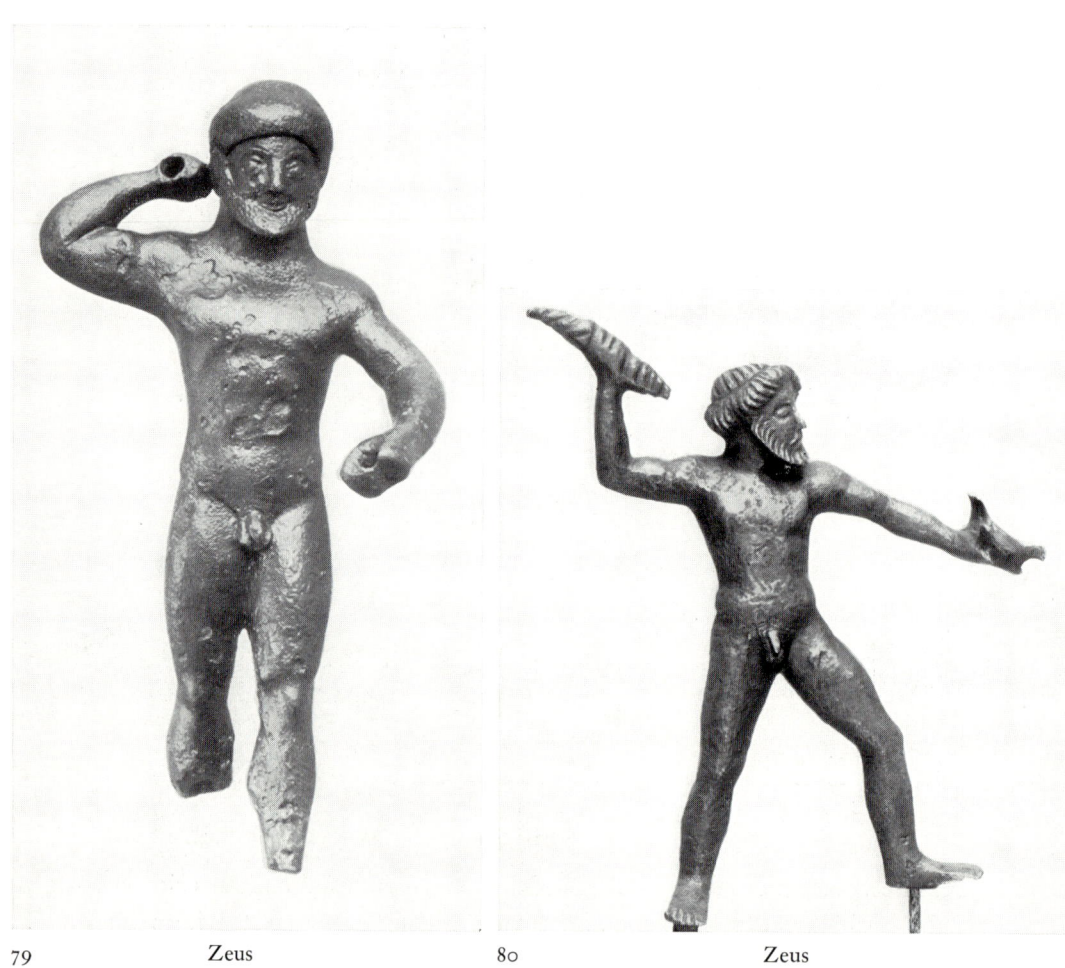

79  Zeus  80  Zeus

Das Thema ist auch nicht so sehr das Blitzschleudern, sondern der Bezug. Dieser Bezug ist ein geistiger: auf der einen Seite steht Zeus als Schützer des Rechts und der Gesetze, auf der anderen Seite erheben sich der Frevel, das Unrecht und das Unmaß, deren Vergelter wiederum Zeus ist. Und der Bildner? Er steht Zeus gegenüber, sieht sich und den Menschen unter der Macht des helfenden, aber auch des strafenden Zeus. Auf dieser Grundlage ersteht der Ostgiebel des frühklassischen Zeustempels in Olympia.

Für das Thema des Giebels (Abb. 34. 84. 85) ist wichtig, wie die Gestalten stehen und welches ihre Gebärden sind. Zeus steht in der Mitte, ohne Zepter, aber er hält den Blitz in der Hand und greift unwillig in den Mantel: sein Unwille gilt dem Frevler Oinomaos und dessen Vermessenheit. Auf Zeus sind alle Personen im Giebel gerichtet. Doch nur die Seher sehen den Gott, schauen durch das Ereignis hindurch das kommende Unheil, den Untergang des Oino-

81  Zeus

maoshauses, und schauen die Vermessenheit des Königs als Ursache des Untergangs. Und neben die Seher im Giebel stellt sich der in den ›Persern‹ des Aischylos von Atossa beschworene und aus dem Grab aufsteigende Dareios. Mit der Sehergabe des Verstorbenen und im Tode Erhöhten erkennt der König im fernen Susa, daß Vermessenheit seinen Sohn Xerxes nach Griechenland getrieben hat und die Götter Rache an der Perserflotte für den Frevel genommen haben, und fügt noch eine furchtbare Prophezeiung hinzu, als er Plataä schaut, wo auf dem Schlachtfeld das Perserheer ausgelöscht werden wird. Die Spannung zwischen dem Gott und dem Menschen, zwischen Ordnung und Hochmut ist der Inhalt der Giebelszene: Zeus als Hüter des Rechts und des Maßes, Oinomaos als Frevler sind die Träger des Gegensatzes. Das Recht und die Ordnung hat auch Zeus nicht geschaffen, aber sie sind an ihn gebunden und er an sie. Der Gott muß kommen, wenn Frevel geschieht. Er kommt aus Notwendigkeit und

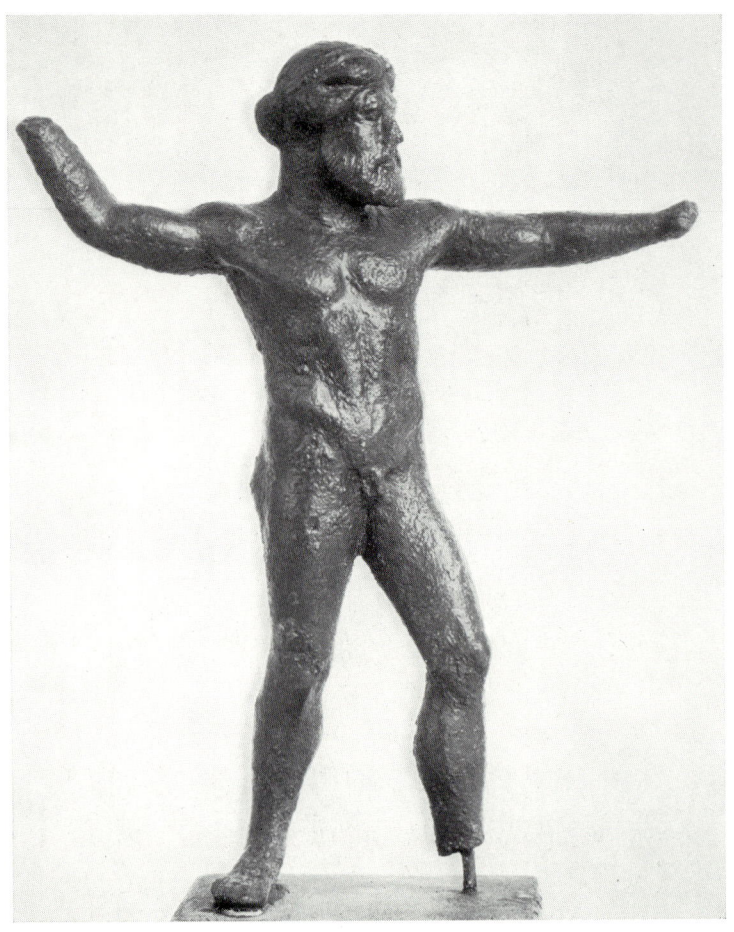

Zeus

kommt in der Epiphanie.
Es ging im frühklassischen Zeusbildnis um den Gott, der in das Geschehen mit Macht eingreift, nicht um den Gott, der sich selbst genügt. Der ruhig stehende, selbst der thronende Gott ist wie der blitzschwingende eine bewegte Gestalt: denn sie ist auf jemanden oder auf etwas gerichtet. Im Bezug allein liegt so schon ihr aktives Sein.
Der Zeus der frühklassischen Zeit ist der Zeus des Aischylos: er ist Herr im Reich der Ordnung, er stürzt den Frevler, rächt die Untat; er tritt aber auch für die gerechte Sache ein. Dike, die Göttin des Rechts, und Themis, die Hüterin aller Satzungen, werden seine Kinder genannt. Zu diesem Reich der Seinsordnung gehören auch die anderen Götter: Dionysos vertritt das Reich der Ekstase und der vitalen Kräfte, Apollon das Maß und die Mitte, Artemis das jungfräulich reine Leben, Aphrodite die Liebesvereinigung. Nicht ohne Strafe

83  Zeus

durchbricht der Mensch diese Ordnung. Doch die Strafe, die von den Göttern kommt, ist kein Racheakt. Zeus ist kein bloßer Strafvollzieher, kein Nur-Rächer am Menschen. Wo eine Ordnung übertreten wird, ist er aufgerufen. Strafe soll den Menschen wieder einfügen in die Weltordnung, die Zeus vertritt. Der Gott zeigt durch die Strafe nicht bloß seine Macht und Überlegenheit über den Menschen: er führt durch alle Leiden zur eigenen Einsicht und eröffnet am Ende dem Leidgeprüften ein lichteres Dasein. Aischylos, ganz durchdrungen von dem Gedanken des Rechts, spricht es aus, wenn er immer wieder den gerechten Zeus preist: ›Zeus führt uns der Weisheit Pfad‹ – ›Leid ist Lehre‹ – ›Gewaltsam führen die Götter die Ruder, / Verleihen die Weisheit‹ (Agamemnon V. 176 ff.).

Es gehört zur frühklassischen Gottesvorstellung, wenn seit der Wende vom sechsten zum fünften Jahrhundert Zeus (Abb. 86), wie andere Götter auch,

95

84
Zeus

häufig die Schale hält, die ihm Athena, Iris oder Nike mit dem Krug füllen. Wozu die Schale? Sie dient im Leben der Götter, beim Gelage, zur Spende: sie erhöht den Träger, hebt ihn unter den anderen heraus. Und von wem sollen die Götter abgehoben werden, wenn nicht von den Menschen? Auch ein Gott mit der Schale ist kein für sich Seiender. In der Schale liegt ein Bezug. Nicht zufällig sind die Götter mit der Schale und die übermächtigen frühklassischen Götter gleichzeitig (S. 324).

Das gefeiertste Zeusbild des Altertums war der Zeus des Phidias: es war ein kolossales Kultbild des thronenden Gottes aus Gold und Elfenbein, das im Zeustempel in Olympia stand (Abb. 87–95) und in spätrömischer Zeit zugrunde ging. Der Tempel war schon lange fertig (vor 456 v. Chr.), als der Athener Phidias in den späten dreißiger Jahren des fünften Jahrhunderts den Auftrag bekam, ein Kultbild zu schaffen. Die wenigen Befunde am Ort und die knappen gegenständlichen Angaben aus dem Altertum bezeugen, daß Phidias sich mit dem olympischen Zeus nicht an ältere Sitzbilder gehalten hat und weit

85 Seher

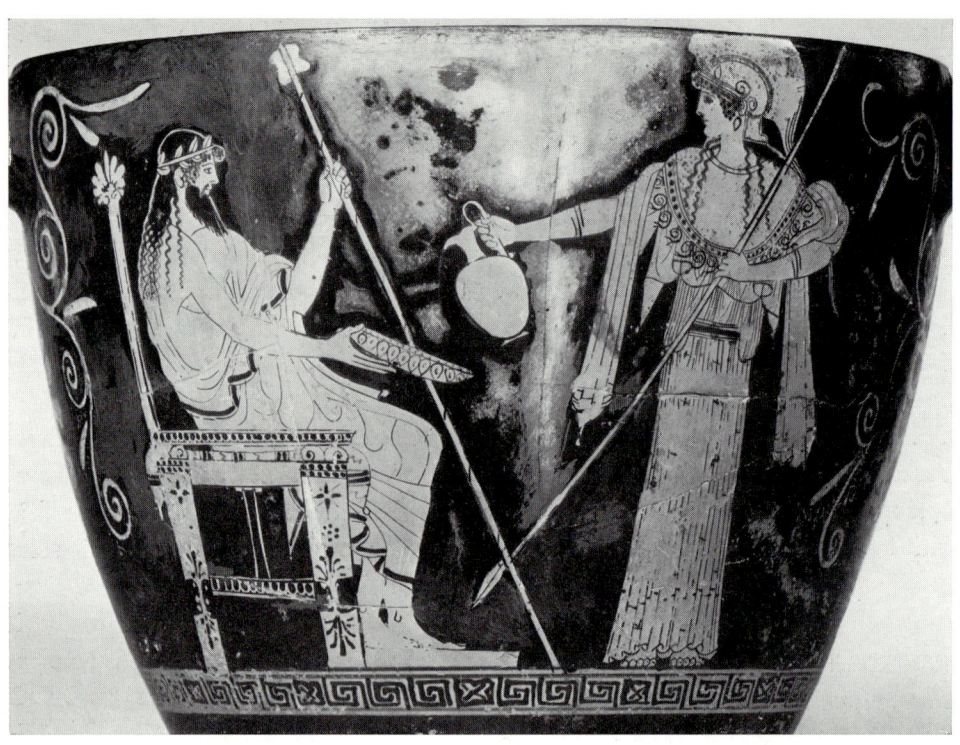

86          Zeus                    Athena

über ältere Goldelfenbeinstatuen hinausgegangen ist. Er schuf ein Kultbild von solcher Größe, daß es einen Eingriff in den bestehenden Innenraum erzwang: denn es war von sieben- bis achtfacher Lebensgröße und reichte bis zur Decke – ›wenn Zeus sich erhöbe, würde er keinen Platz finden‹. Auf dunklem Stein eines eigens im Mittelschiff des Tempels gelegten Pflasters, von Schranken umgeben, erhob sich der Thronbau für das Kultbild (Abb. 88. 89). Zeus saß auf dem Thron. Er war bekleidet mit Sandalen aus Gold und einem Mantel mit Figuren und Blüten darauf. Ein Kranz aus Ölzweigen lag auf seinem Haupt. Mit der linken Hand faßte er das metallbeschlagene Zepter; die rechte trug eine Nike aus Gold und Elfenbein, auch sie war bekränzt und hielt eine Binde. Thron und Schemel leuchteten bunt, sie waren ja nicht nur aus Holz, sondern auch aus Elfenbein, Gold und anderem kostbaren Material gearbeitet und mit plastischen und gemalten Figuren verziert.

Am Thron waren viele Figurenfriese angebracht (Abb. 89): unter den Armlehnen, in Höhe des Sitzbrettes, zu beiden Seiten des Throns, zwei Reliefs mit dem Tod der Niobekinder durch die Pfeile des Apollon und der Artemis (Abb. 94. 95. 186. 187. 290. 291); auf den tiefer liegenden Querriegeln der Thronbeine: vorn – rechts und links von den Beinen des Zeus – sieben Athleten, viel-

87   Zeus

leicht in den verschiedenen Kampfarten, und ein Sieger am Friesende, der sich die Siegerbinde umlegte (Abb. 92); auf den anderen Leisten Amazonenkämpfe mit Herakles und Theseus als Vorkämpfer. An den oberen Enden der Rückenlehne des Throns, nahe dem Haupt des Gottes, erschienen die Horen und Moiren im Relief; sie waren zugleich ein Stück der Thronarchitektur, wie die Niken am Thronbein und die Löwen am Fußschemel. Die Armlehnen des Throns wurden von Sphinxen getragen, die sich über Knaben beugen, um sie wegzuschleppen (Abb. 93). Das Relief am Fußschemel spinnt das Amazonenthema weiter: der attische Held Theseus ist hier der Vorkämpfer. Auf der Basis des Throns aus schwarzem Stein waren goldene Figuren aufgeheftet, welche die Geburt der Aphrodite darstellen: wie sie aus dem Meer auftaucht, Eros ihr dabei hilft und Peitho sie bekränzt. Zeus und Hera, Hephaistos und Charis, Hermes und Hestia, Apollon und Artemis, Athena und Herakles,

Amphitrite und Poseidon sind anwesend, Sonne und Mond schließen das Geschehen ein.

Kultbild und Thron waren übergroß und mit Schmuck beladen. Verschiedene kostbare Werkstoffe wurden verwendet: Gold, Elfenbein, Holz, Glas und Steine. Gold und Elfenbein waren offenbar besonders geeignet, Stoff und Form organisch zu verbinden. Vor allem sollten sie Göttlich-Lebendiges ausdrücken helfen: Elfenbein hat die Wärme des menschlichen Körpers; Leuchtkraft und Reinheit des Göttlichen ließen sich nur in Gold verwirklichen. War die Einheit des Werkes dadurch nicht gefährdet? Antike Nachrichten bezeugen es: der Eindruck war nicht allein der des Kolossalen, prunkvoll Verzierten, des bunten und kostbaren Materials, die Wirkung nicht allein die der hellen und dunklen, leuchtenden und matten Farben, sondern die des Überirdisch-Göttlichen: Sie muß von der Gestalt des Zeus selbst ausgegangen sein.

Gibt es einen Weg zum Zeusbild des Phidias? Es gibt Angaben aus dem Altertum über Maße, Material; die verschiedenen Themen am Thron werden genannt. Es gibt Münzbilder mit dem thronenden Zeus (Abb. 88) und mit dem Haupt des Gottes (Abb. 90. 91). Ihr Quellenwert ist wichtig, aber nicht ausreichend. Der Kopf der älteren Münze, aus der Zeit des Kultbildes (Abb. 90), hat die großen Gesichtsflächen des fünften Jahrhunderts und fast persönliche Züge. Der kaiserzeitliche Münzkopf (Abb. 91) ist bedeutend, zeigt aber ein verändertes Kopfgefüge. Doch lassen beide Münzen, so verschieden sie sind, einen mächtigen und in sich ruhenden Kopf erkennen. Es gibt Nachbildungen mancher Figurenfriese am Thron (Abb. 92–95), in denen die originalen Vorbilder nicht ausgelöscht sind, als man sie in späterer Zeit in ein anderes Material und Format umsetzte, sogar die Figurenzusammenhänge auflöste. Die Frage bleibt, ob solche Nachbildungen dem Werk des Phidias noch nahekommen. Und können wir wirklich feststellen, was wir erst wissen wollen? Nämlich die Handschrift des Bildners. Doch, wir kennen die Handschrift des Phidias aus der Gruppe Zeus und Hera im Ostfries des Parthenon (Abb. 39). Ihr Inhalt führt auf den Grund der phidiasischen Vorstellungen.

Die Themen am Thron sind aus dem reichen griechischen Mythenschatz genommen und Zeus gleichsam als Weihgabe dargebracht. Doch Wahl und Abfolge des ›Schmuckes‹ sind nicht willkürlich. Einem Stufenbau gleich sind die Friese angebracht: Aphrodites Geburt an der Basis, der fruchtbaren Erde und dem schäumenden Meer, aus dem die Göttin aufstieg, am nächsten; der Schemel und die untere Zone des Throns sind der Heldensage und den Wettkämpfen vorbehalten; die höheren Zonen bis zu den Lehnen dem göttlich-dämonischen Bereich und den Menschenschicksalen. Haben die dargestellten Themen einen Bezug zum Inhaber des Throns, zu Olympia? Sie hängen mit Zeus nicht sehr eng zusammen: seine Geburt und Kindheit, seine Kämpfe kommen nicht vor.

88  Zeus

89  Zeusthron

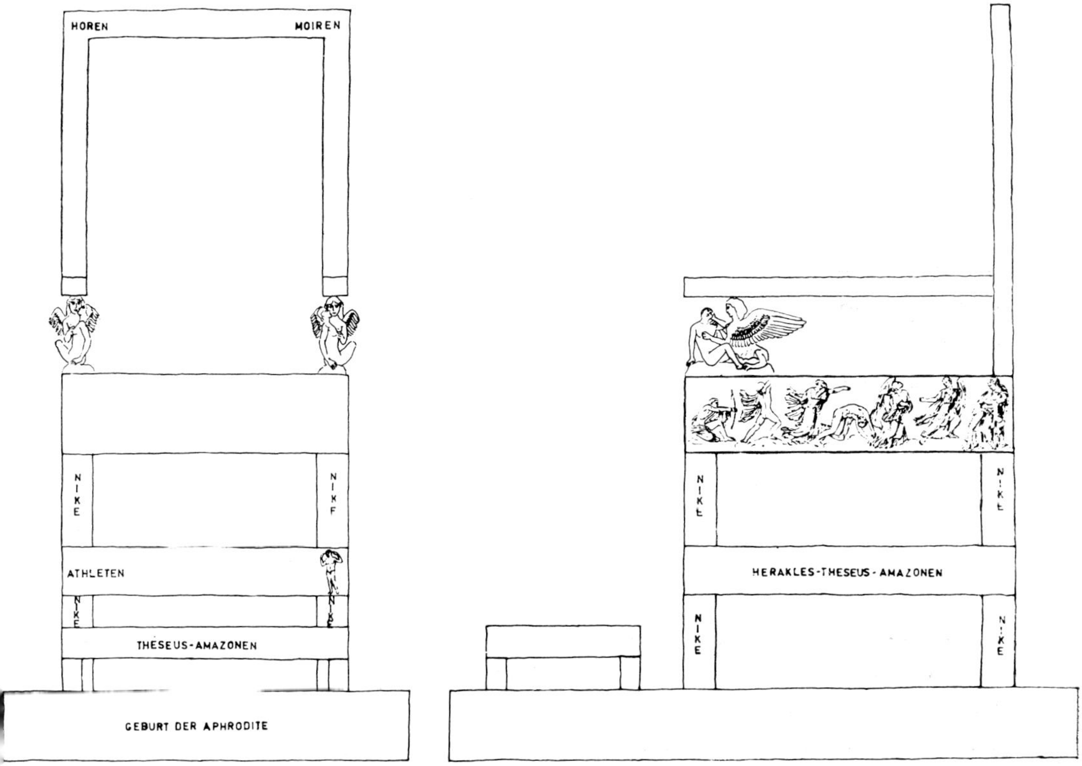

101

Aber Zeus ist Herr des Heiligtums und der olympischen Wettkämpfe. Der Amazonenkämpfer Herakles ist auch ein Heros von Olympia und Theseus ein mythischer Vorfahre des Atheners Phidias.

Der ›Thronschmuck‹ ist kein Programm im späteren Sinn. Aber es gibt eine Einheit und Bezüge: sie liegen im Grundton der Bilder – in der Art, wie Phidias den sportlichen Wettkampf, die Gegner in den Amazonenkämpfen, Aphrodites Meergeburt, die von Göttern und Dämonen verfolgten Menschen in den Niobidenfriesen und in der Sphinxgruppe und Zeus selbst dargestellt hat. Das zu erkennen, dazu können die spärlichen Überreste helfen.

Von der Geburt der Aphrodite gibt ein Silbermedaillon (Abb. 153) kaum einen Nachklang: die Göttin steigt aus dem Meer, als die aus Uranos' Zeugungsglied gewordene Titanin, wobei ihr Eros hilft. Aber an Eros als die Urmacht der Vereinigung und Zeugung dürfte auch Phidias gedacht haben, weniger an den Flügelknaben und Sohn der Aphrodite. Ein kosmisches Ereignis bildet so den Untergrund des Throns.

Von den Amazonenkämpfen gibt es keine Nachbildungen. Der Kampf war gewiß kein Gemetzel. Die Auffassung vom Sieger und vom Unterliegenden wird ähnlich der am Schild der Athena Parthenos gewesen sein (Abb. 219. 220).

Vom Fries der sportlichen Wettkämpfe ist wenigstens eine Figur bekannt: ein Knabe, der sich die Siegerbinde um den Kopf legt (Abb. 92). Die einzelnen Arten der Wettkämpfe waren gewiß sinnvoll angeordnet, eine innere Bewegung wird die Athleten untereinander verbunden haben; am Friesende stand der Sieger. Es war wohl keine schematische Anordnung: hier die Kämpfer – dort der Sieger. Vielleicht war zwischen Kampf und Sieg nicht einmal scharf getrennt: der Siegerknabe blieb offenbar auch nach errungenem Sieg mit dem Ernst des Kampfes verbunden.

Und die Sphinxgruppe und die Niobidenfriese? Die Sphinx schlägt den Jüngling und verharrt über ihm (Abb. 93). Wer ist diese Sphinx? Der menschenraffende Todesdämon, die Ker der Frühzeit, die jedem Menschen bei der Geburt vom Schicksal – oft mehrfach – zugeteilt wird, den Gefallenen vom Schlachtfeld und den Verstorbenen aus dem Haus wegschleppt? Oder die thebanische Rätselsphinx, ein mit Weisheit begabter Dämon, der jedem, der das Rätsel vom vier-, zwei- und dreibeinigen Geschöpf nicht löst, den Tod bringt? Welche Seite dieses Wesens hat Phidias am Thron besonders hervorgehoben: die Rätselstellerin oder das Kerwesen? Das alte Thema – was immer auch gemeint war – hat sich gewandelt. Zwischen der Sphinx und dem Jüngling entsteht ein Zwischenraum, in ihm klingt die Handlung ab. Der Dämon hält inne. Die beiden stehen sich gegenüber. Der Inhalt ist nicht mehr bloß, von dem Dämon erschlagen zu werden, sondern das Bewußtwerden des Todes und der Untergang eines schuldlosen Menschen.

90    Zeus        91    Zeus

In den Niobidenfriesen (Abb. 94. 95. 290. 291. 186. 187) ereignet sich ähnliches; auch sie haben den Tod zum Inhalt. Niobe hat vor Leto mit ihrer großen Kinderzahl geprahlt, da trifft ihre Kinder die Rache des Apollon und der Artemis. Das Töten ist der letzte Akt des Dramas, das mit dem Frevel des Urahnen Tantalos an den Göttern beginnt und bis zu den schuldlosen Kindern der Niobe reicht. Wie man die vor den Pfeilen der Götter Fliehenden und Stürzenden, deren ursprünglicher Figurenzusammenhang in den beiden Friesen unbekannt ist, auch anordnet: am Ende eines jeden Todesweges steht eine Schwester und hält eines der sterbenden Geschwister im Arm. Die Geschwistergruppe ist der Abschluß jedes Frieses, und vor allem ist sie der Gegenpol zum strafenden Gott. In der Gestalt der Schwester im Apollonfries (Abb. 94. 290. 291) wirkt eine doppelte Bewegung: in der einen Bewegung stellt sich die Schwester dem Todesschützen entgegen, die andere hält sie im Leid. Geschwisterliebe und Haltung im Untergang sind die Antwort des Bildners auf Geschlechterfluch und Götterrache.
Die Sphinxgruppe und die Niobidenfriese gehen den Menschen an, in ihnen erscheint seine Ohnmacht, sein Schicksal, das sich nicht erfüllt ohne Fluch. In der Sphinxgruppe ist es die Macht des Todes, deren Opfer der Jüngling – ohne Frevel – wird; in den Niobidenfriesen ist es die Macht der Götter: die Schuld der Mutter und des Vorfahren Tantalos wird durch den Tod der Kinder gesühnt. Diesen Mächten ist der Mensch ausgeliefert, er kann sie nicht abwehren.

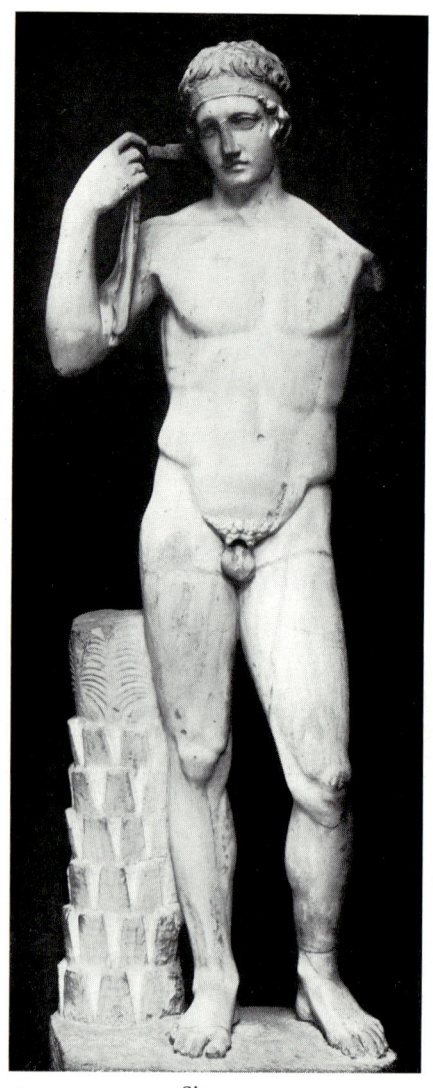

92    Sieger

Er kann ihnen nur sein bewußtes Handeln als Haltung entgegenstellen. In der Geschwistergruppe wird, ähnlich wie in der Gestalt der Antigone des Sophokles, die, gegen Kreons Verbot, einem höheren Gesetz gehorchend, den toten Bruder bestattet und dafür den Tod erleidet, die Größe solcher Haltung sichtbar. Mit dem Niobiden- und Sphinxthema verläßt Phidias die Sage und weitet das Geschehen ins allgemeine Menschenlos. Vor allem in der Geschwistergruppe hat er im Leid des Menschen die der göttlichen Rache überlegene menschliche Größe gezeigt, hat den Untergang nicht zur Niederlage werden

93  Sphinx  Jüngling

lassen, sondern Schmerz und Sterben als Befreier einer großen menschlichen Haltung erkannt.
In den Themen des ›Thronschmucks‹ (vor allem in den Niobidenfriesen, in den Sphinxgruppen) und in der Statue des Zeus selbst ersteht eine umfassende Weltordnung: die Polarität zwischen Göttern und Menschen, jene Polarität, die im Sein der Gottheit und des Menschen überhaupt enthalten ist. Aber es ist weder die frühgriechische noch die frühklassische Gegensätzlichkeit, sondern eine viel differenziertere. Auf sehr eigene Art nähern sich Götter und Menschen, wie es weder vor noch nach Phidias in der griechischen Kunst geschieht. Die Bilder machen deutlich, daß weder die Götter ›vermenschlicht‹ noch die Menschen den Göttern angenähert worden sind. Es gibt kein ›Du‹ von den Göttern zu den Menschen, wohl aber ist eine Beziehung da, nämlich durch den Zwischenraum, einen spannungsgeladenen, trennenden, verbindenden Seinsraum, worin zwei Gestalten, seinsbezogen, sich treffen: der Gott und der Mensch, Apollon und Artemis und die Niobekinder, die Sphinx und der Jüngling. Der Zwischenraum ist nicht leer und neutral, er muß einen Inhalt haben, damit Gestalten sich seins- oder existenzbezogen begegnen können. Dieser Inhalt sind die Ordnung und das Gesetz, der Frevel und die Sühne, aber auch das Unrecht und die Schuldlosigkeit. Die Gestalten müssen um diesen Inhalt wissen. Das Wissen ist im Beginn des fünften Jahrhunderts mit dem Kontrapost schon da und damit das Bewußtwerden, das die tragische Haltung erst ermöglicht.
Wir haben im ›Schmuck‹ des Kultbildes die Gestalt des Zeus gesehen, die alten Vorstellungen wirklich neue Züge hinzugefügt hat. Auch die Art der Bezie-

94   Apollon                                                                  Geschwister

hungsmöglichkeit des Kultbildes und so des Zeus zu den Menschen erhält durch die ›Schmuckfriese‹ klare Umrisse. Die Frage nach dem Bild des Zeus sei nun an die Kultstatue selbst gerichtet. Da sie nicht erhalten ist, befragen wir antike Schriftsteller, die sich über den Zeus des Phidias geäußert haben. Sie sagen ungefähr folgendes: Phidias sei dem Wesen des Gottes wie kein anderer nahegekommen; nie wieder sei Zeus so als Zeus gestaltet worden, von allen Götterbildern auf Erden soll dieses das schönste und gottgefälligste gewesen sein; Phidias habe ein Bildnis des Gottes geschaffen, das der überkommenen Religion neue Züge hinzugefügt habe. Gerühmt werden die Erhabenheit und Majestät des Gottes und seine Menschennähe; sein Anblick soll den Menschen Leiden und Sorgen genommen haben.

Tragen die antiken Nachrichten, auch wenn sie sich in Redewendungen ihrer Zeit ergehen, zum Verständnis der Zeusstatue bei? Sie haben gewiß einigen Wert: denn in ihnen steckt – trotz gefühlsbetonten, überschwenglichen Redeweisen – ein echter Kern. Was war für den antiken Menschen das Besondere der Zeusstatue, das solchen Lobpreis hervorgerufen hat? War es ein väterlicher Gott, der sich zu den Menschen herabbeugt? Ein erhabener, aber zum Menschen hingewendeter Gott? – Aber sind das nicht Züge, die sich ausschließen?

Zuletzt war oft vom Bezug zwischen dem Menschen und Zeus die Rede. Befragen wir Aischylos, Sophokles und Euripides, wie sie in ihren Tragödien Zeus und seine Beziehung zum Menschen gesehen haben. Es war M. Buber (Gottesfinsternis, 1953), der bei Aischylos und Euripides den jeweiligen unterschiedlichen Bezug zwischen Zeus und den Menschen aufgezeigt hat: »Der ungeheure Abstand zwischen beiden (Aischylos und Euripides) geht einem auf, wenn man die religiöse Sprache bei Aischylos mit der des Euripides vergleicht. Im ›Agamemnon‹ spricht der Chor: ›Zeus, wer immer er sei, wenn ihm / So genannt zu werden gefällt, / Mit dem Namen ruf' ich ihn an‹. Wie dieses ›wer immer er sei‹ zu verstehen ist, sagt ein Fragment desselben Dichters, das seinem Gefühl einen paradoxen Ausdruck verleiht: ›Zeus ist das All und was darüber ist‹. Hier ist Immanenz mit Transzendenz vereinigt. In den ›Troerinnen‹ des Euripides hingegen ruft die alte Königin (Hekabe) solchermaßen Zeus an: ›Du

95 Geschwister  Artemis

Grund der Erde und darüber thronend, / Wer du auch seist, unfaßbar unsrer Kenntnis, / Zeus oder Schicksal oder Geist der Menschen, / Ich fleh' dich an‹. Wiewohl der Anfang an das aischyleische Fragment anklingt, wird dadurch allein, daß in der Folge die vollkommene Immanenz als eine der gegebenen Möglichkeiten angesehen wird – als ob man zum ›Geist der Sterblichen‹ beten könnte! –, die religiöse Situation aufgehoben. Und wieder lehren uns Bruchstücke anderer Tragödien des Euripides das Gemeinte besser verstehen. In einem heißt es: ›Sklaven von Göttern sind wir, was auch Götter seien‹, und in einem anderen: ›Zeus, wer Zeus auch sein mag – / Nur vom Hörensagen kenne ich ihn‹. Es ist ein entscheidend bedeutsamer Weg, der von jenem ›wer immer er sei‹ des Aischylos zu diesem scheinbar so ähnlichen ›wer Zeus auch sein mag‹ des noch zu dessen Lebzeiten geborenen letzten der großen Tragiker führt. Gewiß, es ist nicht der Dichter, der hier spricht, sondern seine Figuren; aber es ist unverkennbar, daß sie die innere Situation der Menschenseele aussprechen, in der er lebt. Es ist die Situation des Menschen, der das Göttliche nicht, nicht mehr, als sein Gegenüber erfährt – es nicht zu erfahren wagt oder es nicht zu erfahren vermag, gleichviel: da er sich ihm existentiell entzogen hat, hat er es als Gegenüber verloren. Der aischyleische Chor, ob er vom Gott auch in der dritten Person redet, vollzieht einen echten Anruf von menschlicher zu göttlicher Wesenheit; der Pathetik Hekabes ist, ungeachtet ihres dreifachen Du-Sagens, im Unbedingten kein Du erschlossen.«

Welche Vorstellung von Zeus hatte Sophokles, der ein Altersgenosse des Phidias war? In der ›Antigone‹ (V. 608 ff.) spricht der Chor: ›Denn du thronst, wo Zeit nicht altert, / Herrschst im hohen Olympos' / Marmorschimmerndem Lichtreich. / Doch unser Heut und unser Morgen, / Unser Gestern, sie stehen / Unter der Satzung, daß Menschenschicksal / Nie sich erfüllt / Ohne den Fluch‹ (übertragen von E. Buschor). Der Abstand zwischen Zeus und dem mit dem Fluch verschwisterten Menschen ist da. Doch Zeus thront nicht abseits von der Welt. Er steht in gleicher Weise im Bezug zum Kosmos wie zum Menschen. Und wenn im ›König Oidipus‹ (V. 882) der Chor unerschütterlich auf Zeus vertraut: ›Niemals laß ich von diesem Gott, / Dem starken Beschützer‹ (übertragen von E. Buschor), so ist darin ein ›echter Anruf von menschlicher zu göttlicher Wesenheit‹ enthalten. Wiewohl solche Vorstellung der aischyleischen ähnlich ist, bestehen doch Unterschiede. Sie werden klar in sophokleischen Gestalten, in Elektra und Antigone, die, gehorsam den Göttern, dem toten Bruder, dem ungeschriebenen Gesetz, sich in ihr Schicksal ergeben und das Leid hinnehmen. Der Dichter hat in solchen Frauengestalten die menschliche Haltung göttlicher Strenge gegenübergestellt.

Der existentielle Abstand zwischen dem Gott und dem Menschen hat bei Aischylos ein Gegenüber möglich gemacht. Wir fanden in den frühklassischen Bildwerken des Zeus eine ähnliche Erscheinung: sie wird uns auch bei anderen Göttern begegnen. Da ist einmal der Zwischenraum, der ein Seinsraum oder ein existentieller Raum ist. Zeus und die Bewohner des Oinomaoshauses im Ostgiebel in Olympia (Abb. 34), die blitzschleudernden frühklassischen Zeusfiguren (Abb. 81-83) stehen darin, auch ohne Gegner, in einem echten Gegenüber. Tityos vor Apollon (Abb. 286), Aktaion vor Artemis (Abb. 183) sind echte aischyleische Anrufe des Menschen an die Gottheit, und seien sie auch gesprochen im Angesicht des Todes. Im späteren fünften Jahrhundert dreht sich die Figur in ihr eigenes Selbst ein, der Zwischenraum schwindet, ein Gegenüber kann nicht mehr entstehen, da sich die Figur durch die Wendung nach innen diesem entzogen hat.

Und Phidias? Über Väterfluch und Menschengeschick erhebt sich der olympische Zeus auf dem Thron: Herr der Weltordnung, der den Frevel ahndet und den Frevler bestraft, von dem Apollon und Artemis ausgehen und an den Kindern Rache nehmen. Er läßt geschehen, was ›unter ihm‹ in den Sphinxgruppen und in den Niobidenfriesen sich ereignet, aber es ist auch gewiß, daß das Schicksal des Menschen am Ende tröstlich mit dem Willen des Zeus zusammenfällt, tröstlich deshalb, weil Zeus auch der Gerechte ist. Von der Gruppe Zeus und Hera im Ostfries des Parthenon (Abb. 39), die Phidias eigenhändig geschaffen hat, muß man ausgehen, um vor allem die Beziehungsmöglichkeiten des Gottes zu erkennen, der in der Festversammlung sitzt, in sich ruhend, und ein Gegenüber zu Hera bildet. Eine solche zweifache Bewegung ist auch für die Zeusgestalt in Olympia anzunehmen.

Doch was heißt ›Gegenüber‹? Das Wort hat nicht immer die gleiche Bedeutung, es kommt jeweils auf die Zeit und auf den Bildner an. Schon in frühklassischer Zeit gibt es ein Gegenüber: Menschen stehen zu Menschen, mythologische Gestalten zueinander, Götter zu Heroen und zu Menschen. Die Götter walten in dieser Zeit übermächtig über den Menschen, vor allem über den Frevlern. Im dialogischen Gegenüber des Phidias gibt es keine Übermächtigkeit, weder nach der einen noch nach der anderen Seite: in der Gigantomachie (Abb. 26) ist sie aufgehoben durch die zwei Kampfräume; in den Niobidenfriesen (Abb. 94. 95) bedeuten die tötenden Pfeile Apollons und Artemis' nichts gegenüber der Haltung der Schwester: wer siegt und wer unterliegt, ist nicht der tiefste Inhalt des Frieses. In allen Darstellungen von Phidias – auch wenn sie nur im Entwurf von ihm stammen – gibt es kein Übergewicht der einen Macht über die andere, sondern nur das dialogische Gegenüber; und dieses kommt aus dem existentiellen Sein des Menschen. Verstehen wir dialogisches Gegenüber richtig als ein Existieren *aus* dem Gegenüber, das in der Ostfriesgruppe des Parthenon (Abb. 39) bedeutet: Hera weiß um sich *aus* dem Gegenüber zu Zeus und Zeus *aus* dem Gegenüber zu Hera, dann darf dieser Bezug zwischen der Gottheit und dem Menschen auch für den Zeus von Olympia angenommen werden.

Aber kann es überhaupt ein dialogisches Verhältnis zwischen Gott und Mensch geben? Ein solches setzt voraus, daß nicht nur der Mensch um sein Dasein weiß, sondern auch die Gottheit: der Mensch weiß um sein Dasein aus der Existenz des Gottes und der Gott um sein Dasein aus der Existenz des Menschen. Der Mensch ist dem Zeus ein Gegenüber, und zwar auf einer Ebene, auf der weder das Göttliche noch das Menschliche verwischt wird. Das Gegenüber währt beständig, es ereignet sich nicht nur für ›Augenblicke‹, wenn der Mensch im Erkennen seines menschlichen Loses Zeus gegenüber ist und wenn Zeus den Menschen in seinem existentiellen Sein erkennt: in dem ›Augenblick‹, wo sich beide in einem gemeinsamen Zwischenraum treffen. Phidias hat ein Kult- und Zeusbild ganz neuer Art geschaffen.

Wir können sagen, wovon Phidias ausgegangen ist, als er den Zeus schuf: nicht von alten Vorstellungen, die er nur verwandelt hat, sondern von neuen Ursprüngen. Denn am Anfang des olympischen Kultbildes war für Phidias nicht Zeus, nicht der Blick in den Olymp – am Anfang war der Mensch, das ›Allerunheimlichste‹, mit seiner Gefährdung, seiner Last und mit der durch seine Haltung das Schicksal überwindenden Größe. Wenn es für Phidias in allen seinen Bildwerken – der Gruppe Zeus und Hera (Abb. 39), der Übergabe des Athenagewandes im Ostfries des Parthenon, den Statuen des Apollon (Abb. 310. 311), der Athena Lemnia und Medici (Abb. 211. 214) bis hin zum Parthenon, wo selbst im Bau seine Konzeption faßbar ist – keinen anderen Ausgangspunkt gibt als das Gegenüber, als der schöpferisch ursprüngliche Ort, dann kann behauptet werden, daß Phidias Zeus aus dem Gegenüber zum Menschen, in einem echten dialogischen Gegenüber, verstanden hat. Darin ging Phidias über Sophokles hinaus. Überspitzt gesagt: das Denken des Sophokles war theozentrisch, das heißt von Zeus aus, das des Phidias entschieden anthropozentrisch. Phidias trennt offenbar zwischen jener Vorstellung, die Zeus als Herrn der Weltordnung erkennt, und den Menschen in seiner Einsamkeit und Größe. Deutlich sind der Gegensatz und die Gemeinsamkeit, die den Menschen und Zeus verbinden. Auf diesem Höhepunkt des dialogisch-kontrapostischen Gegen-

96  Zeus

übers ist kein Schritt nach vorn mehr denkbar. Es gibt aber auch kein Zurück. Bald danach vollzieht sich im Kraftfeld zwischen den Göttern und den Menschen eine Verschiebung.
Welche kosmischen Bezüge in dem Zeus von Olympia noch enthalten waren, wieweit sich die Vorstellungen des Phidias mit den Gedanken des Freundes und Philosophen Anaxagoras über den Geist und die Gestirne berühren, ist schwer auszumachen.
Für die Zeusbilder der folgenden Jahrhunderte konnte der Zeus von Olympia eine Richtung weisen, aber kein Vorbild sein. Werke wie der Marmorkopf einer Zeusstatue (Abb. 96) und andere, von denen man annimmt, daß sie im Banne des olympischen Bildes stehen, sind eigenständige Aussagen der parthenonischen Zeit. Einer der jüngeren Mitarbeiter des Phidias am Parthenon hat mit seiner Zeusstatue (Abb. 97), die ein kühnes Werk ist, die Vorstellung des ruhig stehenden, bekleideten Gottes mit dem Zepter übernommen. Schlicht sind Haltung und Gewand des Gottes, unbetont ist das Zepter, das er in

97
Zeus

98   Zeus

seiner rechten Hand hielt; aber in dem Bild des stehenden Gottes ist Würde. Die frühklassischen Bildner drängen zur Handlung. Durch Phidias und andere Bildhauer entstehen Bilder des Gottes, die zu Unrecht als Seinsbilder oder als ›für sich seiende‹ Götter verstanden werden; denn ein Seinsbereich ist zugleich ein Spannungsbereich, und Spannung gibt es im fünften Jahrhundert nicht ohne den Bezug zu einer Person oder zu etwas. Unterschieden sich die Götter der älteren Zeit voneinander durch Attribute, so verstärkt sich jetzt – vor allem im dritten Viertel des fünften Jahrhunderts – der Bildnischarakter der Göttergestalten.

Im späten fünften und vierten Jahrhundert, als der Mensch Ursache und Ursprung seines Handelns als Vorgänge in seinem Innern begreift, ändert sich das Verhältnis zwischen der Gottheit und dem Menschen. Aber es bleibt der Kern des Göttlichen bestehen. Und es bleibt der Mensch als Gegenstand des Nachsinnens. Was sich wandelt, sind die Beziehungsmöglichkeiten des Menschen zur Gottheit. Dieser Wandel hat in dem Bild des Zeus alte Züge ausgelöscht

99          Zeus

und neue hinzugefügt; vor allem solche, die sich jetzt im Bild des Menschen abzeichnen. Ein Marmorkopf aus Mylasa in Kleinasien, aus dem frühen vierten Jahrhundert (Abb. 98), gehört zu einer Sitzstatue, wie sie auf Münzen (Abb. 100) häufig vorkommt: den Mantel um den Unterkörper geschlungen, in der linken Hand das Zepter, in der rechten Blitz, Adler oder Nike. Neu sind die milden Züge im Antlitz des Gottes, der dem Menschen, ihn verstehend, entgegenkommt. Die Vorstellungen vom Zeus Meilichios, Philios, Soter und Xenios, des gütigen Helfers und Retters, der sich freundlich zu den Menschen neigt, haben das neue Zeusbild mitgeprägt und seine Erscheinung dem gütigen Arzt Asklepios angeglichen. Zur selben Zeit erscheint auf Weihreliefs der helfende Zeus. Auch große Meister haben sich um diese Gestalt des Gottes bemüht.

Neben dem milden Zeus steht der Blitzträger in ausgreifender Stellung. In dem Zeuskopf eines Sitzbildes in der zweiten Hälfte des vierten Jahrhunderts (Abb. 99) sind die machtvollen und die freundlichen Züge vereinigt. Auch die ganze

100    Zeus            101    Zeus

Bewegtheit der Zeit entlädt sich in solchen Göttergestalten, verschieden abgestuft nach der Persönlichkeit des Schöpfers und dem Wesen des Gottes, in das der Bildner sich versenkt.

Wenn am Ende des vierten Jahrhunderts Randgebiete des griechischen Stammlandes Mittelpunkt des politischen, kulturellen und künstlerischen Lebens werden – was Hellenismus heißt –, dann ist das nicht bloß eine geographische Ausweitung des alten Kernraumes. Der frühere gemeinsame Boden des Menschen, der Stadtstaat, löst sich auf. Der Einzelmensch tritt selbstbewußt aus seinen alten Bindungen. In dieser aufgespaltenen Welt mußte dem Menschen eine Lebensrichtung gewiesen werden. Philosophen suchen den Weg zu zeigen: sie predigen das Streben nach dem Ungestörtsein und dem Frieden der Seele, abseits vom Getriebe des Alltags; andere geißeln die bestehenden Zustände, verkünden die Abkehr von den Gütern des Lebens; andere sehen den Menschen nicht als Glied eines Stammes oder eines Staates, sondern als Teil der Natur: der Weltstaat und der selbstsichere, freie und genügsame Mensch darin sind das Ziel dieser Lehre.

Und die Götter? Zeus ist jetzt nicht nur der Gott der Herrscher, der Mächtigen und Reichen, sondern auch der Gott der Machtlosen, der Erlösungsbedürftigen und Armen. Wie haben die Bildner in ihren Werken zu dieser veränderten Sicht Stellung genommen? – Zwei Wege stehen in der hellenistischen Zeit dem Götterbild offen. Seit Alexander dem Großen – als die Herrscherstatuen auf großen Basen in Heiligtümern und auf Plätzen weltlichen Machtanspruch bekunden und in manchen Gegenden Griechenlands göttliche Verehrung fordern – beeinflußt die repräsentative Haltung des Herrschers auch die Darstellung des Zeus. Es gibt einen zweiten Weg: die hellenistische Figur wird im Körper-

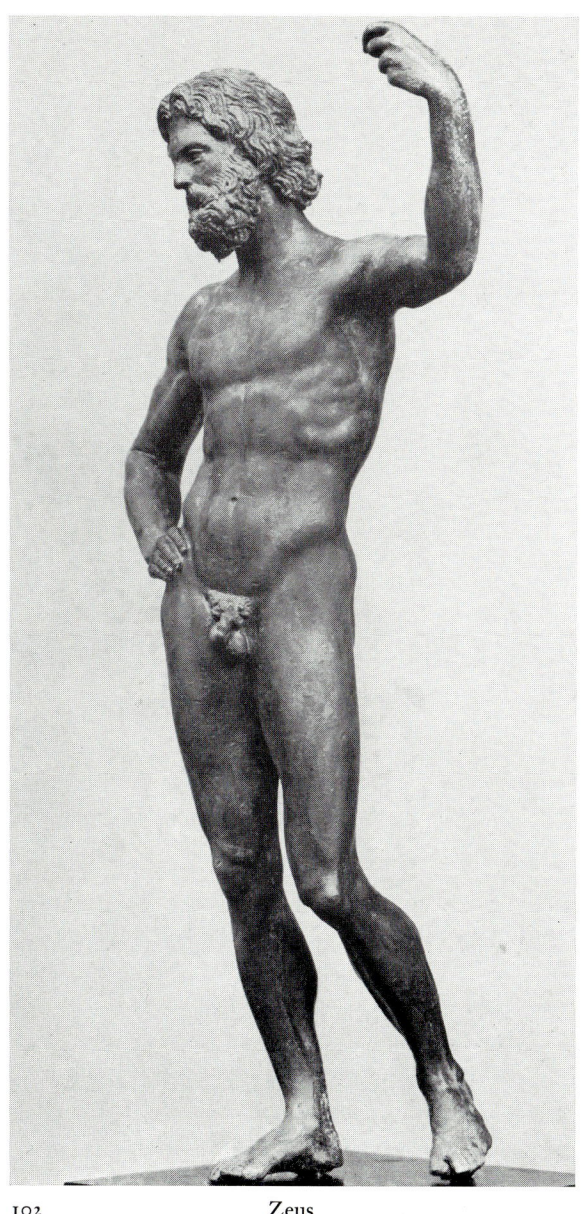

102    Zeus

lichen und ›Seelischen‹ neu gestaltet, mit Zeit und Ort verknüpft und erstmals in einen naturnahen Raum gestellt. Dem konnte sich selbst das Zeusbild nicht entziehen. Diese Verwandlung des Zeusbildes aus dem Geist der Zeit, die das Tatsächliche, Einmalige und Situationsgebundene sucht, hat sich im feierlichen Kultbild des Gottes nicht voll verwirklichen können.

Die hellenistische Kunst hat Zeus stehend und thronend gesehen. Die einzige

103
Zeus

104          Zeus

für das dritte Jahrhundert überlieferte Zeusstatue ist ein Werk des Bildhauers Doidalsas für seine Vaterstadt Nikomedien in Kleinasien. Münzbilder (Abb. 101) geben von ihr eine Vorstellung: Zeus hält stehend in der Linken das Zepter und hat die Rechte in anspruchsvoller Gebärde erhoben. Beim Zeus des Bildhauers aus dem fünften Jahrhundert (Abb. 97) macht seine körperliche Erscheinung allein, nicht das Zepter, die Würde des Gottes aus. Die hellenistischen Götterstatuen kennen solche Würde nicht mehr: Gesten werden notwendig, Attribute wichtig. Dennoch entsteht kein Zwiespalt zwischen dem Träger und seiner Geste, weil auch der Körper solcher Gestalten bildwirksam gesteigert ist. Zeus steht und thront wie ein irdischer Fürst. Trotz der Gesten ist der Gott auf der Münze (Abb. 101) doch nicht nur Herrschergestalt, sondern immer noch Zeus, von dem das hellenistische Königtum abstammt.

Schon im frühen dritten Jahrhundert wird im Rhythmus der griechischen Figur eine Gegenkraft spürbar, und die bisher einheitliche Form erscheint gesprengt, die Haltung zufälliger. Darum kann der Zeus aus dem Heiligtum in Dodona

105        Zeus

(Abb. 102) kein Zeus im früheren umfassenden Sinn mehr sein. Das Zepter in der linken Hand ist ein bewußt gesetztes Zeichen der Macht und ein Angelpunkt der Komposition.

Das zweite Jahrhundert fügt zur geistigen Macht des Zeus noch eine betont körperliche. Der Vorkämpfer der Götter im pergamenischen Altarfries (Abb. 31), die gewaltigste Zeusgestalt dieses Jahrhunderts, kämpft mit der ganzen Wucht seines Körpers und seiner Muskelkraft gegen die Erdwesen. Wie in den Friesen das Elementhafte einbricht, wie die Schlacht nicht von olympischen Göttern alter Art geschlagen wird, sondern von Naturgewalten verschiedener Rangstufen, so nimmt auch Zeus Züge einer solchen Naturmacht an.

Wenn es wahr ist, daß in der geschlossenen, einheitlichen Form einer Figur sich ein großer Inhalt verbirgt, dann muß sich in so ausbrechenden Zeusgestalten wie der pergamenischen (Abb. 103) auch der Gehalt verändert haben. Gewaltsam erhebt sich der Oberkörper aus dem Mantel, stößt der Arm mit dem Zepter aus dem Körper: die Haltung des Zeus wird – nicht ausschließlich, aber doch vorwiegend – auf die herrscherliche Geste eingeschränkt. Das Zepter, Zeichen hoher Götter und der Königswürde überhaupt, wird jetzt Zeichen der Macht des Herrschers über Untergebene. In aufgespaltenen Figuren, wie der kleinen Bronzefigur eines Zeus aus der Mitte des ersten Jahrhunderts (Abb. 105), geht die geschlossene Form zu Ende. Solche Figuren haben keine plastischen Flächen, die eine geistige Aussage machen können; die Bewegungen fahren aus, streben zum Raum, verbinden sich mit ihm: Zeus scheint so Teil dieser Welt zu sein. Wenn der Blick des Gottes (Abb. 105) auf die vorgestreckte Hand, die den Adler trägt, gerichtet ist, das einst selbstverständliche Attribut gesteigert erscheint und überbetontes Kennzeichen des Gottes wird, dann gibt es keine Spannung in der Figur und daher kein echtes Gegenüber: der polare Gegensatz zwischen Gott und Mensch ist aufgehoben und die Entfernung zwischen beiden größer geworden.

Die hellenistischen Zeusbilder waren Stand- und Sitzbilder, meist von großem Ausmaß: der Mantel um den Unterkörper geschlungen, das Zepter ruht in der linken Hand. Die Körperformen, die Haare und das Gewand sind schwer. Das Körperliche als Masse drängt sich betont auf. Auch diese Elemente sind als Züge einer neuen Gottesvorstellung zu werten. Sie bleiben durch die folgenden eineinhalb Jahrhunderte bestehen, bis zum thronenden Kultbild des Zeus von Aigeira, einem Werk des Athener Bildhauers Eukleides des ersten Jahrhunderts (Abb. 104). Der Ausdruck ist wieder ernst, doch die Formen sind ohne Lebenskraft. Würde ist in diesem Götterhaupt enthalten, doch sie steigt aus dem Gedanklichen auf.

Der hellenistische Herrscher, der Mächtige und der Reiche im Besitz der irdischen Güter konnten in dem stehenden und thronenden Zeus mit dem Zepter und der Herrschergestalt ein Vorbild oder ihr Ebenbild erkennen. Aber den Machtlosen und Untergebenen, den Armen und Erlösungsbedürftigen war in solchen Gottesbildern nicht mehr der gerechte Vater Zeus enthalten, den sie nötig hatten. Sie gaben sich, weit mehr als früher, dem Aberglauben und den Mysterienreligionen hin – in einer Welt, die auf rationalistische Erklärung der Weltordnung gerichtet war.

Es ist verständlich, daß der thronende Zeus von Olympia eine gültige Form auch für die hellenistische Zeit und darüber hinaus behielt: aber so wie man ihn verstand – als einen gütigen Vater, der Leid und Sorgen nimmt –, war es ein Mißverständnis: denn der Zeus des Phidias (S. 109) war weder ein Gott der Herrscher noch der unterdrückten Erlösungsbedürftigen, sondern ein Gott, den Phidias in der Zwei-Einheit von menschlicher und göttlicher Existenz geschaffen hatte.

106

# POSEIDON

Poseidon gehört wie seine Brüder Zeus und Hades zu den großen Olympiern. Er hat sogar einen höheren Rang als Hades, der Herrscher der Unterwelt. Als einst die drei Brüder die Welt unter sich teilten, fiel ihm das Meer als Herrschaftsbereich zu. In der tiefen grauen See, sagt Homer, steht der goldene Palast des dunkelmähnigen Gottes und seiner Gattin Amphitrite. Aus der Salzflut auftauchend, durchwühlt er das Meer und sendet Sturm, glättet aber auch die Wogen und schickt den Schiffern günstigen Fahrtwind. Er ist ein mächtiger Gott. Doch sein Reich und seine Macht waren in der Vorzeit größer und nicht allein auf das Meer beschränkt. Der Gott muß damals über die ganze Erde geherrscht haben: seine Kulte reichen tief ins Binnenland; sein Name weist auf die Erde (Poseidon heißt ›Gatte der Erde‹). Er ist auch Gemahl der Demeter und Vater mancher Erdungeheuer. Im Mythos und im Glauben ist seine ursprüngliche Macht stets lebendig gewesen. Durch alle Jahrhunderte wird er ›Erdhalter‹ und ›Erderschütterer‹ genannt, der die Erde in ihren Grundfesten erbeben läßt. Bei Homer macht er sogar seinen alten Rechtsanspruch auf die Erde vor Zeus geltend, indem er dessen Macht auf den Olymp eingeschränkt wissen will. Aber in der neuen Zeusreligion muß er etwas von seinem alten Rang abgeben. Zwar ist er ›älterer Bruder des Zeus‹, aber er beugt sich doch vor ihm, dessen größere Macht und tieferes Wissen er anerkennt.

Als Poseidons Macht – wohl um die Wende vom zweiten zum ersten Jahrtausend – auf das Meer eingeschränkt wurde, hat seine Gestalt einen scharfen Umriß, sein Wesen faßbare Züge gewonnen. Der bedeutendste Wandel aber vom alten zum neuen Gott war, daß Poseidon eine geistige Person wurde und sich von den Elementen gelöst hat. Poseidon gebietet jetzt über das Meer und die Elemente. Ihm verwandte Meergötter, wie Nereus, Triton und andere, werden Poseidons Gefolgsleute und bleiben meergebunden.

Der Dreizack und der Fisch sind Poseidons Attribute, sie stammen aus seinem Herrschaftsbereich (Abb. 106). Es ist ein bewegtes Reich. Daher ist Poseidons angemessene Darstellung der stehende oder ausschreitende Gott, nicht der thronende.

*Poseidon im mythologischen Bild.* – Poseidon hat zwar Amphitrite zur Frau, ist aber auch mit anderen Frauen verbunden, vor allem mit Amymone, und hat eine große Nachkommenschaft. Er ist in verschiedene Mythen verwoben: er kämpft in der Gigantenschlacht, streitet mit Athena um den Besitz des attischen Landes, empfängt seinen Sohn Theseus, hilft seinem Schützling Pelops (Abb. 33) und ist oft bei feierlichen Anlässen zugegen: bei der Geburt Athenas (Abb. 42. 46–48), beim Einzug des Herakles in den Olymp (Abb. 248). Beim Zug der Götter auf den Pelion zur Hochzeit des Peleus und der Thetis fährt er, gleich Zeus (Abb. 73), auf einem Gespann.

Poseidon ist kein Vorkämpfer in der Gigantenschlacht wie Zeus, aber er greift entscheidend ein. Auf den ältesten Bildern im sechsten Jahrhundert (Abb. 24) und noch später kämpft er mit dem Dreizack, einmal trägt er ein Schuppenfell als Panzer. Doch der Dreizackkämpfer hat die Maler des sechsten Jahrhunderts nicht so gefesselt wie der Kämpfer mit dem Felsblock, den er, geschultert, vor sich her in die Schlacht schiebt, um ihn auf den Gegner zu stürzen (Abb. 107). Es soll, so wird erzählt, ein gewaltiges Stück von einer Insel gewesen sein, das er vom Meeresgrund losgerissen hatte. Die Episode wird noch im fünften Jahrhundert anschaulich dargestellt, je nach Temperament und Phantasie zeichnet der Maler den Gott und seinen Gegner, den Kampf und die Waffen, den Fels-

107    Poseidon                                    Gigant

block, oft mit allem lebenden Getier darauf (Abb. 107). Der Gigant dreht sich um seine Achse, bricht zusammen und geht zu Boden, aber er antwortet, noch im Fallen, mit seinen Gliedern und seinem Körper dem Stoß des Gegners. Die Kämpfer stoßen anfangs wuchtig und gegen die Mitte des Jahrhunderts federnd aufeinander: Vordringen und Nachgeben, Antworten auf Hiebe und Stiche – auch die Bewegungen der Körper und Glieder – sind nicht mehr archaisch gebunden, sie schaffen eine Beziehung zwischen den Kämpfenden. Aus der Bewegung und Gegenbewegung entsteht ein Raum – in diesen, ihn zugleich mitformend, fällt der Gigant, zu Tode getroffen, und macht ihn zu seinem Todesraum. Im zweiten Jahrzehnt des fünften Jahrhunderts – der Zeitpunkt ist wichtig! – wird solches erstmals möglich. Entscheidend ist der wirkende Zwischenraum, der zwischen zwei oder mehreren sich begegnenden Gestalten entsteht. Will man frühklassische Bilder verstehen, so muß man vor allem ihn verstehen.

108  Gaia  Poseidon  Gigant

In dem Zwischenraum nämlich treffen sich die Kämpfer, in einem Zu- und Gegeneinander; der Sieger wird darin eine überlegene Gestalt und ein mächtiger Gegner, der Unterliegende wird zum Besiegten und Sterbenden.

Das Kämpfen ist im fünften Jahrhundert nicht bloß ein Zuschlagen. Mit dem Kontrapost kam die Reflexion, und ohne sie gibt es fortan keinen Kämpfer und keinen Kampf. Gegner, Kampf, Verwundung, Tod, das sind jetzt existentielle Gegebenheiten, über die man nicht nachdenkt, die da sind und deren der Krieger sich bewußt wird. Im Bewußtwerden ist der Bezug zur anderen Figur schon enthalten. Die archaische Zeit wußte noch nicht um solche Bezüge.

Der übermächtige Poseidon und der unterliegende Gigant im Kampf – das ist ein frühklassisches Thema. Der Felsenschleuderer kehrt in der zweiten Hälfte des fünften Jahrhunderts – auch später – nicht wieder; der Dreizackkämpfer bleibt, aber es ändert sich das Verhältnis zwischen Sieger und Besiegtem: der

109      Nike Hermes Athena Poseidon  Iris Amphitrite

siegreiche Gott gibt etwas von seiner Wucht ab, der unterliegende Gegner wird in seinem Los, untergehen zu müssen, erhöht. Auch hier trägt das Wissen um die Werte des Unterlegenen das Geschehen. Diesen Gedanken hat ein Maler des späten fünften Jahrhunderts (Abb. 108) im Bild nicht voll verwirklicht, aber durch die aufsteigende Erdmutter doch auf ihn hingewiesen. Spätere Darstellungen haben dem Bild des Gigantenkämpfers Poseidon nichts Neues mehr hinzugefügt.

Poseidon und Athena streiten um die Akropolis und um das attische Land: sie wollen Wunder wirken, und ein Schiedsgericht soll darüber entscheiden, wem der Besitz gehören wird. Poseidon stößt den Dreizack in den Boden und läßt einen Salzquell fließen; Athena stiftet mit einem Stoß der Lanze den Ölbaum. Poseidon unterliegt, Preis und Land erhält Athena. Im Westgiebel des Parthenon (Abb. 109) ist im dritten Viertel des fünften Jahrhunderts der Wettstreit dargestellt worden. Der Bildner hat das Ereignis an den mythischen Ort, auf die Burg, verlegt und alles bezeichnet: den Ort, den Wettkampf, das Wunderzeichen der siegreichen Athena. Die Ahnherrn der Geschlechter, Burgherren mit ihren Sippen, unter ihnen der alte Kekrops, der Schiedsrichter sein wird in dem Kampf, haben sich versammelt. Die Götter sind mit ihren Gespannen, mit Wagenlenkern und Begleitern gekommen. Athena von der Landseite, Poseidon von der Meerseite. Sie haben Wagen und Pferde hinter sich gelassen und sich in der Mitte des Giebels zum Kampf und Schiedsspruch gestellt. Sie haben Dreizack und Lanze in den Felsen gestoßen – und die Wunder geschehen vor aller Augen. Der Ölbaum steht nun als Zeichen des Sieges in der Giebelmitte. Die Bildner verstehen das Ereignis als dramatischen Höhepunkt, wo es nicht allein um die Aktion geht, sondern um einen Wettstreit und um den Gegensatz zweier Götter. Athena stößt, heftig bewegt, die Lanze in den Boden; Poseidon (er war vor ihr an der Reihe) hält den Dreizack nach dem Stoß staunend erhoben vor dem noch größeren Wunder der Göttin. Die Entscheidung des Streits ist somit angedeutet, aber das ist Nebensache. Ihre Körper fahren auseinander und sind sich zugleich überraschend gegenüber – und so, daß auch die Gegnerschaft im Wettstreit der Götter deutlich ist.

110          Poseidon                    Aithra

Der Schauplatz im Westgiebel reicht weder bis an die Grenzen der Erde, wie im Ostgiebel (Abb. 48), noch handelt es sich um ein kosmisches Ereignis. Der Wettstreit der beiden Götter geht um die Akropolis und um das attische Land. Da neben den mythischen Burgbewohnern auch Heroen des attischen Landes anwesend sind, ist der Ort des Geschehens über die Burg hinaus auf ganz Attika ausgedehnt. Hinter den Göttergespannen, bis in die Giebelecken hinein, sitzen dicht gedrängt Männer, Frauen mit Kindern auf dem Schoß. Die Versammelten sind zurückgewichen vor den angekommenen Göttern und den gewirkten Wundern. Will man der Komposition des Westgiebels gerecht werden, darf man sie nicht mit der des Ostgiebels vergleichen: hier nehmen ausnahmslos Götter am Geschehen teil, hier handelt es sich um eine dialogische Gliederung und Zuordnung der einzelnen Figuren und Figurengruppen (S. 62); dort

111 Aphrodite    Poseidon        Amymone

sind Männer und Frauen aus den attischen Geschlechtern versammelt, die eine dichte ›Umgebung‹ um das Geschehen der Mitte bilden. Die Giebelanordnung ist auch nicht als Steigerung des Ostgiebels zu verstehen. Schon die Mittelgruppe Athena und Poseidon hat nicht mehr den starken Zwischenraum, den strengen Bezug, die epiphanische Begegnung wie Zeus und Athena im Ostgiebel (Abb. 48): wohl ist das Moment der Überraschung da, aber beide Götter brechen in den Zwischenraum ein. Der Ostgiebel war in der Gliederung der Höhepunkt der älteren Giebelszenen – und wiederum unvergleichbar, weil die Grundhaltung seines Schöpfers einzigartig gewesen ist (S. 62). Der Westgiebel eröffnet eine neue Zeit. Jüngere Meister sind am Werk, die geistig mehr dem späten fünften als dem dritten Viertel des fünften Jahrhunderts angehören. Die Hauptmeister des Westgiebels sind am Parthenon keine Unbekannten: Agorakritos, der Artemismeister, und andere waren im Ostgiebel tätig und werden

112    Amymone                    Poseidon

nach dem Weggang des Phidias die Skulpturen des Westgiebels ausgeführt haben.

Keine Darstellung verleugnet ihre Zeit, aber manche dringen tiefer in sie ein als andere. Oft kann ein mythisches Thema bezeichnend sein für die Zeit, in der es erscheint und in der es wieder verschwindet. Ein solches Thema ist die ›Götterliebe‹. Götter verfolgen sterbliche Frauen und werben um sie. Poseidon begehrt Aithra, Amymone und andere Frauen. Die Darstellungen kommen in frühklassischer Zeit auf und sind zunächst Verfolgungsszenen: Poseidon hat Aithra eingeholt und packt zu (Abb. 110). Der Reiz des Bildes liegt in der Haltung des Mädchens, das den zudringlichen Gott mit der Hand abwehrt, um wegzueilen. Ein anderes Bild: Poseidon überrascht Amymone, als sie gerade mit dem Krug unterwegs zum Brunnen ist, um Wasser zu holen (Abb. 111). Das Geschehen

127

113  Satyrn  Poseidon  Amymone  Satyrn

steht im Zeichen Aphrodites, die mit Eros erschienen ist. Die Göttin hat zwar mit der Sage nichts zu tun, aber viel mit dem Vorgang: sie macht sichtbar, was den Gott treibt, und schließlich ist es ihre Macht, der sich Amymone und Poseidon beugen müssen. Selbst Poseidon ist nicht willensfrei, obwohl er ein Gott ist, auch er ist Teil einer Weltordnung, die er wiederum vertritt. Die Liebe gehört zu dieser Ordnung. So ist alles, was hier geschieht, von Aphrodite abhängig. Die Bilder reden nicht allein von der Zuneigung des Gottes zu der Sterblichen, sondern auch von der Macht der Göttin. Die Entscheidung, das Ja und Nein, ist weniger wichtig als die Tatsache, so handeln zu müssen. Und alles geschieht auf natürliche Weise: da der Gott die Sterbliche nicht besitzen kann, allein weil er ein Gott ist und Macht hat über die Menschen, muß er sich um die Geliebte bemühen, ja um ihretwillen sich gleichsam seiner Macht entäußern.

Nach der Mitte des fünften Jahrhunderts sind die Verfolgungsbilder selten. Wird die ›Götterliebe‹ auch dann noch als Verfolgung dargestellt (Abb. 112), so ist die Szene doch nicht mehr die alte. Das Geschehen, von den Blicken der beiden mitgetragen, ereignet sich im Zwischenraum zwischen ihnen, aber so, daß ein Gleichgewicht zwischen beiden entsteht.

Die Sage von Poseidon und Amymone war etwa folgende: Poseidon schafft der

114   Poseidon   Amymone   Eros

Amymone als Liebesgeschenk eine Quelle und nähert sich dem Mädchen, als es zum Wasserholen geht. Ein solches Thema war natürlich wie geschaffen für ein Satyrspiel. Im ersten Akt ist Amymone mit dem Krug unterwegs zum Brunnen: plötzlich auftauchende Satyrn bemerken das Mädchen, machen sich heran, umtanzen und belästigen es. Einer der Satyrn deutet Amymones Scheu als Einverständnis und ruft sie sogleich als seine Braut aus. Im zweiten Akt erscheint Poseidon: der falsche Bräutigam und der Satyrchor sind verdutzt, fassen sich aber und umtanzen im selben Augenblick den Gott und die Frau und feiern in einem ›operettenhaften‹ Aufzug die beiden; so geschieht es auf einem Gefäß des frühen vierten Jahrhunderts (Abb. 113). Mit oder ohne Satyrn – in den Bildern des späten fünften und frühen vierten Jahrhunderts ist Poseidon nicht mehr Verfolger, sondern im Gespräch mit Amymone. Anwesend sind meist viele Personen, sie stehen in der Landschaft, ohne daß etwas geschieht. Was sich ereignet, spielt sich im Innern der unentschlossenen Amymone und des um ihre Hand werbenden Gottes ab. Nachdem dieses Grundthema einmal im mythischen Bild angeschlagen war, wird es im zweiten Viertel des vierten Jahrhunderts (Abb. 114) deutlicher. Poseidon faßt Amymone an der Hand, drängt und überredet sie, sich zu entscheiden. Die Handlungsweise des Gottes ist deswegen nicht

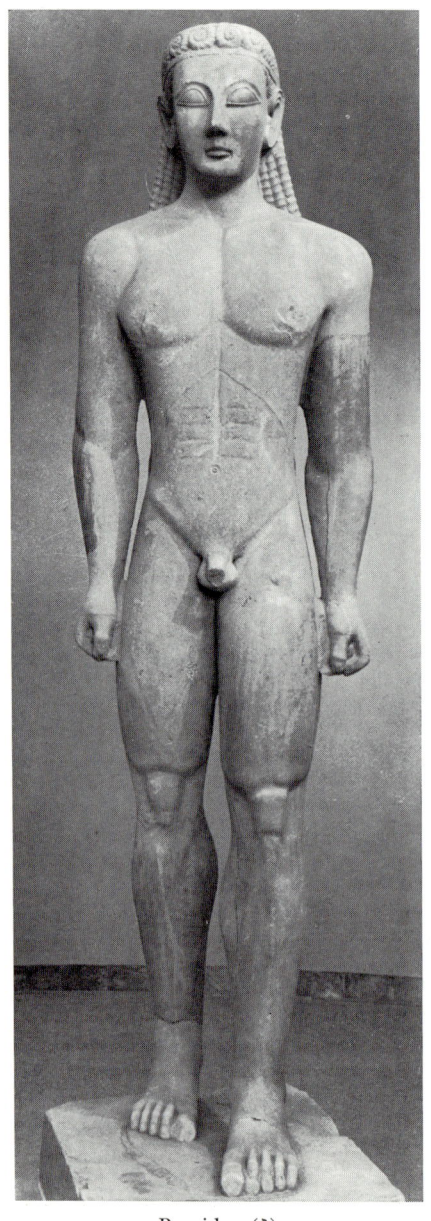

115     Poseidon (?)

menschlicher oder unmythischer geworden.
Die neue Art des Werbens im vierten Jahrhundert hängt mit der neuen Bewußtseinsstufe zusammen, welche die Entscheidung nicht nur in das Innere der Menschen (und der Götter) legt, sondern die Liebe in einem ›emotionalen‹ Bereich, zwischen ›Einsicht und Leidenschaft‹ versteht. Die Liebe ist jedoch nicht

130

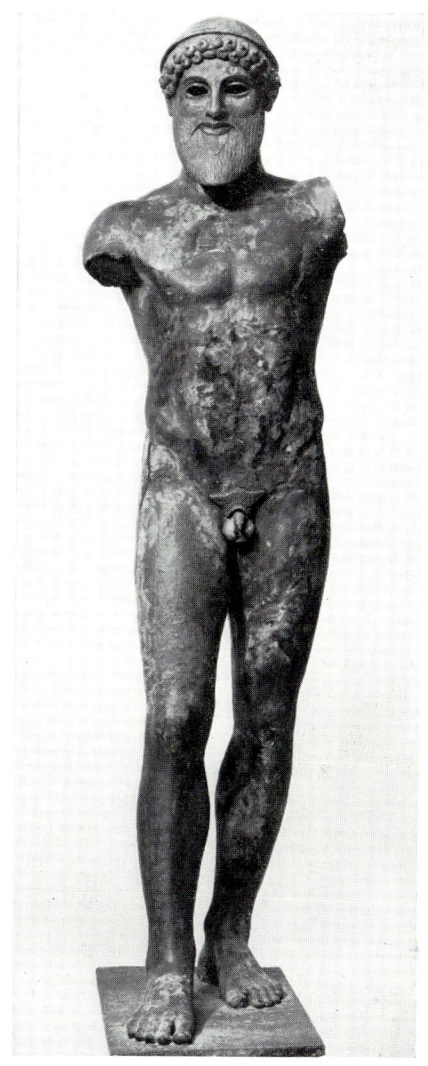

116    Poseidon

ein psychisches Phänomen. Der Drang ist ein Dämon, nämlich Eros, der als Anstachler und Überreder wirkt (Abb. 114), eine Verbindung mit den beiden eingeht, Gedanken des einen zum andern bringt, mit ihnen sogar ›seelische Regungen‹ teilt. Er ist eine selbständige Macht im Innern des Menschen. Aphrodite selbst erscheint nicht mehr. Das nimmt dem Geschehen die gewisse schicksalsmäßige Notwendigkeit der älteren Bilder (Abb. 111), die Entscheidung wird in die Brust des Gottes oder des Menschen verlegt. Sie fällt schwerer, weil sie mit etwas Unbestimmtem im Innern der Heroine verbunden ist; nicht mehr, wie im fünften Jahrhundert, mit dem Wissen um die Macht der Götter.

117 Poseidon

*Poseidon als geistige Gestalt.* – Ob die Frühzeit Poseidon als Krieger dargestellt hat wie Zeus, ist ungewiß. Die riesenhaften Statuen aus dem Poseidonheiligtum bei Sunion aus dem Anfang des sechsten Jahrhunderts (Abb. 115) haben keine äußeren Kennzeichen, die auf den Gott hinweisen. Es sind jugendliche Gestalten mit herabhängenden Armen und vorgestelltem linken Bein – das große Thema der Plastik der Zeit.

Solche Statuen konnten verschiedene Bedeutung haben: ein Verstorbener, ein Athlet, das Bildnis eines Menschen mit oder ohne beigeschriebenen Namen; sie konnten aber auch den Gott darstellen. Die Benennungen sind nicht austausch-

Poseidon

bar, doch gehen sie ineinander. So kann neben dem Dreizackträger in der Flächenkunst auch der Riese von Sunion Poseidon sein, dessen Bild dem Menschen der Zeit ebenso erschienen sein wird wie diese unbenannte ›Jünglingsstatue‹. Als der Gott in der Flächenkunst und Plastik des sechsten Jahrhunderts deutlich wird, hält er einen Fisch in der Hand, oder er faßt den Dreizack, ähnlich dem bronzenen Dreizackträger aus dem frühen fünften Jahrhundert (Abb. 116).

Den Dreizackschleuderer gibt es seit dem späten sechsten Jahrhundert auf Münzen und gewiß auch als Statue in Heiligtümern. Nicht zufällig erscheint dieses Bild des Gottes in den gleichen Jahren wie der blitzschleudernde Zeus (Abb. 79), nachdem auch Poseidon als Dreizackschleuderer im Gigantenkampf in der Flächenkunst (Abb. 24) vorgebildet war.

Der frühklassische Poseidon ist vor allem der Dreizackschleuderer, dessen bedeutendste Darstellung, die Bronzestatue aus dem Meer bei Euböa (Abb. 117. 118), gegen die Mitte des fünften Jahrhunderts entstanden ist. Während Poseidon auf Münzen vom Ende des sechsten Jahrhunderts allein mit der Kraft seines stark abgewinkelten Wurfarmes den Dreizack schleudert, trägt die Gesamtbewegung der Bronzestatue den Wurf. Der Dreizack geht in weite, nicht festlegbare Bereiche.

Was besagt der ›Gott aus dem Meer‹, der so mächtig ist wie Zeus im Ostgiebel von Olympia (Abb. 34. 84)? Gegen wen schleudert er den Dreizack? Stößt er ihn in den Leib eines Giganten, ins Meer, um es aufzuwühlen und den Schiffer zu bedrohen? Der Inhalt der Statue ist umfassender als das, was sie tut. Die Wurfhaltung bezeichnet weder ein einmaliges Tun noch eine äußerliche Gebärde der Macht; auch hier liegt der Inhalt der Statue in der Haltung, die auf der frühklassischen Vorstellung vom gebietenden Poseidon fußt. Die Bronze hat nämlich eine zweifache Bewegung: die eine geht vom Körper, von den Beinen und den Armen aus und reicht mit dem Wurf des Dreizacks in den vor ihr liegenden Herrschaftsbereich des Gottes; die andere bringt die Gestalt in federnder Bewegung zur Ruhe. Diese Doppelbewegung kommt jeweils vom Zentrum der Figur, schafft eine Spannung und einen geistigen, keinen örtlichen Raum. Hier ist es das weite Reich, über das der Gott herrscht: zunächst das Meer, die Seefahrer, die Fischer, der Mensch – aber schließlich doch das geistige Feld seiner Macht.

Durch die doppelte Bewegung ist der ›Gott aus dem Meer‹ nicht mehr ein unmittelbar Gegenwärtiger, wie im sechsten Jahrhundert, sondern ein unsichtbarer, erscheinender Gott, wie alle Götter der frühklassischen Zeit. Eine Darstellung der Flächenkunst macht das deutlich: Theseus ist nach Athen heimgekehrt und wird von seinen Eltern begrüßt (Abb. 119). Er ist Mittelpunkt des Ereignisses: er und das Wiedersehen mit den irdischen Eltern aber stehen im Schatten des für sie unsichtbar anwesenden Poseidon. Theseus, Sohn des Aigeus, ist ja zugleich Sohn des Poseidon. Poseidon jedoch ist nicht als Vater anwesend, sondern als Gott: unsichtbar den Menschen, die dennoch um seine Gegenwart wissen, wie die Gestalten der Tragödie. Der Heros, der Mensch steht unter der Macht der Götter und weiß darum: das ist der Inhalt des Gefäßbildes, und alle Darstellungen dieser Zeit, auch wenn kein Gott anwesend ist, sind so zu verstehen.

Der ›Gott aus dem Meer‹ (Abb. 117. 118), im Ostfries (Abb. 120) und im Westgiebel des Parthenon (Abb. 121) sind im Ausmaß der Gestalt Bildnisse der

119    Aigeus         Aithra              Theseus             Poseidon

größten Machtentfaltung Poseidons im fünften Jahrhundert. Was ist der Grund, daß Poseidon in diesem Jahrhundert eine solch innere Mächtigkeit hat? Auch hier hat die Bewußtseinsstufe des Menschen das Bild des Gottes verändert: die Erkenntnis von der Gewalt der Elemente, über die der Gott gebietet, hat die Mächtigkeit seiner Gestalt so gesteigert. Ähnlich sind aus der Erkenntnis, daß Frevel, Hochmut, Vermessenheit den Widerspruch zur Weltordnung bedeuten, die übermächtigen Gegner der Unordnung (Abb. 34. 283) entstanden.

Unter den Göttern im Parthenonfries sitzt Poseidon an dritter Stelle (Abb. 120), nach Athena, der Herrin des Tempels (Abb. 215), und dem mit ihr verbundenen Hephaistos. Apollon dreht sich zu Poseidon hin. Er ist eine ehrwürdige Erscheinung, sitzt aufrecht gleich Zeus (Abb. 39), wenn auch nicht so mächtig. Auch ohne den Dreizack ist der Meeresgott unverkennbar: seine Haare sind ungepflegt, als sei er eben aus dem Meer aufgetaucht. Alle Götter im Ostfries

120    Poseidon          Apollon          Artemis          Aphrodite Eros

des Parthenon haben eine Grundhaltung, welche die Götter im Fries des Siphnier-Schatzhauses (Abb. 75. 76) noch nicht kannten: sie sitzen, wenden sich um, unterhalten sich, und doch ist jeder für sich; denn immer münden die Bewegungen wieder in die Bewußtseinsmitte der Gestalt, von der sie ausgingen. Der Abstand von Gott zu Gott wird durch ihr unterschiedliches Wesen bestimmt, das ohne äußere Zutat in den Gestalten selbst festgelegt ist. So ist jeder Gott ein Individuum mit eignem Bereich. Die Bereiche können sich berühren, überschneiden, und dennoch gibt es keinen unmittelbaren Einbruch des einen Gottes in die Wesenheit des anderen. Es entsteht immer ein Spannungsraum: darin ist gleichzeitig Distanz und Verbundensein, Einsamkeit und Gemeinsamkeit – auch das gehört zur Götterauffassung im Parthenonfries.

Um die Jahrtausendwende ist Poseidon Herrscher des Meeres und ein geistiger, über die Elemente waltender Gott geworden. Aber worin besteht der Unterschied zwischen dem ›Gott aus dem Meer‹ im Ostfries und Westgiebel des Parthenon (Abb. 117. 118. 120. 121) und der alten Vorstellung? Doch wohl vor allem in dem Abstand zwischen dem Gott und den Elementen, im Zwischenraum, der jetzt alles, worüber der Gott Macht hat, zu einem Gegenüber macht: damit ist die höchste Stufe der Persönlichkeit des Gottes erreicht. Dies gilt unter den Göttern nicht nur für Poseidon. Aber auch in das Verhältnis des Menschen zum Gott ist dieser Zwischenraum getreten: damit hat auch der Mensch eine höhere Stufe der Persönlichkeit als zuvor erstiegen.

121   Poseidon

Im vierten Jahrhundert – insbesondere in dessen zweiter Hälfte – muß es leidenschaftlich bewegte Poseidonbilder gegeben haben: der erregte Kopf aus Chios (Abb. 122) ist der Rest einer Statue des Gottes dieser Zeit. Am Ende des Jahrhunderts hat das untätige Bild den Vorrang: Poseidon setzt den Fuß auf ein Schiffsvorderteil, auf einen Felsen oder Delphin, stützt den Arm und blickt aufs Meer hinaus, so zeigen ihn Münzbilder. Das ursprüngliche Bild in der Rundplastik ist in römischen Nachbildungen (Abb. 123), die auch noch manches hinzuerfanden, oft verunklärt worden. Wenigstens soviel ist deutlich: die weite geistige Ausstrahlung Poseidons im fünften Jahrhundert ist verloren; für den ausspähenden Poseidon (Abb. 123) gilt sie nicht mehr, sein Blickfeld ist enger geworden.

Mit dem Beginn des dritten Jahrhunderts bilden sich neue Formgesetze. Das Kopfgerüst wird von der Masse des Gesichts verschleiert, die mehr das Elementhafte als das Geistige betont. Eine Bronzefigur des vierten Jahrhunderts (Abb. 124) hat noch eine einfache Haltung und einen einheitlichen Rhythmus, darin erscheint sie als ein in der Götterordnung eingebundenes Glied. Poseidonstatuen von Pergamon und Melos aus dem zweiten Jahrhundert (Abb. 125. 126) brechen aus dieser Ordnung: ihre Erscheinung betont den Gott als einen Herrscher, und ihre Haltung wirkt wie eine große Gebärde des Anspruchs auf

122  Poseidon

Macht. Damit ist eine Entwicklung angestoßen, die sich am Ende der hellenistischen Jahrhunderte noch verstärkt. – Seit dem Parthenonfries wird am Haupt des Gottes (Abb. 120) etwas vom stürmischen Meer und von den Mühen des Seefahrers sichtbar: im vierten Jahrhundert sind solche Züge deutlicher, in hellenistischer Zeit werden sie Wesenszüge des Gottes. Doch der geistige Kern der Gestalt bleibt unberührt von äußeren Anlässen und Ereignissen, die oft den Anstoß zu den hellenistischen Bildwerken gegeben haben.

Dem hellenistischen Poseidon ist der Dreizack das wirkliche Zeichen seiner Macht, und seine ausgestreckte Hand bedeutet auch ein Gebieten über die Wogen des Meeres. Irdischen Herrschern gleich, erscheint er als ein hellenistischer Herrschergott, zu dessen Macht nunmehr solche Gebärden gehören. Eine spätere Möglichkeit des hellenistischen Poseidon stellt eine Bronzefigur vom Ende des zweiten Jahrhunderts dar (Abb. 127): die Gesten sind überzogen, die Gestalt dreht sich gleich einer Spirale und ist mit dem Raum verbunden, als wäre sie ein Stück von ihm. Der Dreizack wirkt wie ein Fischfanggerät, der

123
Poseidon

124    Poseidon

rechte Arm lässig, als tropfe Meerwasser ab. – Angefangen hat die inhaltliche Veränderung der Attribute an der Wende von der spätklassischen zur hellenistischen Zeit, als Poseidon am Strand des Meeres seinen Fuß auf eine Felsklippe setzt und seinen Blick aufs Meer hinaus richtet (Abb. 123). – Doch Poseidon war nie in der Weise an das Meer gebunden wie seine fischschwänzigen Verwandten, Triton und andere, die sich in hellenistischer Zeit sogar vermehren können und seinen und der Amphitrite Hochzeitswagen übers Meer ziehen (Abb. 128). Sie sind nicht allein Poseidon untertänig, sondern müssen sogar den Wogen und den Elementen des Meeres gehorchen.

125
Poseidon

126 Poseidon

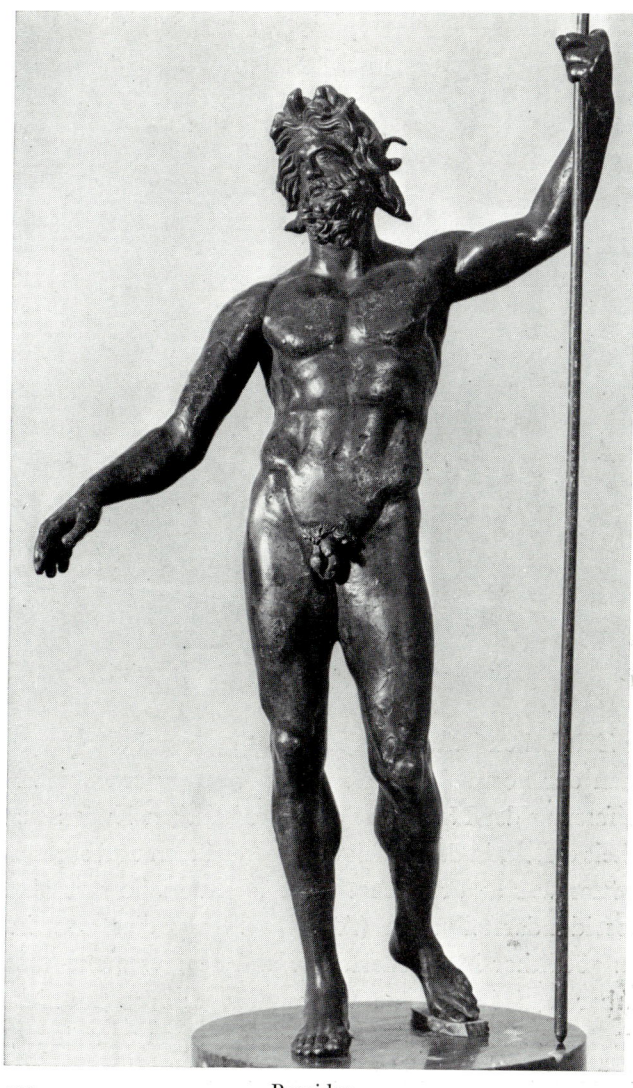

127  Poseidon

Von den drei großen olympischen Göttern konnte keiner die hellenistische Art so in sich aufnehmen wie Poseidon, der Herr des unruhigen Meeres, des ständig sich verändernden Elements. Mit den Elementen haben die hellenistischen Bildner den Gott wieder stärker verbunden. Die Formen waren dafür geeignet; denn Unruhe und Bewegtheit, kurzes Zeitmaß, rasche Rhythmen und komplizierte Haltung sind die Grundzüge der Kunst in den letzten drei vorchristlichen Jahrhunderten.
Die hellenistische Zeit strebt zum Angespannten und Gegensätzlichen – die bildnerische Auffassung der Poseidonvorstellung kam ihr entgegen. Poseidon-

128  Tritone                              Amphitrite   Poseidon

statuen dieser Zeit haben beides: das Elementhafte und die Herrschergeste. Am Beiwerk und an der Form der Gestalt läßt sich dies erkennen. Hinzu kommt eine neue Auffassung der Natur in der hellenistischen Kunst: sie wird als eine neue Möglichkeit erfaßt, in die die Figuren verströmen und schließlich aufgehen. Keiner der Götter war dafür so bereit wie Poseidon. So erscheint in den Köpfen später Poseidondarstellungen (Abb. 127. 128) dies alles in ergreifender Weise vereint: göttlicher Meeresherrscher und doch element- und naturgebundener Gott. Aber so tief wie seine Verwandten ist Poseidon nicht herabgestiegen, um selbst in die Elemente des Meeres eintauchen zu müssen, aus denen er einst kam. Er ist trotz allem ein olympischer Gott geblieben.

129

# HADES

Hades kommt wie Zeus und Poseidon aus dem Titanengeschlecht. Er ist der älteste der drei Brüder. Bei der Teilung der Welt bekam er die Unterwelt und wurde Gebieter des Totenreiches. Er hat mit dem Olymp und dem Lichtreich wenig zu tun, haust unten in den Schattengründen der Erde, in einem eigenen und abgesonderten Reich, an einem düsteren Ort; dort lebt er, den Augen der Menschen verborgen, scheu dahin. Als einmal über die Erde die Götterschlacht tobt, so sagt Homer, springt er angstvoll von seinem Thron auf und bangt, es könne unter Poseidons Dreizackstößen die Erde zerreißen und sein dunkles Reich den Blicken der Sterblichen sich öffnen. Aber Hades ist doch ein mächtiger Herr, er wird sogar der unterirdische Zeus genannt: Chthonios, man nennt ihn

130     Hekate     Hades   Persephone          Demeter

auch mit den freundlichen Beinamen Meilichios, Philios, die sein düsteres Wesen beschönigend verbergen. Herr der Unterwelt, spendet er zugleich Wachstum und Reichtum, heißt darum Pluton und trägt das Füllhorn mit Früchten und Blumen.

Hades hat Persephone zur Gattin, die ›furchtbare Herrin‹ (Homer), die eine mächtige, vorzeitliche Unterweltsgöttin war und mit der mütterlichen Erdgöttin Demeter als Tochter verbunden ist: in Eleusis, dem Hauptsitz der Mysterien, werden beide verehrt. Daß Zeus als ihr Vater gilt, ist ein Zeichen von Persephones hohem Rang: sie hat Teil am alten und am neuen Götterreich, an der Tiefe und am Licht.

Hades erscheint meist als bärtiger Alter, mit langen, dunklen oder schlohweißen Haaren (Abb. 129); er trägt das Zepter, wie es einem Herrscher gebührt, und als Spender des Reichtums oft das Füllhorn.

*Hades im mythologischen Bild.* – Hades ist nicht wie andere Götter von vielen Mythen umwoben. Seine düstere Gestalt hat zwar die Menschen beschäftigt, aber weniger die Phantasie der Bildner. Die Sage weiß nur vom Raub der Persephone durch Hades und von ihrer Wiederkehr aus der Unterwelt zu erzählen. Es begann mit einer wunderbaren Zauberblume, die Hades wachsen ließ und die Persephone sieht, als sie mit ihren Freundinnen auf der Wiese spielt: sie pflückt die Blume, da öffnet sich die Erde, und aus der Tiefe kommt Hades mit dem Gespann herauf, nimmt mit Gewalt das Mädchen als Braut auf den Wagen

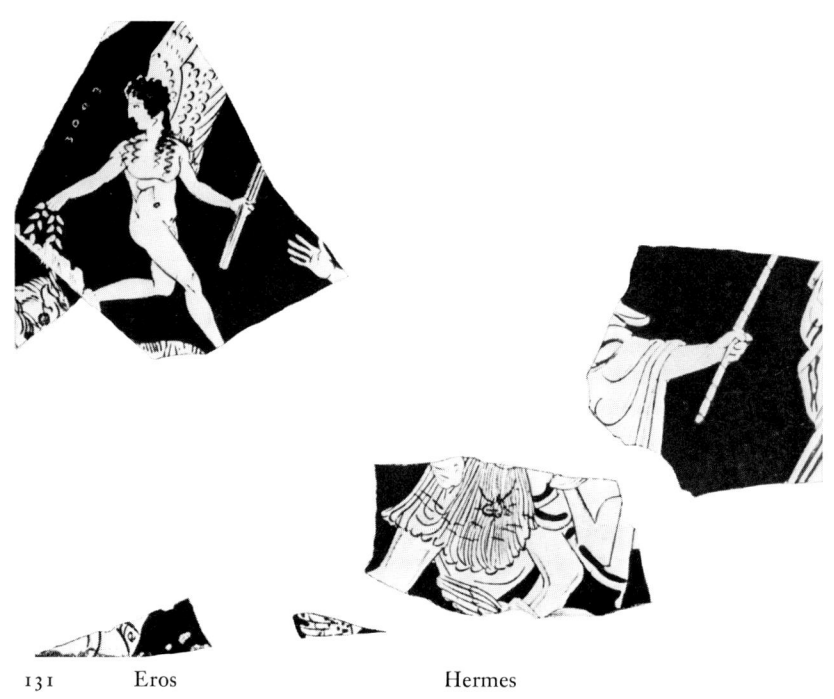

131   Eros   Hermes

und verschwindet mit ihr – so plötzlich, wie er gekommen ist. Demeter verfällt in tiefe Trauer. Nach langen Bitten erreicht sie bei Zeus die Rückkehr ihrer Tochter: aber Persephone, durch den Genuß der Hadesspeise, eines Granatkerns, der Unterwelt verfallen, muß fortan – gleich dem Samenkorn, das im Winter in der Erde schlummert – ein Drittel des Jahres als Hadesgattin unter der Erde sein; die übrige Zeit darf sie bei ihrer Mutter auf der Oberwelt verbringen. In diesem Mythos ist die Vorstellung vom Kreislauf der Natur enthalten: mit Persephone taucht die Natur in die Erde, um sich dort unten zu erneuern und wiederzukehren nach den Wintertagen.

Die Geschichte vom Raub Persephones wird verschieden dargestellt: entweder ist Hades zu Fuß hinter Persephone her, oder er entführt sie auf dem Wagen. Die schönste Darstellung stammt aus dem dritten Viertel des fünften Jahrhunderts (Abb. 130. 131). Es sind nur ein paar Scherben von dem Gefäß erhalten, aber doch genug vom Inhalt der Szene: Hades steht auf dem Wagen und hält Persephone fest, Hermes geleitet den Wagen in die Unterwelt, und Göttinnen eilen eine Wegstrecke mit, bis das Gespann in die Erde eintaucht und verschwindet. Aphrodite wird zugegen sein – es handelt sich ja auch um eine ›Götterliebe‹ (S. 128) – und Hekate und gewiß die um die verlorene Tochter klagende Demeter. In den Bildern des fünften Jahrhunderts sind ja meist Vor- und Nachspiel mit der Hauptszene verwoben. Der Mythos vom Raub und der Wiederkehr der Tochter verbindet das Reich der Tiefe und des Lichts. Auf dem

132 Persephone Hermes  Hekate  Demeter

Gefäßbild stehen diese zwei Bereiche gegeneinander: Persephone – von Hades gehalten – streckt die Arme zu den Umstehenden auf der Erde empor, die sie verlassen muß, während des Hades Blick in die Unterwelt gerichtet ist. In allen mythischen und irdischen Darstellungen der klassischen Zeit liegt ein Grundton, der dem der Tragödie ähnlich ist: was sich ereignet, ist wie vorherbestimmt, so auch der Raub der Persephone. Es besteht ein zweifacher Grund, warum sie die Erde verlassen muß: einmal, weil eine alte Abmachung sie zwingt, zum andern wird sie entführt mit Willen und mit Einverständnis Aphrodites.

Ein ebenso bedeutendes Bild dieser Zeit zeigt Persephones Rückkehr aus der Unterwelt (Abb. 132): die Erde hat sich geöffnet, und die Göttin steigt auf; Hermes hat Zeus' Auftrag erfüllt, er tritt zur Seite; auch Hekate, die Demeter auf ihren Wegen des Suchens begleitete, weicht vor der Erscheinenden zurück. Vorausgegangen waren des Hermes beredte Künste, mit denen er Hades erweichte, und der Mutter ruheloses Umherirren, um die verlorene Tochter zu finden. Demeter steht am Rande des Bildes und doch nicht abseits: auf sie kommt alles an. Von Demeter her entschlüsselt sich der Sinn des Bildes; denn mit ihr und ihrem Namen ist der Name der Mutter eng verbunden. Am Ende eines langen Weges der Trauer steht die Mutter ganz allein – als sich die Erde öffnet und Persephone erscheint. Viele Elemente tragen zur Größe der Dar-

133  Hades  Herakles

stellung bei: die Anordnung der Gestalten, ihr Ernst, der Zwischenraum, der voll ist von Trauer, Suchen, Warten, Wiederkehr. In dem Zwischenraum vollziehen sich das Wunder der Erscheinung und die Begegnung von Mutter und Tochter. Den alten Vegetationsmythos vom Sterben und Aufleben der Natur, der im Gehen und Kommen Persephones enthalten ist, auch vom Leid der Mutter Demeter her zu sehen, ist nur im dritten Viertel des fünften Jahrhunderts möglich. Demeter ist Mutter in persönlicher Weise als Gaia. Die Tochter gehört zu ihr wie sie zur Tochter: sie sind immer beisammen, wenn Persephone auf der Oberwelt weilt. Im Ostgiebel des Parthenon (Abb. 48) sitzen sie miteinander auf den Truhen, in denen die geheimnisvollen Gegenstände der Einweihung in die Mysterien verschlossen sind; in den eleusinischen Mysterien geben beide auf sakramentale Weise altes Wissen um die Geheimnisse vom Tod und neuem Leben weiter.

134    Persephone                Hades

Um die Mitte des fünften Jahrhunderts erscheint auf Denkmälern die finstere Unterwelt, das Reich der Schatten, wo die Heroen weilen und die Helden zu ihnen hinabsteigen: Herakles, um Theseus zu erlösen; Odysseus, um mit Elpenor zu sprechen (Abb. 259); Orpheus, um seine Gattin Eurydike wiederzugewinnen (Abb. 260). Nicht Hades, sondern die Vorstellung vom Tod und vom Los des Menschen bestimmen den Inhalt solcher Bilder. Daß Herakles in die Unterwelt eindringt, den Höllenhund heraufholt (Abb. 200) und den gefangenen Theseus befreit, hat zunächst mit Hades nichts zu tun. Wenn Herakles aber auf einem Gefäß des frühen vierten Jahrhunderts den Gott auf dem Rücken trägt (Abb. 133), dann ist das gewiß mehr als nur eine der Taten des Herakles, die wir sonst nicht kennen. Herakles hat vielleicht eine Wette abgeschlossen, sogar den Unterweltherrscher heraufzuholen. Aber der Heros bringt nicht den verhaßten Hades, sondern den Reichtumspender Pluto auf die Erde. Solch eine Geschichte könnte ein fruchtbarer Stoff für ein Satyrspiel gewesen sein, das, ähnlich der Komödie ›Plutos‹ des Aristophanes, die Klage der Menschen über

135     Hades                          Demeter

die ungerecht verteilten Güter des Lebens zum Thema hat: Plutos, der Reichtum, ist ja in der Komödie des Aristophanes nicht ein Kind, wie er es dem Namen nach sein müßte, sondern ein alter Mann, wohl dem Füllhornträger des Gefäßes ähnlich. Schließlich wird Herakles in dieser Zeit als ein Wohltäter der Menschen gepriesen, wie Zeus Meilichios, wie der gütige Arzt Asklepios und andere – vielleicht war dies der Grundgedanke des Bildes und eines Bühnenstücks.

*Hades als geistige Gestalt.* – Als Herrscher der Unterwelt, mit Zepter und Thron ausgezeichnet, ist Hades eine würdige Gestalt und Zeus gar nicht unähnlich. Aber nie ist er Mittelpunkt. Seine Macht ist beschränkt, er hat Gewalt eben nur über die Toten. Wenn Götter beisammen sind, steht oder sitzt er meist am Rand. Deutlicher wird seine Person, wenn er zusammen mit eleusinischen Gottheiten in der Götterversammlung auftritt oder als bärtiger Alter hilflos zusehen muß, wie Herakles den Höllenhund wegführt.
In Hades ist der Gedanke vom Totenreich als Ort der Schatten und zugleich Schoß des Lebens enthalten. Im fünften Jahrhundert gewinnt die Erkenntnis,

136   Persephone   Hades

daß alles Leben aus der Tiefe kommt und dorthin wieder zurückkehren muß, ihre bildliche Form: vor allem im Raub und in der Wiederkehr Persephones (Abb. 130–132) und in Darstellungen, wo Hades mit Persephone verbunden ist, mit ihr den Thron teilt, wo beide allein (Abb. 134) oder mit eleusinischen Göttern zusammen sind und Feldfrüchte, einen Hahn, das Füllhorn halten, wo Hades aus seinem Füllhorn Samen in die Furchen des Pfluges fallen läßt, damit der Acker Früchte trage (Abb. 135); denn der Glaube ist alt, daß man Hades anrufen müsse, wenn das Saatkorn der Demeter keimen soll. Hades hat noch manche andere Beziehung: zur Mutter Erde, die nicht nur das Geheimnis des Lebens hütet – so in den ›Choephoren‹ des Aischylos; zu Dionysos, mit dem zusammen er am Lenäenfest als ein und derselbe gefeiert wird (S. 349). Seit dem fünften Jahrhundert wird der finstere Herrscher des Schattenreiches der

137    Hades

freundliche und wohltätige Gott mit dem Füllhorn (Abb. 129). Als ein ehrwürdiger Herrscher mit Götterschale und Füllhorn nimmt er mit Persephone am Gelage der hohen olympischen Götter teil (Abb. 136): Zeus und Hera, Poseidon und Amphitrite, Dionysos und Ariadne, Ares und Aphrodite sind anwesend, doch seine Liege steht nicht unmittelbar bei seinen Brüdern Zeus und Poseidon, sondern in einem abgesonderten Bereich, im Rund des Gefäßes.

Das Bild des Hades ist in der Kunst gewiß älter als das sechste Jahrhundert, wo er durch die Attribute oder durch Namensbeischrift von anderen Göttern unterschieden ist und eine charakteristische Gestalt gewonnen hat. Selten sind rundplastische Denkmäler des Gottes, wie auch sein Kult selten ist. Der Name ›Aideus‹, auf einer marmornen Sitzstatue des sechsten Jahrhunderts in Sparta (Abb. 137) eingemeißelt, meint wohl Hades, und der Hund am Stuhlbein, auf den der Gott seine Hand legt, ist der Höllenhund Kerberos.

Ausgehend von Zeus und Poseidon im Parthenonfries (Abb. 39. 120), die in ihrer Eigenart unverwechselbar sind, wird man auch Hades in der zweiten Hälfte des fünften Jahrhunderts nicht mehr nur äußerlich gekennzeichnet haben. Eine Bronzestatue des Gottes Hades, die Agorakritos für das Heiligtum der Athena im böotischen Koronea schuf, hielt nicht das Füllhorn, wie es in dieser Zeit für ihn üblich ist (Abb. 129. 136), sondern das Zepter – deshalb haben

138  Hades

manche im Altertum die Statue für Zeus gehalten. Vielleicht war der parische Bildhauer und Phidiasschüler Agorakritos der erste, der auf äußere Kennzeichen verzichtet und Hades von innen charakterisiert hat. Hades hatte gewiß auffallende Stirn- und Barthaare und war eine ehrwürdige Gestalt. Wie schon die Götter links von Zeus im Ostfries des Parthenon (Abb. 240. 270), die von Agorakritos stammen, so muß auch sein Hadesbild im Aussehen wie in der Haltung ein sehr eigen geprägtes gewesen sein.

Ein Bildhauer wie der Karer Bryaxis hatte im vierten Jahrhundert alle Voraussetzungen, um Hades allein im Gesicht zu charakterisieren. Berühmt wurde die kleinasiatische Kultstatue des Gottes, die Ptolemaios I. von ihrem ursprünglichen Ort in seine Residenzstadt Alexandria bringen ließ, wo Hades unter dem einheimischen Namen Sarapis verehrt worden ist. Keine Nachbildung kann das verlorene Original ersetzen; es muß ungepflegtes Haar und abgründige Züge gehabt haben. Es ist überliefert, daß Bryaxis sogar ungewöhnliche Werkstoffe verwendet und das Werk ›in dunkle Farbe‹ getaucht hat, um die düsteren Züge des Gottes zu erreichen. Verständlich, daß eine kleine Sitzstatue des Hades (Abb. 138) nicht sehr tief, aber doch dem großen Werk des Meisters nahekommt. Das Kultbild in Alexandria muß sogar von großem Einfluß auf spätere Darstellungen des Gottes gewesen sein; denn seit dem späten vierten Jahrhundert ist der dem Hades wesensgleiche Sarapis das Haupt der Unterweltgottheiten. Wo sich in den Hadesdarstellungen späterer Zeiten die düsteren chthonischen Züge verschärfen, haben sie allerdings mit dem griechischen Hades, seiner Aufgabe und seiner Eigenart nichts mehr gemein.

139

# HERA

Der mythische Glaube hat viele Götter und Heroen mit Zeus als Vater verbunden und ihn zum Gatten vieler Frauen gemacht. Diese Geliebten des Gottes sind vorweltliche Wesen, Töchter des Kronos, oder Sterbliche. In Hesiods Göttergenealogie ist Metis die erste Gemahlin, der Themis, Eurynome, Demeter, Mnemosyne, Leto, Maia und andere folgen, schließlich wird Hera – seine Schwester, Tochter des Kronos und der Rhea – seine Gattin. Sie ist die einzige, mit der Zeus im Mysterium der Ehe verbunden ist.

Hera muß im zweiten Jahrtausend als eine Gottheit des Wachstums, an manchen Orten sogar als Pflanzengöttin verehrt worden sein; denn nicht allein im

Kult, auch im Wesen der Göttin lebt die einstige Naturgottheit weiter. Aber als Zeusgemahlin wird sie die Göttin der Frauen und der Ehe, Schützerin ihrer Reinheit und Hüterin ihrer Strenge. Sie wohnt im Olymp, die Götter huldigen ihr, aber sie hat nicht den Rang einer Himmelsherrin. Vor allem als Gattin ist sie nur an Zeus gebunden. Die feste Bindung an ihn gehört zu ihrem Wesen.
Hera hat Zeus drei Kinder geboren: Hebe, Eileithyia und Ares – den mißgestalteten Hephaistos brachte sie ohne Vater zur Welt. Hebe, die den Göttern den Trank der ewigen Jugend einschenkt und dem Herakles als Lohn für seine Mühen vermählt wird, ist keine große Göttin, sie hat den Rang der Horen, Chariten und Musen. Eine alte und vielverehrte Göttin ist hingegen die Geburtshelferin Eileithyia, die auch bei der Geburt der Athena und des Apollon hilfreich beisteht. Eileithyia ist sinnvoll mit Hera, der Göttin der Frauen, verbunden, verschmilzt sogar mit ihr und mit Artemis, der anderen Geburtshelferin. Nicht so leicht fügt sich Ares in den Rahmen der legitimen Zeuskinder ein, der Kriegsschrecken, den Zeus selbst als den verhaßtesten aller Olympier bezeichnet, weil er nur Hader liebt; aber schließlich ist Ares doch ein echter Sohn der streitliebenden Mutter, die ihn, nach einer Überlieferung, wie Hephaistos, ohne Vater geboren hat. Apollon, Artemis, Hermes und Dionysos sind keine Herakinder: Zeus hat sie mit Leto, Maia und Semele gezeugt.
Im Epos wird Hera als die Altehrwürdige und Hehre angesprochen. In der Kunst ist sie eine erhabene und mütterliche Gestalt, der Krone, Zepter und Schleier gebühren (Abb. 139). Ob sie tief verschleiert ist oder sich entschleiert, ob sie steht oder thront, immer ist ihre Erscheinung vornehm.

*Hera im mythologischen Bild.* – Hera ist keine an Mythen reiche Göttin, ihr Dasein ist ganz mit Zeus verbunden. Wenn die Götter sich zum Gelage versammeln, zu Wagen ausfahren oder den Heros Herakles im Olymp erwarten, dann ist Hera immer in der Nähe des Zeus, und ihre Anwesenheit gibt dem Ereignis ein besonderes Gewicht. In der Gigantenschlacht gilt sie nicht als Kämpferin, deren Eingreifen entscheidend ist. Sie steht meist zwischen den Hauptkämpfern, in einem Tal des Schlachtfeldes, manchmal mit Krone und Schleier bedeckt.
Beim Urteil des Paris nimmt Hera häufig auf dem Weg zum Ida rangmäßig die erste Stelle ein und schreitet vor Athena und Aphrodite und unmittelbar hinter dem Geleiter Hermes, wenn sie auch bald diesen Platz an Aphrodite abgeben muß, der Paris den Preis der Schönheit zuerkennt (Abb. 157. 249–252). Mittelpunkt ist sie in einer im sechsten Jahrhundert häufig dargestellten Geschichte: ihre Befreiung vom Thron. Der eigene Sohn Hephaistos hatte nämlich der Mutter aus Rache, weil sie ihn, den lahm Geborenen, auf die Erde warf, einen Zauberthron geschickt, an den sie, setzt sie sich einmal darauf, immer gefesselt sein sollte. Auf einem Gefäß des Malers Klitias (Abb. 229. 230) thront sie im

140    Hera    Zeus

Olymp, an den Thron gefesselt. Um ihretwillen haben sich die Götter versammelt, um zu beraten und zu versuchen, wie sie gelöst werden könnte – vergebens. Schließlich macht Dionysos den Übeltäter Hephaistos betrunken und bringt ihn selbst in den Olymp. Er wird Hera befreien. Aus Freude am Erzählen hat der Maler den Zug des Hephaistos mit den Wildniswesen des Dionysosgefolges mindestens ebenso ausführlich geschildert wie die versammelten, über eine Lösung der gefesselten Hera diskutierenden Götter. Andere Maler geben sogar nur den Zug wieder und flechten Episoden ein, die sich unterwegs ereignen (Abb. 231–234).

Tiefsinniger als die Throngeschichte ist der Mythos von der jungfräulichen, alten Naturgöttin Hera, die in der ›Heiligen Hochzeit‹ Gattin des Zeus wird. Fortan ist sie auch Göttin im menschlichen Bereich, wird *die* Göttin der Frauen und Stifterin der Ehe; ihre Hochzeit wird zum ›Urbild‹ der Ehebündnisse überhaupt. Eine alte und eine neue Dimension spiegeln sich in ihren zwei Beinamen: sie wird ›Jungfrau‹ und, durch ihre Ehe, die ›Vollkommene‹ genannt. Anderenorts hat sie sogar drei Kultnamen: ›Jungfrau‹, ›Vollkommene‹ und ›Chera‹, die vom Gatten Verlassene. Die zwei Gestalten, in denen sie als Gattin des Zeus und Herrscherin im Olymp und als Jungfrau und Braut des Zeus verehrt wird, hängen mit alten, stets lebendig gebliebenen Vorstellungen zusammen, wonach Hera in der ›Heiligen Hochzeit‹ die ›Vollkommene‹ und durch ein kultisches Bad wieder ›Jungfrau‹ wird. Im Heraheiligtum auf Samos und an anderen Orten

141   Hera

lebte der Brauch fort, die ›Heilige Hochzeit‹ und die ›jungfräuliche Erneuerung‹ im Kult zu begehen. Nahe dem Fluß Imbrasos, am Kultbaum Lygos, gründete man der Göttin Altar und Haus und feierte am Jahresfest, im Frühling, wenn die Natur sich schmückt, die ›Heilige Hochzeit‹ und vollzog am ›Strickfest‹ im

142   Hera

Hochsommer am Kultbild das reinigende Bad im Meer. Vielleicht ist in den Bildern des siebten Jahrhunderts (Abb. 35-37), wo Zeus und Hera sich anfassen, sogar eine Szene aus dem Hochzeitsritus überliefert. Ein samisches Tontäfelchen (Abb. 140) schildert anschaulich die Handlung und sogar die Umgebung: mitten in einer sakralen Landschaft, am Fluß Imbrasos und beim Lygosbaum – also an dem Ort, wo Hera nach der Sage geboren wurde, aufwuchs und mit Zeus das Lager teilte –, faßt Zeus die Braut am Kinn und an der Hand und vollzieht so die heilige Handlung. Dem höchsten Gott verbunden und doch reines Mädchen: der Heramythos rührt an tiefste Geheimnisse der menschlichen Natur und des Glaubens der Völker.

*Hera als geistige Gestalt.* – Manche der früheren Tonfiguren aus Heraheiligtümern meinen die Göttin selbst; vor allem solche, die den Schleier tragen oder

143
Hera

144   Hera   Prometheus

einen Granatapfel halten. Sonst sind sie von Menschenfiguren, von den Weihenden nicht verschieden. Die frühen Kultbilder der Hera werden, wie die anderer Gottheiten, ganz einfach gewesen sein: ein Baumstamm, ein Pfeiler, ein Brett – die menschliche Form war vielleicht angedeutet. Solche Götterbilder entstammen noch nicht der Vision der Bildner, sie waren nach dem Glauben der Griechen ›vom Himmel gestürzt‹, vom Schnitzmesser, überhaupt von Menschenhand nicht berührt und wurden an Orten gefunden, wo man den Kult gründete oder an einen schon bestehenden vorzeitlichen anknüpfte. Manche Bilder behielten lange die rohe Form und wurden später umgeschnitzt: im samischen Heraion geschah es um die Mitte des siebten Jahrhunderts, als das im Lygosdickicht aufgefundene alte ›Brett‹ menschengestaltig wurde. Auf welche Weise es geschah, ob das Brett selbst umgeschnitzt oder dieses als Reliquie in ein nur grob vorgeschnitztes Holz eingefügt wurde, ist unbekannt. Das Ereignis fällt in eine Zeit, in der Tempel und Statue, überhaupt alles Bildhafte, durch eine neue Gliederung und neue Proportionen der Form eine monumentale Gestalt gewinnen. Unter dem Eindruck

145           Sirene           Hera

des neuen menschengestaltigen Bildes ist eine hölzerne Herafigur aus Samos um die Mitte des siebten Jahrhunderts (Abb. 141) geschnitzt worden. Die Göttin mit der hohen Kopfbedeckung hielt einst in den Händen Schalen, in die Menschen Gaben legten. Die Gestalt ist streng, keine Gewandfalte stört in dieser Zeit die Form. Das Körperliche bleibt verborgen, um so stärker ist das Spirituelle ihrer Erscheinung betont, in der Reinheit und Strenge der Göttin sich offenbaren.

Als das Kultbild menschengestaltige Form bekam, wandelt sich das Verhältnis zwischen der Gottheit und dem Menschen: denn der Beter steht nicht mehr mit beschwörend erhobenen Händen vor ihr, sondern wie diese, mit herabhängenden Armen oder in einer ähnlichen Haltung. Das bedeutet einen gewichtigen Einschnitt: Beter und Gottheit sind jetzt bestimmter aufeinander gerichtet.

Das strenge Bild der Göttin reicht in das sechste Jahrhundert, an dessen Anfang das Kultbild im Heratempel zu Olympia stand, eine zweifach lebensgroße Sitzstatue. Ein in Olympia gefundener Kalksteinkopf (Abb. 142) wird als zum Kultbild gehörig angesprochen, die Krone als Zeichen einer Göttin; Bänder, Ranken und das gewellte Haar sind wie Schmuckstücke aufgelegt. Ob der Kopf zu einem Kultbild gehört oder nicht, er gibt doch eine Vorstellung von einer Herastatue des frühen sechsten Jahrhunderts. In großen Flächen geformt, ist er weder hoheitsvoll noch mild in den Zügen, eher geisterhaft. Der Kopf stammt aus jener Vorstellungswelt, in der Götter und Menschen nicht nur von den Geistern der Wildnis – von Sphinxen, Kentauren und anderen – umgeben sind, sondern mit einer Schicht ihres eigenen Seins selbst Geisterwesen sind.

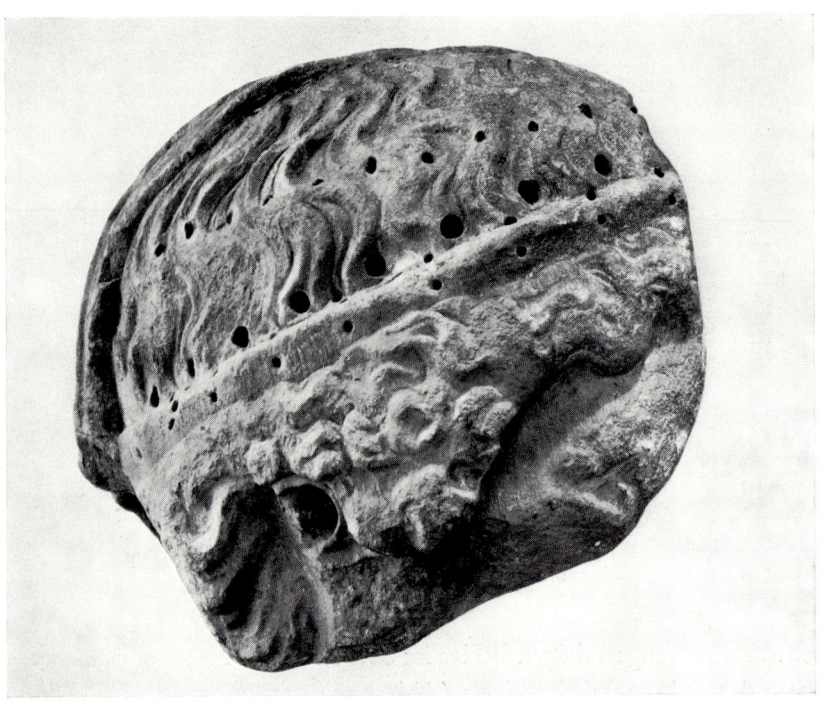

146  Hera

Als im frühen sechsten Jahrhundert die spirituellen Züge verschwinden, entstehen aus der Fülle des Vitalen neue Figuren: so eine Marmorstatue aus dem samischen Heraion (Abb. 143). Ob die von dem Samier Cheramyes geweihte Statue Hera selbst darstellt oder ein Mädchen, eine Verwandte aus der Familie des Weihenden, ist nicht eindeutig; aber unter den vielen marmornen, bronzenen und tönernen Frauenfiguren des Jahrhunderts, die ins Heiligtum geweiht wurden, ist die eine oder andere gewiß Hera. Eine Göttin und eine irdische Frau können durchaus gleich sein: weil in der Bewußtseinsstufe des sechsten Jahrhunderts die Schicht eine Göttern und Menschen gemeinsame ist: ein ungebrochenes, vitales Dasein – das Leben, das sich weder benennen noch umschreiben läßt.

Als im sechsten Jahrhundert das Mädchen- neben dem Jünglingsbild das zweite große Thema in der Plastik wird, stehen auch die Herabilder, wie die Marmorstatue aus dem samischen Heraion, in diesem Zeichen. Es könnte sein, daß gerade jetzt die jungfräuliche Hera, die im Mythos neben der Zeusgattin fortlebt, im Bilde mitverwirklicht wird.

Das fünfte Jahrhundert bringt eine Veränderung in der Gestalt der Hera: die Göttin mit Krone und Zepter, verschleiert oder sich entschleiernd, immer ist ihre Haltung fürstlich. Zum neuen Bild gehört auch die strenge Herrin (Abb.

147        Hera

139. 144), ähnlich den vielen namenlosen Frauenstatuen des zweiten Viertels des Jahrhunderts, von denen die eine oder andere Hera darstellen wird. Die ›Heilige Hochzeit‹ des Götterpaares, in der Hera verschleiert erscheint, beschäftigt als Grundthema wiederholt die Kunst des fünften Jahrhunderts (Abb. 38. 39): damit ist die Grundstimmung für die Herabilder der Zeit gegeben. Solche strengen Frauengestalten haben ihre Ebenbilder aber auch in den heroischen Frauen und den Müttern der Helden der aischyleischen Tragödie – und Hera gehört zu den göttlichen Beschützerinnen der Helden. Diese Vorstellung von der Göttin besteht bis ans Ende des Jahrhunderts. Noch im Ostgiebel des Parthenon (Abb. 48. 146), wo sie – von der Mitte leicht abgewendet – sich mit der linken Hand entschleiert, als Athena geboren wird, ist sie die strenge Göttin. Diese Strenge der frühklassischen Hera wird später zwar gemildert, aber ihre würdevolle Erscheinung bleibt, sie wird sogar gesteigert, wenn vor ihr ein Vogelmädchen den Fächer hält (Abb. 145).

Von der Kultstatue, die der Argiver Polyklet im späteren fünften Jahrhundert für den heimischen Heratempel schuf, sagen die dürftigen Nachrichten nur, daß es eine überlebensgroße Sitzstatue aus Gold und Elfenbein war und daß die Göttin in der rechten Hand einen Granatapfel, in der Linken das Zepter hielt, worauf ein Kuckuck saß. Die hohe Krone war mit Horen und Chariten ge-

148
Hera

schmückt. Offenbar trug der Thron keine Schmuckfriese, erwähnt sind sie nicht. Es wird auch nichts über die Wirkung des Werkes gesagt. Immerhin geben Münzen (Abb. 147) den Eindruck eines ungewöhnlichen Hauptes wieder. Die Form der Statue wird rein und klar gewesen sein: denn Polyklet hat sich, wie kein anderer, um das Zusammenspiel der Glieder im Zeichen einer geistigen Einheit bemüht. Es ist nicht überliefert, ob Polyklet Hera als Gattin des Zeus oder als Braut dargestellt oder beides vereint hat. Dagegen erfahren wir über eine verlorene Sitzstatue des Bildhauers Kallimachos, daß sie ›die bräutliche Göttin‹ genannt wurde. Als verschleierte Braut zeigen sie die Bilder des fünften Jahrhunderts sehr oft. So mangelhaft auch die Vorstellung von Herastatuen der zweiten Hälfte des Jahrhunderts ist, soviel ist doch deutlich: in ihrer Gestalt ging es immer um zwei Seiten des weiblichen Wesens, um die Braut und um die Frau – nicht als zwei getrennte Abschnitte im Leben der Göttin, sondern um das immerwährende Bild der ständigen und geheimnisvollen Erneuerung der weiblichen Natur. Unter dem Schleier vollzieht sich der Vorgang, von dem Mythos und Kult künden. Im Ostfries des Parthenon (Abb. 39), wo sich Hera vor Zeus entschleiert, ist der Gedanke verwirklicht. Mit diesem Thema hat die Kunst des fünften Jahrhunderts das umfassendste Bild der Göttin gestaltet.

Heras Bild im vierten Jahrhundert ist wenig bekannt (Abb. 40). Von einer Statue des Praxiteles im Heratempel zu Plataä wird gesagt, daß Hera als die ›Vollkommene‹ dargestellt war – also Hera als Frau. Es scheint, daß die Göttin manche Wesenszüge des fünften im vierten Jahrhundert behielt. Vor allem aber, so darf man aus der Eigenart der Frauenbilder dieses Jahrhunderts schließen, wird das Mütterliche erstmals hervorgehoben.

Die hellenistische Kunst hat dem Bild der Hera und allen mütterlichen Gottheiten keine wesentlichen neuen Züge mehr hinzugefügt. Geblieben ist das strenge Gewand, hinzugekommen ist in der Haltung der Göttin eine Steigerung des Herrscherlichen. Beides, das Mütterliche und das Herrscherliche, scheint in einer überlebensgroßen Herastatue des frühen zweiten Jahrhunderts (Abb. 148) wie in anderen Heradarstellungen der hellenistischen Zeit enthalten zu sein. So spiegelt sich in der Entwicklung des Herabildes auch das des Zeus wider.

149

# APHRODITE

Homer nennt Aphrodite eine Tochter des Zeus, die Titanin Dione habe sie ihm geboren. Dieser Glaube hat nicht tiefer gewurzelt als das Bekenntnis Hesiods, der in einem ungeheuren Bild sieht, wie Uranos die Erde umarmt, Kronos den Vater mit der Sichel entmannt und das Zeugungsglied ins Meer wirft, wie daraufhin das Meer schäumt und fruchtbar wird und Aphrodite daraus hervorgeht. Beide Mythen, der kosmische Ursprung und die Herkunft von Zeus, haben Aphrodite in der Vorstellung der Griechen geformt, und es ist kein Widerspruch zwischen der Titanin und der Zeustochter: ihre vorzeitliche Gestalt ging in die olympische ein.

Als Aphrodite um die Jahrtausendwende zur olympischen Göttin wurde, hat der griechische Mythos ihre titanischen Züge nicht abgestreift, aber er hat aus Aphrodite das gemacht, was am schönsten Ilias und homerischer Hymnus ausdrücken: eine Göttin der Anmut und der Schönheit, der Liebesbeziehung und der Verführung – was auch ihr Gefolge: Eros, Himeros, Pothos und Peitho, besagt. Sie ist keine Göttin der reinen Zeugung, des weiblichen Geschlechts oder des Geschlechts überhaupt wie Pan. Das Geschlechtliche gehört nicht zu ihr, wohl aber die Gewalt der Liebe und was im Zwischenbereich liegt: die Hin-

150    Peitho    Charis    Aphrodite    Eros    Zeus    Hera

gabe, das Versagen. Aphrodite ist keine Göttin der Ehe wie Hera, aber von ihr kommt das Sehnen über den Menschen, das ihn entzückt wie Phaon, das ihn unglücklich macht wie Phaidra in der Liebe zu ihrem Stiefsohn Hippolytos. In ihrem Zaubergürtel versteckt trägt die Göttin Liebessehnen und trauliche Worte, die selbst die Klugen betören. Sie hat Macht über Menschen und Götter – nur über Athena und Artemis nicht.

Im Kult sind noch andere Seiten ihres Wesens bezeugt: an manchen Orten heißt sie Pandemos, die Göttin der triebhaften Liebe; an anderen Urania, die Himmlische, und wird in besonders strenger Form verehrt; wieder an anderen ist sie eine bewaffnete Göttin; sie gilt auch als Beschirmerin der Seefahrer; Frauen rufen sie als Spenderin der Fruchtbarkeit an: diese Züge der Göttin bestehen neben ihrer eigentlichen, bestrickenden Macht.

Aphrodite kam nicht von Kypros oder vom Orient, um in Griechenland heimisch zu werden. Sie war eine alteingesessene griechische Göttin schon im zweiten Jahrtausend; ein Teil der Welt, wie andere Götter auch. Denn eine allmächtige Gottheit der weiblichen Fruchtbarkeit und Zeugung kann unter den Göttern der Vorzeit nicht gefehlt haben – es gab das Leben und den Trieb. Diese Gottheit ist Aphrodite oder ihre Vorgängerin. Ihr Ursprung liegt in der unendlichen Fruchtbarkeit des Lebens, nicht in einer fremden Religion. Die Frage nach der Herkunft der Aphrodite ist von geringerer Bedeutung, wenn nach der griechischen Aphrodite gefragt wird.

Aphrodites Macht zeigt sich im Spannungsverhältnis zwischen ihr und dem Menschen: wenn sie zwei Menschen zueinander zwingt, steht sie selbst zwischen ihnen. In diesem Spannungsraum ist ihre Macht vollkommen, aber nicht unveränderlich; denn wie der Mensch an die Göttin gebunden ist, so die Göttin an den Menschen – im anthropologischen Sinn: an dessen Werdegang im Seinsbereich. Und dieser Werdegang des Menschen bestimmt den Wandel der Gestalt und der Macht der Aphrodite.

Die bildende Kunst hat Aphrodite weder als ehrwürdige Gestalt noch als mädchenhaftes Wesen dargestellt, sondern als Frau, in deren Nähe oft Peitho, immer aber Eros ist (Abb. 149).

151    Aphrodite        Pan

*Aphrodite im mythologischen Bild.* – Die Geburt einer Göttin von so großer Macht und mit solchem Gefolge darzustellen, mußte die Phantasie der Bildner wecken, zumal sie auf wundersame Weise geschieht. Das Epos schildert das Ereignis so: als Aphrodite aus dem Meer auftaucht, wird sie von Eros begrüßt, der sie in die Gemeinschaft der Götter bringt. Manche Darstellungen im fünften Jahrhundert sind dem ähnlich: die Göttin hat sich bis zur Schulter oder bis zu den Knien aus dem Wasser erhoben. Manchmal ist das Meer angedeutet. Oft sind Götter anwesend (Abb. 150): sie grüßen, staunen und helfen; Eros und Charis bringen Binde und Tuch. Manchmal stellt sich bei Aphrodites Geburt ihr alter Kultgenosse Pan (Abb. 151) ein, dessen Kräfte den Naturkräften der Göttin verwandt sind, oder es umtanzen bocksartige Dämonen der Wildnis die Neugeborene. Ob der Maler das Meer, den Kieselstrand oder einen Waldboden andeutet oder einfach eine Linie zieht – das Ereignis trägt sich im Meer zu.

Wo Aphrodite ist, kann Hermes als Götterbote sein, auch bei ihrer Geburt (Abb. 152): doch rätselhaft ist die Rute in seiner Hand. Ein Zauberstab, mit dem er Aphrodite beschworen hat, indem er den Boden schlug? Oder züchtigt

| 152 | Pan | Aphrodite | Hermes |

er mit dem Stock den aufgetauchten Pan? Ist es eine Kultszene oder eine Szene auf der Bühne, wo plötzlich und zu aller Überraschung Aphrodite auftaucht? Der Bockschor könnte auf ein Bühnenstück hinweisen: eine erscheinende Göttin, die aus den Bühnenbrettern kommt und den Chor überrascht, kann sogar das Thema eines Satyrspiels gewesen sein. Doch nicht ein szenischer Einfall hat die Götter zu erscheinenden Göttern gemacht, wie sie es im fünften Jahrhundert sind. Zuerst sind die Götter ›Erscheinende‹ geworden – und dann konnte ein Gott aus den Brettern der Bühne erscheinen, überraschend für den Zuschauer. Im Relief einer Altareinfassung des mittleren fünften Jahrhunderts (Abb. 154) sind sogar drei Ereignisse in einem zusammengefaßt: Geburt, Erscheinung und Bad einer Göttin. Allerdings ist es fraglich, wer die Göttin ist, um die sich zwei Frauen bemühen – Aphrodite oder eine andere Gottheit? Das Geschehen ist ein mythisch-kultisches: die Göttin wird geboren, taucht aus dem Wasser auf und erscheint – zugleich ist sie ihr eigenes Kultbild, das im Ritus des Festes von Priesterinnen am Kieselstrand im Meer gebadet wird. Eine solche Auslegung ist gar nicht sonderbar: denn eine Kultstatue war für die Griechen ein lebendiges Wesen – noch in dieser Zeit. Wenn die Geburt der Aphrodite – ein ihrer Epiphanie so nahes Geschehen – vor allem Gegenstand der Kunst des fünften Jahrhunderts war, so deswegen, weil Geburt und Erscheinung der Götter in diesen Jahrzehnten wesensgleiche Vorgänge werden. Die Epiphanie ist eine tiefgreifende Erfahrung der Zeit, sie wurzelt nicht im Göttererlebnis eines einzelnen oder vieler, sondern in einer veränderten Grundbeziehung zwischen Menschen und Göttern. Der Gott kann dem Menschen nicht anders begegnen, und der Mensch kann den Gott nicht anders erfahren – als in der Epiphanie. Alle tiefer empfundenen Götterdarstellungen im fünften Jahrhundert haben Epiphanisches an sich, mögen die Götter stehen oder sitzen, in ein Geschehen eingreifen oder nur Zuschauer sein. Und zur Epiphanie gehört das Staunen der Umstehenden über die wunderbare plötzliche Gegenwart der Gottheit.

Die frühklassischen Darstellungen (Abb. 150–152. 154) haben ihren tieferen Sinn im epiphanischen Charakter des Geschehens. Wie war Aphrodites Geburt am Thronschemel des Zeus von Olympia aus dem dritten Viertel des fünften Jahrhunderts (Abb. 87. 89) dargestellt? Das Relief ist nicht erhalten, nur eine Beschreibung sagt: Eros habe die aufsteigende Göttin empfangen, Peitho habe sie bekränzt, und zählt die anwesenden Götter auf (S. 99). War Aphrodite bekleidet oder nackt? Wie vollzog sich das Ereignis? Wir dürfen hier die größte bildnerische Vision der Sage vermuten. Der Vorgang der Geburt war gewiß als Epiphanie dargestellt. War auch der Gedanke einer Urzeugung enthalten – so wie Hesiod sie beschreibt: das Meer brandet, weißlicher Schaum erhebt sich aus dem unsterblichen Fleisch des Uranos, und in ihm wächst die Jungfrau empor? Die teilnehmenden Götter werden zur Mitte, auf das Meer und den wundersamen Vorgang hingeschaut haben – anders als im Ostgiebel des Parthenon (Abb. 48), wo das Wunder der Athenageburt aus dem Haupt des Zeus die Götter im olympischen Palast erfaßt und die Nachricht von dem Ereignis durch Götterboten zu den ferneren Göttersitzen gebracht wird. Es gibt keine Darstellung, welche die Szene am Schemel wiedergeben würde, auch nicht das mit dem Kultbild des olympischen Zeus oft verbundene Silbermedaillon (Abb. 153). Doch da ist der Ursprung der Göttin – ganz wie im alten Mythos – ein kosmisches Geschehen und Werden: das Meer schäumt, und im Augenblick der größten Fruchtbarkeit erhebt sich Aphrodite aus den gebärenden Elementen, und Eros hilft ihr dabei. Eros ist hier nicht der Sohn der Aphrodite, eher jener Urgott zeugender Kraft, der auch Eros heißt und neben dem Chaos und der Erde schon da war, bevor die Welt wurde.

In Darstellungen des vierten Jahrhunderts ist Aphrodites Geburt zwar naturverbunden – die Göttin taucht in einer Muschel aus dem Meer auf (Abb. 155), oder ein Schwan trägt sie aus den Wellen –, doch führen solche Bilder weg von

153  Eros  Aphrodite

154  Helferin  Aphrodite  Helferin

173

155  Hermes         Aphrodite         Poseidon

dem kosmischen Ursprung der Göttin. Dann, am Ende des vierten Jahrhunderts, gibt der berühmte Maler Apelles in einem Gemälde der ›Auftauchenden Aphrodite‹ dem Ereignis einen neuen Inhalt, indem er die Meeresgeburt mit einer weiblichen Handlung verbindet. Von seinem nicht erhaltenen, aber in Epigrammen gefeierten Bild wird nämlich gesagt: die Göttin sei nackt aus dem Schoß des Meeres aufgestiegen und habe mit der Hand das Wasser aus ihren Haaren gedrückt. Aphrodite nackt darzustellen, hat Apelles ebensowenig erfunden wie die Gesten ihrer Hände: aber er hat beides mit der Geburtsszene verbunden und im Ausdrücken des Wassers aus den Haaren das halb gewollte, kokette Spiel als ein echt weibliches Verhalten anschaulich gemacht. Darin lag, über die Züge von Aphrodites bestrickender Schönheit und über die vollkommene Form der Malerei hinaus, das Besondere im Bild des Apelles.
Immer geht ein eigener Glanz von Aphrodite aus, vor allem, wenn sie mit ihren heiligen Tieren erscheint. Der Preis gehört einem Gefäß aus dem zweiten Viertel des fünften Jahrhunderts (Abb. 156). Ein mit maßvollen und sicheren Linien gezeichnetes Bild der Göttin, die ohne Aufmachung auf einer Gans sitzt. Das Tier trägt nicht eigentlich die Göttin, es gehört zu ihr wie ein Attribut. Auf späteren Bildern ist das Thema aufwendig ausgeschmückt, die einfache und ausdrucksvolle Art der erscheinenden Gottheit ist dahin: Aphrodite fährt auf einem Schwan über die Wellen oder läßt sich in einer Muschelschale vom Segelwind über die See treiben. Was bedeuten solche Bilder? Götter, von Tieren getragen,

156                    Aphrodite

streben keinem Ort zu. Was die Maler im Bild gestalten, ist ähnlich dem, was Dichter in der Vision beschwören: die erscheinende Gottheit, mag sie nun aus dem Sonnenland, vom olympischen Palast oder von Kypros kommen.
Im siebten und besonders im sechsten Jahrhundert fahren Götter sehr häufig auf Wagengespannen. Die Darstellungen haben oft einen gegenständlichen Inhalt: Zeus fährt mit Hera zur Hochzeit des Peleus (Abb. 73), Athena bringt Herakles in den Olymp, Apollon kommt aus dem Land der Hyperboräer zurück (Abb. 293); Ares und Aphrodite (Abb. 167), Dionysos und Ariadne (Abb. 334) stehen als Paare auf dem Wagen; oder die Olympier versammeln sich um Pferde und Wagen zum Empfang oder Abschied (Abb. 248). Am Ende des fünften und im vierten Jahrhundert hat die Wagenfahrt der Götter keinen gegenständlichen Sinn. Aphrodite fährt sogar durch eine dionysische Naturwelt, mit der sie ursprünglich nichts gemeinsam hat, wird von Satyrn und Mänaden umtanzt und gerät in die dionysische Verzauberung, die in dieser Zeit mehr ein allgemeiner Lebensgrund ist.

157        Paris            Hera        Athena   Aphrodite

Im Wettstreit um die Schönheit erringt Aphrodite den Sieg über Hera und Athena, als Paris sich für die Liebesgöttin entscheidet, die ihm Helena, die schönste aller irdischen Frauen, verspricht und so eine Entscheidung auf sich lenkt: Paris gibt Aphrodite den Preis, damit wird er ihr Werkzeug und verfällt Helena. Es kommt etwas in Bewegung, das sich nicht aufhalten läßt: Paris wird den Griechen und Trojanern zum Unheil. Die Stifterin des Unheils ist letztlich Aphrodite. Die älteren Bilder mit dem Urteil des Paris (Abb. 249) deuten solches nicht an, ihre Sprache ist kräftig und an Gesten gebunden, vor allem an die Gesten der Hände, die allein schon den Inhalt einer Handlung ausdrücken können. Zwei Handbewegungen in der Szene auf einem Elfenbeinkamm des siebten Jahrhunderts (Abb. 157) sind jedenfalls augenfällig: Aphrodites Arm reicht über Athena weg zu Paris, der ihr den seinen entgegenstreckt. Die Göttin wirbt nicht um den Preis der Schönheit, sondern verpfändet Helena dem Paris, und Paris ist gebunden – das ist die lapidare Bedeutung der vorgestreckten Hände.

Im fünften Jahrhundert wachsen Aphrodites Macht und Ansehen unter den Göttinnen, die unterwegs zu Paris sind (Abb. 250. 251). Obwohl Aphrodite fast immer hinter Hera und Athena als letzte geht, ist sie doch hervorgehoben – durch ihre Haltung und die Flügelknaben, die sie umgeben. Eros geht von der Göttin aus und bringt die Liebe, das Sehnen und Verlangen, die Verführung und den Zwang zu den Menschen: Paris ist ernst und nachdenklich – der Göttin Macht und des Prinzen Verhängnis sind jetzt mitgezeichnet. Paris ist in seiner

158          Paris    Eros    Helena    Aphrodite    Peitho

159          Aphrodite     Helena     Menelaos

177

160        Helena        Eros    Aphrodite

Entscheidung frei und zugleich gebunden: seine Freiheit, zu entscheiden, reicht über Hermes, Hera und Athena hinaus, aber nicht über die am anderen Ende der Szene stehende Aphrodite, der er sich ganz verpfändet hat und die seinen freien Entscheid bricht. So reden diese Bilder vor allem von der mächtigen Göttin und dem Verhängnis des Prinzen.

Die Sage vom Zug der Göttinnen zum Berg Ida und zur Preisverteilung ist in allen Darstellungen die gleiche, aber verschieden ist jedesmal der darin ausgedrückte Sinn: anfangs wird einfach die Handlung wiedergegeben; im fünften Jahrhundert wird sie spannungsgeladen und dramatisiert; die freien Möglichkeiten des Menschen und seine Gebundenheit an das Schicksal, das Aphrodite mitverhängt hat, sind angedeutet. Noch auf einer Darstellung des späten vierten Jahrhunderts (Abb. 252) steht Paris im Schatten Aphrodites, aber er muß allein, seinem Innern gehorchend, entscheiden zwischen Einsicht und Leidenschaft.

Paris entführt Helena aus Sparta. In den Bildern des sechsten Jahrhunderts nimmt er sie an der Hand und führt sie weg: die Handlung wird als Tatsache wiedergegeben. Kein Zögern, kein Erwägen ist angedeutet. Der Wille Aphrodites wird ohne Widerspruch hingenommen, auch wenn sie bei dem Geschehen nicht erscheint; denn in der Frühzeit nehmen die Götter den Menschen die Entscheidung ab, indem sie von außen eingreifen und ihn zum Ziel führen. Weil der Mensch von sich als einem eigenmächtigen Wesen noch nichts weiß, so kann daraus auch kein Zwiespalt zum Willen der Götter entstehen. Im fünften Jahrhundert aber sind die Handlung und der Sinn der Darstellung verändert (Abb. 158): Aphrodite und Peitho kümmern sich um die Scheidende und richten ihr den Brautschleier und Krone als letzten Dienst. Helena und Paris und alle An-

161  Eros  Helena

wesenden sind von Aphrodites Macht getroffen und fügen sich. Die Göttin hat ihr Werk vollbracht. Der Brautzug bricht auf. – Paris' Werbung und Helenas Entscheidung fallen zwar immer noch unter den Schiedsspruch der Göttin. Aber in den Bildern sind jetzt auch des Menschen Drang zur freien Entscheidung und das Wissen, sich fügen zu müssen, enthalten. Die Bewußtseinsstufe dieser Zeit ist bezeugt durch den Kontrapost: eine Gesamthaltung der Figur, ein Verlagern des Körpers, Verschieben der Körperachsen, worin Wissen um die menschliche Existenz, um Gebundenheit und Freiheit des Menschen ausgedrückt wird. Die menschliche Existenz aber kann im fünften Jahrhundert weder gedacht noch erfahren werden ohne die Götter, ein Bezug zu ihnen besteht immer. Die Haltung von Paris und Helena besagt etwas Neues: das Wissen um die mächtige Aphrodite, die, unsichtbar anwesend, Schicksal ist für beide – und das

179

162   Peitho   Helena   Aphrodite

Bewußtsein um die Tragweite der eigenen Entschlüsse. Daraus werden Paris' Entschlossenheit und Helenas nachdenkliche Haltung verständlich.

Der bedrohende Ausbruch des Menelaos auf der anderen Seite desselben Gefäßes (Abb. 159) gilt der ungetreuen Gattin Helena. Aber ungestümer Ansturm und geplante Rache des Menelaos bleiben vergeblich, denn noch immer sind er und Helena in Aphrodites Hand. Deren Wille siegt und besänftigt Menelaos.

Auf dem Höhepunkt ihrer göttlichen Macht, im zweiten Viertel des fünften Jahrhunderts (Abb. 158. 159), greift Aphrodite bei der Entführung der Helena unmittelbar und maßgeblich in die Handlung ein – doch jetzt wird in den Bildern auch das Bewußtsein Helenas mitgezeichnet, daß sie frei und dennoch nicht gegen Aphrodites Willen entscheiden kann. Dann, im dritten Viertel des Jahrhunderts, wird dieser innere Konflikt Helenas im Bilde sichtbar (Abb. 160. 162) und im Widerstreit zwischen ihr und der Göttin ausgetragen. Selbst noch

163           Eros           Paris

auf den zwei Scherben (Abb. 160) ist deutlich die ungeheure Spannung des Geschehens; die Kraft, die von Aphrodite ausgeht; die Stärke ihres Blicks, der Helena trifft und ihr die Entscheidung nicht allein überläßt. Eine andere Darstellung (Abb. 162. 163): Helena sitzt im Schoß Aphrodites, die Entscheidung ist noch nicht gefallen, aber die Spannung zwischen ihr und der Göttin wächst, und der Spannungsraum weitet sich; er reicht bis zu Paris und schließt alle Anwesenden ein. Aphrodite hat das Liebesverlangen und den Zwiespalt in Helenas ›Seele‹ gelegt und drängt sie zur Entscheidung. Helena fügt sich dennoch nicht bedenkenlos und selbstverständlich wie früher: sie ist unschlüssig, zögert und schwankt. Sie hat sogar mehr Freiheit, sich zu entscheiden, als in älteren Darstellungen (Abb. 158), wo sie unter dem Zwang der Aphrodite steht, und muß doch das Versprechen, das die Göttin dem Paris gab, einlösen; das macht sie zu einer tragischen Figur.

164          Peitho     Menelaos   Eros    Aphrodite    Helena    Athena

Verflechtung der Schicksale sind das Thema der Zeit: Aphrodites Macht und ihr gegebenes Versprechen; Helena und Paris einander verfallen; der Zwiespalt in Helenas ›Seele‹, zwischen Treue zu Menelaos und Verlangen nach Paris entscheiden zu müssen – eine Kette von Verstrickungen auf tragischem Untergrund ist im Bild verdichtet. Ein Hin und Her zwischen Freiheit und Schicksal – die Menschengestalten werden zögernd und nachdenklich, die Szene rückt ins Zwielicht von Selbstbestimmung und Verhängnis.
Dieses Da-Sein im Zwang der Treue und der Versuchung und des Sich-Entscheiden-Müssens ist im späten fünften Jahrhundert (Abb. 161) eindringlich dargestellt. Helena lehnt an einem Pfeiler. Der alte, im strengen Achsenkreuz gebundene Rhythmus der Figur ist gelockert und macht sie zur Aufnahme neuer Inhalte bereit. Sie ist unschlüssig und nachdenklich; ihr Inneres wird zum Schauplatz des Konflikts zwischen der menschlichen Verantwortung und der Bestimmung, die ihr Aphrodite auferlegt hat.
Auch die Bedrohung Helenas durch Menelaos auf einem Gefäß der zweiten Hälfte des fünften Jahrhunderts (Abb. 164) steht ganz im Zeichen Aphrodites. Unsichtbar tritt sie zwischen den Verfolger und die Verfolgte, ihre Erscheinung allein hemmt den Schritt des Rächers. Die Göttin steht am Eingang eines Bereiches, den der Mensch nicht ohne Schaden betritt: dem Rächer fällt das Schwert aus der Hand, die Rache verfliegt, da die Göttin sie nicht will.
Was eine Göttin verspricht, muß der Mensch eben auf sich nehmen, ohne die

165        Eros    Paris    Eros    Helena

Folgen zu wissen: Troja wird vernichtet, weil Paris Helena geraubt hat; Helena muß von Paris entführt werden, die schönste Frau von dem jugendlichsten Mann, weil Aphrodite es will.
Im vierten Jahrhundert reicht die Veränderung bis in den Grund der Bilder und deren Sinn (Abb. 165): der Troerprinz steht vor Helena und wirbt um sie, entweder in seiner heimischen Tracht oder wie ein Jüngling mit Stock und Mantel; Helena sitzt auf einem Stuhl oder einer Truhe mit nacktem Oberkörper, oder reich bekleidet, und betrachtet sich im Spiegel. Immer tritt sie jetzt als schöne Frau auf; auch wenn sie die Königskrone oder den Schleier trägt, wird ihre besondere Schönheit hervorgehoben. Solche mythischen Bilder gewinnen hochzeitliche Färbung, die jedoch durch die vielen ähnlichen Hochzeitsbilder der Zeit allein nicht verständlich ist. Und manchmal ist es, als hätten die Bilder schon gar keinen mythischen Inhalt mehr. Die Entdeckung der weiblichen Schönheit ist die tiefere Ursache auch für den Wandel der Bilder um Helena. Der Mythos von der gepriesenen Schönheit der Helena hat jetzt wirklich ernst damit gemacht: eine schöne Frauengestalt beherrscht die Mitte und das Geschehen. Was will das besagen? Doch wohl, daß nicht der Wille der Götter der Anlaß zum troischen Krieg war, sondern Helenas unselige Schönheit. Aphrodites Macht und Versprechen sind nicht mehr Inhalt der Bilder: denn die

183

166   Himeros   Aphrodite   Eros

Göttin ist nicht mehr zugegen – eine tiefgreifende, den vorausgehenden Jahrhunderten fremde Wendung der Sage hat sich vollzogen. Jetzt, da Ursache und Sinn der Vorgänge im Menschen selbst gesucht werden, ist die Schönheit der Frau als etwas Unseliges und als Ursache vieler Leiden entdeckt. Das war das geheime Thema des berühmten und mißverstandenen Helenabildes des Zeuxis im späten fünften Jahrhundert. Dafür habe der Maler die schönsten Athenerinnen ausgesucht, so wird berichtet: doch nicht um neue Motive für ein Genrebild zu gewinnen, sondern um die Gestalt Helenas ganz auf die körperliche Erscheinung und Schönheit zu gründen.

*Aphrodite als geistige Gestalt.* – Ursprünglich war Aphrodite wohl eine Göttin der weiblichen Fruchtbarkeit und des triebhaften Lebens. Darstellungen aus der Vorzeit zeigen eine nackte Frau, die ihre Hände zur Brust oder Scham führt. Der Gestus der Hände bedeutet nicht ein Verdecken der Körperteile, sondern will gerade die Fruchtbarkeit betonen. Man darf in solchen Gestalten die einheimische Aphrodite sehen, eine Verwandte der orientalischen, nackten Fruchtbarkeitsgöttin, die in Mesopotamien und Phönikien verehrt wurde.
Als Aphrodite um die Jahrtausendwende eine Göttin der Schönheit und des Liebreizes wurde, gesellten sich sogleich Eros und Himeros als Begleiter zu ihr. Schon bei Hesiod ist die Göttin von ihnen umgeben, und auf Bildern des sechsten Jahrhunderts trägt sie die beiden Knaben auf ihren Armen (Abb. 166).
Im siebten Jahrhundert zeichnen die Gestalt Aphrodites keine besonderen Züge

aus: sie steht mit Ares auf dem Wagen (Abb. 167) und trägt das Schleiertuch wie andere Göttinnen auch. Wenn schon im frühen ersten Jahrtausend Tonfiguren im Gestus der Fruchtbarkeit nicht immer Aphrodite sind, um so schwieriger sind bekleidete Gestalten ohne diesen Gestus zu deuten. Unentschieden bleibt, ob das Mädchen mit einem Salbgefäß oder einer Blume, mit einem Vogel oder einem Hasen in der Hand die Göttin oder eine Weihende ist, die ihr die Gabe bringt. Aber schon im sechsten Jahrhundert suchen manche Bildner sie zu charakterisieren. Ein Inselionier hat im Fries des Siphnier-Schatzhauses in Delphi (Abb. 168) Aphrodite in einer die Göttin sehr bezeichnenden Art gemeißelt: wie sie vom Wagen steigt und, bevor sie es tut, sich noch einmal ›elegant‹ auf dem Trittbrett umdreht, ganz im Gegensatz zur kämpferischen Athena, die, benachbart auf demselben Fries, mit Entschiedenheit den Fuß auf das Wagenbrett setzt.

In frühklassischer Zeit (Abb. 158. 159) verbinden sich mädchenhafte Züge mit einer strengen Haltung in einem strengen Gewand. Wenn sich die Göttin jetzt an eine Frau wendet und in eine Handlung eingreift, dann tut sie es durch die innere Mächtigkeit ihrer Erscheinung. Aber hatte die Göttin nicht stets Macht über die Sterblichen? Jahrhundertelang standen Götter und Menschen in *einem* ›Raum‹. Im frühen fünften Jahrhundert werden es zwei: ein Götter- und ein Menschenraum, die aufeinander zukommen. Wo sie sich überschneiden, entsteht ein gemeinsamer Raum, in dem Begegnungen sich ereignen und tragische Situationen entstehen können. Ein zweites Phänomen ist darin verflochten. Bis ans Ende des sechsten Jahrhunderts gibt es zwischen Göttern und Menschen noch keinen Konflikt, weil dafür das Bewußtsein noch nicht erwacht war: die Menschen wissen sich von den Göttern geführt, diese sind letztlich verantwortlich für alles Geschehen, dem Menschen sind eigene Verantwortung und Entscheidung, das Irren und das Schuldgefühl noch keine Bewußtseinsinhalte. Dieser für sie natürliche und selbstverständliche Glaube wird im fünften Jahrhundert erstmals erschüttert und in einen Konflikt gedrängt, als der Mensch sich bewußt wird, daß auch er die Entscheidung über sich selbst mitträgt. Zu dieser Bewußtheit gehört das Wissen um die Mächte, denen er ausgeliefert ist und gegen die sein Wille steht, um Schuld und Verhängnis. Im Machtbereich der Aphrodite werden solche Konflikte besonders sichtbar: in der Reflexion des Menschen, im Bewußtsein um das Vermögen eigener Entscheidung, steckt die Ursache, die aus den alten Liebessagen – Helena und Paris, Phaidra und Hippolytos, Medea und andere – tragische Stoffe und Grenzsituationen schafft.

Von jeher gab es in der Menschenliebe keinen anderen Glauben als den an die allmächtige Aphrodite. Im fünften Jahrhundert aber haben die Maler Helena und Paris und andere als nachdenklich und wissend gezeichnet. Der alte, problemlose Glaube der Frühzeit wird zum Wissen, daß die Liebe nicht mehr allein

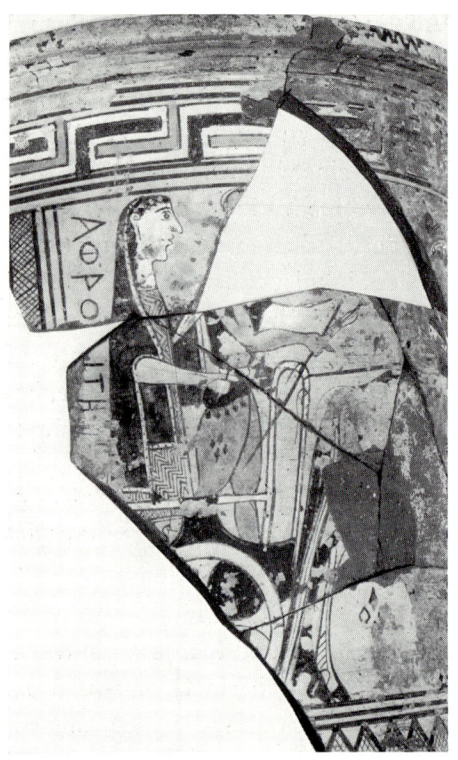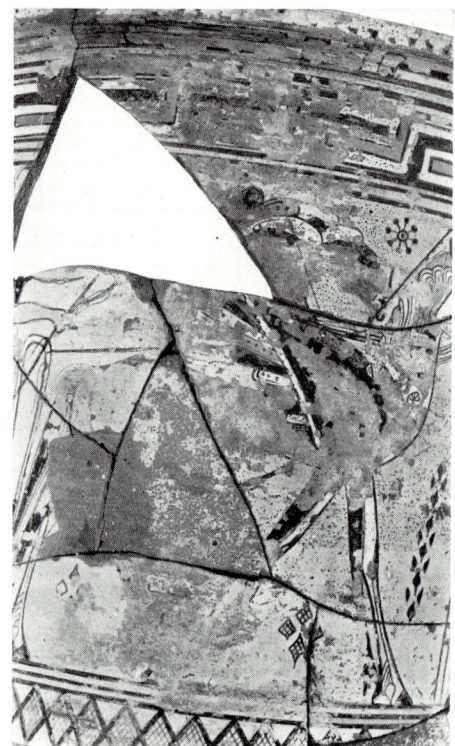

167   Aphrodite   Ares

eine Gabe der Aphrodite, die Liebesverstrickung nicht nur Werk der Göttin ist und daß die Liebe etwas Befreiendes und zugleich Zerstörendes hat. Die Einsicht führt zum tragischen Konflikt. Als die menschliche Figur im Kontrapost erscheint, entdeckt sich der Mensch. Ist aber das eigene Selbst entdeckt, so ist auch das Wissen des Menschen um Freiheit und Bindung da: der Mensch selbst besitzt Freiheit, aber sein Los wird nicht von ihm allein bestimmt. Dieses Wissen des Menschen führt notwendig zum Konflikt mit der Macht der Götter und zum Geschlechterfluch. So erfährt der Mensch, als er sich selbst entdeckt, ein zweifaches ungeheuerliches Wissen.

Die Göttin hat Macht nicht nur über Paris und Helena (Abb. 158–164), sondern auch über Götter: wenn Poseidon um Amymone wirbt (Abb. 111), stehen beide unter der Einwirkung der unsichtbar anwesenden Aphrodite. Selbst auf Ariadne (Abb. 348) redet sie ein. Die Macht der Göttin und ihre unsichtbare Anwesenheit haben die Maler ausgedrückt durch eine innere Mächtigkeit der Gestalt und durch den Zwischenraum und die in ihm eigentümlich wirkende Kraft der Beziehung. Bei verschiedenen Anlässen, nicht nur bei Götterhochzeiten, ist Aphrodite im fünften Jahrhundert dabei: sie nimmt unsichtbar an den Brautfeiern der

168 Aphrodite

Sterblichen teil und sogar Geschenke an Stelle der Braut entgegen. Ist sie bei der Hochzeit des Peleus und der Thetis zugegen und setzt Peleus den Kranz aufs Haupt (Abb. 169. 170), dann tut sie es nicht als Hochzeitsgöttin – diese ist vielmehr die Fackelträgerin Hekate (Abb. 169) –, sondern als die Göttin, die Liebesglück und Unheil, Freude und Leid mitgibt. Immer, wenn zwei sich finden, wenn ein Bund geschlossen wird, geschieht es durch Aphrodite: ihre Anwesenheit wird gespürt.

Die Überlieferung nennt einige Aphroditestatuen großer Bildhauer im fünften Jahrhundert, doch wir haben von ihnen noch keine rechte Vorstellung. Man wüßte gern, was Phidias in seinen Aphroditegestalten festgehalten hat. Wahrscheinlich hat er das frühklassische Bild der strengen Göttin verändert, aber in welcher Richtung? In der Aphrodite im Ostfries des Parthenon (Abb. 120) ist Phidias' Hand nicht so deutlich zu erkennen wie in der Friesmitte, wo er die Zeus-Hera-Gruppe (Abb. 39) und die Szene der Gewandübergabe entworfen und selbst ausgeführt hat. Dort überdecken sich in der Gestalt der Aphrodite zwei Entwürfe: der Gesamtentwurf des Frieses von Phidias und der Einzelentwurf eines Meisters für die ausführenden Bildhauer der Werkstatt. Die zwei Entwürfe zu trennen ist schwer. Die Wahl des Ortes für Aphrodite am Ende der Götterversammlung, wie im Ostgiebel (Abb. 48), und nicht zufällig in allernächster Nähe der ankommenden irdischen Festteilnehmer, stammt von Phidias, die weniger axiale Haltung der Göttin weist von ihm weg.

Aphrodite hat im späteren fünften und vierten Jahrhundert mehrere Gestalten: unter ihnen ist die Göttin mit dem Schwert die merkwürdigste Erscheinung,

169  Hermes                    Hekate

deren Sinn schwer auszumachen ist. Zwar gilt der Kriegsgott Ares als ihr Gemahl, und nicht selten steht ihr Bild neben dem seinen im Tempel, doch stammt das Thema der bewaffneten Göttin kaum aus solcher Gemeinsamkeit. Vielleicht sind es alte kultische Vorstellungen, die in der Göttin mit dem Schwert aufleben. Das Bild der Göttin wandelt sich aber nicht nach kultischen Vorstellungen. Es gibt im späteren fünften Jahrhundert Phänomene, die mit Kulten nichts zu tun haben: durchsichtige Gewänder, die eng am Körper liegen und ihn wie nackt durchscheinen lassen oder die Schulter und – wenigstens teilweise – die Brust freigeben, sind weder kultisch notwendig noch nur zufällige, reizvolle Motive. Revolutionär für ein neues Bild der Göttin

170  Apollo        Thetis          Peleus          Aphrodite

war der Vorstoß, den weiblichen Körper in seiner Eigenart, als einen vom männlichen verschiedenen, zu entdecken. Das geschah noch in der Zeit der Parthenonskulpturen, im dritten Viertel des fünften Jahrhunderts. Und es war noch keine allgemeine Entdeckung, sondern die des an Jahren jüngeren Agorakritos, Mitarbeiters des Phidias, in der Gruppe Aphrodite-Peitho im Ostgiebel des Parthenon (Abb. 171. 48). Das Motiv der gelagerten Göttin und ihr Göttersitz waren im Gesamtentwurf des Phidias bestimmt. Von Agorakritos stammen das bedeutsame Wechselspiel zwischen Körper und Gewand und die Auflösung des geistigen Raumes, wodurch, unter anderem, ein neues Aphroditebild ermöglicht wird. Mit ihm wird ein Vorstoß zu den Mächten im

171　　　Peitho　　　　　　Aphrodite

weiblichen Innern getan, das die Bildner des vierten Jahrhunderts weiter aufgeschlossen haben. Durchmustert man die Skulpturen am Parthenon, so ist man nicht überrascht, daß gerade dieser Auftrag Agorakritos gegeben wurde, der schon im Ostfries die Ausführung der Söhne des Zeus übernommen hat, unter denen er Dionysos und Ares (Abb. 270. 240) auch als Träger neuer Mächte gesehen hat.

Es geht im späten fünften Jahrhundert darum, in der Gestalt der Aphrodite die Mächte darzustellen, die im menschlichen Innern entdeckt wurden: deshalb das durchsichtige Gewand, das den Körper nicht verhüllt (Abb. 171), die biegsame Gestalt, die sich dem geistigen Achsengerüst entzogen hat; der neue Umraum der Figur. Die neue Gestalt der Aphrodite erscheint im ›Hippolytos‹ des Euripides als naturhafte Göttin und zugleich göttlich-ungöttlicher Dämon, der im Menschen tätig ist. In der Vorszene des ›Hippolytos‹ tritt Aphrodite mit den Gaben der Liebe auf und schwört Hippolytos furchtbare Rache, weil er sie verschmäht. Die Rache der Göttin ist kein äußerer Eingriff: sie ist der Liebeswahn in Phaidras Brust. Das Neue ist der Konflikt zwischen Vernunft und Leidenschaft im Menschen: Phaidras Einsicht und trotzdem ihre Machtlosigkeit gegenüber dem Dämon Liebeswahn. Obwohl sie es weiß, muß sie dem Liebesdrang nachgeben.

Von den Bildhauern des vierten Jahrhunderts hat vor allem der Athener Praxiteles in seinen Werken (Abb. 172. 173) solche Vorstellung von den Aphroditekräften, den guten wie den grausamen, verwirklicht. Um die Mitte des vierten

172
Aphrodite

Jahrhunderts stellt er Aphrodite nackt dar, nur mit einem Mantel um den Unterkörper (Abb. 172), was die ältere statuarische Kunst nicht kannte. Eine kühne Tat. Aber bald setzt sich die Vorstellung allgemein durch. Wie ist dieses Motiv zu verstehen? Solche Statuen sind nicht einfach als Verdichtung einer Szene mit Aphrodite in ihrem Gemach zu begreifen, wo sie sich wie eine irdische Frau vor dem Spiegel zurechtmacht. Indem der Bildner den Oberkörper nicht verhüllt, ist Aphrodite nicht menschlicher oder fraulicher geworden: er hat vielmehr die in der Frau erkannten Mächte auch in der Göttin gesehen und ihre Nacktheit zum Ausdruck dieser dämonischen Mächte gemacht. Die Statue der Göttin mit entblößtem Oberkörper (Abb. 172) ist wie ein lebendiges Gefäß der Triebe und Mächte. Im vierten Jahrhundert erscheint Aphrodite selbst nur mehr selten in den Darstellungen. Und doch ist die Göttin in den mit entblößter Brust vor Poseidon und Paris sitzenden Amymone und Helena (Abb. 113. 165) anwesend; denn ihre verführerische Schönheit ist das Geschenk der Aphrodite. Wie sollten die Bildner im vierten Jahrhundert die schönen und grausamen Gaben anders ausdrücken als in einer der Aphrodite gleichen gefährlichen Frauenschönheit?

Der Athener Praxiteles und der Parier Skopas werden als die beiden Meister unbekleideter Aphroditestatuen ausdrücklich genannt. Skopas soll darin Praxiteles sogar noch übertroffen haben. Aber vielleicht bevorzugten spätere Beurteiler die Werke des Skopas wegen seiner feurigen Art überhaupt. Wir können nicht urteilen, da doch nur von der unbekleideten Aphrodite des Praxiteles Nachbildungen erhalten sind. Praxiteles hat, nach den erhaltenen Werken, sich von allen Bildhauern des vierten Jahrhunderts am stärksten um das Bildnis der Aphrodite bemüht. Er hat es gewagt, die Göttin halbbekleidet (Abb. 172) und sogar nackt (Abb. 173) darzustellen. Als nämlich die Koer ihn, in der zweiten Hälfte des Jahrhunderts, beauftragen, eine Statue der Göttin zu schaffen, stellt er zwei zur Wahl: eine bekleidete und eine unbekleidete. Die Koer nehmen Anstoß an der nackten Göttin und wählen die bekleidete; die unbekleidete (Abb. 173) kommt als Kultbild in den Tempel von Knidos und wird berühmt. Ist auch das Original der knidischen Statue verloren, so können doch die vielen Nachbildungen aus späterer Zeit, sorgfältig abgewogen, eine Vorstellung von diesem kühnsten Werk des Meisters geben. – Das Motiv ist älter: in der Flächenkunst stehen schon vordem Frauen unbekleidet am Waschbecken, übergießen sich aus Wasserkrügen oder machen sich zurecht. Aber was bedeuten solche alten Motive, die schon in der Form gar nicht vergleichbar sind, vor dem neuen Inhalt der ›Knidischen Aphrodite‹ und der Frage: was wird ausgesagt, wenn eine großplastische Aphrodite und zudem als Kultbild unverhüllt dargestellt ist und ihr Gewand auf den Wasserkrug fallen läßt? Eine Badeszene? In der Tat könnten das Bad oder gar die Sage von der Geburt der Aphrodite aus dem Wasser der Anlaß gewesen sein, die Göttin nackt darzustellen. Doch gerade die Handlung

173
Aphrodite

ist Nebensache. Denn alles – Haltung, Gebärden, Sinnlichkeit – wird aufgefangen von einem ungebrochenen Rhythmus, der den Körper dreht, die Wendung des Kopfes und der Arme bestimmt. Vom Rhythmus kann ganz allgemein und noch im vierten Jahrhundert gesagt werden, daß er die Kraft ist, die in den Formen steckt und ihnen keinen ungezügelten Lauf läßt, sondern sie zusammenhält. Bis ans Ende des fünften Jahrhunderts stellt sich der Rhythmus als ein geistiges Achsenkreuz dar, in dem sich die Figur aufbaut. Dieser Rhythmus im strengen Sinn wird schon von den jüngeren Mitarbeitern des Phidias an den Parthenonskulpturen (Abb. 171. 240. 270) durchbrochen und erscheint im vierten Jahrhundert völlig verwandelt als eine geschlossene, ungebrochene Kurve in der Figur. In diesem rhythmischen Kurvensystem, das keinen Widerstand, keine Stauungen und keine Schwere kennt, weil alles von der Kraft der Kurve aufgefangen wird, in diesem Kurvensystem erscheinen jede Handlung, jede Stimmung nicht als im Augenblick verhaftet, ein Körper nicht als eine körperliche Masse. Ein unverhüllter Körper wird nicht als entblößt empfunden. Wenn die ›Knidische Aphrodite‹ auch ihren Schoß bedeckt, so tut sie es nicht von fremden Augen überrascht oder in einer sinnlichen Reaktion. Praxiteles hat einen von Natur aus selbstverständlich nackten Körper geschaffen, zu dem die Haltung der Hände als ebenso selbstverständlich gehört. Das Neue an der praxitelischen Schöpfung ist gewiß der unverhüllte Körper der Göttin, doch mehr wirkt der Inhalt der Nacktheit: in ihrer Erscheinung sollten der Frauenkörper und die in ihm wirkenden Aphroditekräfte wie Triebe, Leidenschaft, Liebesverlangen – Mächte von erhöhender wie zerstörender Wirkung – erfaßt werden. Weit zurück liegt die homerische Vorstellung von der Göttin und ihrem Zaubergürtel, in dem die Reize: Liebe, Begierde, Betörung, enthalten sind und den sie vom Körper löst, um die Reize auf den Menschen loszulassen. Jetzt ist sie selbst erfüllt davon, ist selbst das Gefäß der Mächte, die sie einst im Gürtel aufbewahrte.

Welche Aufgabe hat jetzt Eros? Seit dem Ende des fünften Jahrhunderts ist Aphrodite an Ereignissen, die sie nicht unmittelbar angehen, selten beteiligt. Die Entscheidung ist ja in das Innere des Menschen gelegt. Der Liebesdrang wird nicht mehr bloß als eine Gabe der Göttin verstanden. Es lockert sich das Verhältnis des Menschen zu den Göttern, aber der Mensch ist auch jetzt nicht frei von höherer Macht. Und wenn die Göttin nicht anwesend ist, so wirkt doch Eros. Darf man den geflügelten Knaben, der einst von Aphrodite ausging und ihre Macht an den Menschen herantrug (Abb. 149. 158. 160. 161. 163. 164. 348), vom späten fünften Jahrhundert an noch Eros nennen, da jetzt sein Körper gleichsam ausdrückt, was Amymone und Helena, Poseidon und Paris und andere im Innern bewegt (Abb. 114. 165. 349)? Der Flügelknabe ist eine eigenständige Macht geworden, die in der Brust des Menschen wahrgenommen wird:

174  Aphrodite

Dämon des Innern also, der für die Griechen nicht körperlos war, sondern ein gestalthaftes Wesen von niederem göttlichen Rang. In diesem Sinne ist es Eros, nicht der geliebte Mensch, der zum Urheber des menschlichen Verlangens wird, dem der Liebende alsdann erliegt. Praxiteles konnte von einer seiner Erosgestalten sogar sagen: er habe in sie eigenes Erleben und Leiden gegossen. Das heißt doch, daß Eros nicht mehr zuerst Aphrodites Sohn ist, sondern ein Wesen, das aus dem Wissen um menschliches Verlangen neu entsteht. Menschliches Sehnen und zugleich göttliche Gestalt: das ist jetzt Eros. So nähert sich der Gestaltwandel des Eros ganz dem Aphrodites, und zugleich löst sich das Mutter-Sohn-Verhältnis im alten Sinn.

Der Wandel von Aphrodite und Eros ist nicht zu verstehen ohne den Schritt des Menschen in eine neue Bewußtseinsstufe. Als er die Kräfte und Mächte im Zaubergürtel der Aphrodite in sich selbst entdeckte, mußte er sie auch in Aphrodite und Eros sehen. Daß diese Mächte im Innern des Menschen keine unbestimmten psychischen Kräfte sind (kein Gegenstand der Psychologie), sondern auch ohne den Menschen seiend geglaubt werden, das bewahrt Aphrodite und ihrem Sohn die faßbare göttliche Wirklichkeit. Aber der entscheidende Einschnitt im Wandel der geistigen Gestalt der Göttin ist da, die Richtung auf eine spätere Trennung zwischen der Person Aphrodites und den Mächten und Vorgängen im Innern des Menschen zeichnet sich ab.

Aphrodite ist die einzige olympische Göttin, deren Bild auch in hellenistischer Zeit neu und originell geformt wurde. Es gibt eine unübersehbare Zahl von Darstellungen der Aphrodite, die sich allein aus dem Aphroditeglauben nicht erklären ließen, wenn die Gestalt dieser Göttin den Bildnern nicht auch reiche bildnerische Möglichkeiten geboten hätte. Keine andere Göttin war dafür besser geeignet als Aphrodite. Die Neuentdeckung des weiblichen Körpers, überhaupt die Individualisierung der menschlichen Gestalt, hat Wesentliches zu diesem Bild beigetragen. Die neuentdeckte menschliche Innenwelt im vierten Jahrhundert hatte schon den Grund dazu gelegt. Der Meister der ›Kapitolinischen Aphrodite‹ aus dem dritten Jahrhundert (Abb. 174. 175) erschließt eine neue, bisher noch unbekannte Wesensschicht der Göttin und des Weiblichen überhaupt. Die Haltung der Göttin ist nicht einfach. Aphrodite macht eine unwillkürliche Bewegung, erschauert leicht, bedeckt Brust und Schoß mit den Händen und zieht sich gleichsam in sich zurück. Daß die Göttin in dem Gedanken, von jemand gesehen zu werden, erschrickt, ist eine moderne Ausdeutung. Die zart gesponnenen Fäden des ›Seelischen‹ in dieser Aphroditestatue – wie sind sie von den nachformenden Bildnern in römischer Zeit zerrissen und verfärbt worden! Nur der Kopf einer Nachbildung (Abb. 174) ist getreu, er hat den Mittelton zwischen bewußter und unbewußter Regung bewahrt. Dieser Zwischenbereich ist Kern und Sinn der Figur, nicht das Entkleiden und das Bad, nicht die Wendung des Körpers und das Verhüllen. Das Körperliche macht sich jetzt unaufdringlich in der Gestalt bemerkbar. Doch nur scheinbar wird dadurch die Göttin ›menschlich‹. Ihr Leib, ihr Tun sollten nicht Irdisches ausdrücken, sondern wiederum die Mächte, die im Zwischenbereich hausen, dort wo die Göttin jetzt auch steht: im Zwischenlicht des ›Seelischen‹. Um in diesem Bereich noch Macht zu haben, muß die Göttin selbst in diese Bewußtseinsstufe treten.

Als der Maler Apelles Aphrodite malte (S. 174), wie sie aus dem Wasser aufsteigt und das nasse Haar auswindet, steht er – so scheint es – nicht nur motivisch im Vorfeld der ›Kapitolinischen Aphrodite‹ (Abb. 174. 175). Den Figuren des Malers wird ›Charis‹ nachgerühmt – ein kaum übersetzbares Wort. ›Anmut‹ ist unzulänglich. Vielleicht kann man unter ›Charis‹ in dieser Zeit eine Gestalt verstehen, in deren leicht verschwimmenden Formen sich eine bewußte und zugleich unbewußte Haltung verbirgt, in der sich eine wechselnde Innenwelt offen-

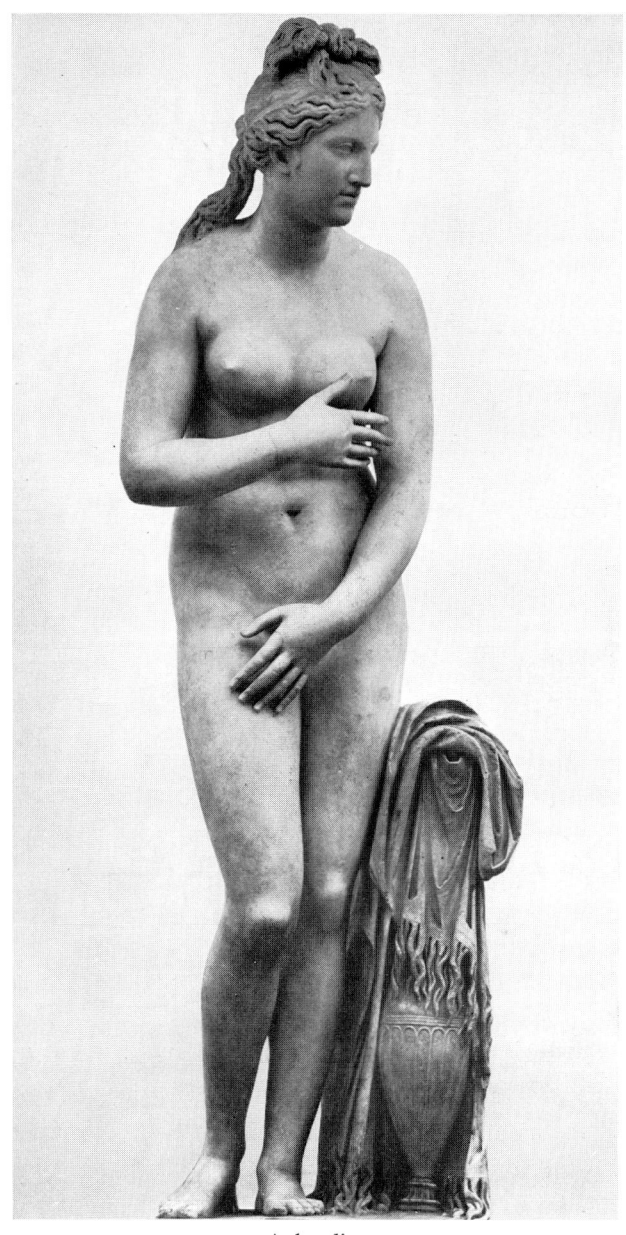

175        Aphrodite

bart. Vielleicht haben in diesem Bild der Göttin gerade das Momentane und halb Absichtliche ihres Tuns unter den Zeitgenossen soviel Aufsehen erregt.
Schon in der Frühzeit hat die Göttin ihre eigene Welt gegründet: Eroten, eine besondere Kleidung und der Spiegel gehören zu ihr. Vor allem ist sie die einzige Göttin, die unbekleidet sein oder durchscheinende Kleider tragen konnte. Die

176 Aphrodite

Aphrodite des Praxiteles (Abb. 173) war noch raum- und zeitlos, eine Aphrodite des Doidalsas aus dem dritten Jahrhundert (Abb. 176) ist es nicht mehr. Schon die Haltung der Göttin ist vielschichtig: sie kauert, legt den linken Arm auf das hochgestellte Knie und greift mit der rechten Hand über die Brust hinweg in das mit Schleifen aufgebundene Haar. Sie macht sich zurecht, nach dem Bade oder überhaupt: Intimes, Frauliches, Mädchenhaftes ist in ihrem Tun. Die weiblichen Formen sind nuanciert. Woher kommt das? Im dritten Jahrhundert wird die eigentümliche Wesensart des erwachsenen Mädchens erstmals entdeckt und mit ihr das Weiblich-Scheue und andere Wesenszüge. Die Bewußtseinsstufe des dritten Jahrhunderts erfaßt außerdem Individuelles, einen bestimmten Augenblick, eine persönlich geprägte Situation, ein bestimmtes Lebens-

177  Aphrodite

alter. Fügt man aber dem Original der Aphrodite des Doidalsas einen hilfreichen Eros hinzu, der ihr einen Spiegel hinhält, wie ihn tatsächlich manche Nachbildungen aus römischer Zeit zeigen, oder hält man die ›Kapitolinische Aphrodite‹ (Abb. 175) nur für eine Badende, dann ist die Auffassung des dritten Jahrhunderts von der Aphrodite zerstört.

178    Aphrodite    Triton

Das Körperliche drängt in hellenistischer Zeit stetig vor, um sich in der zweiten Hälfte des zweiten Jahrhunderts als ein eigenständiger Wert zu behaupten. Die ›Aphrodite von Melos‹ (Abb. 177) steht am Beginn solcher Körperlichkeit. In starker Drehung hebt sich der nackte Oberkörper aus dem verhüllten Unterkörper. In dieser Drehung ist eine Kraft, die nach oben drängt und das Körperliche nicht ruhen läßt, damit es sich als nackte körperliche Masse, als Fleisch darstelle. Aber während das Elementar-Körperliche in der Erscheinung der Göttin siegt, schwindet zugleich der zarte ›seelische‹ Zwischenbereich, in dem die Göttin im dritten Jahrhundert (Abb. 174–176) gestanden hatte. Die Macht der

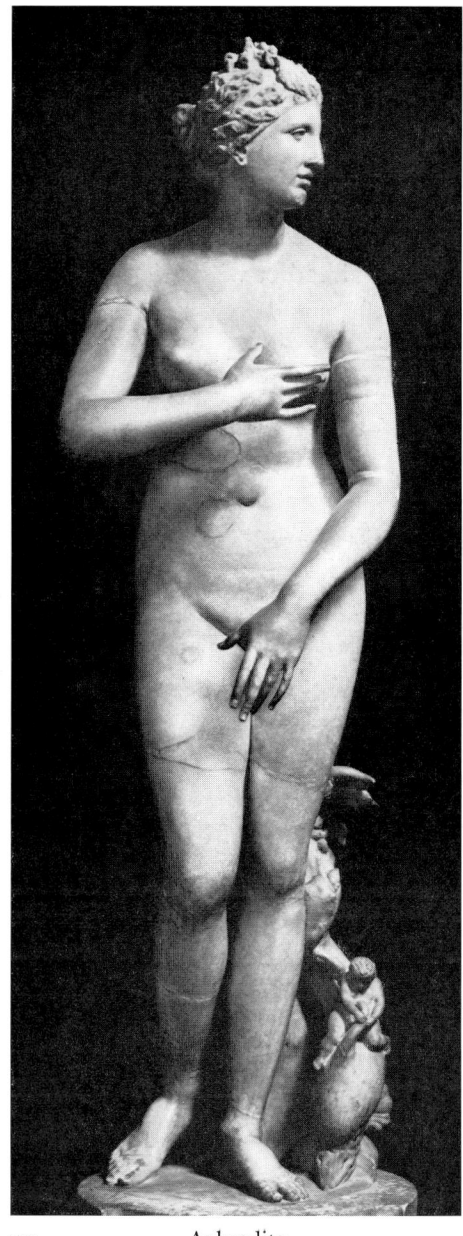

179    Aphrodite

Aphrodite und der Liebe, jetzt gebunden an die körperliche Erscheinung, wird nicht mehr als Schwebeton einer Innenwelt empfunden, der den Aphroditegestalten des dritten Jahrhunderts den Charme einer zugleich absichtslosen und absichtsvollen Erscheinung verlieh.

Am Ende des Jahrhunderts nimmt die Vorstellung von Aphrodite eine andere

Richtung. Geburt aus dem Meer, Auftauchen aus dem Wasser und Bad vermischen sich so, daß die Handlung der Göttin überhaupt nur mehr vom weiblichen Tun her verständlich ist. Die Göttin erscheint nackt oder hat den Mantel um die Beine geschlungen; sie ist mit ihrer Kleidung beschäftigt, ordnet ihr Haar, bindet sich ein Band um die Brust, löst die Sandalen – eine Fülle reizvoller Situationen wird gestaltet, auch von großen hellenistischen Bildnern. Im dritten und frühen zweiten Jahrhundert war das alles noch ein Motiv für den tieferen Inhalt, im späten zweiten Jahrhundert wird solches Tun für sich herausgehoben. Schließlich bringt die Beschäftigung der Göttin mit dem Wasser sie eng mit dem Element zusammen, dem sie einst entstiegen ist. Sie befreundet sich sogar mit den Gestalten des Meeres, taucht mit Triton aus den Wellen auf (Abb. 178) – nicht als Schaumgeborene, sondern als die in der Nacktheit mit dem Meer verbundene Göttin. Sie war ja die am stärksten naturgebundene Göttin, und ihr Wesen entsprach ganz dem neuen Naturglauben der hellenistischen Zeit.

Im ersten Jahrhundert flieht die Bewegung aus dem Körper, die Gestalt wird säulenhaft; dreidimensionale Figuren werden bildmäßig. Die Nacktheit wird jetzt als solche empfunden. Sie ist die letzte Stufe in der Entdeckung des menschlichen Körpers.

Am Ende eines tausendjährigen Gestaltwandels der Aphrodite steht wieder die unbekleidete Göttin (Abb. 179). Die Hände vor Brust und Schoß betonen nicht die göttliche Fruchtbarkeit wie einst, vor der Jahrtausendwende, sie verhüllen nicht vor den Blicken des Beschauers, aber sie bedecken nackte Körperteile und sind jetzt eine Geste, die zur Nacktheit gehört. Man kann nicht behaupten, die Spätzeit habe sich an die vergangene Wesensart der Aphrodite erinnert und die Göttin wieder in die Natur zurückgestellt. Die Situation ist eine andere. Aphrodite ist im ersten Jahrtausend ihren eigenen Weg gegangen, an dessen Ende sie nicht einmal äußerlich der vorzeitlichen Aphrodite ähnlich geworden ist. Daß der nackte Körper jetzt als solcher empfunden wird, hat seine Wurzel in einer veränderten Auffassung von Liebe und Leidenschaft: denn nicht mehr die Macht der Göttin bewegt den Menschen, sondern der Reiz des Anblicks. Doch verstehen wir die Nacktheit richtig: so sinnlich der entblößte Körper auch wirkt, er ist immer noch ein großer Inhalt, er ist voll der Mächte, Triebe und Leidenschaften – nur hat der gebrochene Rhythmus diese freigelegt. Auch das ist eine neue Bewußtseinsstufe des Menschen. So gegenwärtig Aphrodite gerade durch ihr Tun jetzt erscheint, so unfaßbar ist sie doch geworden. Aber sie konnte nicht vollends wesenlos werden wie andere Götter; denn mit ihr sind die menschlichen Triebe und Leidenschaften verbunden. Diese blieben dem Menschen auch dann noch geheimnisvoll, als er sie schon in sich allein zu finden wähnte.

180

# ARTEMIS

Artemis war einst eine große Göttin der Natur, der Berge und der Tiere, bis auch sie, um die Wende zum ersten Jahrtausend, in die Götterfamilie eingegliedert wurde und Stammbaum und ›Aufgaben‹ bekam. Ihr Vater ist Zeus; ihre Mutter Leto hat sie auf Delos geboren, ihr Zwillingsbruder ist Apollon. Als Göttin der Bergeinsamkeit ist sie Beschützerin, besonders der ungezähmten Tiere. Mit Bogen und Pfeil bewehrt, tötet sie auch Tiere und Menschen. Homer nennt sie die Bogentragende, Pfeilfrohe, Gutzielende: aber kein Wort gilt ihrem körperlichen Aussehen wie bei Aphrodite, deren Schönheit der Dichter rühmt. Schon darin zeichnet sich der ganze Gegensatz zwischen beiden Göttinnen ab, der im ›Hippolytos‹ des Euripides in unheimlicher Tiefe und Schärfe ausbricht. Artemis ist eng mit dem Leben und der Jugend verbunden, aber ihr Wesen ist unnahbar: keinem Mann zugänglich, der Liebe fremd, ist sie anders als Aphrodite, als Hera und alle mütterlichen Gottheiten – aber eine echte Zwillingsschwester Apollons. Sie steht Frauen bei der Geburt bei. Diese ihre

181     Artemis                                   Aktaion

Aufgabe hängt noch mit ihrem vorzeitlichen Wesen als Fruchtbarkeitsgöttin zusammen, welches die homerische Vorstellung von der jungfräulichen Jägerin überdeckte.

Homer nennt Artemis mit ehrwürdigen Namen, die nur noch Demeter und Persephone tragen: die Reine und Heilige. Die Reinheit wiederum erzwingt das Unnahbare und Spröde in ihrem Wesen, das nur in der freien und unberührten Natur ihr Gegenbild hat – eine jungfräulich-mannhafte Göttin. Diese nur schwer verständliche Wesensart bestimmt auch ihr Handeln.

Darstellungen zeigen sie mit dem Bogen bewehrt, wie sie die Sehne spannt, in den Köcher greift. Vielleicht gilt der Pfeil einem Frevler, vielleicht ist darin allein die ihre Reinheit schützende Geste gemeint (Abb. 180).

182          Aktaion          Artemis

*Artemis im mythologischen Bild.* – Alle Mythen um Artemis haben ihre Reinheit und Strenge als Untergrund. Wer ihre Unberührtheit verletzt, zieht ihre Rache auf sich. So auch Aktaion. Was immer der thebanische Jäger getan hat – ob er mit vermessenem Anspruch, ein besserer Jäger als Artemis zu sein, prahlerisch ihr unter die Augen trat oder ob er die Göttin nackt sah – er verfällt ihrem Zorn und wird von ihr bestraft. Er wird zweifach getötet: seine eigenen Hunde erkennen den in einen Hirsch Verwandelten nicht mehr, fallen ihn an und zerreißen ihn. Daraufhin streckt die Göttin den weidwunden Jäger nieder. Frühklassische Bilder und Maler haben der Sage eine große Tiefe gegeben: jede Darstellung ist eine Erfindung für sich. Der Meister einer Metope am Heratempel in Selinunt aus dem zweiten Viertel des fünften Jahrhunderts (Abb. 181) stellt Aktaion dar, wie er sich gegen seine Hunde wehrt, die ihn anspringen und ihm die Zähne ins Fleisch stoßen. Der Akzent liegt auf dem Tod des Jägers, der das Opfer seiner Hunde wird. Artemis steht dabei, unsichtbar dem Jäger, dem sie keine helfende Freundin ist. Ihr Bogen ist zwar nicht auf die Hunde gerichtet, aber die Bogenhand der Göttin reicht in den Raum, der der Todesraum Aktaions sein wird.

Die frühklassischen Darstellungen sind die einfachsten und stärksten (Abb. 182). Aktaions Tod ist ganz auf den Gegensatz des Jägers zur Göttin gestellt: die Hunde haben ihn zwar angefallen, er aber fällt durch die Göttin. Sie ist die

183  Artemis  Aktaion

Strafende, ihr ausgestreckter Arm ist wie ein Zeichen ihrer unerbittlichen Macht. Aktaion stürzt, sein Tod ist schon in der Schräge seiner wegeilenden Gestalt enthalten. Wenn Haltung, Gesten, das Zueinander der Gestalten sich verändern, ist die Aussage der Bilder immer anders, sogar wenn derselbe Maler das Thema ein zweites Mal aufgreift. Das jüngere Bild (Abb. 183) ist eine Steigerung des älteren (Abb. 182): es zeigt Aktaion, wie er fällt und stirbt. Der zu Tode Gehetzte stößt den Arm nach oben, nicht um Gnade für sein Leben zu erflehen, sondern weil er sich gegen den Tod und das Schicksal, das ihn niedergeworfen hat, auflehnt. Der Überfall der Hunde ist nur eine Nebenszene der eigentlichen Tragödie.

Nach der Mitte des fünften Jahrhunderts sind neue Personen da (Abb. 184): Zeus und die furchtbare Lyssa – die Tobsucht –, die den Hunden Wut und Zorn eingibt, umstellen Aktaion. Warum ist Zeus anwesend? Etwa weil Aktaion, nach dem Mythos, um Semele, die Geliebte des Zeus, freite? An welche Freveltat des Jägers der Maler auch gedacht haben mag, Zeus hat als Hort des Rechts mit

| 184 | Zeus | Lyssa | Aktaion | Artemis |
| 185 | Oltos | | Ephialtes | Artemis |

186     Niobegeschwister

Inhalt und Aussage der Handlung zu tun. Artemis ist die Vollstreckerin seines Willens – sie tötet aber auch aus eigenem Entschluß.

Welche Sage steckt in dem Bild (Abb. 185), auf dem die Zwillingsbrüder Oltos und Ephialtes, Söhne des Poseidon, eine Hirschkuh niederstrecken? Rächt die Göttin den Tod ihres heiligen Tieres an dem Brüderpaar? Oder hat sie das Tier den Poseidonsöhnen als mörderische Beute geschickt, damit sie im Streit um den Besitz der Hindin sich gegenseitig töten? Über die Sage hinaus sind auch in diesem Bild Schuld und Sühne das Thema.

Artemis ist, wie ihr Bruder Apollon, eine furchtbare Rächerin, wenn ihre Mutter von dem Riesen Tityos angegriffen (Abb. 284) oder von Niobe ob ihrer kleinen Kinderzahl geschmäht wird (Abb. 287). Die Darstellungen am Thron des Zeus von Olympia (Abb. 186. 187. 95) sind der Höhepunkt des Niobidenthemas. Mag der Artemisfries auch schwächer sein als der Apollonfries (Abb.

187     Artemis

290. 291. 94), die Sage findet gerade in dem Gegensatz eine Steigerung: tödliche Pfeile, gezielt von der jungfräulichen Artemis, treffen schuldlose Kinder, die in ihrer reinen Jugend der Göttin nahestehen.

*Artemis als geistige Gestalt.* – Das Bild der Göttin in der Frühzeit ist vor allem die ›Herrin der Tiere‹, die wilde und zahme Tiere an den Hinterläufen, am Geweih, am Hals packt oder von ihnen umgeben ist (Abb. 188. 293). Oft ist die Göttin geflügelt, was wiederum ihre überirdische Macht hervorhebt. Es ist offenbar die alte vorzeitliche Gestalt der Herrin und Beschützerin, die bis ins frühe fünfte Jahrhundert fortlebt (Abb. 190). Daneben erscheint Artemis als die Bogentragende, so auf einer Darstellung des frühen siebten Jahrhunderts (Abb. 189), wo sie am Rande einer Szene steht, langgewandet, den Köcher voller Pfeile auf dem Rücken. Den Bogen hält sie mit starker Geste in der vorgestreck-

188    Artemis

ten linken Hand gleich einer Apollonfigur dieser Zeit (Abb. 305). Die monumentale Verkörperung der Bogengöttin um die Mitte des Jahrhunderts ist eine Marmorstatue (Abb. 191), die Nikandre, eine Frau von Naxos, der delischen Artemis als eigenes oder der ganzen Familie Gelöbnis geweiht hat. Die Figur hat ein einfaches Achsensystem und nur wenige, aber klare Flächen, die sie als ein geisterhaft-göttliches Wesen erscheinen lassen.

Artemis mit Bogen und Tieren ist im siebten und sechsten Jahrhundert noch keine Jägerin. Zur Göttin des Waldes und der Tiere gehören zwar Bogen, Pfeile und Köcher als Attribute, die sie aber noch nicht als Waffen *gegen* die Tiere richtet: Bogen und Pfeil in der Hand der Göttin weisen schon in dieser Zeit in den Bereich des Menschen. Im sechsten Jahrhundert ist sie die bewaffnete Bogenschützin, die gegen die Giganten kämpft (Abb. 24. 281), Tityos (Abb. 284) und die Kinder der Niobe tötet.

Im fünften Jahrhundert mehren sich die Darstellungen der Göttin. In der antiken Überlieferung sind viele Artemisbilder erwähnt, von einem wird ausdrücklich gesagt, daß sie als Jägerin dargestellt sei. Mit der Jägerin könnte im fünften Jahrhundert die frühklassische Töterin gemeint sein. In der Tat vollzieht sich

189 Artemis  190 Artemis

im frühen fünften Jahrhundert der Übergang von der Beschützerin der Tiere zur Jägerin, wenn sie, geflügelt, mit Bogen und Pfeil, ein Reh streichelt (Abb. 190). Jägerin mit Jagdspeer und Jagdhund, mit einem Tier als Beute oder ein Tier tötend, wird sie erst in der zweiten Hälfte des Jahrhunderts.

Schon von alters her scheint sie auch eine Hochzeitsgöttin gewesen zu sein. Als solche ist sie in den Bildern erst des frühen fünften Jahrhunderts faßbar, als sie Hekate (Abb. 132. 169. 170), der anderen Hochzeitsgöttin, gleichgestellt wird und wie diese Fackeln in Händen hält. Am Ende des Jahrhunderts benutzt sie diese Attribute als Waffe im Kampf.

Im fünften Jahrhundert ist Artemis meist mit Apollon und Leto zusammen (Abb. 297–299), bedient Apollon, tötet mit ihm die Kinder der Niobe (Abb. 287). Wie er straft auch sie Vermessenheit, indem sie vollstreckt, was das Gesetz oder alter Geschlechterfluch verlangen oder Zeus, der Hüter des Rechts, befiehlt. Dabei handelt sie zugleich aus ihrem eigenen Wesen: aus ihrer todbringenden Reinheit. In der menschlichen Verfehlung und der Reinheit der Göttin stoßen zwei Gegensätze zusammen, die sich nicht versöhnen können: daher kann die Göttin das Menschenleben nicht schonen. Aus solcher Notwendigkeit handeln müssen: das sind Vorstellungen nur des fünften Jahrhunderts. Jetzt ist der Punkt erreicht, wo man sagen muß: auch ein Gott – und das gilt für Artemis und alle Götter – hat ein Schicksal. Er ist zwar frei, aber er ist auch wieder un-

191  Artemis

frei; denn er ist in eine Weltordnung, die er verkörpert, eingebunden. Im Ostgiebel des Parthenon (Abb. 48) gibt Artemis die Kunde von der Geburt Athenas an die benachbart sitzenden eleusinischen Göttinnen weiter. Der Meister des Parthenonfrieses (Abb. 120) konnte in seinem Artemisbild keine neuen Züge aufzeigen: Herrin der Tiere, Jägerin, Hochzeitsgöttin war sie schon früher – er wollte offenbar keine besondere Seite in ihr hervorheben und hat ihre Attribute

192
Artemis

193
Artemis

weggelassen. Eingegangen ist in die Gestalt im Fries das Unnahbare, das in den Bildern der strafenden Göttin (Abb. 182-185) so stark wirkt.

Die Bildner des vierten Jahrhunderts haben zunächst das Bild der Göttin nicht wesentlich verändert; meist ist sie Jägerin (Abb. 193), trägt weiterhin das lange oder kurze Gewand, hat Bogen und Pfeil. Praxiteles bringt um die Mitte des Jahrhunderts ein neues Thema mit einer ehernen Statue der ›Artemis Brauronia‹, die auf der Akropolis, wo Artemis seit alters in einem eigenen Kultbezirk als Brauronia verehrt wurde, neben dem marmornen Sitzbild der Göttin aufgestellt wird. Wir erfahren, daß Frauen zur Göttin auf die Akropolis pilgerten, ihr Kleider weihten und sie ihrem Bild umhängten. Möglicherweise geht eine Marmorstatue aus römischer Zeit (Abb. 192) auf das genannte Erzwerk des Praxiteles zurück. Artemis legt sich selbst ein Gewand um, vollzieht also eine kultische Handlung und tut selbst das, was Frauen tun, wenn sie ihr Gewänder weihen.

Vom vierten Jahrhundert an gewinnt allmählich das Bild der Jägerin den Vorrang in der Rundplastik. Doch läßt sich eine Darstellung aus dem Ende des Jahrhunderts von dem Bildhauer Leochares (Abb. 194) nicht nur auf die Jagdgöttin festlegen. Ob Leochares die Göttin nur als Jagdgöttin oder auch als Töterin, etwa der Niobekinder, verstanden hat, ist aber nicht wichtig. Neu ist das Überraschende ihrer Erscheinung, als ob sie im Vorübereilen gleichsam nur einen Augenblick innehält, um nach der Tat zu entschwinden. Von einem Gegenüber zwischen Gott und Mensch im Sinne des fünften Jahrhunderts kann nicht mehr die Rede sein.

Die hellenistische Kunst bevorzugt die Göttin mit dem kurzen, festgegürteten Jagdkleid und stellt ihr Bild ganz auf die Jagdsituation ab. Es gibt Darstellungen der dahinstürmenden, aber auch der ruhig stehenden Göttin, wie sie sich, an einen Baumstamm oder Pfeiler gelehnt oder den Bogen aufstützend, ausruht. Wahrscheinlich haben die Darstellungen des dritten Jahrhunderts das Situationsmäßige ihres Tuns am reinsten wiedergegeben. Auch die landschaftliche Umgebung werden sie mit einbezogen haben, ohne die Göttin zu einer Naturgöttin zu machen, zu der sie im Laufe der folgenden Jahrhunderte wird. Aber auch das Bild der Göttin mit der Fackel verschwindet nicht, es verbindet sich sogar in der Rundplastik mit der Bogengöttin; in der Flächenkunst der früheren Zeit war es längst mit der Bogengöttin verschmolzen. Ein Kultbild, das der Bildhauer Damophon von Messene im späteren zweiten Jahrhundert geschaffen hat, trägt ein Fell, hält Köcher, Fackeln und Schlangen, ein Hund steht daneben: die alte Vorstellung des zweiten Jahrtausends von einer Herrin über Leben und Tod, von der Doppelgängerin der Hekate lebt noch einmal auf und mischt sich mit dem Bild der Jägerin, als die sie in der Kunst durch die kommenden Jahrhunderte geht.

194
Artemis

195

# ATHENA

Athena – die griechische Dichtung nennt sie die sinnreiche Göttin der Klugheit und des guten Rates – hat keinen anderen Stammbaum als den Geist des Zeus. Sie kennt keine Mutter: plötzlich und in Kriegswaffen entsprang sie dem Haupt des Vaters, das Hephaistos mit der Axt gespalten hatte. Von diesem Ursprung her ist sie als Tochter, die vom Vater ausgeht, ihm am ähnlichsten, mit ihm willenseins, aber eine selbständige Person.

Sie ist Schlachtengöttin, doch ihr Sinn ist nicht auf das Töten gerichtet, sondern auf den ritterlichen Kampf. Dem Krieger ist sie Freund und liebt selbst den Kampf, trägt Namen wie ›Vorkämpferin‹, ›Mächtige‹, sogar ›Gefährtin des Ares‹; doch will sie nicht wie Ares den mörderischen Krieg. Athena vereint kämpferischen Sinn mit Klugheit, daher ist ihr das wilde, blutige Getümmel verhaßt. Sie ist Ares' lichtes Gegenbild: von ihr gehen geistige Kräfte aus, die den Krieger zum Helden machen, den Krieg zum Agon – zum Wettkampf um den Preis der Tapferkeit. Stets ist sie bei ihrem Helden und hält ihn vom maß-

217

losen Kampf zurück. Sie ist auch Göttin des Handwerks: Herrin der Erzgießer und Marmorbildner, der Töpfer und Maler, der Schmiede und Schiffbauer, der Weberinnen und Handarbeiterinnen. Jedoch im Handwerk verkörpert sie nicht, wie Hephaistos, die Tätigkeit, sondern das kunstfertige Geschick und den erfinderischen Einfall.

Hera, Aphrodite und Artemis verkörpern drei Seinsschichten des Weiblichen und zugleich drei Pole des Lebens: die eheliche Verbindung, die Liebesvereinigung und die jungfräuliche Reinheit. Athena verkörpert keine der drei Schichten. Ehe und Liebe sind ihr unbekannt; dem Geschlecht ist sie nicht feindlich wie Artemis, aber fremd; der Natur und allem Triebhaften, eigentlich allem Körperhaften, ist sie enthoben; sie ist jungfräulich und hat herbe, sogar männliche Züge. Athenas Wesen ist vielschichtig, und doch verkörpert auch sie – wenn auch schwer begreiflich – eine Möglichkeit des Weiblichen.

In der bildenden Kunst ist sie meist das kriegerische Mädchen: mit Helm, Schild und Lanze, auf der Brust das Schuppenfell mit dem Medusahaupt (Abb. 195).

*Athena im mythologischen Bild.* – Ihre Geburt aus dem Haupt des Zeus wurde das strahlende Ereignis der griechischen Göttersage. Das älteste Bild, aus dem frühen siebten Jahrhundert (Abb. 41), hat noch Züge eines Naturwunders: die Tochter ist geflügelt wie der Vater, der die Hände in der Geste der erscheinenden Gottheit hebt. Im sechsten Jahrhundert verliert die Geburtsszene das Unheimliche und wird zu einem Ereignis, das zunächst ganz den Eindruck eines Märchengeschehens hinterläßt (Abb. 42–46): Athena steigt klein, aber voll gerüstet aus dem Kopf des Vaters, aller Augen sind darauf gerichtet. Die Gesten des Hephaistos und der Geburtshelferinnen zeigen, wie stark die wundersame Begebenheit wirkt. Jeder der Anwesenden wird wichtig genommen, sogar der Thron und die anderen Gegenstände. Aber das Wundersame solcher Darstellungen wurzelt nicht in einem Märchendenken, sondern im vitalen Sein, aus dem die Fülle aller Bilder des sechsten Jahrhunderts kommt.

Als die Bildner im fünften Jahrhundert das Geschehen mehr andeuten als ausführlich darstellen, mehr das Geheimnis suchen als es enthüllen, die Götter als mächtige und erscheinende Wesen, die Geburt als Götterepiphanie sehen, da kommt ein Widerspruch zwischen der neuen Göttervorstellung und den alten Bildern auf (Abb. 47). Im Ostgiebel des Parthenon (Abb. 48, S. 61) verläßt Phidias die Tradition und schafft ein neues Bild, indem er den Geburtsvorgang zur überraschenden Begegnung von Vater und Tochter macht. Die anwesenden Götter nehmen, wie in einer Vision, daran teil.

Athena, in Kriegsausrüstung geboren, ist eine hervorragende Gigantenkämpferin. Die Schlacht gegen die Erdwesen schmückte als Gemälde sogar den Schild ihres eigenen Kultbildes im Parthenon (Abb. 216) und als Webwerk das Ge-

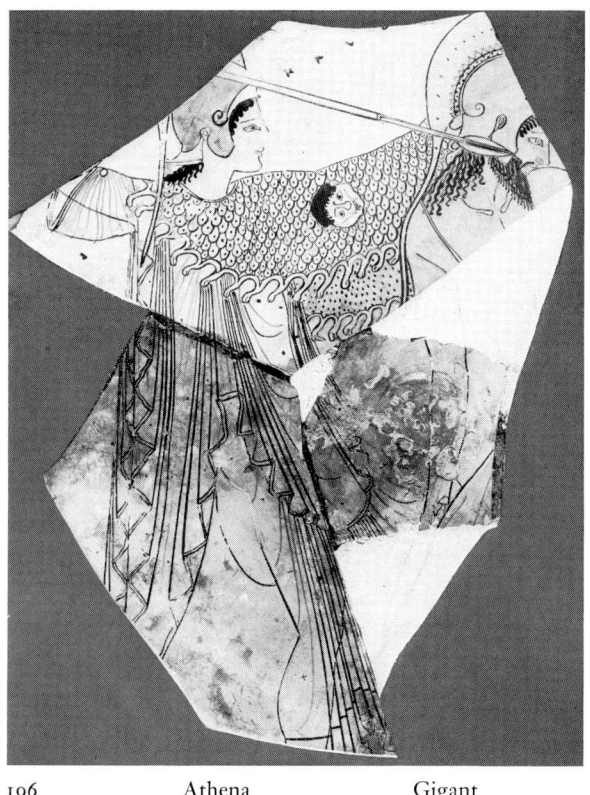

196        Athena        Gigant

wand, das die Göttin alle vier Jahre an ihrem Fest bekam. Auf dem Schlachtfeld steht sie immer in Zeus' Nähe und hilft, zusammen mit Herakles, die Schlacht gewinnen (Abb. 24. 27. 28). Ihr Gegner ist meist der zusammenbrechende Gigant Enkelados, den sie mit der Lanze niedersticht. Die Dreiergruppe kommt schon auf archaischen Gefäßen (Abb. 24), in Tempelgiebeln und Friesen vor. Neu in frühklassischer Zeit ist die Energie, mit der die Göttin die Lanze auf den Gegner stößt (Abb. 196). Im hellenistischen Fries des pergamenischen Altars (Abb. 31. 32) kämpft sie, die Siegbringerin, zwischen den Hauptgegnern Zeus und Gaia, wo es gilt, Porphyrion zu vernichten und Alkyoneus von der Mutter Erde zu lösen, damit er verwundbar wird; denn solange er mit ihr verbunden ist, kann ihm keiner der Götter etwas anhaben.

Das attische Land fällt Athena nicht kampflos in den Schoß. Sie muß auf der Athener Burg mit Poseidon den Wettstreit um den Besitz austragen. Athena siegt mit einem Lanzenstoß, der den Ölbaum sprießen läßt, und gewinnt Stadt und Land (Abb. 109). Poseidon schlägt mit dem Dreizack den Salzquell – und unterliegt. Wenn Athena auch allen griechischen Stämmen gehört, so ist doch Athen ihre Stadt geworden; mit ihr ist sie verbunden wie sonst kein Gott mit

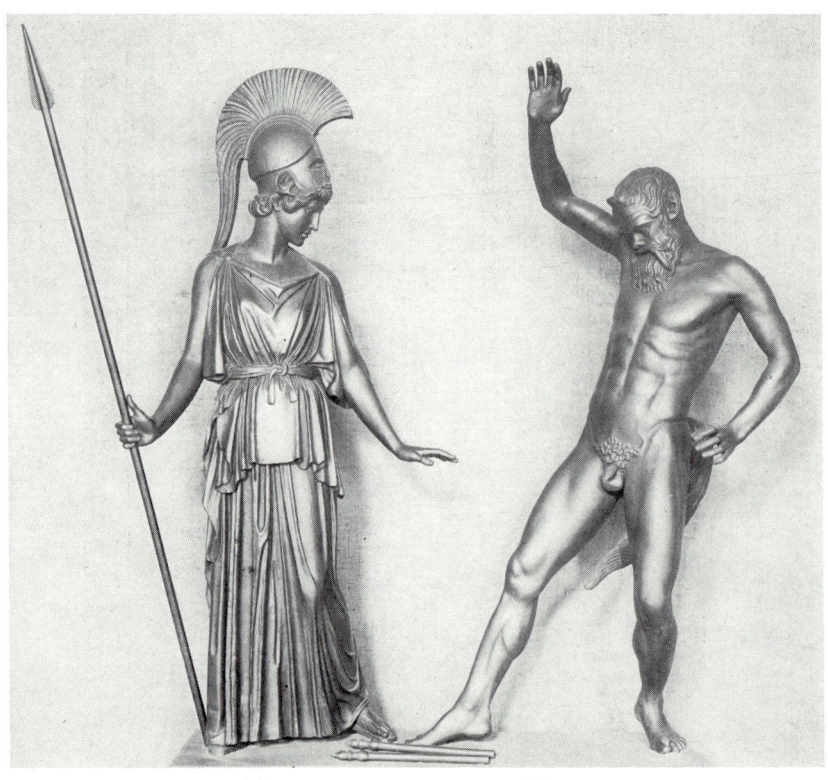

197    Athena    Marsyas

einer Stadt. Der Anruf ›Schirmerin Athens‹ wird zur ständigen Formel der Anrede. Und seit Perikles den kühnen Gedanken verwirklicht hat, die Akropolis, wo ihr heiliger Ölbaum blüht, mit neuen, glanzvollen Tempeln der Stadt- und Burggöttin und Siegverleiherin umzugestalten, ist die Burgfläche zu einer einzigen Stätte der Begegnung zwischen den Athenern und ihrer Göttin geworden.

Athena hat, ihrem Wesen nach, keine Beziehung zu den Silenen und anderen Wildniswesen, eher besteht ein Gegensatz zwischen ihr und den Naturgeistern. Diesen Gegensatz hat die frühklassische Kunst in der Sage vom Streit Athenas mit Marsyas um die Flöte dargestellt. Der Zusammenstoß der beiden hat eine Vorgeschichte: als Athena das Stöhnen Euryales über ihre von Perseus enthauptete Schwester Gorgo-Medusa hört, erfindet sie das Flötenspiel. Nur mit der Flöte und ihren mit dem Atem aus dem Innern des Spielers kommenden Tönen war es nämlich möglich, das herzerweichende Klagen nachzuahmen. Als die Göttin jedoch sieht, wie das Spiel ihr Gesicht entstellt, wirft sie die Flöte fort und weist den vermessenen Marsyas zurecht, als er das Instrument aufheben will. Der Bildhauer Myron wählte mit seiner Erzgruppe auf der Burg zu

198　　　　　　　　Gorgonen　　　　　　　Athena　Perseus

Athen, im zweiten Viertel des fünften Jahrhunderts (Abb. 197. 212), nicht das Vor- und Nachspiel der Sage, sondern die Mitte des Geschehens: den Zusammenstoß der Göttin mit dem Silen. Athena und Marsyas sind aufeinander gerichtet und zugleich getrennt. Die Göttin, gegenwärtig, aber unnahbar, gebietet mit bestimmter Handbewegung dem dreisten Silen, dessen begehrlichen Blick die Flöte gefangenhält. Die Gesten der beiden haben zwei Wurzeln: die eine kommt aus der Sage, die andere aus dem polaren Gegensatz zwischen Athena und dem Silen, zwischen der Göttin und den orgiastischen Tönen, die ihr zuwider sind. Den Gegensatz als solchen und als tiefere Ursache des Streites zwischen Gott und Naturwesen hat erst die frühklassische Zeit gesehen: ihn hat Myron zum Anlaß genommen und aus dem Stoff einer Erzählung eine dramatische Szene gemacht. So wie Myron das Thema in der Gruppe dargestellt hat, stecken darin zwei Konflikte: ein äußerer, dessen Ursache eine Flöte ist, und ein innerer. Gott und Naturwesen geraten in Streit, ihres gegensätzlichen Wesens wegen. Marsyas, triebhaft wie die Silene von Natur aus sind, muß zur Flöte greifen, und Athena kann es nicht geschehen lassen; sie muß die Vermessenheit bestrafen. Wie nahe steht die Erzgruppe der zeitgenössischen Tragödie! Nur ist nicht der Geschlechterfluch an allem schuld, sondern die gegensätzliche Wesenheit, für die weder die Göttin noch der Silen etwas können. Und wie stark ist Athena Apollon im Westgiebel des olympischen Zeustempels (Abb. 283. 308) verwandt. In beiden Gestalten ist nämlich die Bestrafung des

199  Athena   Perseus   Gorgo-Medusa

Frevlers enthalten. Als Marsyas vermessen sogar Apollon zum Wettstreit zwischen Flöte und Kithara herausfordert (Abb. 292), wird er schwer bestraft. Der Mythos berichtet, daß der Silen von einem Skythen geschunden wurde.

Athena ist eng mit den Heroen verbunden und steht ihren Schützlingen in Abenteuern und Gefahren hilfreich zur Seite. Sie ist dabei, wenn Perseus der Gorgo-Medusa das Haupt abschlägt, sie begleitet Theseus auf seinen Wegen. Aber am nächsten steht ihr Herakles. Es gibt unzählige Darstellungen, wie Athena mit ihren Helden umgeht: vom unmittelbaren Zusammentreffen bis zur unsichtbaren Anwesenheit der Göttin.

Als Perseus Medusa enthauptet, kommen die Schwestern der Getöteten. Es sind merkwürdig aussehende Gestalten, halb Frau und halb Scheusal, mit gräßlichen Gesichtern. Sie verfolgen den Täter. Wenn Athena auf einem Gefäß des frühen siebten Jahrhunderts (Abb. 198) mit der Lanze hinter Perseus steht, hält sie dann die Gorgonen vor dem Heros zurück? Man muß wissen: Dämonen gehören wie die Götter zum frühgriechischen Glauben, und die Götter sind nicht deren Gegner. Daher kann Athena die Gorgonen nicht verjagen; sie rettet Per-

200    Athena              Herakles                    Kerberos

seus, indem sie ihn zur Flucht treibt. Ihr Rat zu fliehen geht von ihrer Gestalt als göttlicher Wille aus und in den Heros ein.

Auf Darstellungen vom Ende des siebten und Anfang des sechsten Jahrhunderts wendet sich die Göttin dem Helden zu oder legt ihm die Hand auf die Schulter (Abb. 199). Sie feuert ihn nicht an: mit der Geste gehen offenbar Kraft und Gewalt von der Göttin auf den Heros über, damit er das Scheusal bezwingen kann. Im späten sechsten Jahrhundert (Abb. 200) steht Athena hinter dem Helden und folgt seinen Bewegungen mit Körper und Gesten, als trüge sie die Tat mit. Die Bilder aber reden weniger als einst von den Kräften der Göttin, die in den Helden einströmen, als von einem vitalen Gleichklang der beiden. Die Gestalten, Blicke, Gesten, das Geschehen, selbst die Gegenstände sind erfüllt von ›Leben‹ als dem Grund der Zeit. Wenn Herakles im Unterweltspalast dem Höllenhund zuredet, um ihn in Fesseln zu legen (Abb. 200), so ist das kein Märchengeschehen. Die Figuren sind da, wie die Säulen eines archaischen Tempels; es gibt keinen Zwischenraum und keine Spannung. Die Gesten sind unmittelbar (vgl. Abb. 64), sie weisen weder auf Vergangenes noch auf Zukünftiges. Es gibt keine Andeutung von der Schwere der Tat, die Herakles vollbringen muß. Athena leistet ihm keinen Beistand, die Göttin ist da, wie sie im Glauben der archaischen Griechen immer bei den Helden ist.

201       Iolaos          Herakles          Athena

Der archaische ›Ton‹ reicht noch hinüber ins frühe fünfte Jahrhundert, wenn auf einem Bild Herakles der Göttin die Hand gibt (Abb. 201). Der Abschied und die kommenden Prüfungen sind jetzt angedeutet, das Besinnliche der Figuren kommt nicht allein vom Handschlag. Zu der Zeit, als der Maler das Bild malte, löst sich in der kontrapostischen Haltung der Figuren die gemeinsame Ebene der Göttin und des Heros: aus ihr werden zwei. Nur der Zwischenraum verbindet jetzt beide als zwei aus sich seiende, aber durch eine Gemeinsamkeit verbundene Gestalten. Deutlich ist diese Beziehung im zweiten Viertel des fünften Jahrhunderts in der Löwenmetope am Zeustempel in Olympia (Abb. 202). Das dargestellte Thema ist eine der Taten des Herakles: er hat den Löwen bezwungen, stellt sein Bein auf das Tier und stützt sein Haupt. Er schaut nach unten und in sich hinein. Athena ist dabei und blickt auf ihn. Sie steht in neuer Art neben dem Helden, nicht als Zuschauerin oder eingreifende Teilnehmerin am Abenteuer, sondern so, daß zwar eine tiefe Beziehung zwischen der Göttin und

224

202   Athena   Herakles

dem Heros sichtbar wird, aber auch deutlich erkennbar ist: Athena kann nicht eingreifen und Herakles helfen, sie muß in gewähren lassen. Der Heros ist mit seinem Geschick allein. Nur die geistige Einheit zwischen ihm und der Göttin besteht.

Auf einem mit der Metope gleichzeitigen Tongefäß (Abb. 203) sind Athena und Helden im Gelände versammelt: sei es, daß die Heroen vor der Schlacht bei Marathon beisammen stehen; sei es, daß sie zum Argonautenzug nach Kolchis aufbrechen. Auch wenn man sich für die mythischen Helden von Marathon ent-

203    Athena                              Herakles

scheidet, hat das Bild noch ein übergeordnetes Thema: die Göttin und die Helden. Die Helden stehen im Gelände, das wellige Linien andeuten, die für jede Figur so bestimmt einzeln gezeichnet sind, daß durch sie jedem Helden sein Ort zugewiesen ist. Es sind Einzelgestalten – mögen sie auch einem großen Wandgemälde entnommen sein. Sie stehen, sitzen und liegen so individuell geprägt, als sei jeder für sich. Athena steht nicht in der Bildmitte, sondern in der linken Bildseite. Dennoch haben alle, nicht bloß Herakles und der Held mit dem Helm in der Hand, einen Bezug zu Athena. ›Vor der Schlacht‹ hat man die Darstellung genannt. Das ist richtig, aber nicht als Vorbereitung zur Schlacht, sondern im Hinblick auf das Kommende: auf den Aufbruch, den Kampf, die Gefahren und Nöte. Das Zukünftige beschattet die herumstehenden, sitzenden und liegenden Helden. In diesem Schicksalskreis steht als unsichtbar anwesende Beschirmerin Athena: sie ist die geistige Mitte. Aber sie kann ihren Helden keine Hilfe gewähren; denn das Los des Helden ist vom Schicksal mitbestimmt; sie selbst kann aus dem Kreis der Weltordnung nicht heraustreten, weil sie mit *im* Kreis steht.

Mit Athena ist die seltsame Geburtsgeschichte des Erichthonios verbunden,

204   Kekrops        Gaia Erichthonios Athena     Hephaistos      Herse

eines Königssohnes von der Athener Akropolis, der nicht aus dem Schoß einer sterblichen Mutter, sondern aus Gaia geboren wurde. Eine Darstellung aus dem dritten Viertel des fünften Jahrhunderts (Abb. 204) zeigt die Geburt und die Personen des Mythos: Gaia hebt das Erichthonioskind aus der Erde und übergibt es Athena. Hephaistos steht hinter ihr. Anwesend sind die Burgkönige Erechtheus und Kekrops mit ihren Töchtern Herse, Aglauros und Pandrosos und die Könige Athens, Aigeus und Pallas. Fügt man der Darstellung noch hinzu, wie es zur Geburt kam und was sich nachher ereignete (was der Maler als Handlung in seinem Bild nicht wiedergibt), so hat man den Inhalt der Geschichte: der Vater des Kindes ist Hephaistos, der Athena begehrte, aber nicht bekam. Von seinem Samen befruchtet, gebar die Erde Erichthonios. Athena nimmt das Kind in Pflege und übergibt es in einem verschlossenen Korb den Kekropstöchtern in Obhut, mit der Warnung, den Deckel nicht zu heben. Als sie es dennoch tun, werden zwei von ihnen wahnsinnig und stürzen sich vom Burgfelsen hinab.

Jeder Bildner kann Figuren hinzufügen oder weglassen, den Augenblick der Sage wählen, der ihm fruchtbar scheint, um seine und der Zeit Auffassung darzustellen. So wird auf einem Tongefäß aus dem zweiten Viertel des fünften Jahrhunderts (Abb. 205) Erichthonios nur unter den Augen von Athena und Hephaistos geboren. Die Göttin hat eigens die Waffe abgelegt, sogar das schlangenbesetzte Schuppenfell auf den Rücken geschoben, und nimmt das Kind wie eine kostbare Gabe in die Arme. Auf dem jüngeren Gefäß (Abb. 204) sind viele

Hephaistos  Gaia  Erichthonios  Athena

Personen an dem Ereignis beteiligt. Obwohl gerade diese Jahrzehnte meist auf Nebenfiguren verzichten, wird das Geschehen der Mitte durch die Anwesenden nicht aufgespalten, sondern in der Gruppe von Gaia und Athena verdichtet. Der Knabe ist Mittelpunkt, auf ihn sind Gaias und Athenas Blicke gerichtet. Wie ein Kind, das aus den Armen der Amme zur Mutter will, so drängt Erichthonios zu Athena hin. Das Kind ist ein kostbares Gut, ein Kleinod. ›Des Hauses Schatz‹, sagt Aischylos um die Mitte des fünften Jahrhunderts von einem Kind. Die Bilder der Tongefäße haben diesen Klang. Unter ›Kleinod‹ ist aber nicht ein Wesen mit kindlicher Gestalt und Psyche gemeint. Das Kind als eigengesetzliches Wesen ist nicht vor dem dritten vorchristlichen Jahrhundert entdeckt worden, wie das Mütterliche der Frau nicht vor dem vierten. Daher haben alle Darstellungen von Frau und Kind im fünften Jahrhundert nicht familiäre Züge, nicht Wärme und Gefühle. Vielmehr wird erstmals der Gegensatz zwischen Erwachsenem und Kind gezeigt. Der Bildner gibt einem Kind keinen kindlichen Körper, er formt einen ausgewachsenen Menschen, nur bildet er ihn kleiner.

206    Athena

*Athena als geistige Gestalt.* – Das Bild der kriegerischen Athena ist älter als das erste Jahrtausend, wahrscheinlich war die mykenische Göttin mit dem Schild – wie immer man sie auch nannte – schon eine Schutzherrin der Stammesfürsten und Beschirmerin der Städte, Burgen und Paläste und Vorläuferin Athenas. In der homerischen Dichtung ist Athena eine kriegerische Erscheinung. Bewaffnet kommt sie schon in Darstellungen des frühen siebten Jahrhunderts (Abb. 198) vor und steht zu ihren Schützlingen. Es gab schon in der Frühzeit auch Kultbilder der bewaffneten Athena und daneben friedliche: die unbewaffnete Stadtgöttin von Athen, die Göttin des Ölbaums, der Fruchtbarkeit und des Handwerks, war ein Sitzbild auf der Burg, ähnlich der Athena im homerischen Troja, zu der Frauen im Bittgang pilgerten und ihr ein Gewand auf die Knie legten.

Die archaischen Bildner lieben handelnde Gestalten; Geschichten der Götter und Heroen legen sie ausführlich dar. Athena tritt meist bewaffnet auf: ausschreitend, mit Helm und Schild, die Lanze erhoben, erscheint sie seit der Mitte des

207    Athena

sechsten Jahrhunderts auf attischen Amphoren, die, mit Öl gefüllt, den Wettkämpfern als Siegespreis gestiftet wurden. Noch bis weit in das fünfte Jahrhundert reicht das Bild der bewaffneten Lanzenschwingerin. Aber auch die Vorstellung von dem starken Mädchen, das dem Jünglingsbild des sechsten Jahrhunderts gleichkommt, hat die Athenabilder mitgeformt. Als in der zweiten Hälfte des sechsten Jahrhunderts Frauen- und Mädchengestalten reich gefaltete Gewänder mit zipfeligem Mantel tragen, wird die Göttin (Abb. 206) – ohne die Waffen abzulegen – den Mädchenstatuen dieser Jahrzehnte ähnlich.

Den Griechen ist Athena immer eine Göttin, die im Krieg den Helden zu edlem Kampf und zum Sieg anfeuert. Die frühklassische Kunst betont ihre Besonnenheit. In diesen Jahrzehnten, von Beginn bis zur Mitte des fünften Jahrhunderts, häufen sich auch die Darstellungen der mit friedlichen Werken beschäftigten, klugen und erfinderischen Göttin. Athena schreibt (Abb. 207) – vielleicht den

208          Gigas                    Athena

Namen eines Siegers, da sie selbst Siegerbinden unter dem Schuppenfell trägt. Auch der Bau der kyklopischen Burgmauer ist ihr Werk. Der Gigant Gigas (Abb. 208) muß ihr die gewaltigen Blöcke zum Mauerbau auf den Burgberg tragen. Die Flöte (Abb. 197), der Ölbaum (Abb. 109) stammen von ihr. Sie kehrt in die Werkstätten ein (Abb. 209), feuert die Töpfer und Maler an, führt ihre Hände und setzt selbst dem Meister den Kranz als Preis aufs Haupt, und das gleiche tun ihre geflügelten Begleiterinnen bei den Gehilfen. Athena erscheint im Atelier der Bildhauer und modelliert ein Pferd (Abb. 210). Tut sie es als ein Geist, der auftaucht, um zu vollenden, was der Bildner begonnen hat? Die Antwort geben Weihinschriften der Meister selbst aus dem späten sechsten und frühen fünften Jahrhundert: sie sagen, wie die Bildner ihre Werke aus solcher Mitwirkung der Göttin entstanden wissen wollen. Das Werk, der Stolz des Meisters, ist gleichsam ein Werk der Gottheit, die ihn das Handwerk gelehrt und die Gabe der Erfindung und der Fertigkeit verliehen hat. Athena führt den Bildhauern den Meißel, den Malern den Pinsel, formt den Töpfern den Ton: des Meisters Geschick ist zugleich ein Lob für die Gottheit. Daher weiht er ihr den Zehnten der Einkünfte.

Die Vorstellung des archaischen Bildners, der zwischen dem Gegenstand und seinem Empfinden, zwischen der Göttin, die ihm das Können verliehen hat, und seinem Schaffen nicht trennt, reicht bis in das fünfte Jahrhundert. Dann ändert

209   Nike                    Athena           Nike

sich das: die Bildwerke entstehen jetzt im Zwischenbereich zwischen Bildner und Gegenstand – auch Athena steht dazwischen. Das Werk ist nicht mehr Ausfluß der Gottheit, es kommt nicht unmittelbar von ihr, aber es entsteht unter ihrem Schutz.

Die gerüstete Athena der frühklassischen Zeit (vgl. Abb. 196) gleicht nicht der archaischen Göttin, wenn sie auch Kämpferin bleibt. Auch äußerlich wandelt sich das alte Bild: Schuppenfell und Schild fehlen häufig, die ruhig stehende Göttin, die sich auf die Lanze stützt, Eule, Spindel oder Helm (Abb. 211) in der Hand trägt, wird beliebt. Neben der Waffenfreude entfaltet die Göttin noch andere Seiten ihres Wesens, sie schreibt, modelliert, baut (Abb. 207–210): solche Züge stehen nicht feindlich gegeneinander, sondern durchdringen sich in der Wendung nach innen. Athenas Gestalt hat in frühklassischer Zeit viele geistige Züge. Ihre Gegenwart bedeutet auch geistige Macht. Ähnlich wie Aphrodite über Poseidon, Amymone, Helena, Paris und Menelaos (Abb. 111. 158. 159) mächtig ist, tritt Athena auf, als der Windgott Boreas Oreithyia, die Tochter des attischen Burgkönigs, raubt.

Myrons Athena – Gegnerin des Marsyas in der Erzgruppe von der Akropolis (Abb. 212. 197) – gründet in der frühklassischen Vorstellung: jugendlich, fast mädchenhaft, ruhig stehend und doch angespannt, zwingt sie dem Silen ihren

210    Athena

Willen auf. Der große Athenabildner aber ist Phidias: sieben Statuen von ihm werden genannt, darunter eine eherne Promachos, aus der Beute von Marathon gestiftet, die mit Helm, Lanze und Schild auf der Akropolis stand, weithin sichtbar als siegreiche Vorkämpferin und als Verkörperung der attischen Herrschaft. Dann vor allem die ›Athena Lemnia‹ (Abb. 211), die auch eine Schlachtengöttin ist, Kampf und Sieg verkörpert – und noch mehr. Die Göttin stützt sich auf die Lanze, den Helm in der rechten Hand. Das Schuppenfell ist schmal und liegt schräg über der Brust. Die Waffen sind jetzt der Gestalt selbst untergeordnet. Athena steht ruhig, und doch hat die Statue eine beziehungsreiche innere Dynamik.

Es gab einen konkreten Anlaß, dieses Standbild der Göttin auf der Akropolis zu weihen: nach Lemnos ausziehende Athener Kolonisten wollten sich mit dem Bild der Göttin ihres Schutzes versichern. Aber was hat es zu bedeuten, wenn die Göttin das Haupt enthüllt, den Helm vor sich in der Hand hält und sich dorthin wendet? – Die ›Geste‹ hat Phidias nicht erfunden. Seit dem frühen fünften Jahrhundert ist sie auf Vasenbildern geläufig, bei Athena und auch bei Kriegern. Der Helm in der Hand einer Figur kann vieles bedeuten: der Krieger

nimmt ihn aus der Hand der Frau oder seines Schildknappen, wenn er sich rüstet, oder er hat den Helm nach der Schlacht abgenommen und reicht ihn zurück. Das sind alles konkrete Handlungen. Im Geben und Nehmen des Helmes oder in der einfachen Helmhaltung ist aber auch eine Verbundenheit enthalten zwischen dem Krieger und denen, die ihn verabschieden oder empfangen. Wichtig ist zu fragen, wann es solche Darstellungen gibt; denn nicht von ungefähr kommen sie nur im fünften Jahrhundert vor. Zum Verständnis sei auf einige Phänomene dieser Zeit hingewiesen, von denen schon wiederholt die Rede war: von der kontrapostischen Haltung der Figuren, in denen eine distanzierende und eine verbindende Kraft enthalten ist; von dem geistigen Zwischenraum, der bei zwei und mehreren Gestalten und auch bei der Einzelfigur da ist; von der Beziehung der Gestalten in diesem Zwischenraum. Nennen wir also den Raum, in den der Helm reicht, den Ort der Verbundenheit. In ähnlicher Weise hat auf Grablekyten und -steinen des fünften Jahrhunderts die Verstorbene manchmal ein Kästchen auf der Hand, oder eine Frau hält es ihr hin. Aus dem Kästchen hat die Tote ihren Schmuck genommen, als sie noch am Leben war. Nun ›steht‹ es zwischen der Toten und der Lebenden und bezeichnet den Ort des Verbundenseins. Kästchen und Helm können fehlen, die Verbundenheit bleibt bestehen: denn sie ist im Zwischenraum enthalten, der im fünften Jahrhundert stets da ist. Der Gegenstand gibt nur die jeweilige Art des Verbundenseins an. So bedeutet der Helm Abschied, Kampf, Sieg, Verwundung, Tod; das Kästchen steht für Tod, Trennung und Verbundensein mit den Zurückgebliebenen. Ohne diesen Zwischenraum hat der Gegenstand einen anderen Sinn. Die ›Athena Lemnia‹ wendet sich zum Helm in ihrer rechten Hand, und ihr Blick geht darüber hinaus. Auch hier sind Helm und Raum der geistige Ort des Verbundenseins der unsichtbar erscheinenden Göttin mit ihren Schützlingen. Wieder sind es nicht persönliche Bindungen, sondern der Gedanke an Kampf, an Schutz, Hilfe, Mühen, Sieg und Tod.
Die Athena auf dem Krater (Abb. 203) ist ähnlich wie die Athena Lemnia (Abb. 211) zu verstehen. Wie in der ›Helmszene‹ Gegenwart und Künftiges, in der ›Grabszene‹ Tod und Fortleben in der Erinnerung der Angehörigen eins sind, so sind die Helden auf dem Gefäß auch im Künftigen mit Athena verbunden. Das ist der wirkliche Sinn, nicht Grabkult oder Vorbereitung zur Schlacht.
Als die Erzstatue der ›Athena Lemnia‹ entstand, schuf Myron eine Athenastatue für eine eherne Gruppe mit Zeus und Herakles im Heiligtum der Hera auf Samos (Abb. 213). Ein Pergamener Bildhauer des zweiten Jahrhunderts hat die Göttin der verlorenen Gruppe nachgemeißelt und natürlich mit den Formen seiner Zeit belastet. Aber nicht dadurch sind die phidiasische (Abb. 211) und die myronische Athena (Abb. 213) verschieden, sie waren es schon im

211
Athena

212
Athena

213
Athena

Original. Beide blicken sinnend zur Seite, und doch ist es jedesmal ein verschiedenes Sinnen: bei der myronischen Athena ist die Physis mit dabei, ihr Sinnen kommt aus einem anderen Bereich und zielt in einen anderen wie das der phidiasischen. Diese steht in einer Sphäre, in der das Körperliche als spürbare Masse nicht da ist, dafür ist der Reichtum der Beziehungen um so größer.

Von einer dritten Athenastatue des Phidias (Abb. 214) sind Anlaß und Ort der Aufstellung unbekannt. Die Göttin steht breiter als andere Standbilder (Abb. 211), sie trägt Helm, Schild und Lanze, und auf der Brust liegt ausgebreitet das Schuppenfell. Aber sie ist doch nicht nur die kriegerische Göttin; denn es hat etwas zu bedeuten, wenn der gleiche Bildhauer einmal das Schuppenfell schmal, einmal breit auf die Brust legt und die Figur in der ganzen Vorderfläche ihrer Gestalt hinstellt. In solcher Haltung werden nicht die Schlacht verkörpert, sondern der Sieg und der siegreiche attische Staat, dessen Göttin Athena ist, repräsentiert. Diese Deutung wird nicht selbstverständlich durch den Hinweis, eine Athenastatue verkörpere ja sowieso den attischen Staat. Die Athena des Myron (Abb. 212. 197), die Lemnia (Abb. 211) und viele andere tun es nicht.

Die Bildner haben – wie die Dichter – lange vor Homer um den Gegensatz zwischen Athena und Ares gewußt. Wie hat Phidias Athena als Gegenbild zu Ares gestaltet? Man muß von der Eigenart seiner Figuren ausgehen: sie sind nur aus dem Gegenüber zu verstehen. Was heißt das bei einer Einzelfigur? Die Voraussetzungen dazu sind im frühen fünften Jahrhundert mit dem Kontrapost in die Figur gelegt: Verschiebung der Achsen des Körpers, Neigen des Hauptes. Mit dem Kontrapost kommt eine Spannung auf, die von Figur zu Figur reicht. Kontrapost und Spannung sind Ausdruck eines körperlichen und geistigen Vorgangs. Aber Kontrapost und Spannung allein machen noch keinen Wesensunterschied zwischen den Göttern deutlich: es kommt auf den Zwischenraum und den Bezug an. Sind diese Elemente da, dann stehen sich die Gestalten in ihrer Wesenheit gegenüber. Doch nicht jede kontrapostische Figur ist aus dem Gegenüber entstanden: dies ist das Geheimnis der phidiasischen Komposition. Den Kontrapost und die Eigenart der Athenastatuen des Phidias umschreibend, könnte man etwa sagen: die körperliche Ponderation der Gestalt wird von einer geistigen durchwirkt, und das Schaffen einer Figur nicht *zu* einem Gegenüber, sondern *aus* einem Gegenüber ist der Kern. Myrons Athena zum Beispiel (Abb. 212. 197) hat ein solches Gegenüber nicht, obwohl sie zu einer Gruppe gehört. So können wir sagen: Athena ist aus der Vorstellung des Phidias von Ares und als Gegenbild zu ihm entstanden, wie Ares aus Athena. Das Gegenüber ist hier allein der geistige Gegensatz zwischen Ares und Athena.

Neben Phidias und Myron haben noch andere namhafte Bildhauer wie Alkamenes, Kolotes, Agorakritos Athenastatuen geschaffen – wenige sind bekannt.

214    Athena

Die Athena im Parthenonfries (Abb. 215) hat besondere Bedeutung, weil sie, waffenlos und das Schuppenfell im Schoß, ganz Parthenos und Gesprächspartnerin des Hephaistos ist. So konnte der entwerfende Phidias die Attribute der Götter als nebensächlich behandeln oder ganz darauf verzichten.
Das bedeutendste Bild der Athena war die goldelfenbeinerne Kultstatue der

215   Athena   Hephaistos

Athena Parthenos im Parthenon (Abb. 216–222), geschaffen von Phidias im dritten Viertel des fünften Jahrhunderts, vor dem Kultbild des Zeus im Zeustempel von Olympia (Abb. 87–95). Sein Name steht auf dem Sockel der Statue geschrieben; wer seine Mitarbeiter waren, ist nicht bekannt. In spätantiker Zeit ist die Parthenos untergegangen wie das Goldelfenbeinbild des Zeus von Olympia. Es war eine über zwölf Meter hohe Statue, deren Wirkung nur der olympische Zeus übertraf. Die Göttin (Abb. 217) trug ein langes, gegürtetes Gewand, die Ägis um die Schulter und den Helm mit Sphinx und Greifen auf dem Haupt, an den Füßen Sandalen mit dem Kampf der Lapithen und Kentauren am Rand der Sohlen (Abb. 221). Auf der Hand hielt sie eine Nike. Die Lanze lehnte an ihrer Schulter, seitlich stand der Schild, an dessen Wölbung sich innen die Burgschlange emporringelte. Innen war der Schild mit dem Kampf der Götter und Giganten bemalt (vgl. Abb. 26) und außen im Relief die Amazonenschlacht gestaltet (Abb. 219. 220). Auf dem Sockel war vorn ein Relieffries mit der Erschaffung der Pandora (vgl. Basis Abb. 225).
Kultstatuen, wie die Athena Parthenos und der Zeus von Olympia, mit den angebrachten ›Schmuckthemen‹, die ein Teil der Statue selbst sind und über die

216  Athena-Parthenos

Gottheit aussagen, gleichen einem Tempel der Zeit, dessen Giebel, Fries, Metopen zwar selbständig gearbeitet, aber doch nicht hinzugefügt wirken. Von den alten Kultbildern sagt man, daß ihnen die Gottheit leibhaftig einwohne, die jüngeren sind mehr ein Gefäß für die Gottheit. Diese jüngeren Kultbilder haben oft vielfache Aufgaben, zumal wenn es sich – wie bei der Athena Parthenos – um ein offizielles Bildnis der Staatsgöttin handelt: Beschützerin von Burg, Stadt und Land; siegreiche Kämpferin und Siegverleiherin; kunstfertige und schöpferische, jungfräuliche Göttin – all das ist in der Statue und ihrem Schmuck enthalten.

Die Nachbildungen der Statue (Abb. 217. 218) geben keine echte Vorstellung vom Original. Sie haben anderes Format, sind aus anderem Stoff gemacht. Aber wenn sie auch vieles verschweigen, so ist in ihnen doch ein Rest der Haltung des Goldelfenbeinbildes enthalten.

217 Athena Parthenos

Mehr sagen die ›Schmuckfriese‹ der Statue (Abb. 219–222) aus, obwohl sie auch aus anderem Material und ausschnitthaft nachgebildet worden sind. Auf welche Weise hat Phidias im ›Schmuck‹ die Aufgaben der Göttin gestaltet? – Zunächst ist der Ort sinnvoll, an dem der ›Schmuck‹ angebracht ist: der Pandorafries (vgl. Basis Abb. 225) am Sockel der Statue, nahe der Erde, aus der Pandora – das erste Weib – gebildet wurde, aus der sie in anderen Darstellungen aufsteigt. Der Kampf der Lapithen mit den niederen Waldwesen an den Sandalen der Göttin (Abb. 221) und die Schlachten gegen die Giganten (vgl. Abb. 26) und Amazonen (Abb. 219. 220) auf dem Schild.

218   Athena Parthenos

Der ›Schmuck‹ ist kein Programm im späteren Sinn: aber er weist auf die Göttin und auf Athen. Athena ist schöpferisch, indem sie dem tönernen Gebilde Pandora, einem Werk des Hephaistos, Leben einhaucht. Sie ist siegreiche Kämpferin im Gigantenkampf. Und in der Amazonenschlacht, in der das feindliche Amazonenheer bei der Erstürmung der Burg zurückgeworfen wird, wird sie als Hüterin Athens verherrlicht. Der Vorkämpfer in der Amazonen- wie in der Kentaurenschlacht wird vermutlich der Athener Theseus gewesen sein.
Ließen Statue und ›Schmuckthemen‹ die Aufgaben der Athena erkennen, so sagt die Art, wie die Themen dargestellt wurden, über das Wesen der Göttin selbst aus: genial war schon der Einfall, die natürliche Form des Schildes innen als Götterberg, außen als Burgberg zu nehmen. Die Kämpfer in der Gigantenschlacht waren so in zwei Bereiche geschieden; die Giganten von der Erde her zum Olymp anstürmend, die Götter vom Gipfel des Berges aus kämpfend (vgl. Abb. 26, S. 44). Der Aufbruch der unteren Mächte gegen die oberen wird zu einem polaren Gegeneinander, in dem die Unterliegenden den Siegern auch

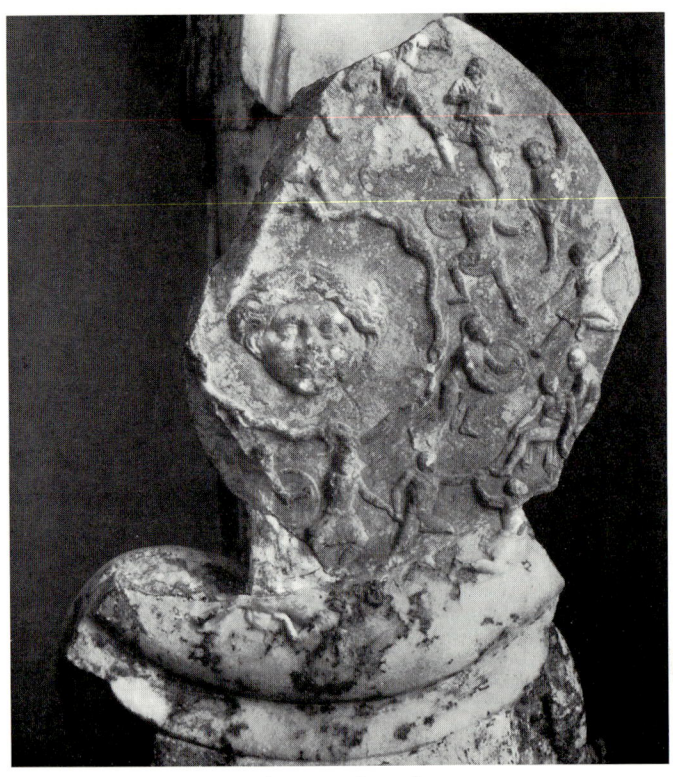

219        Amazonenkampf

wieder gleichrangig sind. Außen auf dem Schild, um das Gorgohaupt, wehren die Burgverteidiger den Ansturm der Amazonen ab (Abb. 219). Es kommt zum Handgemenge, aber es entsteht kein Kampfgewühl. Die Athener sind siegreich, die Amazonen unterliegen. Zwischen Angreifenden und Stürzenden wählt eine Amazone den heldenhaften Untergang durch den Sprung vom Burgfelsen (Abb. 220) und hebt damit den Triumph des Siegers auf. Auch im Kentaurenkampf (Abb. 221) kam es nicht zu einem nahen Zusammenstoß. Das Geheimnis solcher Darstellungen liegt im Zwischenraum, der sich von Gegner zu Gegner spannt und in dem der Kampf nicht mehr zum Handgemenge wird, sondern auf eine andere Ebene gehoben ist.

Es ist eine Eigenart der Bildner des mittleren fünften Jahrhunderts, besonders des Phidias, daß sich ihre Gestalten im Zwischenraum zur vollen eigenen Größe und polar zueinander entfalten. In einem solchen Raum der Begegnung gibt es weder Sieger noch Unterliegende, sondern nur Schicksale. Die Sieger in der Schlacht und die Sieger über den Tod gehören zusammen.

In der Mitte des Schildes und der Amazonenschlacht lag als Schildzeichen das Haupt der Gorgo-Medusa. Es wird kaum noch das Schreckzeichen der älteren

220    Grieche                Amazone

221    Lapith                 Kentaur

222　　　　　　　　　Medusa

Zeit gewesen sein. Ein in vielen Nachbildungen erhaltenes Medusahaupt (Abb. 222), mit Flügeln und Schlangenknoten, mit den einer Medusamaske fremden, aber dem Kopf der Parthenos (Abb. 218) verwandten Zügen wird die Schildmedusa sein. Der Bildner ging nicht von dem Schreckgespenst Gorgo-Medusa aus, um es zu vermenschlichen, sondern vom toten Medusagesicht – und vom toten Menschenantlitz. Ein im Tode mild gewordenes Dämonengesicht oder ein Menschengesicht, in dem das Leben stehengeblieben ist, überschattet das Schlachtfeld. Der Inhalt des Medusahauptes und die Auffassung des Kampfes gehören zusammen: auf dem Schild – innen und außen – sind der Mensch und der Tod das Thema.

Für Olympia hat Phidias einen Zeus geschaffen, der der Gott Olympias und aller griechischen Stämme ist (S. 97), er thront über dem, was sich in den tiefer liegenden ›Schmuckzonen‹ ereignet und läßt die Vorgänge geschehen. Aber in ihm ist eine tiefe Beziehung zum Menschen und zu seinem Schicksal enthalten, die im Grundwesen des Zeus zwar angelegt, aber erst durch Phidias gezeigt wurde, weil er von der Existenz des Menschen ausging, als er den Zeus schuf. Wenn er die Athena Parthenos nicht wie Zeus gesehen hat, dann geschah es

223 Athena

aus dem begrenzten Grundwesen der Parthenos. Phidias hat in der Athena Parthenos vor allem die nationale Göttin geschaffen, der Athen seine Macht und seinen Glanz verdankt. Wenn die antiken Nachrichten behaupten, das Kultbild der Parthenos sei vom olympischen Zeus noch übertroffen worden, so liegt darin ein wahres Urteil.

247

224   Athena

Die bedeutendsten Athenastatuen sind verständlicherweise in der Zeit des perikleischen Athen und in den folgenden Jahrzehnten geschaffen worden. Doch gab es auch im vierten Jahrhundert Standbilder der Göttin, sogar Werke großer Meister. Der Anstoß scheint wieder von Athen ausgegangen zu sein. Immer trägt Athena den Helm, und oft hält sie die Lanze. Viel Neues konnte dem Bild

225  Athena

nicht mehr hinzugefügt werden. Es ist leichter zu sagen, was verlorenging, als die wirklich neuen Züge zu benennen. Der geistige Rang des fünften Jahrhunderts wird nicht erreicht. Der Bezug zu einem Gegenüber ist schwächer, man sucht ihn gar nicht mehr. Dafür sind die Statuen freier in der Bewegung und stärker in sich gekehrt. Die meisten betonen die Milde in der Erscheinung. Auch eine gewisse Natürlichkeit der Haltung kommt auf. Unter den vielen Nachbildungen aus römischer Zeit ragt eine Athena heraus, die bewaffnet ist und spielend den Rand des Mantels berührt (Abb. 223). Das Original stammt aus dem frühen vierten Jahrhundert. Vielleicht war es die ›wunderbare Athena‹ des Athener Bildhauers Kephisodot des Älteren, von der antike Schriftsteller berichten, daß sie von einer besonderen Anmut gewesen sei. Eine andere Athenastatue ist durch die Erichthoniosschlange, die sie in einem Korb unter der Ägis trägt, eng mit der Akropolis verbunden. Die Verbindung zwischen Göttin und Schlange ist selbst in der römischen Nachbildung noch eng. Das Neue der Athenastatue des vierten Jahrhunderts ist das Eingehen der Göttin auf einen Gegenstand. Schon den Mantel faßt die Göttin anders als früher. Die neuen Züge besagen, daß die Göttin, wie die Menschenstatuen der Zeit, an den Regungen des Innern teilhat, die diese Zeit entdeckt. Sie sind gesteigert bei einer jugendlichen Athena (Abb. 224), deren aufwärts gerichteter Blick nicht Zeus gilt, sondern nichts anderes bedeutet als den ausbrechenden Inhalt der göttlichen ›Seele‹. Das verbindet die Göttin mit dem Menschen auf einer neuen Ebene. Viel Milde ist dabei. Vielleicht ist auch Athena, wie das bei anderen Göttern der Zeit der Fall war, als Retterin verstanden worden.

Das Bild der hellenistischen Athena ist aus den wenigen Nachrichten und Nachbildungen kaum wiederzugewinnen. Im pergamenischen Altarfries des zweiten Jahrhunderts (Abb. 32) kämpft sie, ganz im Sinne der Zeit, als physisch starke Gigantengegnerin. Gerade zu den lebhaft bewegten Athenagestalten konnte sich die hellenistische Zeit, wenn auch einseitig, ausdrücken, die ruhig stehenden haben ihrem Bild keine neuen Züge geben können, dafür war es von der klassischen Kunst Athens zu vollkommen geprägt worden. Gewiß ist die Athenastatue aus der Bibliothek in Pergamon (Abb. 225) ein bemerkenswerter Versuch, die Akropolis-Göttin der perikleischen Zeit für Pergamon neu aus dem Geist der eigenen Zeit zu beleben. Mit der Nachbildung der Kultstatue des Phidias sollte die große athenische Vergangenheit des perikleischen Staates in Pergamon heraufbeschworen werden. Nicht in den Maßen und in den Einzelformen der Statue liegt das Pergamenische, sondern in der freien und herrscherlichen Haltung. Wieder soll Athena ein Reich verkörpern. Aber die Göttin tut es nicht auf eine geistige, überhöhte Weise wie ihr großes Vorbild, die Athena Parthenos, sie wird jetzt zum Sinnbild der Macht der Pergamener. Das Kämpferische ist allen Athenastatuen geblieben. Doch die Wesenszüge der Besonnenheit und des vergeistigten Kampfes, einst identisch mit der Gestalt der Göttin, lösten sich von ihr, als am Ende der hellenistischen Zeit Athena nicht mehr Person und Sache in einem ist, sondern die Sache Person wird.

226

# HEPHAISTOS

Zeus und Hera hatten außer Ares noch einen Sohn, Hephaistos – so sagt Homer. In der ›Theogonie‹ Hesiods stammt Hephaistos von Hera allein ab – der hinkende Schmied sollte offenbar kein Zeussohn sein. Lahm geboren, wird er von seiner Mutter aus dem Olymp gestoßen. Er fällt auf die Insel Lemnos oder ins Meer, wo ihn die Meerfrau Thetis bei sich aufnimmt. Später rächt er sich an der Mutter.
Hephaistos ist der Gott der Schmiede, selbst ein kunstberühmter und erfindungsreicher Handwerker, der den Blasebalg bedient und mit dem Hammer umzugehen versteht. Er soll erstaunliche Dinge verfertigt haben: Statuen, Dreifüße, unzerstörbare Rüstungen, allerlei kostbare Geräte und Gebäude. Unter

227   Hephaistos   Kore   Demeter

den Olympiern ist er der Metallhandwerker, der mit dem Element Feuer so eng verbunden ist, daß das Feuer ›Flamme des Hephaistos‹, sogar ›Hephaistos‹ genannt werden kann. Als Gott des Feuers und des Handwerks hat er im Mythos und im Glauben großes Ansehen, aber nicht den Rang anderer Gottheiten, vielleicht einfach deswegen, weil er mit der stofflichen Materie zu sehr verbunden geblieben ist. Er steht nicht im vollen Glanz des Olymp, ein Gelächter für die Götter, wenn er hinkend durch den Palast geht. Die ionische Dichtung hat den lahmenden Schmiedegott als Gemahl der Aphrodite fast zur komischen Figur gemacht. Das ist natürlich nicht sein ursprüngliches Wesen. Er muß in vorgeschichtlicher Zeit ein mächtiger Gott gewesen sein, wohl ein Gott des Erdfeuers, als solcher wurde er besonders auf Lemnos verehrt. Im ersten Jahrtausend erscheint er als echter Erbe des alten Gottes vor allem dort, wo sich sein Wesen mit dem Athenas berührt; denn auch sie ist eine Beschützerin des Handwerks und der Waffenschmiede.

Darstellungen zeigen Hephaistos als den kunstvollen Schmied, von dem die Ägis des Zeus und jene neuen Waffen stammen, die Thetis für ihren Sohn Achill bestellte und in seiner Werkstatt in Empfang nimmt: den kostbar verzierten Schild

228　　　　　Hephaistos　　　　　　　　　　　Dionysos

mit den drei vom Ringstrom umflossenen Weltreichen darauf, den Helm und die Beinschienen (Abb. 226).

*Hephaistos im mythologischen Bild.* – Hephaistos kämpft in der Gigantenschlacht natürlich mit den Werkzeugen, die zu einem Schmied gehören: mit Hammer, Zange und dem Blasebalg, der das Feuer in der Esse wachhält. In Darstellungen des sechsten Jahrhunderts – im Fries des Schatzhauses der Siphnier in Delphi (Abb. 227) und in anderen Darstellungen (Abb. 24) – pumpt er mit dem Gebläse Feuerbrände in die Schlachtreihen, um Verwirrung zu stiften. In den Bildern des fünften Jahrhunderts zieht er mit Feuerbränden in den Kampf und versengt seine Gegner mit glühenden Kohlen. Der Hammer ist auch später noch seine Waffe: der Hammerschwinger im Fries des Pergamon-Altars aus dem zweiten Jahrhundert (Abb. 29) ist wohl Hephaistos. Sein Gegner, ein Gigant mit Stierkopf und -nacken, ist eine Ausgeburt der Natur und doch auch großartige Kreatur. Auch Hephaistos ist nicht mehr der alte. Er kämpft mit Leibeskräften. Und sein Körper, mit den geballten und herausbrechenden Muskeln, hat sich der physischen Welt, gegen die er im Kampf steht, genähert.
Der Schmiedegott hat neben kunstvollen Arbeiten noch andere Werke verfertigt. Auf Geheiß des Zeus formt er aus Ton Pandora (Abb. 16), von der, so sagt Homer, das verderbenbringende Geschlecht der Frauen stammt, den sterblichen Männern zum Unheil. Bei Athenas Geburt ist ihm die wichtige Rolle eines Geburtshelfers zugedacht; er muß Zeus den Schädel spalten, damit die Göttin herausspringen kann (Abb. 42–47). Wie er sich nach getaner Arbeit, von dem Wunder betroffen, abwendet und, während die anderen erstaunt herumstehen, sich auf und davon macht, das hat vor allem die Phantasie der Bildner des sechsten Jahrhunderts (Abb. 42–46) gereizt.
Die bekannteste der Sagen um Hephaistos ist die Rückführung des Gottes in den Olymp (Abb. 228–234). Diese Rückführung kam so: als Hera, seine Mut-

229   Hermes   Apollon   Artemis   Ares   Athena   Hera   Zeus

ter, den Neugeborenen aus Scham über seine mißgebildeten Füße vom Olymp warf, rächt er sich, indem er ihr einen Zauberstuhl schickt. An ihn bleibt sie gefesselt, als sie sich auf ihn setzt. Kein Gott kann Hera befreien, nur Hephaistos, aber der weigert sich. Auch alle Versuche, ihn in den Olymp zu bringen, schlagen fehl. Schließlich gelingt es Dionysos, den Schmiedegott mit Wein gefügig zu machen. Der Zug mit dem Betrunkenen auf dem Weg in den Olymp ist die köstlichste Szene der ganzen Geschichte. Der lahme Schmied kann nicht gehen und wird auf ein Reittier gehoben; unter dem Toben der Silene und Mänaden bricht die Gesellschaft auf, mit Dionysos an der Spitze. Die Silene umtanzen unterwegs Hephaistos und treiben allerlei ›Unfug‹.

Das älteste Bild, aus dem frühen sechsten Jahrhundert (Abb. 228), ist seltsam wegen der struppigen, verwilderten Dämonen mit dicken Bäuchen und Wamskleidern. Diese dickbäuchigen Wesen, die auf anderen Darstellungen (Abb. 322. 323) in merkwürdigen Verrenkungen von Bauch und Gesäß tanzen, sind frühe Satyrn, hier schon Gefolgsleute des Dionysos. Der Mann, der mit verkrüppelten Füßen auf einem Maultier sitzt und das Trinkhorn ansetzt, ist Hephaistos. Ein Weinstockträger eröffnet den Zug, ihm folgen verschiedene Trabanten: ein Bärtiger, der den Krug an die Rebe hält, zwei gestikulierende Dämonen, ein Bärtiger am Schluß des Zuges; eine Frau schaut hinterher. Wo steckt Dionysos? Er wird der Weinstockträger an der Spitze des Zuges sein. Freilich, ein wenig ungewöhnlich kommt er daher, verglichen mit dem reich bekleideten Gott in anderen Darstellungen (Abb. 355. 356). Aber für die Frühzeit wird man sich doch auch einen wilden, naturhaften Dionysos vorstellen dürfen, wie den Mann mit der Rebe.

Klitias, ein attischer Vasenmaler im zweiten Viertel des sechsten Jahrhunderts, bringt die Geschichte ausführlich (Abb. 229. 230): den Einzug des Hephaistos und die Vorgänge im Olymp. In der hinteren Hälfte des Saales stehen Götter noch ratlos umher und bereden, wie man Hera befreien kann. Ares ist tätig, offenbar hat er Gewalt angewendet, um die Fesseln zu sprengen. Da naht dem olympischen Palast ein merkwürdiger Zug mit Gestalten von seltsamem Aus-

230  Aphrodite  Dionysos  Hephaistos  Silene  Mänade  Silen

sehen. Die Gesellschaft vor den Toren des Olymps wirkt um so sonderbarer, als die Wildniswesen offensichtlich die Absicht haben, selbst mit in die Wohnung der Götter einzuziehen. Einige der Götter haben den Zug schon bemerkt. Aphrodite steht am Eingang des Palastes und empfängt die Ankommenden, mit Dionysos voran, der als Anführer auch noch das Maultier am Strick zieht. Hoch auf dem Tier sitzt Hephaistos mit rückwärts gebogenem Fuß, der sein Gebrechen anzeigt. Er schaut nach vorn, hält, die Peitsche unter den Arm geklemmt, die Zügel und weist mit der freien Hand auf seine Begleiter, vor allem auf den Silen, der hinter dem Maultier, mit schwerem Weinschlauch beladen, einhertrottet, um dem Gott einen Schluck aus dem Behälter zu reichen, wenn er sich der Grenze der Nüchternheit nähert. Dann folgt ein Flötenspieler; hinter diesem das Volk der Silene und Mänaden, deren Verhalten sehr frei ist.

Jede Figur muß bei Klitias einzeln nacherzählt werden: ihre Bewegungen und Gesten, ihre Gewänder und Frisuren, die Art und Weise der Begebenheiten. Der Maler reiht nämlich nicht nur Figuren aneinander, er läßt auch das Geschehen nacheinander folgen, ausführlich und sehr genau. Alles wirkt zwar humorvoll und spaßig, ist es aber nicht; denn jede Bewegung, jeder Strich kommt aus der Schicht des Vitalen, Lebendigen, das die Bewußtseinsstufe dieses Jahrhunderts ist. Die Erzählweise mit dem ›spitzen‹ Figurenstil ließe sich nicht mehr steigern; das Geschichtenerzählen in dieser Art geht mit Klitias zu Ende.

Lydos, jünger als Klitias und ein Neuerer unter den Gefäßmalern, zeichnet um die Mitte des sechsten Jahrhunderts einen langen dionysischen Zug mit wilden Silenen, die sich mitunter gebärden, als hätten sie es auf die Mänaden abgesehen (Abb. 231. 338). Die Figuren überschneiden sich, treten zu Paaren zusammen, heben im Taumel die Arme. Schon zeigen sich erste dramatische Ansätze im Bilde, als die Figuren nicht mehr hintereinander gehen, sondern sich aufeinander zudrehen, freilich ohne innere Beziehung. Mittendrin trabt klein und schmächtig Hephaistos auf dem Maultier, eingekeilt zwischen Silene und Mänaden, ähnlich wie Dionysos, der zu Fuß geht, aber sich behauptet.

231   Silen        Hephaistos                    Mänade      Silen

Zur Art der Darstellung im sechsten und noch im frühen fünften Jahrhundert gehören das Reittier und ein besonderer Sitz des lahmen Gottes, der seinen verkrüppelten Füßen bequem ist. Im Laufe des fünften Jahrhunderts (Abb. 232 bis 234) ändert sich vieles: der Zug ist auf wenige Figuren beschränkt, auf die Hauptpersonen. Hephaistos ist eine mächtige Gestalt, seine Gebrechen sind selten noch angedeutet, er geht zu Fuß und sitzt nur gelegentlich auf einem Tragtier. Seine Schmiedewerkzeuge hat er immer bei sich. Dionysos, dem die Rückkehr des Schmiedegottes in den Olymp gelang, ist ebenso mächtig. Dazu ein bis drei Begleiter.

Nicht jeder Maler hat Einfälle, manche lassen nicht von dem Reittier, als gelte es noch, den Krüppel Hephaistos darzustellen. Für ein Bild aus dem mittleren fünften Jahrhundert kam die Anregung vom Theater (Abb. 232): Dionysos und Hephaistos ziehen schnellen Schrittes dahin – offenbar auf der Bühne, als Schauspieler im Satyrspiel ›Die Rückführung des Hephaistos‹; der Kitharist im Schurzkleid ist jedenfalls ein Bühnensatyr. Im dritten Viertel des Jahrhunderts (Abb. 234) setzt ein anderer Maler neue Akzente. Fünf Gestalten sind unterwegs zum Olymp. Sie bilden drei Gruppen; jede hat ihre Eigenart. Voraus gehen ekstatisch

232　Hephaistos　　Dionysos　　　　　　Satyr

233　　Satyr　　　　　　　　　　Dionysos　Hephaistos

234　　Hephaistos　　　Dionysos　　　　　　　　Silen　　　Mänade

tanzend eine Mänade und ein Silen. Ihnen ist der Gott gegenwärtig (Abb. 346), der hinter ihnen schreitet und dessen Blick den auf einen Satyr gestützten, schwer und sinnend schreitenden Schmiedegott trifft und ihn zu seiner Arbeit an Heras Thron zwingt. Die Macht des Dionysos hat über ihn gesiegt. Wissend, nicht wollend, muß Hephaistos dorthin: anders ist sonst seine Haltung nicht zu deuten. Ausgehend von den fünf Gestalten, denkt man als Betrachter erst über einen Zwischenraum hinweg an die Szene im Olymp, an Hera und ihre Befreiung. Die neuen Akzente haben das Thema verändert.

Ein anderer, wenig jüngerer Maler hat den Einfall, Hephaistos und Dionysos auf *ein* Reittier zu packen (Abb. 233). Fast ein wenig komisch sehen sie aus, die beiden auf dem Maultier. Obwohl der Maler feine Linien und knittrige Gewänder mehr liebt als zügige Striche, hat der Zug gar nichts Kleinteiliges. Auch hier reichen Haltung und Gesten der Götter weiter als die Szene. Klitias hatte (Abb. 229. 230) die Geschichte von Heras Lösung ausführlich dargestellt und nichts ausgelassen, ihm war alles wichtig: die ratlos wartenden Götter, Ares'

235     Hephaistos                    Triton        Okeanos    Tethys

vergeblicher Versuch, die Fesseln zu sprengen, der merkwürdige Zug – der riesige Weinschlauch auf dem Rücken des Silens und das erregte Maultier mit dem lahmen Hephaistos, der in den Olymp muß, koste es, was es wolle. Man kann bei einem solchen Friesbild beschreibend beginnen, wo man will. Natürlich gibt es Hauptfiguren, von denen das Thema seinen Namen hat, aber keine Mitte. In den Szenen des dritten Viertels des fünften Jahrhunderts (Abb. 234. 233) gibt es eine Mitte, nur ist sie schwer zu benennen: sie liegt aber vor allem in den Zwischenräumen.

*Hephaistos als geistige Gestalt.* – Die archaische Kunst macht keine Witze über die Gebrechen des Hephaistos, aber sie schildert drastisch seine Lahmheit und seine Schwächen zu Fuß (Abb. 229. 230). Daher läßt sie ihn zur Hochzeit des Peleus und der Thetis nicht wie andere große Götter auf einem vornehmen Gespann fahren, sondern auf dem Maultier hinterdrein reiten (Abb. 235), ganz am Schluß des Zuges, dort, wo der fischschwänzige Meeresgott Triton sich bewegt, »in ›der zweiten Garnitur‹, in der nichtfahrenden, nichtmarschierenden fußschwächeren Nachhut« (E. Buschor).

Die attische Kunst des fünften Jahrhunderts hat viele neue Götterbildnisse hervorgebracht, darunter auch die edle, vornehme Gestalt des Hephaistos, von dessen verkrüppelten Füßen man fast nichts mehr sieht (Abb. 232. 233. 234). Unter den Göttern des Parthenonfrieses (Abb. 215) sitzt er als bärtiger, würdiger Mann. Daß er sich im Sitzen auf einen Stock stützt, mag vielleicht eine Andeu-

236    Hephaistos

tung seines behinderten Ganges sein. Aber oft genug eilt er auf Bildern dieser Zeit gelenkigen Fußes dahin. Auch der von einem Satyr gestützte Hephaistos (Abb. 234) ist keine Karikatur, sondern eine edle Gestalt. Sein Gang ist nicht etwa durch seine gehbehinderten Füße schwer, sondern durch den Ernst, den alle Gestalten dieser Zeit zeigen.
Hephaistos' vornehme Erscheinung im fünften Jahrhundert hat eine ihrer Wurzeln in seinem Stand als Kunsthandwerker und Partner Athenas (Abb. 226. 16). In dieser Zeit erscheint auch sie als kunstfertige Göttin (Abb. 208–210). Der Gott, der in den beiden Darstellungen des dritten Viertels des fünften Jahrhunderts in den Olymp gebracht wird (Abb. 233. 234), ist nicht der lahme Schmiedegott, der Hera den verhängnisvollen Thron geschickt hat, sondern der kunstfertige und geschickte Handwerker, der allein versteht, wie man die Fesseln löst und zu dessen Würde der Ernst gehört. Auch im Parthenonfries (Abb. 215) wird dem Schmiedegott die Vornehmheit seines Standes zuerkannt. Es ist bezeichnend, wenn Hephaistos nicht zufällig oder des gemeinsamen Kultes wegen neben Athena und mit ihr im Gespräch sitzt; oder wenn im Hephaistostempel am Marktplatz zu Athen die Kultbilder des Hephaistos und der Athena

237                Hephaistos

auf einer gemeinsamen Basis stehen. Im fünften Jahrhundert galt es offenbar, im Handwerk zwei Richtungen, die der kunstfertigen Hände und die des erfinderischen Sinnes, einander gegenüberzustellen und in den Gestalten der beiden Götter auszudrücken. Hephaistos hat den Rang der erfindungsreichen Göttin nicht erreicht, sein Können liegt viel stärker in der handwerklichen Fähigkeit. Wenn ein Kopf und ein Torso (Abb. 236. 237) auf das Erzwerk im Hephaistostempel zurückgehen, dann war Hephaistos als Kunstschmied im Handwerkergewand und mit der Handwerkermütze dargestellt. Er blieb dies auch in den folgenden Jahrhunderten. In der hellenistischen Zeit wird er noch fester an die Schmiede, an Metall und Feuer gebunden.

238

# ARES

In der berühmten Götterschlacht der Ilias wird Ares von Athena zu Boden geschmettert. Die Feindschaft der beiden Götter hat diesen vordergründigen Anlaß: Ares ist auf die Seite der Trojaner gegen die Griechen getreten. Doch der tiefere Grund liegt im Gegensatz ihrer Naturen: beide sind Kriegsgötter, aber Ares liebt den mörderischen Kampf, Athena dagegen haßt die Gewalt. Kein Olympier ist Zeus so zuwider wie Ares, sagt Homer und nennt ihn einen gewaltigen und wild brüllenden, einen mordbefleckten und unersättlichen Gott, der nur an Hader und Schlachten denkt, Blut und Tränen bringt, der sogar selbst Hand an den Menschen legt. Dem Krieger sendet er Mut und Kraft, ja dringt dämonisch in ihn ein: der mordende Krieger ist sein Diener und von seinem Grimm erfüllt. Ares kennt kein Recht, wechselt die Partei, wütet gegen alle. Solche Züge sind nicht nur eine Seite seines Wesens: sein Name und seine Person sind ganz Krieg. Der Krieger, die Wunde, sogar die Waffe, die die Wunde schlägt – sie sind Ares. So ist Ares nicht der Gott des Krieges, sondern der Gott Krieg.

Ares ist ein olympischer Gott. Er ist der Sohn des Zeus und der streitliebenden Hera oder, nach einer anderen Überlieferung, der Hera allein. Er gilt auch als Kind der mörderischen Kriegsgöttin Enyo. Jedenfalls heißt er in der homeri-

239   Ares (?)

schen Dichtung Enyalios und auch Thraker, womit sein mordendes und barbarisches Wesen gemeint ist. Eris, der Streit, ist seine Schwester, die Götter Furcht und Schrecken (Phobos und Deimos) sind seine Begleiter. Während die ›Odyssee‹ Hephaistos zum Gemahl der Aphrodite macht und Ares zum ›Ehebrecher‹, gilt Ares ebenso häufig als Gatte der Aphrodite.
Ares ist kein vornehmer Gott. In der Kunst tritt er stets als Krieger auf. Seine Art ist unruhig, seine Gestalt hat oft etwas Unordentliches an sich (Abb. 238. 239).

*Ares im mythologischen Bild.* – Es gibt nicht viele Mythen von Ares. Seine Lebensgeschichte ist die des ständigen Kriegers. In der Gigantenschlacht kämpft er in schwerer Rüstung, mit Panzer, Helm und Beinschienen, mit Schild und Lanze, und trägt auch dann noch das Wehrgehänge, als die anderen Götter längst nur mehr ihre Attribute als Waffen benützen; denn für den Kriegsmann Ares gibt es kein besseres Attribut als die Waffen. Der Gigantenkämpfer Ares steht meist als Flügelmann auf dem Schlachtfeld. Eigentümlicherweise wird die Schlacht von Zeus, Athena und Herakles entschieden, nicht vom Kriegsgott. Und doch ist dies verständlich; denn Ares führt ja nicht zum Sieg, er bringt nur das mörderische Toben in den Kampf.

*Ares als geistige Gestalt.* – Ares erkennt man, weil er gerüstet ist, doch sein Bildnis ist nicht verschieden von dem des sterblichen Kriegers. In den ersten Jahrhunderten des ersten Jahrtausends ist der Mann vor allem Krieger und bewaffnet – das Gewand gehört nicht zu seiner Erscheinung, so wird auch Ares bewaffnet und ohne Gewand dargestellt worden sein. Um den Krieger zu charakterisieren, reden die frühen Dichter von seinen gelenkigen Gliedern und schnellen Schritten, von der glänzenden Rüstung und den schrecklichen Waffen, nicht vom Waffenrock. Die Bildner formen und zeichnen dünne, gegliederte, fast rumpflose Gestalten, aber mit langen Armen und Beinen, mit Lanzen, Schild und Beinschienen, und zeigen auf solche Weise die Beweglichkeit der Glieder und Gelenke, die Wucht der Waffenhiebe.

Auch im sechsten Jahrhundert folgt das Bild des Ares dem Wandel der Kriegergestalt: der Krieger trägt zur Rüstung jetzt auch das Gewand; nackt und ohne Rüstung ist nur der gefallene Kämpfer. Daher kann der Krieger aus Samos (Abb. 239) beides sein: Ares oder ein siegreicher Kämpfer und Feldherr. Wenn Ares in der Götterversammlung anwesend ist, die Götter sich unterhalten und dabei umdrehen, dreht *er* sich mit dem ganzen Körper um oder sitzt nur halb auf dem Stuhl. Der stets Gerüstete ist auch der unruhigste von allen (Abb. 238. 229). Wenn im Fries des Siphnier-Schatzhauses in Delphi (Abb. 75. 76) die Götter diskutieren, wer fallen soll, der achäische oder der troische Held, sitzt Ares abgesondert und kampfbereit, als gehöre er gar nicht dazu. Die Unruhe geht im sechsten Jahrhundert nicht von innen aus, sie ist einfach die stete Kampfbereitschaft des Gottes. Von den jugendlichen Zeussöhnen im Parthenonfries des fünften Jahrhunderts (Abb. 240. 270) ist wieder Ares der unbekümmertste. Auf den Stuhl genötigt, umschlingt er, dem das Sitzen und Warten lästig ist, mit beiden Händen das Knie. Dieser Ares kommt aus einer neuen Vorstellung vom Kriegsgott.

In frühklassischen Darstellungen tritt immer häufiger der nackte Kämpfer an die Stelle des gewappneten und bekleideten Kriegers, er trägt nur seine Waffen. Schon einmal, in den ersten drei Jahrhunderten des ersten Jahrtausends, trug der Krieger kein Gewand: es gehörte nicht zu ihm und nicht zum Mann. In archaischer Zeit waren die Waffen und der Körper des Trägers gleichwertig. Mit dem fünften Jahrhundert geht die Bewegung der Gestalt von einer Mitte aus, so wird auch der Krieger und der Gott von innen her gestaltet und charak-

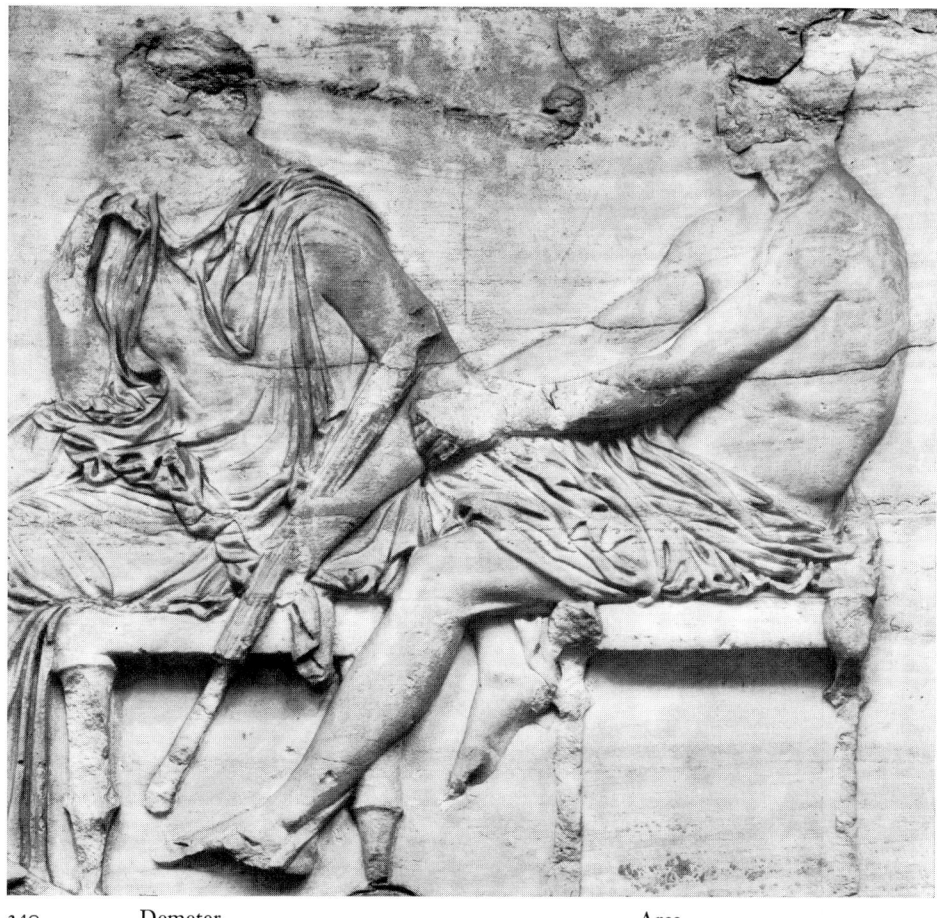

240　　　　Demeter　　　　　　　　　　　Ares

terisiert. Im selben Maße, wie sich die Verinnerlichung verstärkt, wird Äußeres überflüssig.

Das Kleid ist jetzt, vor allem seit der Mitte des fünften Jahrhunderts, noch aus einem anderen Grund entbehrlich: was sollten Rüstung und Kleidung bedeuten, wenn Blicke der Gegner sich treffen und tiefer dringen als durch Kleid und Panzer, wenn jetzt Mensch gegen Mensch steht und eine neue Dimension entsteht: der Mensch im existentiellen Sinn. Als im frühen fünften Jahrhundert das Existentielle vom Menschen erfahren wird, werden Nacktheit und Nichtverhülltsein zum Zeichen des Existentiellen. Fortan kämpfen mythische wie irdische Krieger ohne Gewand. Auch Ares hat Gewand und Panzer, alles, was den Leib verhüllt, abgelegt. Im Parthenonfries des dritten Viertels des fünften Jahrhunderts (Abb. 240) ist sogar die Lanze kaum zu sehen. Es braucht keine äußeren Zutaten mehr, den Gott als Ares zu bezeugen; denn in der Gestalt

241 Ares

drückt sich der Gott selbst aus. Nicht die Vorstellung des Menschen vom Kriegertum wird auf Ares übertragen, sondern in ihm und somit im Krieg werden – da Ares der Gott Krieg ist – Gewalten und Kräfte gesehen, die, abseits von agonalem Kampf und Begegnung der Waffen, in Gemetzel und in niedere Kampfzonen reichen.

Drei rundplastische Werke der zweiten Hälfte des fünften Jahrhunderts (Abb. 241–243) zeigen die neue Aresvorstellung, die vom Ares des Parthenonfrieses (Abb. 240) ausgeht. Es ist sogar möglich, daß der behelmte Gott mit der Lanze (Abb. 243) von Alkamenes, dem Phidias-Schüler und Mitarbeiter an den Parthenonskulpturen, stammt und daß in ihm eine Nachbildung vom Kultbild des Arestempels in Athen überliefert ist. In allen drei Werken ist der Schlachten-

242          Ares

gott dargestellt mit wirren Locken, in dumpfem Sinnen und mit düsteren Zügen, die das Abgründige seines Wesens zeigen. Dumpfes Sinnen und das Mörderische der Schlacht gehören zusammen. Der eine Meister (Abb. 242) gehört zur älteren Bildhauergeneration, der Meister des Gottes mit Mantel und Wehrgehäng (Abb. 241) ist ein kühner jüngerer Bildner.

Das Unberechenbare und Maßlose der Kampfesleidenschaft im Innern des Menschen entdeckt zu haben ist die große Leistung vor allem des jüngeren Meisters, der die Gestalt des Ares (Abb. 241) ganz aus dem niederen Kriegshandwerk verstanden hat. Diese niedere Schicht ist im Kampf wie im Innern des Menschen – und ist Ares. Auch Sophokles weiß darum. In der ›Elektra‹ sagt es Orestes seiner Schwester: »Bedenk, wie Ares auch in Frauen wohnt! Du weißt es gut, hast es selber erfahren.« Gemeint sind jene schrecklichen Züge, die auf dem Grund der Schlacht schwelen und denen jeder Krieger stets gefährlich nahe ist, weil sie auch in ihm selbst stecken und er in der Schlacht die Wahl hat zwischen Kampf und Mord.

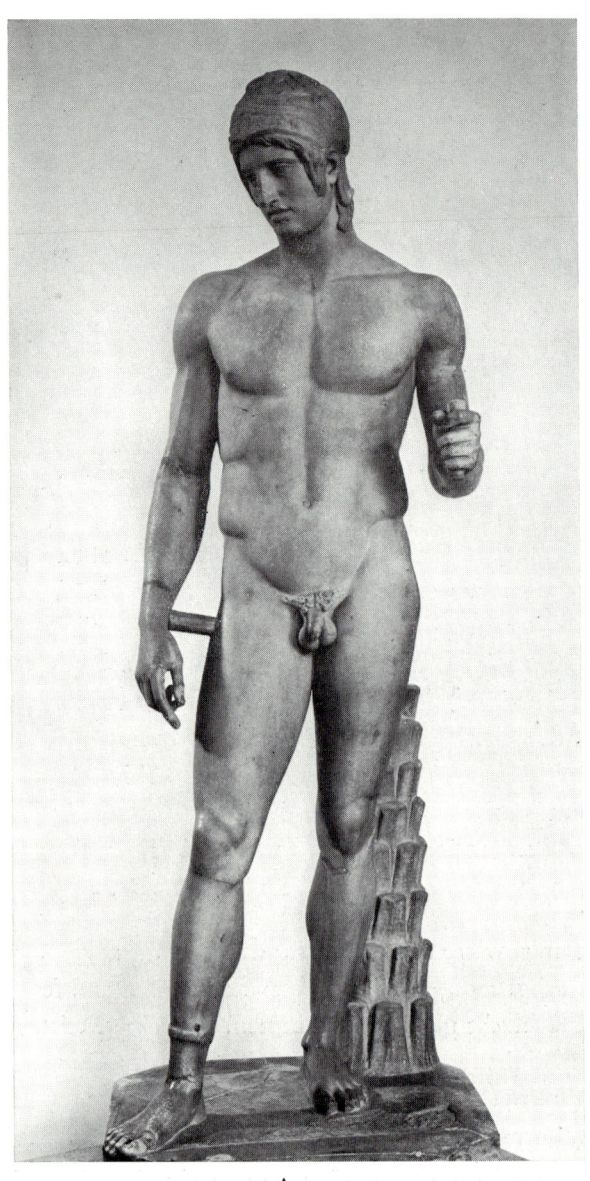

243  Ares

Man möchte gerade im vierten Jahrhundert leidenschaftliche Aresbildnisse vermuten, doch die kolossalen Aresstatuen des Skopas und des Leochares sind unbekannt. Aber ein berühmtes Erzwerk aus dem späten Jahrhundert ist in Nachbildungen erhalten, der ›Ares Ludovisi‹ (Abb. 244): der Gott mit Schwert, unruhig auf einem Block sitzend und das Knie mit den Händen umfassend. Der römische Bildner hat einen dem Original fremden Eros hinzugefügt. Ihm ging

244    Ares

es um den Liebhaber der Aphrodite. Was wußte er von dem Schreckensgott, den die Meister des fünften Jahrhunderts als Gegenbild zur Schlachtengöttin Athena gestaltet hatten. Lysipp – von ihm oder aus seiner Werkstatt könnte das Bronzeoriginal stammen – kannte Ares im Parthenonfries (Abb. 240), wußte um das unruhige Wesen des Gottes, der dem Kampf näher steht als der festlichen Götterversammlung, wußte auch um die Entdeckung des Gottes im Menschen. Er geht noch einen Schritt darüber hinaus. Ares ist für Lysipp nicht mehr das Gegenbild zu Athena, wie es der Gott im fünften Jahrhundert war (Abb. 240-243). Der ›Ares Ludovisi‹ entstand nicht mehr aus der Vorstellung, im Krieg seien die schrecklichen und die geistigen Kräfte enthalten, zwischen denen der Krieger wählen könne. Vergleicht man den ›Ares Ludovisi‹ mit dem Ares im Parthenonfries (Abb. 240), so zeigt das jüngere Werk nur noch wenig von der älteren kontrapostischen Haltung: wie sehr Ares auch auf das Schlachtfeld gerichtet ist, ist dieses doch nicht mehr ein ›Gegenüber‹ im Sinne des fünften Jahrhunderts. Denn als im späten fünften Jahrhundert (und fortschreitend im vierten Jahrhundert) der Kontrapost sich als Gegenüber auflöst, der geistige Zwischenraum und der Bezug schwinden, werden die Polarität zwischen Ares und Athena und das, was in ihnen gesehen wurde, die schrecklichen und die geistigen Kräfte im Krieg, undeutlich. Es gibt den Kampf nicht mehr als Wettkampf und den Krieger nicht mehr als Einzelkämpfer. In der Schlacht stehen im späten vierten Jahrhundert eine Kämpfermasse gegen die andere wie auf dem ›Alexandermosaik‹, das die Schlacht Alexanders des Großen gegen den persischen Großkönig Dareios darstellt. Nur die Anführer der beiden Heere ragen als Träger des Kampfes heraus: in ihren Blicken spiegelt sich der Gegensatz der zum Kampf angetretenen Heere und der beiden Reiche, der Gegensatz zwischen Orient und Okzident.

Lysipp hat Ares im Zeichen des siegreichen Alexander des Großen gesehen. Er war Hofbildhauer des Herrschers. Man könnte denken, daß aus diesem Umgang mit dem König der Gott im ›Ares Ludovisi‹ Gestalt gewonnen habe. Verstehen wir den Vorgang recht: Lysipp hat weder Ares zu einem Feldherrn erniedrigt noch einen Feldherrn zum Gott gemacht. Vom Menschen ausgehend, schuf der Bildner zugleich mit dem Gott den vergöttlichten Alexander. Damit hat Lysipp, dessen Ares den mythischen Bereich noch nicht verlassen hat, einen Weg gewiesen, den die Folgezeit im Bildnis des Gottes gegangen ist – in Richtung auf den siegreichen Feldherrn. Die andere Richtung zielt am Ende der hellenistischen Zeit auf den nicht faßbaren begrifflichen Gott. Angefangen hat diese Spaltung im späten fünften Jahrhundert, als die Areskräfte im Menschen selbst entdeckt wurden. Wenige Jahrzehnte später wurden Schlacht und Krieg als etwas Böses verdammt und der Friede als eine Göttin erhoben. Der Bildhauer Kephisodot schuf im vierten Jahrhundert das erste Standbild der Göttin Eirene.

245

# HERMES

Hermes ist ein Sohn des Zeus und der Maja, einer Tochter des Atlas, der aus dem Titanengeschlecht der schlauen Japetiden stammt. In einer Höhle der Kyllene, einem Gebirgsrücken in Arkadien, wurde er von Maja geboren. Der Hermes des Berglandes war ein chthonischer Gott, der Fruchtbarkeit für die Herden stiftete. Es bestand aber offenbar ein Gegensatz zwischen dem arkadischen Hermes und dem Bild des Gottes in der homerischen Dichtung, die chthonische und phallische Züge in seinem Wesen nicht kannte.

Der kyllenische Gott der Fruchtbarkeit und der Herden kommt aus den Vorstellungen des zweiten Jahrtausends. Aber auch im Nächtlichen seines Wesens, im Totengeleit, im Glückspenden, im Umgang mit Pan und den Nymphen wirkt

246                                            Maja      Hermes    Artemis    Apollon

die alte Gottesvorstellung nach. In der ionischen Dichtung wird er zum schlauen und diebischen Gott, aber auch zum Freund und Geleiter der Menschen. Schließlich wird der Gott der Wege Zeus unterstellt und sein schneller, jugendlicher Bote.
Die bildende Kunst stellt ihn meist als Wegführer und Boten dar: mit dem Heroldstab, der auch ein Zauberstab sein kann, und mit dem geflügelten Hut und Flügelschuhen als Zeichen, daß er schnell ist und es eilig hat (Abb. 245).

*Hermes im mythologischen Bild.* – Hermes ist der am meisten beschäftigte Gott und der stets bereite Sendbote des Zeus. Kein Gott erscheint so oft in Darstellungen wie er. Wenn Götter sich versammeln, ist Hermes unter ihnen. Er tritt an die Spitze der Götteraufzüge, eilt göttlichen Gespannen voraus, geleitet die Göttinnen zu Paris auf den Berg Ida, führt die Nymphen und Musen an, bringt Herakles in den Olymp, begleitet Helden in die Schlacht, Menschen ins Leben, Tote in die Unterwelt, Götter und Verstorbene wieder heraus. Hermes ist ein Freund der Götterkinder – seine Aufgaben sind unzählig. So steht er eigentlich immer zwischen zwei Orten. Götter, Heroen oder Menschen an ein Ziel zu führen scheint sein höchster Auftrag zu sein.
Schon als Kind ist Hermes vielgewandt und durchtrieben. Kaum geboren, vollbringt er das Meisterwerk seiner Schläue. Es wird berichtet, daß er gegen Morgengrauen zur Welt kommt, mittags auf der Leier spielt und am Abend das Vieh seines Halbbruders Apollon stiehlt, es wegtreibt, die Fußspuren verwischt und die Kühe ins Versteck bringt. Den Jugendstreich erzählt im sechsten Jahr-

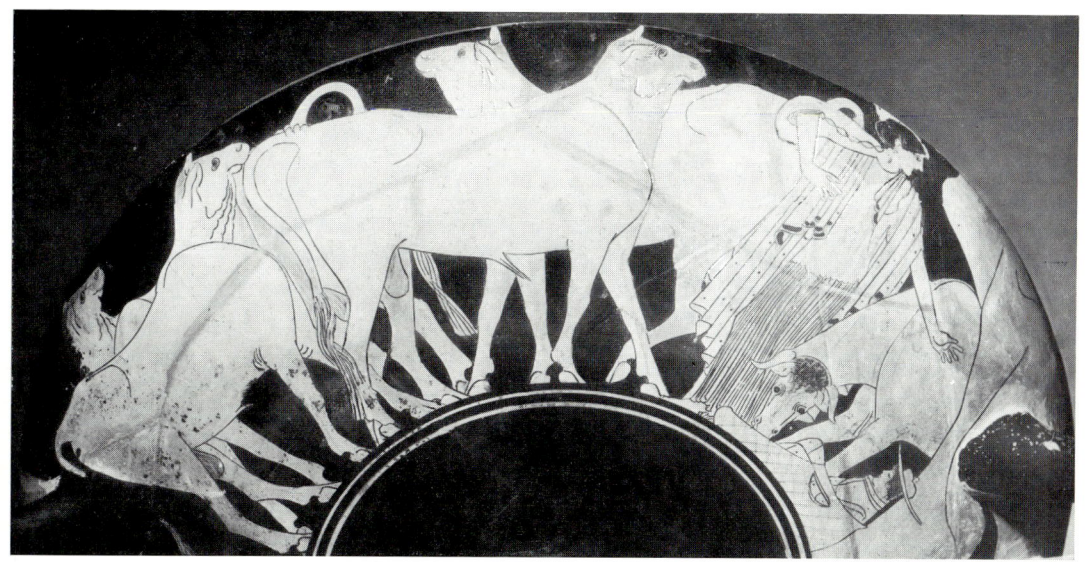

Maja    Hermes

hundert ein Maler aus der Äolis (Abb. 246), der ausgefallene Szenen und starke Farben liebt und Sinn für die ›Landschaft‹ hat. Drei lebhaft gestikulierende Gestalten, wohl Maja, Apollon und Artemis, streiten sich vor Hermes, der in Windeln gewickelt unbeweglich auf dem Bett liegt, als wäre nichts geschehen; dieweil stehen die gestohlenen Rinder versteckt im Gebüsch. Auf dem ein halbes Jahrhundert jüngeren Bild (Abb. 247) bewegt sich die Rinderherde hin und her, die Apollon, der alte Besitzer der Herde, zurückzutreiben versucht. Bei der Höhle – am Henkel des Gefäßes – entschlüsselt sich der Vorgang: dort sitzt in einer Tragschwinge mit breitrandigem Hut auf dem Kopf der Knabe Hermes. Er sitzt ungerührt und tut so, als sei er sich keiner Schuld bewußt, während seine Mutter Maja entsetzt den einen Arm nach vorn stößt und den anderen in die Hüfte stemmt.

Der Gigantenkämpfer Hermes steht auf frühen Darstellungen in der Schlacht bei seinem Vater Zeus (Abb. 24) oder doch im Kreis der engeren Familie. Später wechselt er seinen Platz auf dem Kampffeld; er gehört nicht zu den Hauptkämpfern. So gibt es von Hermes als Einzelkämpfer auch keine auffallenden Szenen. Auch als Krieger trägt er seine gewöhnliche Botentracht, vor allem den Hut.

In der Götterversammlung steht Hermes nicht im Mittelpunkt, sondern am Rand. Das hängt mit seiner Art und Aufgabe zusammen, nicht mit seinem göttlichen Rang. So reihen Klitias und Ergotimos, Maler und Töpfer des sechsten Jahrhunderts, den Gott auf einem Gespann unter die großen Götter ein, als auch er zur Hochzeit des Peleus und der Thetis fährt.

248    Apollon    Artemis    Poseidon    Hermes

Hermes als Götterbote: diese Tätigkeit gehört nicht zu seinem ursprünglichen Wesen, aber sie wurde die charakteristische. Da sind vor allem die Bilder aus dem mittleren fünften Jahrhundert (Abb. 17), die Hermes ganz im Einverständnis mit Zeus zeigen. Hermes, der Immerbereite, steht darauf dem Zeus gegenüber, um seinen Willen aufzunehmen, und ist zugleich schon auf dem Weg. Der dreifache Bezug – zu Zeus, zum Auftrag und auf das Ziel zu – gibt seiner Tätigkeit Gewicht. Diese Bezüge bestehen, auch wenn Hermes allein dargestellt ist (Abb. 245): Zeus als Auftraggeber, die Botschaft und der Empfangende sind im fünften Jahrhundert immer mit im Bild enthalten. Dabei ist Hermes mehr als nur Überbringer einer Botschaft.

Wenn Zeus und Hera auf dem Wagen wegfahren, Athena zum Wettstreit mit Poseidon um das attische Land zur athenischen Burg eilt (Abb. 109), Herakles in den Olymp geleitet wird (Abb. 65. 248), Peleus und Thetis den Brautwagen besteigen (Abb. 169. 170), wenn irgendein göttliches Gespann aufbricht, tritt Hermes an die Spitze des Zuges. Die Bilder des späten sechsten Jahrhunderts (Abb. 248) sollten vor allem einen prächtigen Festzug zeigen: mit dem großen Aufgebot von Göttern, mit Apollon als Leierspieler und Hermes als Geleiter. Im fünften Jahrhundert sind die Abreisenden und Ankommenden persönlich gestaltet, ihre innere Teilnahme wird sichtbar und damit das Ereignis, nicht der festliche Zug allein. Hermes ergreift die Zügel oder streichelt den Pferden die

249            Drei Göttinnen                    Hermes        Paris

Köpfe (Abb. 169. 170). Er ist besinnlich, wie er auf das Gespann und seine Aufgabe als Geleiter eingeht. Ist der Zug mit Herakles zu Fuß am Thron des Zeus im Olymp angekommen, dann tritt er zur Seite und läßt Athena und dem Heros den Vortritt. Es sind äußerlich geringfügige Veränderungen, aber man muß sie sehen als neue Züge im Bild des Gottes.

Hermes ist Geleiter von Hera, Athena und Aphrodite auf dem Weg zum Ida, wo der troische Prinz Paris als Hirte unter den Göttinnen die schönste auswählen soll. Attische Vasenmaler haben, gegen die Mitte des sechsten Jahrhunderts (Abb. 249), Hermes wichtiger genommen als die Göttinnen und die Begrüßung zwischen ihm und Paris hervorgehoben. Hermes' wuchtige Gesten fordern den Hirten heraus. Ein halbes Jahrhundert später (Abb. 250) lockert sich der Zug der Göttinnen, ihre Haltung wird freier und auch persönlicher, als sie – durch Kontrapost, durch Bewegung und Gegenbewegung – eine Verbindung zueinander aufnehmen. Die Göttinnen richten sich, jede auf ihre Art, zur Preisverteilung her. Dadurch wird in der kontrapostischen Haltung zunächst jede Göttin auf sich selbst bezogen, und zugleich – auch das ist im Kontrapost enthalten – wird die Nähe des Zieles spürbar. Hermes ist aber nicht nur Geleiter der Göttinnen, neu kommt die Diskussion mit Paris hinzu (Abb. 251). Wie das dritte Viertel des fünften Jahrhunderts das Parisurteil dargestellt hat, ist nicht deutlich: die Göttinnen werden vor allem einen Gegenpol zu Paris gebildet haben, mit Hermes im Zwischenraum als Träger des Geschehens und der Gedanken, die alle Beteiligten bewegen. Im ausgehenden fünften Jahrhundert

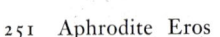

250  Paris        Hermes      Athena    Hera      Aphrodite

251  Aphrodite Eros   Athena    Hera     Hermes    Paris

252　　Hermes　　Aphrodite　　　　Paris　　　　Athena　　　Hera

hat sich der Zug aufgelöst, die Angekommenen stehen und sitzen im Gelände um den fremden Prinzen, um den sich das Geschehen dreht. Die Göttinnen suchen durch den Zauber der Gewänder und des goldenen Geschmeides auf Paris Eindruck zu machen. Die Frage ›Wer ist die Schönste?‹ ist in den Gestalten jetzt mit Nachdruck gestellt, sie ist das Neue im alten Thema. Auch Hermes tritt jetzt als schöner Jüngling auf.

Als im vierten Jahrhundert Regungen im Innern des Menschen entdeckt und menschliches Tun von dort her miterklärt werden, wird auch das Parisurteil in neuer Weise dargestellt: Haltung und Gesten der Göttinnen sind Ausdruck des Innern. Hera nimmt den Schleier vom Gesicht, Athena ist energisch, und Aphrodite neigt sich Eros zu. Im späten Jahrhundert (Abb. 252) ist Paris dann der sich selbst überlassene Barbarenprinz, der, unschlüssig, allein entscheiden muß, wem er den Preis geben soll. Hermes kann kein Helfer mehr sein.

253   Nymphe   Dionysoskind   Hermes

Um Hermes selbst ranken sich wenig Mythen. Er ist eigentlich immer der treue Geleiter. Wo eine Botschaft zu überbringen, wo ein Weg zurückzulegen ist, da ist er zur Stelle. Im fünften Jahrhundert wird er, der freundlichste unter den Göttern, zum Freund der Kinder. Wenn ein Kind zur Welt kommt, steht er an der Wiege. Den Dionysosknaben nimmt er aus dem Leib der toten Mutter und trägt ihn aus dem brennenden Kadmospalast zu Zeus (Abb. 49). Den aus dem Schenkel des Vaters zum zweiten Mal Geborenen bringt er als Pflegekind zu den Nymphen nach Nysa (Abb. 50). Er hält den göttlichen Knaben einer Nymphe (Abb. 253) oder dem alten weißhaarigen Erzieher Silen hin (Abb. 254). Die Übergabe des Kindes ist freilich keine Stimmungsszene, sie geschieht nicht sanft und liebevoll. Solche Wirklichkeit kann in den Bildern des fünften Jahrhunderts noch nicht enthalten sein; denn sie stammen eben nicht aus dem Gefühl. Ein Kind wird übergeben – das ist kein großes Ereignis: aber wie es geschieht und wie die Umstehenden mit in den Vorgang einbezogen werden, das ist das Geheimnis solcher Bilder. Zwischen Hermes und dem Empfänger des Kindes tut sich ein spannungsvoller und tragender Zwischenraum auf (Abb. 254). Die Übergabe zeigt darin ihren besonderen Sinn: der junge Dionysos, der Gott der Wildniskräfte, wird den Bewohnern der wilden Natur übergeben.

254  Nymphe   Hermes   Dionysoskind   Papposilen        Nymphe

Hermes ist dabei der ganz in seinem Dienst aufgehende, um seine Aufgabe und um das Kind wissende Gott. Alle Gestalten sind im Ereignis der Mitte verbunden, sogar die beiden Frauen weisen auf das Kind, auf Hermes und den Silen und tragen als Randfiguren Ruhe und Spannung bei. Nicht jeder Maler vermochte solchen oder ähnlichen Inhalt auszudrücken, doch haben alle Darstellungen aus dem dritten Viertel des fünften Jahrhunderts einen hohen Rang.
Was bewog den Athener Bildhauer Praxiteles im späten vierten Jahrhundert, Hermes mit dem Dionysosknaben in der Rundplastik darzustellen (Abb. 255), wie der Gott, unterwegs zu den Nymphen auf Nysa, sich auf einen Baumstamm stützt – ein Motiv, das scheinbar dem Genre nahesteht? Hermes hält dem Knaben eine Traube hin, der greift nach ihr – ein Augenblick wird zum Thema. Aber Praxiteles hat die Gestalt des Hermes aus einer noch ungebrochenen Kurve heraus geformt, ihn so dem Augenblick entzogen und die Darstellung im Zeitlosen gegründet. Beide Gestalten sind noch ohne Umgebung, aber in einem Raum, den ihre Haltung und Bewegung umschreiben. Der Knabe langt in Kindesart nach der Frucht, und Hermes läßt es geschehen – er steht für sich. So bleibt der Abstand bestehen zwischen dem Dionysoskind, das in seine eigene Welt hineinwächst, und Hermes, der ebenso seine eigene Welt und Aufgabe hat.

255
Hermes

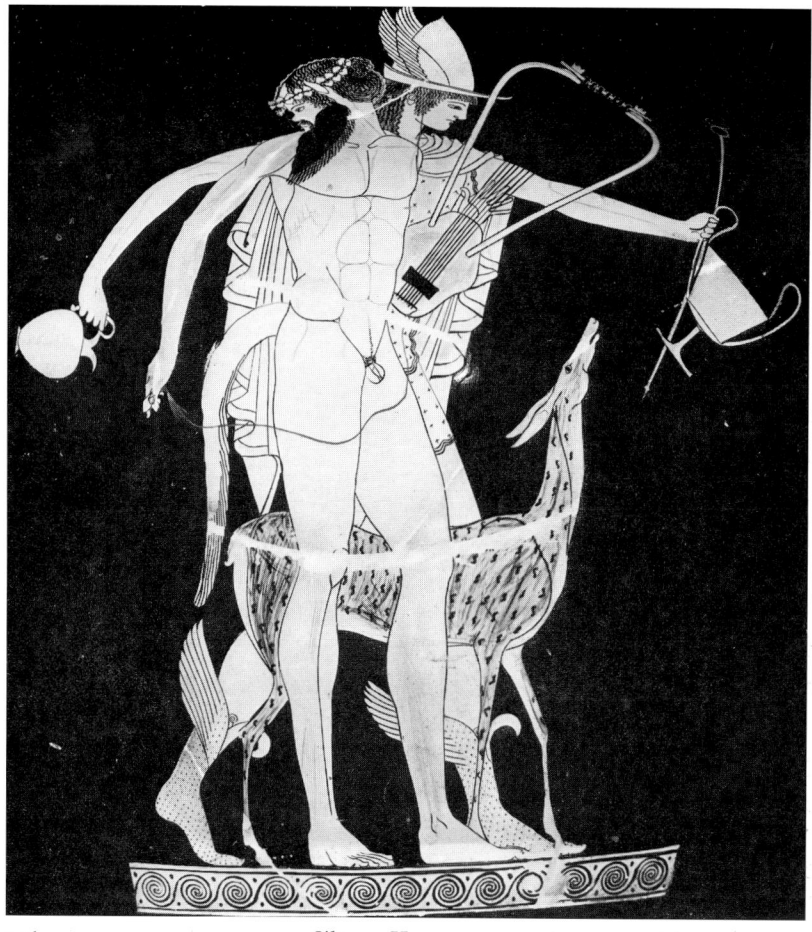

256  Silen  Hermes

Für einen Bildner aus dem Ende des vierten Jahrhunderts hat der Bote Hermes keine Bedeutung mehr. Das Dionysoskind liegt in den Armen des Silen (Abb. 326): seine väterliche Art und das Kindliche des Knaben bilden eine abgestufte Einheit, bis, am Ende des zweiten Jahrhunderts, der Satyr Spielkamerad des Gottes wird (Abb. 327).

Hermes hat nicht nur als Überbringer des Dionysosknaben eine Beziehung zur dionysischen Welt und ihren Gestalten. Selbst Satyrn erwählen ihn zu ihrem Wegführer. Er geht mit einem Silen durch einen Wald (Abb. 256) – eine unvergleichliche Darstellung, die den Gott, ein Wildniswesen und ein Waldtier in vergeistigter Weise vereint. Hermes muß allerdings auch gegen die Silene auftreten, wenn sie der Göttin Iris die Opferstücke abnehmen, die sie Hera bringen will. Indem er den Silenen eine Standpredigt hält, verhindert er schließlich Blutvergießen durch den Boten des Herakles.

257   Krieger                               Hermes

Beschützerin der Helden ist vor allem Athena. Aber auch Hermes ist ein Helfer. Wie andere Gottheiten kann er sich mit dem Krieger verbünden und ihm beistehen. Tritt er vor der Schlacht zu dem Krieger, dann meist als Geleiter in die Schlacht. Die Ausfahrt zu Wagen ist auf solchen und ähnlichen Bildern des sechsten und frühen fünften Jahrhunderts (Abb. 257) ›vordergründig‹. Die kämpferische Bereitschaft, die starke Geste des Kriegers, der gespannte Wagenlenker, der Drang zur Schlacht sind der Inhalt. Ein jüngeres Bild, um die Mitte des fünften Jahrhunderts entstanden (Abb. 258), ist äußerlich und auch in seinem Sinn verwandelt. Der Held löst sich von seiner Gemahlin, von Haus und Heimat, und bricht in die Schlacht auf. Ob der Krieger ein mythischer Held ist oder ein Sterblicher, Hermes erscheint, ihm unsichtbar, und geleitet ihn in die Schlacht. Das Bild weist über die Handreichung hinaus. Der Inhalt entfaltet sich im Zwischenraum: die Krieger wie die Angehörigen in der Heimat, das Schlachtfeld mit Kampf und Sieg, aber auch mit Verwundung und Tod sind enthalten. So ist mit dem Abschied des Kriegers in diesen Jahrzehnten immer auch der Auszug in die letzte Schlacht gemeint und das Kommende.

Hermes führt Persephone in den Hades, wenn der Winter anbricht (Abb. 130. 131), und nach Eleusis, wenn sie mit dem Erwachen der Vegetation aus der Unterwelt zurückkommt. Auf einer kaum jüngeren Darstellung aus dem dritten Viertel des fünften Jahrhunderts (Abb. 132) steigt Persephone aus dem Boden auf. Das Wunder ereignet sich am Rande des Bildes, aber es reicht bis zu den wartenden und suchenden Frauen. Hekate, eine Verwandte der Demeter, leuchtet mit ihren Fackeln in die Nacht, weicht zurück und gibt den Platz frei für die Begegnung von Mutter und Tochter. Inmitten der Begegnung, am Rande der Erdspalte, steht Hermes, nicht nur als Geleiter der Göttin: er ist plötzlich da, ein erscheinender Gott, wie in den ›Eumeniden‹ des Aischylos, wo er Orest vor den Rachegöttinnen schützen wird.

258 Hermes    Krieger    Frau

In den Bildern des dritten Viertels des fünften Jahrhunderts offenbaren sich Schicksale, die bis in die Unterwelt reichen oder sich zwischen den Schatten des Hades und dem Licht des Tages ereignen: Elpenor, der Griechenheld von Troja, muß unbeweint und unbestattet in der Unterwelt weilen (Abb. 259); Eurydike, auf dem Weg vom Hades an die Oberwelt, muß umkehren (Abb. 260). Hermes ist der Geleiter, seine Wege führen zu den Schatten der Verstorbenen ins Totenreich; er selbst ist kein Fürst dieses Reiches wie Hades, und doch ist er mehr als nur Geleiter auf dem Weg dorthin. In den ›Choephoren‹ des Aischylos betet Elektra zu Hermes, dem Herrn der Erdentiefe und Mittler zwischen Licht und Nacht, er möge auch sie in das Totenreich führen. Am Eingang zur Unterwelt bringt Odysseus das Widderopfer dar, da erscheint an den Klippen des Hadeshauses der tote Elpenor und nimmt Odysseus das Versprechen ab, ihm eine Grabstatt zu schütten (Abb. 259). Der Blick Elpenors gilt nicht allein Odysseus, sondern vor allem Hermes. Er hat Odysseus ans Gestade der Unterwelt geführt und den Schatten des Elpenor beschworen, damit Odysseus den Gefährten sehen kann.

283

259   Elpenor　　　　　　　　Odysseus　　　　　　　　Hermes

Orpheus war in den Hades hinabgestiegen, um mit seinem Spiel den Unterweltsgott zu erweichen und die früh verstorbene Gattin Eurydike zurückzugewinnen (Abb. 260). Ihre Wiederkehr aber ist an das Gelöbnis gebunden, daß Orpheus auf dem Weg zur Erde sich nicht nach Eurydike umwende. Orpheus hat sein Versprechen nicht eingelöst: das Wiedersehen der Gatten ist zugleich ein Abschied – das ist das Thema der Darstellung. Die Hauptgestalt ist Eurydike. Zu ihr dreht sich Orpheus um und berührt ihre Hand. Sie legt die ihre auf seine Schulter: eine Geste der Zuneigung, überschattet vom Wissen um den Abschied für immer. Indessen faßt Hermes Eurydikes Hand. Er zieht sie nicht weg, sondern verweilt selbst im Wiedersehen und im Abschied zweier Menschen. Aber er muß die beiden trennen und die Frau in den Hades zurückbringen. Doch er tut es nicht als grausamer Todesdämon, sondern als Geleiter der Toten. Sein Auftrag ist unabänderlich und tröstlich zugleich.

Das Orpheusrelief weist in den gleichen menschlichen Bereich wie die Bilder auf weißgrundigen Lekythen des fünften Jahrhunderts (Abb. 261. 262). Hermes geleitet den Menschen aus dem Reich der Lebenden in den Hades. Eine Frau im roten Mantel, die sich zurechtmacht und die Brautkrone aufs Haupt setzt (Abb.

260    Hermes            Eurydike                Orpheus

261), sich im Hause schmückt und zugleich vor der Felsklippe, der Pforte in die Unterwelt, steht, ist die eindrucksvollste Gestalt eines Toten. Der Ort ist eindeutig der Eingang zur Unterwelt, wie auf jenen Bildern, wo Charon mit dem Kahn wartet (Abb. 262), um den Verstorbenen über den Unterweltfluß zu bringen. In manchen Darstellungen faßt Hermes die Tote an der Hand und fordert sie auf, in den Kahn des Charon zu steigen; andere Bildner erhöhen durch größere Zwischenräume das Besinnliche und den Ernst des Geschehens. Der Gott, der Mensch und der Fährmann sind dem Rang nach abgestuft. Charon ist Ruderknecht, nicht Führer, und seinem niederen Dienste entsprechend gekennzeichnet durch niedrige Stirn, Stulpnase und ungepflegtes Äußeres. Sein Blick ist eindringlich auf die Tote gerichtet; Hermes steht zwischen der Toten

261  Hermes  Verstorbene

und dem Fährmann, oder er holt die Verstorbene mitten aus der Umgebung ihrer Angehörigen.

Das Ergreifende solcher Darstellungen ist, daß ein Gott selbst sich des Menschen annimmt als Weggenosse und Mittler zwischen Licht und Grabesnacht. Der Tod wird durch ihn nicht aufgehoben, wird nicht verklärt als ein für den Menschen erlösendes Ereignis. Aber in der Haltung der Figuren wird sichtbar, daß zu dieser Zeit der Weggang aus der Welt ins Bewußtsein tritt. Zwischen Hermes und der Toten entsteht ein Spannungsraum. Die wissende Haltung der Toten zwingt auch den Gott, zu erfahren, was der Raum zwischen ihnen enthält. In diesem Zwischenraum zwischen Hermes und der Verstorbenen liegt der Todesgedanke. Aber die Gegenbewegung der Gestalt der Toten bedeutet zugleich die Überwindung der Schrecken des Todes. Vielleicht erfüllt sich das Wesen des Gottes in dieser Zeit, im dritten Viertel des fünften Jahrhunderts,

262   Charon          Hermes        Verstorbene

im Geleiten des Menschen an das Gestade der Unterwelt und im Mitwissen um
den Tod.

Ein halbes Jahrhundert lang ist Hermes Totengeleiter: er faßt den Toten an
der Hand, am Arm, spricht mit ihm. Auf Gefäßen des späten fünften Jahrhunderts fehlt Hermes. Wenn er noch vorkommt, dann steht er abseits: Schlaf und
Tod bergen jetzt den Verstorbenen (Abb. 263). Einst trugen diese Flügelwesen
nur den gefallenen Krieger vom Schlachtfeld in die Heimat, am Ende des fünften Jahrhunderts bergen sie alle Verstorbenen. Hermes' Aufgabe als Totenführer ist mit dem Aufhören der weißgrundigen Grabgefäße am Ende des
fünften Jahrhunderts zwar nicht beendet, aber doch nicht mehr die alte. Wenn
auf einem hellenistischen Grabmonument die Totenrichter Aiakos und Rhadamanthys und der tote Krieger erscheinen, dann ist Hermes zwar dabei, aber
seine Hand weist den Toten ins Schattenreich. Die befehlende Geste allein zer-

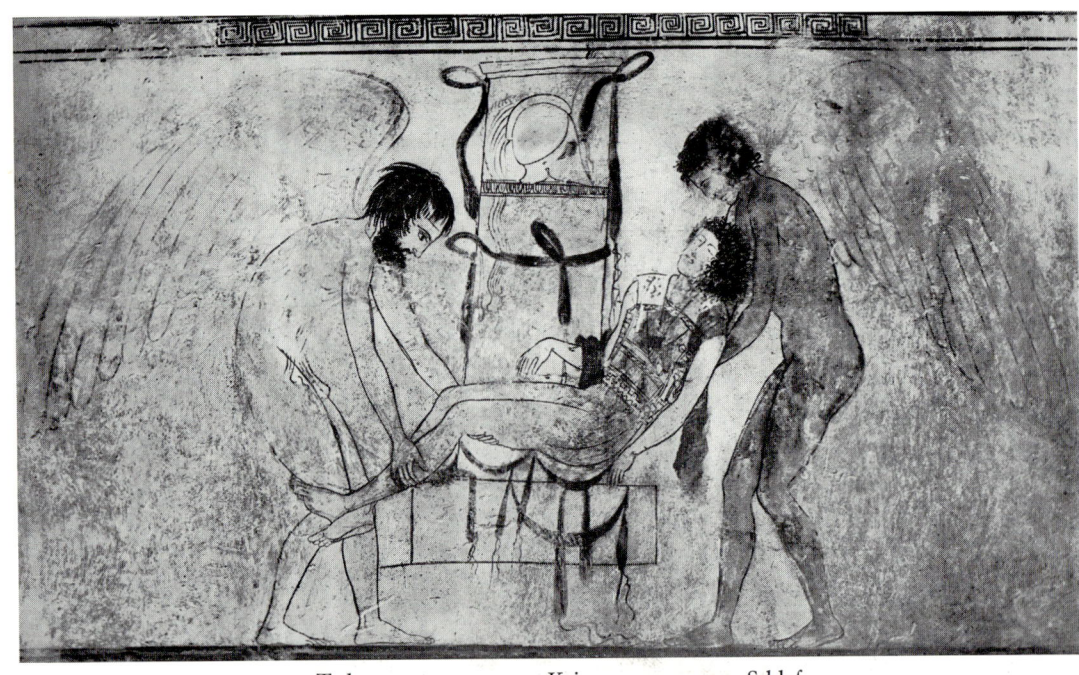

263            Tod           Krieger          Schlaf

stört die Verbindung, wie sie zwischen Hermes und dem Verstorbenen im fünften Jahrhundert bestand.

*Hermes als geistige Gestalt.* – Hermes hat zwei Gestalten: die Menschengestalt und die Herme – ein vierkantiger Steinschaft mit kurzen Armstümpfen, der den Kopf trägt und als Zeichen der Fruchtbarkeit das Zeugungsglied. Dunkel ist der Ursprung der Herme. Wenn ›Erma‹ Steinhaufen, Erdmal heißt, dann hat die Form der Herme alte Wurzeln. Sie kann zurückgehen auf das anikonische Steinmal, auf den Malstein, der aus dem Steinhaufen herausragt. Solche Mäler weisen in sehr frühe Zeit, bei ihnen wurde geopfert. Eine andere Wurzel der Herme liegt in der Verehrung des Hermes als Fruchtbarkeitsgott, vor allem in seinem Geburtsland Arkadien. Merkwürdig pfeilerhafte, hochaltertümliche Holzbilder des Gottes werden erwähnt: vielleicht war das Holz bekleidet oder in einfacher Weise gegliedert und wahrscheinlich, nach Ausweis tönerner Weihefiguren, auch mit dem Zeugungsglied versehen, das auf die phallischen Züge des Hermes hinweist. Vielleicht war ursprünglich allein schon der Pfeiler ein Zeichen der Fruchtbarkeit. In Arkadien und in Elis ist Hermes in der Form eines aufgerichteten Phallos verehrt worden. Auch der Holzbalken, von dem berichtet wird, daß ihn Fischer von Ainos aus dem Meer zogen und weder spalten noch verfeuern konnten, bis sie in ihm den Gott Hermes erkannten, hatte wohl nur eine pri-

264     Herme

mitive Gliederung. Solche Holzbilder wurden als Kultstatuen aufgestellt, so das von Ainos (Abb. 265), das man vielleicht im mittleren siebten Jahrhundert zur Menschengestalt umgeschnitzt hat, gleich dem ›Brett‹ der samischen Hera (Abb. 141), das um die gleiche Zeit menschengestaltig wurde.
Die gültige Hermenform ist offenbar am Ende des sechsten Jahrhunderts in Athen geschaffen worden, wo Hipparchos, Sohn und Nachfolger des Tyrannen Peisistratos, Hermen mit Entfernungsangaben und Epigrammen darauf aufstellen ließ: überall in der Stadt und auf dem Land, an Straßen und Wegen, vor Stadt- und Burgtoren, auf Markt- und Sportplätzen, in Hallen und vor den Haustüren. Aus dieser Zeit stammt das Bild eines Hermenschnitzers im Rund eines Gefäßes (Abb. 264). Die Herme war schon erfunden, als das Bild gemalt wurde. Wenig später entstand die Herme von der Kykladeninsel Siphnos (Abb. 266).
Es gibt Hermen sogar von bekannten Bildhauern: Alkamenes schuf im dritten Viertel des fünften Jahrhunderts eine Herme, die vor den Toren der Akropolis in Athen aufgestellt war. Sie ist in Nachbildungen erhalten (Abb. 267), streng gerade gerichtet und hat in der Haar- und Barttracht einen bewahrenden Stil. Während der menschlich gebildete Hermes im fünften Jahrhundert jugendlich und bartlos erscheint, bleibt die Herme bärtig und altertümlich. Durch sie wird das alte Bild des Gottes weitergegeben. Im vierten Jahrhundert kann die Herme

265  Hermes

gelegentlich einer Statue als Stütze dienen. In hellenistischer Zeit kann der Schaft sich verjüngen, bekleidet oder durch Körperformen bewegt sein und später zum bloßen Beiwerk werden.

Die Herme ist zwar eine charakteristische, aber doch nur eine Nebenform vom Bild des Gottes. Am Anfang war keineswegs die amorphe Masse des Steinhaufens, aus dem sich allmählich die Herme und dann das menschengestaltige Bild entwickelt haben. Diese Vorstellung wäre so irrig wie der Glaube, daß ein ungeformter Klumpen am Beginn jeglicher figürlicher Plastik gestanden habe. Als das Bild des Hermes in der Kunst auftaucht, ist es jedenfalls schon der Gott mit dem Kerykeion, der Begleiter der Menschen und der Gott der Hirten und Herden. Im siebten und besonders im sechsten Jahrhundert ist Hermes den Verehrern sogar als Widderträger erschienen und dargestellt worden: von kleinen Bronzefiguren bis zu kolossalen marmornen Standbildern, die einen Widder auf der Schulter tragen oder ihn mit beiden Händen an den Körper pressen. Doch nicht immer ist in solchen Darstellungen Hermes gemeint. Ebenso oft ist es ein Hirte, der dem Herrn der Herden seine Erstlingsgabe als Geschenk bringt, oder ein Herdenbesitzer, der sich mit dem Tier als Standbild zu Ehren des Gottes Hermes oder auch einer anderen Gottheit hat aufstellen lassen. Wie sollten die Gläubigen und Bildner Hermes anders gesehen haben denn als voll-

266  Hermes  267  Hermes

kommenes Ebenbild der Stifterfiguren mit Opfertier oder Hirtenflöte? Wer ein Tier hält, ist noch nicht Hermes, es sei denn, er habe Flügelschuhe an. Aber wer ein Tier trägt, nicht wie eine Opfergabe mit beiden Händen vor der Brust oder auf den Schultern, sondern so, als gehöre das Tier zu ihm, der ist der Herdengott (Abb. 268).

268    Hermes            269    Hermes

Wie alle Menschen- und Tierfiguren des sechsten Jahrhunderts ist auch die Gestalt des Hermes ganz vitales Sein. Das kam den Hermesbildnern der Zeit zugute: dem Hirten- und Herdengott, dem Schalmeibläser und dem Nymphenführer. Die Gestalt des Hirtengottes reicht tief in das fünfte Jahrhundert hinein, vor allem in seinem alten Stammland Arkadien. Von dort stammt eine kleine Bronzefigur des Gottes (Abb. 269) in der Hirtentracht mit Rock, Mantel, hohen Stiefeln, Hut und Stab. Arkader aus Pheneos bestellten bei dem äginetischen Erzgießer Onatas einen Hermes mit Widder für Olympia. Auch ein attischer Maler (Abb. 65) läßt ihn als Hirtengott an der Spitze des Herakleszuges in den Olymp einziehen.

Im mittleren fünften Jahrhundert ist Hermes Götterbote, aber doch nicht mehr als Bote in der alten Weise beständig unterwegs. Das neue Bild ist im Parthe-

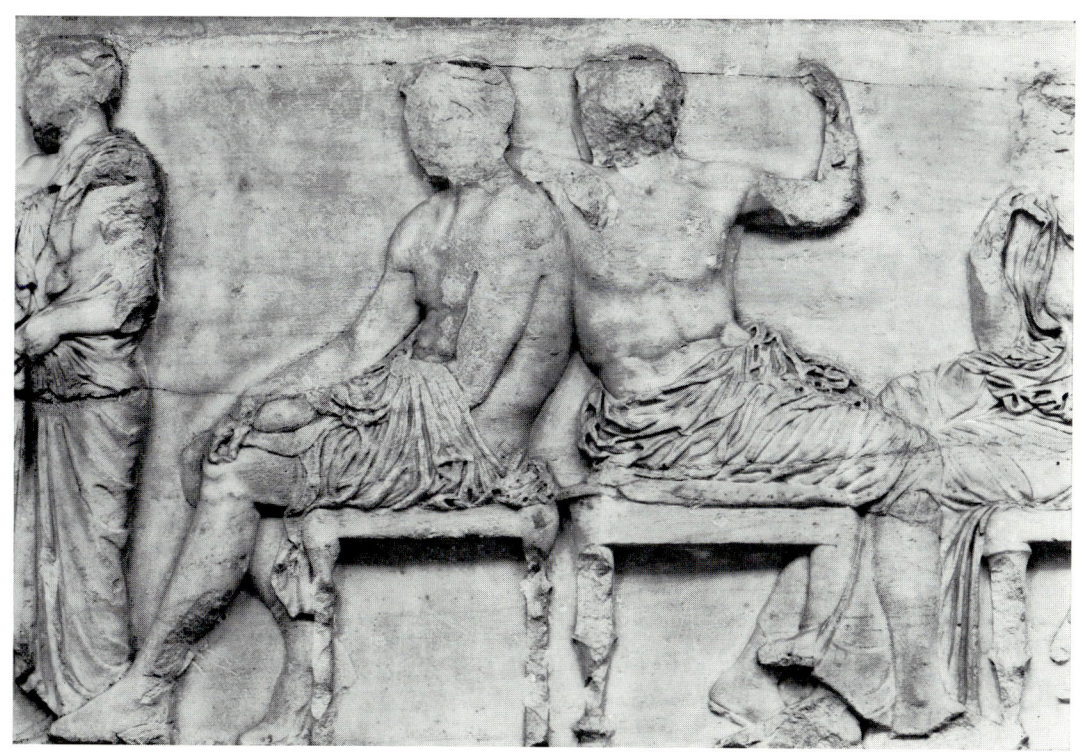

270            Hermes            Dionysos

nonfries, im dritten Viertel des Jahrhunderts (Abb. 270), geprägt worden. Dort sitzt Hermes am Ende der Götterreihe neben Dionysos, keinem Gespräch zugänglich. Der Hut liegt auf seinem Schenkel, kein Gewand behindert seine Beine: göttliches Dasein und göttlicher Dienst sind eine Einheit geworden. Im Westgiebel des Parthenon (Abb. 109) ist er Lenker und Geleiter des Athenagespanns; noch das erhaltene Bruchstück des Körpers zeigt die große Form. Im dritten Jahrhundertviertel hat Phidias eine Hermesstatue (Abb. 271) geschaffen, die vielleicht auf dem Grab stand, das die Athener ihren bei Koronea (447 v. Chr.) gefallenen tausend Söhnen errichtet hatten: Hermes ist Geleiter der unglücklichen, hoffnungslosen Kämpfer in den Hades, sagt das Grabepigramm. Auch wenn der Hermes des Phidias auf dem Staatsgrab stand, er hat nicht nur die eine Aufgabe, die der Ort der Aufstellung bestimmt. Hermes vereinigt in dieser Statue viele Aufgaben. Wie nah sind sich im dritten Viertel des fünften Jahrhunderts Hermes der Totengeleiter, der Führer aus dem Hades, der Geleiter des Kriegers in die Schlacht, des Menschen in das Leben. Tod und Leben berühren sich so eng in den Bildern dieser Zeit wie weder vorher noch nachher. Die Statue des Hermes hat einen Stand und eine Haltung, die sich nur mit denen der ›Athena Lemnia‹ (Abb. 211) vergleichen lassen. Mit ihrem Selbst, könnte

Hermes

man sagen, nimmt die Figur Bezug auf ein Gegenüber, als sei auch sie *aus* einem Gegenüber geschaffen worden. Vielleicht ist diese Statue die größte Deutung eines Hermes dieser Zeit, weil sie *aus* einem Gegenüber des Menschen, das heißt *aus* dessen Existenz, zu verstehen ist.

Ungefähr in den gleichen Jahren wie der Hermes des Phidias, im dritten Viertel

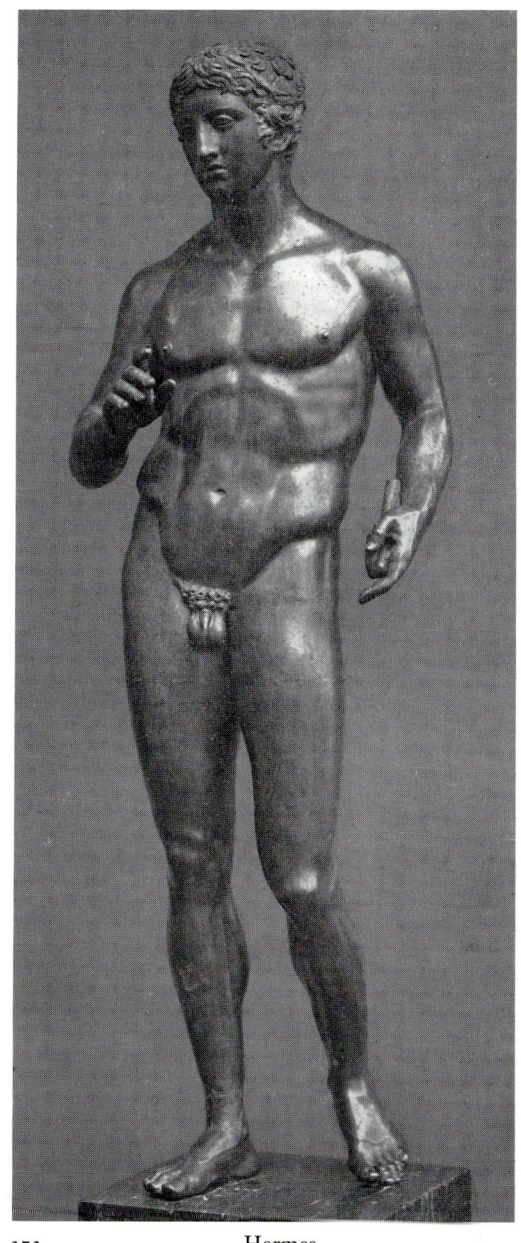

272         Hermes

des fünften Jahrhunderts, ist Polyklets eherner Hermes entstanden, dessen Original ebenfalls verloren ist, das aber eine Kleinbronze (Abb. 272) und ein Marmorkopf (Abb. 273) bezeugen. Dieser Hermes hat nicht die Beziehung zum Gegenüber im Sinne des phidiasischen Gottes, er scheint auch nicht so weit über den Götterboten hinauszureichen.

273          Hermes

Ein Schüler Polyklets hat sich in einer Bronzefigur (Abb. 274) zu dessen Körpergliederung bekannt und auch zur alten Hermesauffassung vom arkadischen Widderträger, die offenbar in der Peloponnes nie erloschen ist. Dort erschien Hermes den Hirten stets als einer von ihnen. Die kleine Erzfigur hält in der Hand einen Widderkopf, die Opfergabe eines Verehrers. Auch der argivische Bildhauer Naukydes des vierten Jahrhunderts hat in einer Marmorstatue des Hermes (Abb. 275) die arkadisch-peloponnesische Vorstellung des Widder- und Stabträgers verwirklicht.

Attische Bildhauer der zweiten Hälfte des vierten Jahrhunderts – allen voran Praxiteles – sind eigene Wege gegangen. Schon im Hermes mit dem Dionysosknaben (Abb. 255) hat Praxiteles das Thema in ungewöhnlicher Weise gelöst. In einer Bronzestatue (Abb. 276) zeigt Praxiteles eine Szene aus der Kindheit des Gottes, wie er die Schildkrötenleier erfindet und dazu eine Schildkröte, die er auf der flachen Hand hält, mit einem Pfeil tötet und den Rückenpanzer des Tieres als einen Teil des Instruments verwendet. Warum wirkt diese Hermesfigur so menschlich? Doch nur, weil Praxiteles den Gott mit knabenhaftem Spiel verbunden hat? Praxiteles aber zeigt in dieser Statue vor allem die Trieb-

274  Hermes

kräfte, die den Gott das Tier töten lassen. Das scheinbar menschliche Handeln des Gottes im vierten Jahrhundert schließt keine Polarität zwischen den Unsterblichen und den Menschen mehr ein: die Götterfigur wendet sich ihrem eigenen Innern zu. Indem Hermes mit der Schildkröte sich im Rhythmus seiner Gestalt eindreht, löst er sich aus dem strengen kontrapostischen Gegenüber. In einer anderen, in römischen Nachbildungen erhaltenen Hermesfigur (Abb. 277) führt Praxiteles das Bild des phidiasischen Gottes – des Boten und Geleiters – fort. Aber in der praxitelischen Form entsteht ein neuer Hermes, der nicht mehr Zeus oder dem Menschen ein Gegenüber ist: die Gestalt verlagert ihren Schwerpunkt auf einen Pfeiler, auf den sie sich stützt, und der Akzent, den der Pfeiler setzt, gehört notwendigerweise zur Figur und macht erst die Körperhaltung

275    Hermes

sinnvoll. Hermes hatte im fünften Jahrhundert eine Bindung an eine Aufgabe, an Zeus, an den Menschen. Der neue Rhythmus, die Verlagerung des Schwergewichts, die Drehung der Figur im vierten Jahrhundert sind sichtbare Zeichen eines Wandels, der schließlich alle Götter erfaßt. Als Praxiteles und andere Bildner Hermes aus dem Gegenüber lösten und ihn auf sich selber stellten, haben sie

276    Hermes

den Gott in eine größere Ferne zum Menschen wie zu den anderen Göttern gebracht. Denn auch die Götterfamilie konnte in der strengen Form nur so lange bestehen, als die Götter in einem gemeinsamen Spannungsfeld standen.

Am Ende des vierten Jahrhunderts sind zwei Hermesstatuen entstanden, die vielleicht aus dem Schülerkreis um den sikyonischen Bildhauer Lysipp stam-

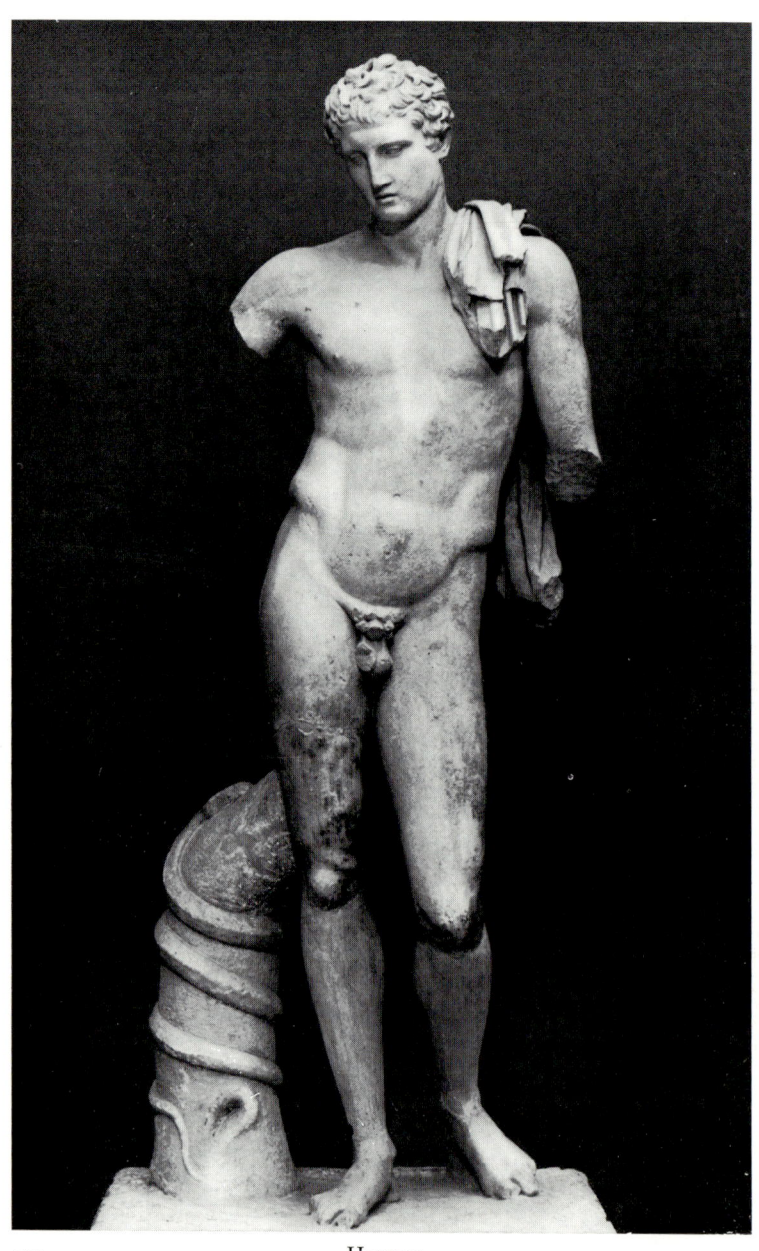

Hermes

men: Hermes auf dem Felsen sitzend und Hermes, der den Fuß auf einen Stein stellt und die Sandale bindet (Abb. 278). Das Motiv ist in der zugespitzten Tätigkeit neu, und neu sind die gleitenden Formen, der große Bogen, der sich durch die Figur zieht und alle Ruhepunkte in sich aufnimmt. Nicht das Sitzen oder Stehen ist das Wesentliche der Gestalten, sondern das Bereitsein: die Un-

278 Hermes

ruhe in der Ruhe, das Augenblickliche im Zeitlosen. Sie bringen einen Zwiespalt in die Figuren, den die älteren nicht kannten. Hermes ist zwar noch Geleiter und Bote, aber augenblicksgebunden in seiner Tätigkeit.
Wer das Augenblickhafte und Situationsgebundene als einen Grundzug der hellenistischen Form versteht, dem werden die Hermesbilder dieser Jahrhun-

279                  Hermes

derte verständlich und auch, daß Hermes viel von der alten Göttlichkeit aufgeben mußte. Er erscheint manchmal knabenhaft, in komplizierter Stellung, an einen Baumstamm gelehnt, ein Bein über das andere geschlagen und seinen Heroldstab betrachtend: die Gedankenwelt des Gottes weist nach außen auf seine Abzeichen. Nebensächliches – wie das Tragen des Stabes, das früher selbstverständlich war – wird wichtig. Jetzt besagt der Stab, der im sechsten Jahrhundert (Abb. 248) wie ein Kraftzeichen wirkte, daß sich sein Götterdasein in seiner Tätigkeit erschöpft. Wenn der Gott im ersten Jahrhundert herrscherliche Züge annimmt (Abb. 279) oder Menschen sich als Hermes darstellen lassen, dann liegt dies weitab vom Götterbild des fünften und vierten Jahrhunderts. Dieses war weder im Herrschertum noch im Zufälligen einer Haltung gegründet: man verstand ihn als Götterboten, dem seine Aufgabe eine Sendung war, die er nicht losgelöst von Göttern und Menschen erfüllte.

280

# APOLLON

Apollon ist der Gott mit dem Bogen, der Leier und dem Lorbeer – der strafende, musische, seherische und entsühnende Gott. Es gibt Anzeichen, daß es einen Gott verwandten Namens bei den kleinasiatischen Nichtgriechen gegeben hat. Jedenfalls hat der Mythos seine Herkunft aus der Fremde an verschiedenen Orten festgehalten. Möglicherweise war er, wie Hermes, ursprünglich ein Gott der Herden. Noch lange wurde er nämlich von den Dorern ›Apellon‹, Hürdengott, genannt. Die Prophetie war ihm offenbar schon damals eigen, vielleicht auch der Bogen und das Saitenspiel. Aber all diese Züge werden überhöht, als der Glaube der Griechen ihn zur lichtesten Erscheinung in der neuen Göttervorstellung des ersten Jahrtausends machte, zum größten Sohn des Zeus, der alle seine Geschwister übertrifft und von den anderen Göttern bestaunt wird. »Leier und Bogen will ich lieben«, ruft der Neugeborene im homerischen Hymnus. Leier und Bogen haben etwas Gemeinsames, die Bilder zeigen es, und die Griechen wußten um eine Wesensverwandtschaft zwischen dem Instrument und der Waffe, zwischen dem Klang der Saite und dem Tönen der Sehne. Sie wußten vom Ton, der dem geflügelten Pfeil gleicht; vom Lied und dem Pfeil, die beide ein Ziel treffen. Leier und Bogen sind dem Wesen Apollons ganz nahe.

Das Saitenspiel hat Maß und Ordnung. Von ihm wird gesagt, es habe eine reinigende Wirkung, die sogar Gewalt mäßigt. Seine Klänge sind nicht vermischt mit dem Atem menschlicher Erregung, sie sind wie Weisen aus dem All, ihre Struktur ist wie ein Kristall. Das Saitenspiel schafft nicht nur Distanz, sondern diese ist in ihm enthalten. Und ist dies nicht Apollon selber, dem das Wirre, Dumpfe und Maßlose zuwider ist, der das Formlose haßt, das Gestaltete liebt, der die Nähe des Menschen meidet, für den es nicht einmal den Zwischenbereich zwischen Hell und Dunkel gibt? Fremd sind ihm die Ekstase und alles Rauschhafte, auch die Mystik hat in seinem Kult keinen Platz. Er hat kein Gefolge, das er verzaubern könnte. Apollon ordnet durch das Saitenspiel und stiftet das musische Leben. Er inspiriert die Sänger und die Dichter, die unter seinem Schutz stehen.

Von seinem Bogen gehen Pfeile aus gegen die Frevler und gegen vorweltliche Wesen, die sich gegen Zeus auflehnen und sein Reich bekämpfen. So ist Apollon der Hort der neuen Religion geworden.

Mit dem Lorbeer befreit Apollon die Schuldigen von den Fluchgeistern, entsühnt die Befleckten und macht sie wieder rein. Von ihm haben die Seher die Gabe der Prophetie. Durch den Mund seiner Priesterin verkündet er Weisheit, stiftet heilige Ordnung, Verfassungen und Gesetze, berät Kolonisten und Städtegründer. Ohne Billigung Apollons konnten kein neuer Kult eingerichtet, kein Ritual gewechselt werden. Von dem delphischen Apollon geht die Forderung an den Menschen zur Einsicht und Selbsterkenntnis.

Apollon ist eine erschaute Gottheit, weil das Gestaltete und alle Ordnung nicht erlebt, nur geschaut werden können. In diesem Sinn kann man sagen: er ist die größte Vision der frühgriechischen Seher. Sein Name ist Symbol der griechischen Religion geworden. Nicht mit vollem Recht; denn das Geschaute, Gestaltete, Geistige ist nur *ein* Bestandteil der Welt, der andere ist das Ekstatisch-Vitale. Am Anfang der ›hesiodischen‹ Weltwerdung (S. 10) stand das Dunkle und Finstere, das von keinem Lichtstrahl berührte Chaos, am Ende die helle und geistige Götterwelt der Zeusfamilie, am reinsten vertreten durch Apollon und Athena.

Wie hat die bildende Kunst Apollon, von dem die frühgriechische Dichtung ein starkes Bild gegeben hat, in der Sage und im Wandel seiner Gestalt durch die

281 Apollon  Artemis  Giganten

Jahrhunderte dargestellt? Er trägt Bogen und Köcher, hält die Leier und den Lorbeer; der Dreifuß gehört zu ihm und zu Delphi (Abb. 280). Die Attribute in seiner Hand können wechseln, seine Wesenszüge sich wandeln, aber das Unnachgiebige hat seine Gestalt durch alle Jahrhunderte bewahrt.

*Apollon im mythologischen Bild.* – Der Mythos erzählt von seiner wunderbaren Geburt durch Leto auf dem kahlen Eiland Delos; von der Tötung des Drachen in Delphi und dem Einzug des Gottes in sein Heiligtum; von der Verteidigung des delphischen Dreifußes gegen Herakles; von der Entsühnung des Orestes; von Apollons Fahrt zu dem sagenhaften Nordvolk der Hyperboräer; von seiner Begegnung mit sterblichen Frauen; von der Tötung des Riesen Tityos und der Kinder der Niobe; auch von seltsamen Geschichten, wie die seiner Knechtschaft bei dem König Admet, als er den Drachen erlegt hatte. Von diesen und anderen Mythen hat die bildende Kunst auf ihre Weise ein Bild gezeichnet, das drei Wesenszüge und Aufgabenbereiche des Gottes umfaßt: den Bogengott, den musischen und den delphischen Gott.

In der Gigantenschlacht steht Apollon mit Bogen und Pfeil, nur im Nahkampf zieht er das Schwert. Er ist kein Vorkämpfer, und die Entscheidung fällt nicht durch ihn. Trotzdem gewinnt die Schlacht durch ihn Gewicht, wo immer er auftaucht, bis in die Randzone. Im Fries des Siphnier-Schatzhauses in Delphi aus dem sechsten Jahrhundert (Abb. 281) kämpft er Seite an Seite mit seiner Zwillingsschwester Artemis. Das Vitale ist die Seinsstufe im sechsten Jahr-

282     Apollon                    Gigant

hundert, der Raum ein vitaler Seinsraum und kein Kampfraum im späteren Sinn: daher stehen sich Götter und Giganten im Fries als reine Lebenskräfte gegenüber. Die Gegner sind von vornherein gleichwertige Kämpfer. Man sieht es der Darstellung nicht an, wer siegen wird. Man sieht nur, daß die Götter etwas größer sind. Dagegen ist der Gigantenkämpfer Apollon im pergamenischen Altarfries aus der ersten Hälfte des zweiten Jahrhunderts (Abb. 282) Sieger allein durch seine Gestalt. Der Leib des Gottes ist wie der aller Figuren im Fries aus Masse, Muskelkraft und Energie geformt. Mit den ausgreifenden Bewegungen eines Bogenschützen beherrscht der Gott den vorgegebenen Raum.

307

Peirithoos Apollon Theseus

Verändert hat sich auch das Bild der Schlacht: es gibt Sieger, Unterliegende, jählings Gestürzte und erbarmungslos Sterbende. Da der Kampf im Bereich physischer Macht entschieden wird, in einem Raum, der weder vital noch geistig ist, und der Untergang der Erdkreatur aus der physischen Übermacht der Götter kommt, gibt es kein Kampffeld, auf dem noch die alten Vorstellungen vom Kampf gelten (S. 46): die Götter treffen die Gegner in einer physischen Schlacht, in der es kein Heldentum gibt.

Apollon ist Künder und Vorkämpfer der Geistigkeit, die er auch gegenüber den Mächten der Erde und des Blutes vertritt. Die Rache seines Bogens gilt vor allem den Frevlern, die Götter beleidigt oder gegen göttliches Verbot verstoßen haben, die rohe Naturgewalt über das Maß stellen. Im Westgiebel des Zeustempels in Olympia (Abb. 283. 308) ist er der Strafende. Man feiert die Hochzeit des Peirithoos aus dem thessalischen Stamm der Lapithen: der attische Held Theseus, Freunde und Frauen, wohl Verwandte des Bräutigams und der Braut, sind zugegen. Mundschenke und Dienerinnen, Opfergeräte, Beil und Messer deuten darauf hin, daß ein Fest gefeiert wird. Da brechen, mitten im Gelage, die Kentauren herein, wollen die Braut rauben und sich an den Frauen vergreifen. Die Kentauren sind halbtierische Wesen, ausfälliges Benehmen gehört zu ihrer Art. Es entsteht ein Kampf, aber kein Getümmel, die Schlacht ist gegliedert, wie es sich für eine Giebelordnung des zweiten Viertels des fünften Jahrhunderts gehört. Von den Giebelecken, wo die Speisesofas und die Pfühle liegen, wo Kentauren von starken Ringerarmen bezwungen oder mit dem Messer in der Brust zusammensinken, löst sich das Geschehen zusehends gegen die Mitte hin, wo stehend im freien Raum gekämpft wird. Der Rächer an den Kentauren ist nicht Herakles, wie gewöhnlich im Kentauren-Herakles-Mythos; denn es geht nicht bloß darum, die Waldschrate zu vertreiben. Der Meister hat Apollon als Rächer eingeführt, der, ausgerüstet mit dem Bogen, in der Mitte des Giebels steht und, wenn auch nicht selbst in den Kampf verflochten, die Anordnung der Figuren und den Ausgang des Geschehens bestimmt. Die Hochzeit als Saalschlacht, das Einbrechen der Kentauren, der Kampf zwischen den geladenen Gästen und den Unholden, das Eingreifen des Gottes: nicht die Episode oder die Einzelkämpfe sind das Thema, sondern Frevel und Rache.

Apollon erscheint, und niemand sieht ihn. Er betritt den Schauplatz als ein un-

308

284    Artemis         Apollon                  Leto              Tityos

sichtbarer Gott. Er hat weder mit der Kentaurensage noch mit der Peirithooshochzeit, aber viel mit Frevel zu tun. Seine Erscheinung allein und der gebieterisch ausgestreckte Arm zeigen den Willen des Gottes (Abb. 308): ein gewaltiges Fort- und Hinausweisen der Kentauren aus dem Saal ist gemeint. Sein Eingreifen setzt sich in den beiden Helden Peirithoos und Theseus fort, die mit Schwert und Axt den Willen des Gottes vollstrecken. Und es reicht bis in die Ecken des Saales, von wo der Frevel ausgeht, wo zwei jugendliche Frauen entsetzt ihr Gewand ordnen und greise Dienerinnen oder Verwandte mit Grauen dem Treiben zusehen – alle übrigen sind als Opfer oder sich Wehrende in den Kampf verwickelt. Apollon ist weder der Beschützer der Braut, noch ist er ein Helfer in der Schlacht. Er ist die Mitte des Giebelgeschehens: sein Erscheinen gilt den rohen Naturmächten. An ihm – dem unsichtbar Eingreifenden – prallt der Ansturm der Waldmenschen zurück. Sie werden von der Mitte des Raumes nach außen gedrängt.

Seit dem Ende des sechsten Jahrhunderts steht in griechischen Giebeln ein Gott in der Mitte: Er kann Herr des Tempels sein, im dargestellten Geschehen Partei ergreifen. Wenn im fünften Jahrhundert das Geschehen im Giebel über das Thema hinaus auf eine höhere Wirklichkeit weist, die Gestalten durch den Kontrapost und den Zwischenraum getrennt und verbunden sind, gibt es un-

285  Apollon  Tityos  Leto

sichtbar erscheinende Götter wie den Zeus im Ostgiebel des Tempels in Olympia (Abb. 84. 34). Er ist nicht als Herr des Ortes anwesend, dem geopfert wird, sondern als der den Hochmut und die Vermessenheit des Königs strafende Gott. Auch Apollon im Westgiebel bestraft die Kentauren, ist Gegenpol alles Nur-Animalischen, aller ungeistigen erdgebundenen Mächte. Denn jeglicher Frevel gegen das geordnete Leben ist gegen den Gott selbst gerichtet. Wo Frevel geschieht, ist er aufgerufen.

So bestraft Apollon auch Tityos – ein Erdwesen, aber von göttlicher Abkunft, Sohn des Zeus und der Erdmutter –, der sich an Leto vergreift, sie packt und wegschleppt, bis die Geschwister, Apollon und Artemis, die Mutter aus den Händen des Unholds befreien. Die Darstellungen des sechsten Jahrhunderts (Abb. 284) sind häufig mehrfigurig, die Personen bewegen sich von links nach rechts, ohne daß eine Gegenbewegung den Fries abschließt: wiedergegeben wird die Verfolgung des Täters durch die beiden Götter. Es ist archaische Art, den Vorgang ganz gegenwärtig zu schildern: wie die Geschwister mit gespann-

286    Apollon    Tityos    Leto

tem Bogen herbeieilen, der Unhold mit Leto flüchtet, Pfeile im Leib des Tityos, der bärtig, struppig, stumpfnasig ist und oft spitze Ohren und große Hände hat wie ein echtes Erdwesen.

Als die Maler des fünften Jahrhunderts die Art des sechsten, da Tityos einfach Leto packt und wegträgt oder von ihr läßt und flieht, aufgeben, verändert sich vieles (Abb. 285. 286): Leto eilt weg, Tityos flieht nicht mehr, sondern stellt sich, vom Pfeil getroffen, in einer großen Schräge dem Gott. Die Bewegung kommt zum Stehen. Gott und Unhold stehen sich gegenüber. Der Zwischenraum wirkt: Rache des Gottes und Untergang des Frevlers werden als der neue Sinn der Szene sichtbar.

Das ältere Bild (Abb. 285) ist ganz voll der göttlichen Rache: der Rächergott weist – wie im Westgiebel des Zeustempels zu Olympia (Abb. 283. 308) – den

311

287 Artemis Apollon Niobekinder

Übeltäter zurück und erhebt das Schwert. Im jüngeren Bild (Abb. 286) ändert sich die Verteilung der drei Gestalten: Apollon wird ganz der übermächtige Rächer. Und vor Apollon kniet Tityos, nicht mehr in einer Schräge ausweichend, sondern er stellt sich dem Gott. Der ältere Maler (Abb. 285) zeichnet Tityos als ein struppiges Urwesen, der jüngere mit menschlichem Aussehen. Der Zwischenraum ist im jüngeren Bild stärker. Die bittflehende Gebärde des erhobenen Armes verbindet sich mit einer dem strafenden Gott Einhalt gebietenden. Die Art, in der Tityos um sein Leben kämpft, entbehrt nicht der Größe.

Apollons Rache ist grausam, wenn unschuldige Kinder, wie die Söhne und Töchter der Niobe, vernichtet werden. Schuld an der Rache ist zwar Niobe, die mit ihrer Kinderzahl vor Leto geprahlt und so die Strafe durch Apollon und Artemis herausgefordert hat, doch büßen die Kinder den Frevel der Mutter und noch die alte Schuld ihres Urahnen Tantalos. In dem Geflecht von Schuld und Unschuld wachsen auch Tragik und Fragwürdigkeit des menschlichen Seins.

288  Apollon  289  Niobetochter

Die älteren Bilder haben, wie die frühen Tityosdarstellungen, keine tragischen Züge. Apollon und Artemis jagen und töten die Kinder mit Pfeil und Bogen – ein grausames Bild, dem aber der Gedanke von Sühne, Strafe und Unschuld noch fern ist. Erst das fünfte Jahrhundert (Abb. 287) setzt solche Akzente: ein freies, hügeliges Gelände ist der Schauplatz der Vernichtung. Kinder sind Getroffene und Sterbende unter den Pfeilen des göttlichen Geschwisterpaares. Die Vorstellung des unschuldig Geopferten, der völligen Ohnmacht des Menschen vor den Göttern ist neu im alten mythischen Bild. Die Sage ist in einem Giebel aus dem dritten Viertel des fünften Jahrhunderts (Abb. 288. 289) von einem großgriechischen Meister gestaltet worden: die beiden strafenden Götter standen in der Giebelmitte, Apollon rechts und Artemis links, und bis in die Ecken

313

290   Apollon

war das Feld mit fliehenden, verwundeten, sterbenden und toten Kindern gefüllt. Es ist noch die frühklassische Auffassung vom Untergang der Niobiden: der Giebel ist voll der Götter Rache, doch kommt in der Haltung der Opfer, wo jedes auf sich gestellt ist, schon ein neues Bewußtsein herauf.
Auch Phidias hat am Zeusthron (Abb. 94. 95. S. 103) die beiden Götter als Rächer und die Kinder als Opfer gesehen und das Los der Untergehenden in unvergleichlichen Figuren gezeigt. Und doch haben Rache und Tod in der Gruppe der Schwester mit dem sterbenden Bruder (Abb. 290. 291) eine andere Färbung. Die Gruppe kommt gar nicht aus der Erzählung der mythischen Begebenheit: sie steigt aus einem nur dem Bildner eigenen Grund auf. Denn größer als die Gestalt des bogenschießenden Apollon ist die Erfindung der Geschwistergruppe: in ihr wollte Phidias offenbar seine besondere Vorstellung vom Niobemythos und von der Tötung der Kinder zum Ausdruck bringen.

291  Niobegeschwister

Apollons Pfeile reichen über die fliehenden und stürzenden Kinder hin bis zur Geschwistergruppe, die am Ende des mit Sterbenden und Toten gefüllten Leidensweges steht. Apollon siegt, indem er tötet. Er muß nach göttlicher Satzung und aus seinem Wesen heraus töten. In der Schwester ist das Leid gesammelt: sie flieht nicht, sie fleht nicht um Gnade, sie verharrt an ihrem Ort, hält mit beiden Armen den stürzenden Bruder und stellt sich dem Rächer und dem Tod. Der Tod der Schwester ist gewiß, dennoch siegt auch sie. Ihr Sieg beruht freilich allein in ihrer Haltung zu Apollon und zum Untergang. Unter den acht Figuren im Fries ist die Geschwistergruppe herausgehoben. In ihr ist menschliche Freiheit enthalten – im Angesicht des Todes. Ausgehend vom Frevel und der Beleidigung der Leto durch Niobe, beginnt das Thema doch erst beim Menschenlos, bei dem es keine Hilfe mehr gibt. In den älteren Bildern des sechsten Jahrhunderts wird der Untergang hingenommen und auch so dargestellt. Hier aber

292     Apollon                    Skythe                    Marsyas

sieht der Bildner den untergehenden Menschen als einen von den Göttern mit Leid und Tod gezeichneten. Er sieht Menschenschicksal und Göttermacht, Leben und Tod, und sieht sie neu. In der Haltung der Schwester überwindet er nicht das Schicksal, aber die Schrecken des Todes. Auf einem schmalen Grat, dort, wo der Mensch mit seinem ganzen Sein dem Gott begegnet, bevor er abstürzt, gipfelt der Niobidenfries.

Kein anderer griechischer Gott fordert das Gegensätzliche so heraus wie Apollon. Wie er vor seinem Bogen einen frevlerischen Gegner braucht, so auch zur Kithara. Die Sage vom Wettstreit des Gottes mit dem Silen Marsyas um den Vorrang der Kithara oder der Flöte hat darin ihren Sinn; denn der Konflikt ist im Wesen des Gottes angelegt. Bezeichnend sind schon das Instrument des Gegners, die Flöte, und er selbst, Silen und Gefolgsmann des Dionysos. Ein ungleicher Kampf, Marsyas muß unterliegen. Die Bilder setzen ein am Ende des fünften Jahrhunderts, in einer Zeit reicher Musikalität und offenbar im Zusammenhang mit den Musikbildern von Musaios, Thamyris und Phaon, gefeierten Sängern im Kreis der Aphrodite. Marsyas gibt zunächst eine Probe seines Könnens. Apollon steht dabei, nicht mit langem Gewand des Musikers, sondern mit dem Lorbeerstab – als Gott des Maßes und der Ordnung.

293   Apollon                                    Artemis

Als im vierten Jahrhundert große Meister ein neues Bild des Gottes schaffen, leben die Wettstreitszenen neu auf. Der musizierende Gott in der Musikertracht ist der Mittelpunkt, der staunend dumpfe Silen und der Schinder sind Randfiguren. Praxiteles, von dem der Entwurf der Reliefs auf der Basis einer Gruppe (Abb. 292) stammt, hat das Thema auf den Gegensatz Apollon und Marsyas, apollinischer und orgiastischer Musik gegründet. Der Silen ist an der Reihe zu musizieren, schon tritt der Skythe mit dem Messer in der Hand dazwischen und drängt ihn von dem siegreichen Apollon weg. Die spätere Zeit hat dann die Bestrafung des Marsyas, seine Schindung durch den herbeigerufenen fremden Skythen, dargestellt.

Apollon, dem Gott der musischen und schöpferischen Kräfte, gehören Leier und Kithara, oft spielt er selbst darauf. Was auch die Szene auf einer Tontafel aus der Wende zum sechsten Jahrhundert (Abb. 294) bedeutet: der Bärtige, der in die Saiten greift, ist ein starkes Bild des frühen Apollon. Der Kopf hat besondere Kraft, weil die Zeichnung aus einfachen Linien besteht und noch ganz in einer ›geisterhaft-spirituellen‹ Sphäre gründet.

Im homerischen Hymnus ist die Dreiheit Zeus, Apollon und die Musen aller musischen Dinge Anfang. Apollon führt den Chor der Musen an, die, wie er, Kinder des Zeus sind. Auf einem Gefäß aus der Mitte des siebten Jahrhunderts (Abb. 293) kommt der bärtige Gott auf einem Flügelgespann mitten in der ›Natur‹ an und wird von seiner Schwester Artemis empfangen. In dem Bild

294 Apollon

mag Apollons Heimkehr aus dem Hyperboräerland nach Delos gemeint sein, die beiden Frauen im Wagenkasten sind wohl Musen. Im fünften Jahrhundert gewinnen die Musen statuarische Gestalt: sie sitzen musizierend im Haus. Gegen die Mitte des Jahrhunderts musizieren sie in der Landschaft, auf dem Musenberg Helikon, wo sie zu Hause sind. Eine Muse hält im Spiel inne – Apollon ist vor sie hingetreten. Das Epiphanische des Gottes ist auf einem Gefäß mit weißem Grund (Abb. 295) zwar nicht gesteigert, aber bewegter. Wieder sitzt eine Muse auf dem Felsen, der den Helikon darstellt. Apollon ist nicht nur überraschend hinzugetreten, er zeigt sich der erstaunten Muse.

Als Kitharode erfreut Apollon vor allem die Götter mit seinem Spiel, er ist bei feierlichen Anlässen zu Diensten: bei der Geburt Athenas begrüßt er mit den Klängen der Kithara die Neugeborene (Abb. 46), und als der Zeussohn Herakles nach vollbrachten Taten in den Olymp heimkehrt, zieht Apollon im Zug mit oder steht im Palast unter den wartenden Göttern. Solche Bilder mehren sich, gleichzeitig mit den Musikszenen des Alltags, in der zweiten Hälfte des sechsten Jahrhunderts. Der Maler Exekias hat in einem seiner Spätwerke (Abb. 248) einen sehr individuellen Götterzug gezeichnet: drei ankommende und drei wartende Götter, die ›vorzeitlichen‹ Helden gleichen.

Das Bewußtsein, daß die Götter zu einer großen Familie gehören, bleibt immer lebendig, am stärksten in der Dreiheit von Leto, Artemis und Apollon (Abb. 296–299). Für die Mutter treten die Geschwister ein, wenn sie bedroht oder

295    Apollon   Muse

beleidigt wird. Die bildende Kunst hat sie auch ohne mythischen Anlaß sehr oft zusammen dargestellt. Den Vorrang hat Apollon. Schon am Ende des sechsten Jahrhunderts (Abb. 296), als die Gruppe feste Form gewinnt, steht der Kitharode in der Mitte zwischen Leto und Artemis.

In der frühklassischen Zeit (Abb. 297) hat sich das Bild des Gottes gewandelt; Strenge und Geistigkeit sind die Grundlage. Und während er zum unübertrefflichen Kitharoden wird, gewinnen auch Leto und Artemis statuarische Gestalt. Doch Apollon überragt die Mutter und die Schwester an Mächtigkeit der Erscheinung. Apollons größtes Bildnis ist der Gott mit dem Lorbeerstab. Es entstand in frühklassischer Zeit (Abb. 298. 299. 301) und fällt zeitlich mit der Vorstellung von Apollon als dem Rächergott zusammen. Wenn Apollon mit dem Lorbeer erscheint, jemanden entsühnt, am Omphalos steht oder auf dem Dreifuß sitzt (Abb. 280), ist er der delphische Gott. Delphi war seine berühmteste Kultstätte: Könige und Feldherrn, Herrscher und Untergebene, Reiche und Arme, Reine und Befleckte haben sich an ihn gewandt und Rat und Hilfe be-

319

296   Leto   Apollon   Artemis

kommen. Es bleibt ein Geheimnis der Macht und Ausstrahlung dieses unnachgiebigsten aller griechischen Götter, wie treu die Gläubigen an ihm und Delphi festgehalten haben, trotz aller Enttäuschungen, welche die Menschen im Laufe der Jahrhunderte durch ihn erfahren mußten.

So unnachgiebig der delphische Gott ist, so hat er doch die alten strengen Gesetze gemildert, der alten Blutrache die Möglichkeit der Reinigung von Mord und Blut durch die Reinigungsriten entgegengesetzt. Als entsühnender Gott steht Apollon vor Orestes. Der Szene am Altar in Delphi (Abb. 300) gehen zwei grausige Ereignisse voraus: die Ermordung des siegreich aus Troja heimgekehrten Agamemnon durch seine Frau Klytemnästra und ihren Buhlen Aigisthos und der Muttermord durch den Sohn Orestes. Die Rache an der Mutter ist von Zeus gebilligt und wird von Apollon durch Seherspruch verkündet und befohlen. Damit ist der Vater gerächt, doch der Muttermord fordert erneut Rache.

297   Leto	Apollon	Artemis

Die Erinnyen, schreckliche Rachegeister, vollziehen die Rache der Unterirdischen. So steht Orestes zwischen dem doppelten Anspruch der Götter. Und die Rache trifft ihn allein, obwohl Apollon den Muttermord befohlen hat. Am Ende ist es Apollon, der Orestes entsühnt und die Fluchgeister besänftigt.

Wo Apollon auch erscheint, ist seine Gestalt beherrschend. So auch auf Darstellungen, wo er zu Leto und Artemis getreten ist und sein epiphaniehaftes Kommen das Bild bestimmt (Abb. 297–299). In den Darstellungen geschieht nichts, dennoch sind es keine Zustandsbilder, in denen die Handlung in einem Augenblick verharrt. Zeit und Raum sind nicht festgelegt. Man kann an den wenigen Architekturgliedern, der Säule und dem Altar (Abb. 298. 299), sein delphisches Heiligtum erkennen. Dennoch sind es keine Ortsangaben, sie bezeichnen nur sein Heiligtum als den epiphanischen Ort. Die Wirklichkeit der frühklassischen Bilder ist ja nicht die wörtliche Szene. Selbst in der Tötung des

298    Artemis            Apollon            Leto

Tityos und der Niobekinder (Abb. 285–287) sind nicht die Tat als solche das Thema, sondern die Beweggründe – Vermessenheit und Frevel.

Was sind das für Götter, die aufragend stehen oder sitzen? Es können nicht jene der archaischen Zeit sein. Im Fries des Siphnier-Schatzhauses aus dem sechsten Jahrhundert (Abb. 75. 76) konnte Thetis noch die Knie des Zeus flehend umfassen; denn die Götterversammlung und der Zweikampf, um dessentwillen die Götter beisammen sind, waren eine gemeinsame Gegenwart. Aber im Ostfries des Parthenon (Abb. 39. 270. 215. 120) sind die Götter unsichtbar anwesend – auch für die vor ihnen stehenden attischen Stammesheroen. Schon die frühklassischen Götter sind unsichtbar erscheinende (Abb. 258. 34. 283). Die unsichtbare Erscheinung machen erst der Kontrapost und der Zwischenraum, als ›Ort‹ der Erscheinung und der Begegnung, möglich. Diese Phänomene gab es in vorkontrapostischer Zeit (vor dem fünften Jahrhundert) nicht, und also auch keine unsichtbaren Götter.

Am Ende des sechsten Jahrhunderts kommt bei Apollon zu Bogen, Leier und Lorbeerstab die Schale als gewichtiges Attribut (Abb. 297–299. 301. 302). Halten der Schale und Gießen eines Trankes können allein schon Thema der Bilder sein. Was bedeutet die ›Szene‹? Wird der Sieg des Gottes im Leierspiel mit einer Spende gefeiert? Ist Apollon in der mythischen Vorstellung denn nicht immer der siegreiche Kitharode? Außer Apollon können Zeus (Abb. 10. 66. 86), Hades

299   Leto   Artemis   Apollon

(Abb. 136), Hera (Abb. 144), Athena und andere Götter die Schale halten. Da manchmal aus der Schale eine Flüssigkeit zu Boden fließt, muß gefragt werden: wem spenden oder opfern die Götter? Wem gießt Apollon eine Spende? Dem obersten Gott Zeus, den anderen olympischen oder den vorzeitlichen Göttern, den Unterirdischen, um sie zu versöhnen, der Mutter Erde, weil die Spende auf die Erde fließt? Für einen musikalischen Sieg? Um eine Untat zu sühnen? Apollon hat gewiß in vielen Sagen Anlaß zu spenden: er ist Sieger im Leierspiel über Marsyas, muß die Erlegung des delphischen Drachen sühnen. Auch für andere ›spendende‹ Götter gibt es Anlässe: Hochzeit, Abschied, Rückkehr, Gelage. Das sind alles Anlässe, wie sie Menschen auch haben können, wenn ein Jüngling das Elternhaus verläßt, ein Krieger in die Schlacht zieht und zum Abschied aus der Schale spendet. Für andere Darstellungen wiederum müßte man Anlässe erfinden, um sie zu deuten. Aber das sind Episoden, die zwar im Einzelfall mit der Schale verbunden werden können, doch sie berühren das Phänomen des Gottes mit der Schale nicht. Wie soll man außerdem verstehen, daß Apollon, gar in der Zeit seiner größten Macht, als Frevler erscheinen könnte, der den Drachentod sühnt? Und was die Episode angeht: im fünften Jahrhundert werden nicht mehr Geschichten erzählt wie früher. Nicht die Begebenheit, wie im sechsten Jahrhundert, ist wichtig, sondern der Hintergrund: die Göttermacht, das Menschenlos. Auch dem Tragödiendichter sind die alten Sagen nur ein

323

300  Erinnyen  Orestes  Apollon  Artemis

Stoff, um Ahnenfluch und Frevel, die Macht der Götter und menschliche Verstrickung aufzudecken.
Die Gottheit mit Schalen darzustellen ist eine alte Vorstellung. Kultbilder konnten solche Geräte halten. Doch führen diese Bilder nicht unmittelbar zum Verständnis der Schalen im fünften Jahrhundert. Zwischen den frühen und den späten Darstellungen liegt eine lange Zeit, und es hat sich inzwischen vieles geändert. Vor allem ist etwas hinzugekommen, das den Bau der Figur, ja alles veränderte: der Kontrapost. Und das geschah im frühen fünften Jahrhundert, als die Götter die Schale wieder in die Hand nehmen. Das zeitliche Zusammentreffen von Schale und Kontrapost ist nicht zufällig. Doch was hat die Schale mit dem Kontrapost zu tun? Wenn man mit Kontrapost den Ausgleich der Gewichtsverhältnisse der Figur, Stand- und Spielbein meint, dann hat die Schale damit nichts zu tun. Wenn man aber im Kontrapost mehr erkennt – auch als Achsenverschiebung und Gegeneinanderwirken der Glieder –, dann wird man zum Sinn der Schale geführt. Kontrapostische Haltung heißt: Besinnung der Gestalt auf ihr Dasein, Verknüpfung der Figur mit ihrem Geschick durch Re-

301   Artemis           Apollon

flexion, die nicht ausgedrückt werden kann, ohne daß die Gestalt des sechsten Jahrhunderts umgebaut wird. All das muß man unter Kontrapost verstehen. Im Kontrapost ist von Anfang an der Drang zu einem Gegenüber enthalten. Je entwickelter der Kontrapost, desto stärker sind auch die Beziehungsmöglichkeiten.

In der Achsenverschiebung verbindet sich die Figur mit ihrem eigenen Sein und im Zwischenraum mit dem des Gegenüber. Das archaische Nebeneinander hört auf. Die Begegnung des Menschen mit der Gottheit vollzieht sich im Zwischenraum, in den die Gottheit in epiphanischer Weise tritt. Die Gottheit hält die Schale in den Zwischenraum. Die Schale verbindet Gott und Gott, Gott und Mensch, Mensch und Mensch. Wenn der Krieger beim Abschied die Schale leert oder eine Spende gießt, dann sind alle Anwesenden mit dem Scheidenden verbunden. Wenn auch nur der Helm in den Zwischenraum reicht, vollzieht sich Ähnliches (S. 234). Wenn die Frau auf einem Grabgefäß oder einem Grabstein

302  Apollon

der Toten das Kästchen hinhält oder die Verstorbene selbst es hält, sind die Tote und die Lebenden verbunden.

Was wird durch die Schale ausgesagt? Sie ist außer Spende- und Opfergerät noch etwas Besonderes. Mit der Spende versichert sich der Mensch der Gottheit. Was bedeutet die Schale in der Hand des Gottes? Sie erhöht den Gott nicht. Der Gott spendet nicht sich selbst, bringt sich nicht selbst ein Opfer. Als das Wesentlichste am Kontrapost erkannten wir den Bezug. Die Begegnung im Zwischenraum ist immer eine existentielle. Man muß vom Menschen ausgehen. Durch die Schale ist der Mensch mit Gott verbunden. Gehen wir noch einen Schritt weiter und fragen: was bedeutet zum Beispiel die Nike auf der Hand der Athena Parthenos (Abb. 217) oder der des olympischen Zeus (Abb. 88)? Zunächst ist Athena Siegbringerin, auch von Zeus kommt der Sieg. Aber wem bringen sie den Sieg? Doch wohl dem Menschen. Das Attribut ist daher auch und vor allem vom Menschen her gesehen.

Die Schale ›steht‹ im Zwischenraum, sie bildet mit ihm zusammen den ›symbolischen Ort‹ der Verbundenheit. Durch sie entsteht der engste Bezug, den es zwischen der Gottheit und dem Menschen gibt: aber es ist ein existentieller.

Im Jahrhundert der Schale geschieht zwar alles ›unter‹ den Göttern, aber alles wird vom Menschen her verstanden. Die Helden ziehen aus, und Athena ist dabei (Abb. 203). Der Krieger zieht aus, und Hermes ist dabei (Abb. 258). Ein Gespann ist zur Ausfahrt bereit, ein Gott tritt hinzu (Abb. 169. 170). Ein Verstorbener geht in den Hades, Hermes geht als Begleiter voraus (Abb. 261. 262). Das was von der Schale ausgeht, ist jedoch nicht als der Segenswunsch der Menschen zu deuten: der Mensch sieht sich ›unter‹ der Schale, wie er sich und sein Handeln im fünften Jahrhundert unter der Gottheit schicksalshaft sieht.

Nun werden auch eine Reihe von anderen Phänomenen des fünften Jahrhunderts verständlich: der zweifache Kontrapost und der Zwischenraum als geistiger und existentieller Raum, die Epiphanie der unsichtbar anwesenden Götter, Helm und Kästchen im Zwischenraum. Die Schale in der Hand der Götter fügt sich ein. Und schließlich wird auch der Vorgang der Gestaltung durch den Bildner im fünften Jahrhundert deutlicher: auch er vollzieht sich im Zwischenraum.

*Apollon als geistige Gestalt.* – Ein tönerner, behelmter Kriegerkopf des späten achten Jahrhunderts aus dem spartanischen Apollonheiligtum zu Amyklai bei Sparta (Abb. 303) stammt gewiß von einer Apollonfigur, die Lanze und Schild trug. Und das Kultbild des Apollon Amyklaios, das Bathykles aus Magnesia im sechsten Jahrhundert mit einem monumentalen Thronbau umgab, glich einer ehernen Säule, trug ein langes Gewand, aber auch den Helm, und hielt Lanze und Bogen. Nicht nur der kriegerische Geist der Spartaner hat Apollon so gesehen, die Vorstellung scheint eine allgemein griechische gewesen zu sein. Ein behelmter Lanzenschwinger von der Athener Akropolis (Abb. 304) kann daher sehr wohl Apollon sein. Also ist Apollon in den Darstellungen der Frühzeit ein Krieger, wie Zeus? Gewiß, aber deswegen nicht Ares verwandt, kein Gott der Schlacht. Eindeutig Apollon stellt eine altertümliche Bronzefigur des frühen siebten Jahrhunderts dar, die einst den Helm trug und in der linken Faust den Bogen hielt (Abb. 305). Der Stifter nennt in der Weihinschrift auf den Schenkeln der Figur nicht nur seinen Namen Mantiklos, sondern auch den ›Ferntreffer Apollon‹, dem die Weihung gilt. Die frühe Zeit kennt kein Götterbildnis, das im Gesicht oder in der Gestalt allein faßbar wäre. Die großen Augen und der visionäre Blick sind allgemein in dieser Zeit. Die Attribute sind notwendig, will man den Gott benennen. Der Bildner mußte Apollon auch noch auf andere Weise charakterisieren. Und wie ist es beim Apollon des Mantiklos geschehen? Kein Alter ist angegeben. Die Nacktheit ist aus der Zeit verständlich, der das Gewand nicht wesentlich ist, und der Bogen in der Hand eines Mannes ist ge-

303  Apollon

läufig. Das Besondere ist, *wie* der Gott den Bogen hält: nämlich weder natürlich noch wie eine gewöhnliche Kriegerwaffe. Der vorgestreckte Arm mit dem Bogen will doch ausdrücklich etwas besagen. Die starke Geste und der Bogen in der Faust werden zu einem Zeichen, in dem alle ›Porträtzüge‹ des Gottes zusammenlaufen. Auch Homer spricht nicht von individuellen Zügen Apollons, nicht von seinem Aussehen, nur von seinem lockigen Haupt. Aber man erfährt von der Wirkung seiner Gestalt: von seinem unnahbaren und unantastbaren Wesen, von seinem Zorn, von seinen stürmischen und leichten Schritten, die Menschenwerk zertreten können, von seinem Bogen und dem schrecklichen Klang der gespannten Sehne. Der Dichter wie die Weihinschrift auf den Schenkeln der Bronzefigur (Abb. 305) nennen den Gott den ›Ferntreffenden‹, den ›Pfeile Sendenden‹.

Als die Bildner um die Mitte des siebten Jahrhunderts die menschliche Gestalt auf ein neues Formgesetz gründen, entsteht mit ihm auch ein neues Apollonbild. Einem Quaderbau gleich ist die Apollonstatue, welche die Naxier im späten siebten Jahrhundert im Apollonheiligtum auf Delos (Abb. 306) geweiht haben. Die kolossale Statue des Gottes von fast vierfacher Lebensgröße war bekleidet mit einem Metallgürtel, hielt in der linken Hand den Bogen und in der rechten einen anderen Gegenstand. Ein griechischer Gott ist in jeder Zeit vollendet; die Seinsstufe der Zeit wird in großen Kunstwerken auch vollkommen ausgedrückt.

304         Apollon                    305         Apollon

In der zweiten Hälfte des siebten Jahrhunderts ist eine spirituelle Geistigkeit die Seinsgrundlage. Die bildnerische Form, die diese Seinsstufe verkörpert, ist die kristallinische des delischen Bogenträgers (Abb. 306) und des attischen Leierspielers (Abb. 294).

Im sechsten Jahrhundert wird das Spirituelle verdrängt. Die neue Stufe wird vor allem vom ›Jünglingsbild‹ verkörpert. Solche ›Jünglingsfiguren‹ standen auf Gräbern und in Heiligtümern. Der Verstorbene, der Stifter oder der Gott waren gemeint. Ausgezeichnet mit den entsprechenden Attributen, konnte eine solche

329

306  Apollon

Figur auch Apollon sein. Hat Apollons Bild im sechsten Jahrhundert seinen Ursprung in der Jünglingsfigur, weil der Gott selbst ›jugendlich‹ ist? Oder gar im Athleten, da eine naxische Bronzefigur des Apollon (Abb. 307), von der die Inschrift auf der Basis sagt, daß Deinagoras sie dem ›Ferntreffer‹ Apollon geweiht hat, neben dem Bogen in der Linken das Salbfläschchen des Athleten trägt? Die Wurzel des ›jugendlichen‹ Apollon ist nicht das Bild des Jünglings oder Sportlers, obgleich Apollon auch deren Freund ist. Die ›Jugendlichkeit‹ des Kuros ist nämlich nicht gleichzusetzen mit dem jungen Menschen. Der Ursprung der neuen Gottesgestalt liegt in der Entdeckung des vitalen Seins im menschlichen, animalischen und vegetabilischen Bereich. Sie ist die Bewußtseinsstufe des sechsten Jahrhunderts, aus der auch die Götter neu gesehen werden. Die vitale Stufe drückt sich in der Figur, in jeder Form des sechsten Jahrhunderts, als eine vollkommene Einheit von Masse, Leben und Energie aus. Darin geht die Strenge des Gottes nicht unter. Der Apollon eines inselgriechischen Meisters im Fries des Schatzhauses der Siphnier in Delphi (Abb. 75. 76) bewahrt seine Überlegenheit selbst gegen das Flehen der Artemis und Aphrodite, die ihn offenbar um

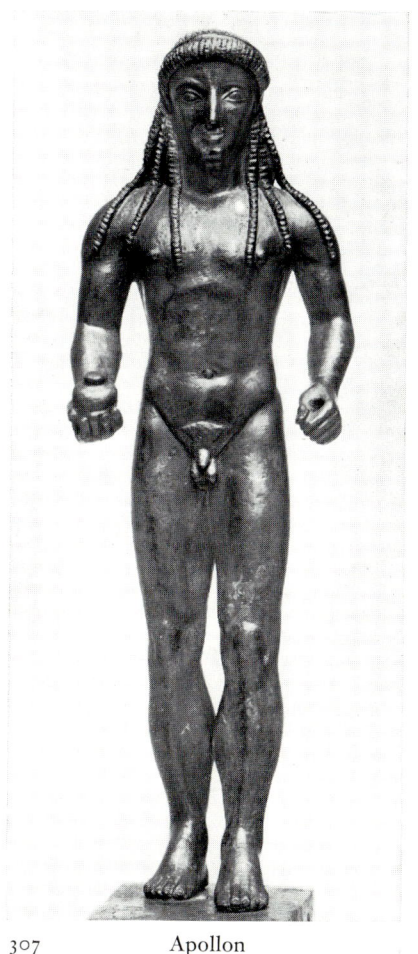

307  Apollon

Nachsicht bitten. Das Unnahbare ist gewiß nicht in den Zügen seines Gesichts zu lesen; denn auf der vitalen Seinsstufe gibt es keine psychische, keine persönliche Veränderung im Ausdruck des Antlitzes. Aber die Gesten des Gottes, wie die der flehenden Göttinnen, sind unmißverständlich und eindringlich. Es ist eine eigenartig starke Sprache, die allein in den Gesten der Figuren dieser Zeit gesprochen wird: sie macht die Handlung deutlich, es wird auf nichts Verborgenes hingewiesen, es bleibt nichts unausgesprochen, es gibt keine Hintergründe. Dieser direkten Aussage ist alles Psychologische ebenso fremd wie das Zierliche, Heitere, die Freude am Dasein.

Der Gott mit der Leier ist in der Kunst wahrscheinlich so alt wie der Gott mit dem Bogen, wenngleich kein sehr früher Leierspieler bekannt ist, von dem man sicher sagen kann, es sei Apollon. Von der Mitte des siebten Jahrhunderts an aber gibt es – wie es scheint – Zeugnisse für den Kitharoden Apollon (Abb.

293) in allen Landschaften, in denen das figürliche Bild vor dem ornamentalen herrscht. So wird berichtet von einer kolossalen Kultstatue des Gottes der inselionischen Meister Tektaios und Angelion, die in der linken Hand den Bogen und in der rechten drei leierspielende Musen hielt; sie vereinigte also den Bogengott und den Kitharoden. Insbesondere die attische Kunst schon des späten siebten Jahrhunderts (Abb. 294) und später Exekias (Abb. 248) haben den Leierspieler ins große Format erhoben.

Im fünften Jahrhundert, vor allem in dessen zweitem Viertel, entsteht in der Kunst ein Apollonbild, das seinesgleichen nur in der attischen Tragödie hat. Mit ihm beginnt ein zentrales Kapitel in der Geschichte des Gottes Apollon. Und das nicht allein wegen der großen Zahl von Apollondarstellungen aus dieser Zeit – die Überlieferung nennt allein acht eherne Apollonstatuen von großen Meistern: Erzbilder des Pythagoras von Rhegion, des Onatas von Ägina, zwei des Myron, von Kalamis ein kolossales Bildwerk in Apollonia am Schwarzen Meer und eine Statue des Apollon Alexikakos, von Phidias einen ›Apollon Parnopios‹ auf der Athener Akropolis und die Erzgruppe in Delphi mit Apollon, Athena, den attischen Stammesheroen um den Marathonsieger Miltiades. Vor allem attische Meister scheinen das klassische Bild Apollons geformt zu haben. Seine Gestalt wird nun neu gefügt: sie gewinnt Schwerpunkte und Achsen, die sich verändern und verschieben können, und so ist gerade im zweiten Viertel des Jahrhunderts (Abb. 309–311) das Achsengerüst in der Gestalt die Grundlage für den überlegen strafenden und rächenden Apollon der frühklassischen Zeit, der seine Rache unter die vorweltlichen Wesen wie unter die Menschen trägt. Durch ihn müssen vorweltliche Gestalten wie Tityos stürzen (Abb. 285. 286), müssen unschuldig die Niobekinder für der Mutter Frevel büßen (Abb. 287), vor ihm müssen die frevelnden Kentauren weichen (Abb. 283. 308). Die Wendung des Hauptes, die eindringliche Geste des rechten Armes und sein Leib gebieten den Waldmenschen Einhalt.

Ein Apollon (Abb. 309), dessen viele Nachbildungen vielleicht auf das Erzwerk des übelabwehrenden Apollon (Alexikakos) zurückgehen, das einst auf dem Marktplatz von Athen als ein Werk des Kalamis stand, trug in der linken Hand den Bogen und in der rechten den Köcher oder ein Lorbeerreis. Er ist der vom Bogen her gesehene Gott, der mächtige und unnahbare, der nicht mehr allein durch seine Waffe, sondern vor allem durch seine überlegene Gestalt siegt.

In den gleichen Jahrzehnten wird der Lorbeerträger zum Gott der Sühne und Reinigung und zum Sehergott – zum delphischen Apollon. Den Bogen behält er weiterhin in der Hand, aber wichtig ist der Lorbeerstab. Wenn sich Apollon zum Lorbeerstab in seiner Linken wendet, nicht zum Bogen in der gesenkten Rechten, dann hat das etwas zu bedeuten: denn Form, Haltung und Gebärde einer Figur sind Sprache. Es entsteht ein Bild des Gottes, das zwar die Vor-

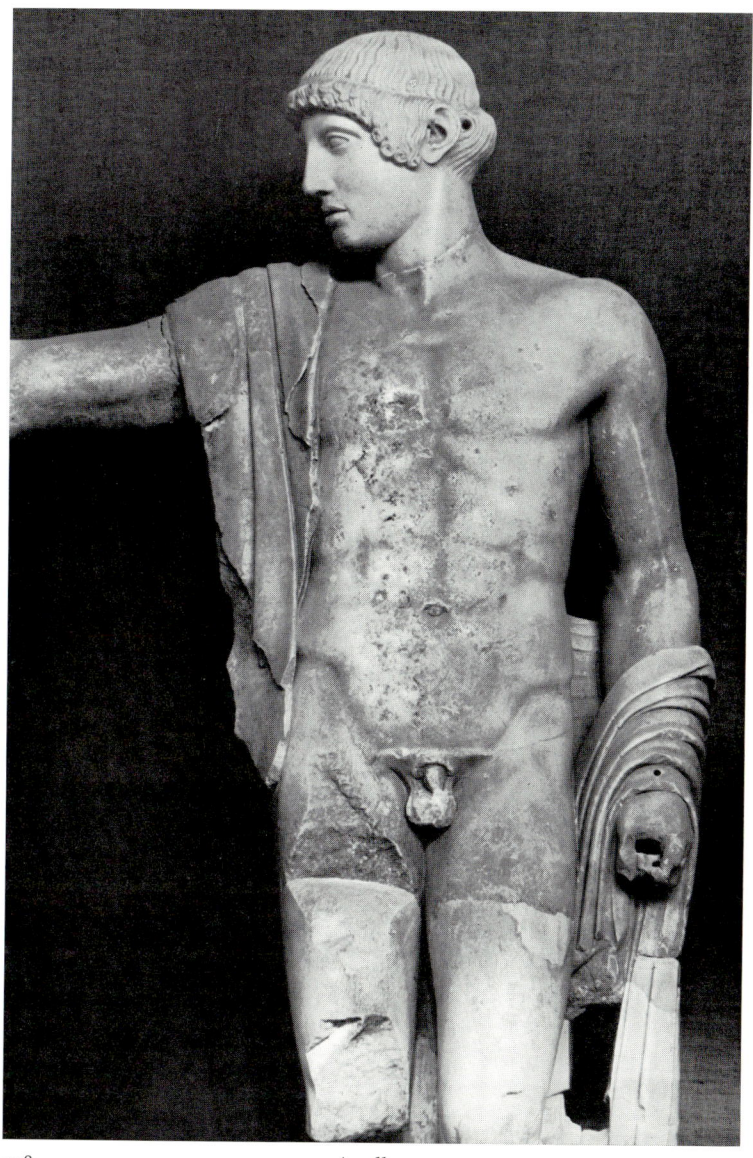

308  Apollon

stellung von dem strafenden Gott nicht verdrängt, aber der Bildner betont durch den Lorbeerstab und die Wendung des Gottes den delphischen Seher- und Sühnegott.

Von Phidias sind zwei Apollonstatuen in Wiederholungen aus römischer Zeit bekannt: ein Jugendwerk (Abb. 310) und ein gegen die Mitte des fünften Jahrhunderts geschaffenes, der ›Apollon Parnopios‹ (Abb. 311) auf der Athener Akropolis. Die ältere Statue, deren Körper und Kopf nach der Standbeinseite

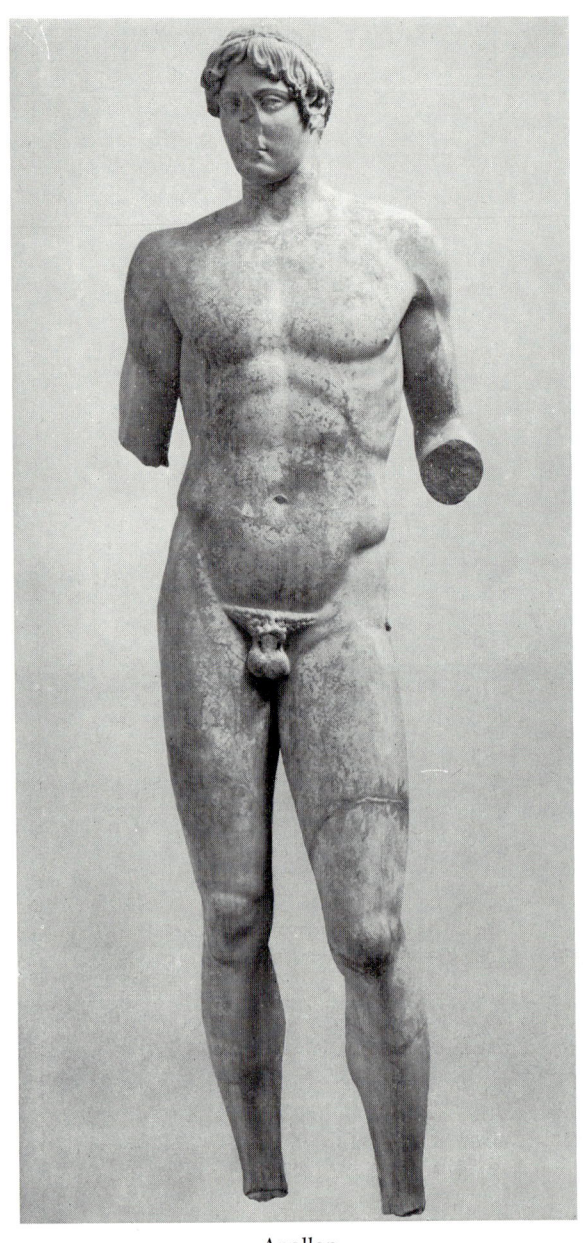

309         Apollon

verlagert sind, gehörte vielleicht zum Weihgeschenk in Delphi, das für die Schlacht bei Marathon geweiht wurde. Apollon neigte sich hier dem Sieger Miltiades zu, der links stand, und bildete mit ihm und anderen Figuren eine Gruppe. Die Gestalt des phidiasischen Apollon ist nicht wie andere Apollonstatuen: sie ist nicht aus der Athletengestalt, sondern ganz aus der Einsicht in den Gott ge-

310                        Apollon

formt, der den Namen Phoibos trägt, der Reine und Heilige. Die jüngere Apollonfigur des Phidias (Abb. 311) stellt den ›Apollon Parnopios‹ dar, den Vertilger unreiner Tiere. Der Gott hielt die Attribute, Bogen und Lorbeerreis, vor sich. Er vereinigt Stehen und Schreiten in einer Bewegung. Diese seltsame Haltung erhöht den Epiphaniecharakter des Gottes, der stark und unheimlich, wie aus

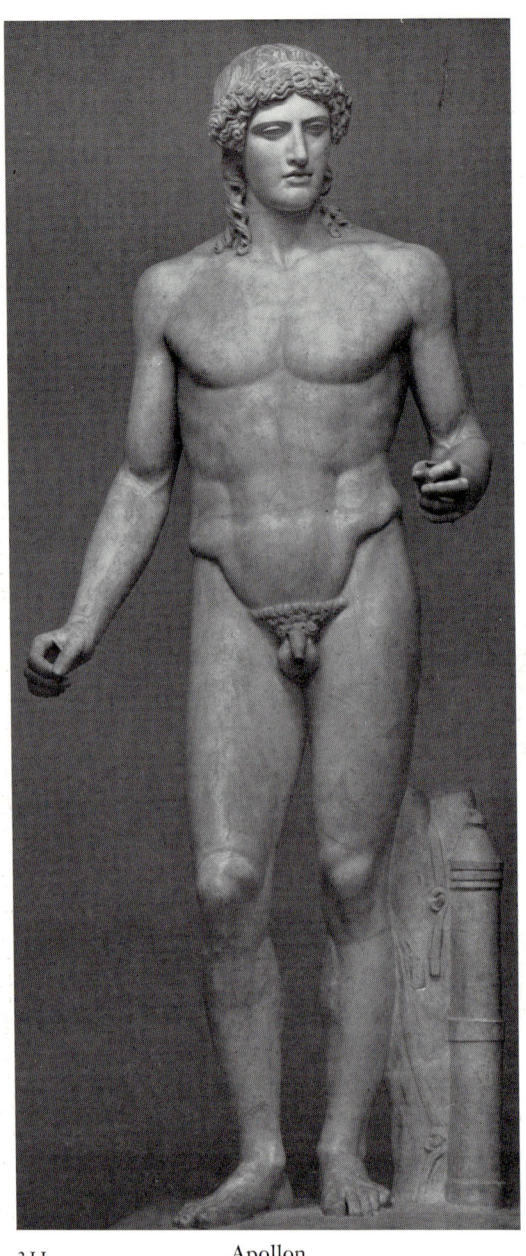

311    Apollon

dunklem Grund kommend, ins Licht des Erscheinungsraumes getreten ist. In diesem Raum ist der Gott gegenwärtig und abwesend, dem Menschen fern und nah zugleich. Darin findet die eigenartige Haltung des Gottes eine Erklärung.

Die beiden Statuen sind nicht gleich, aber sie haben einen gemeinsamen besonderen Achsenbau, der auf Phidias weist. Die Körperglieder sind verschoben,

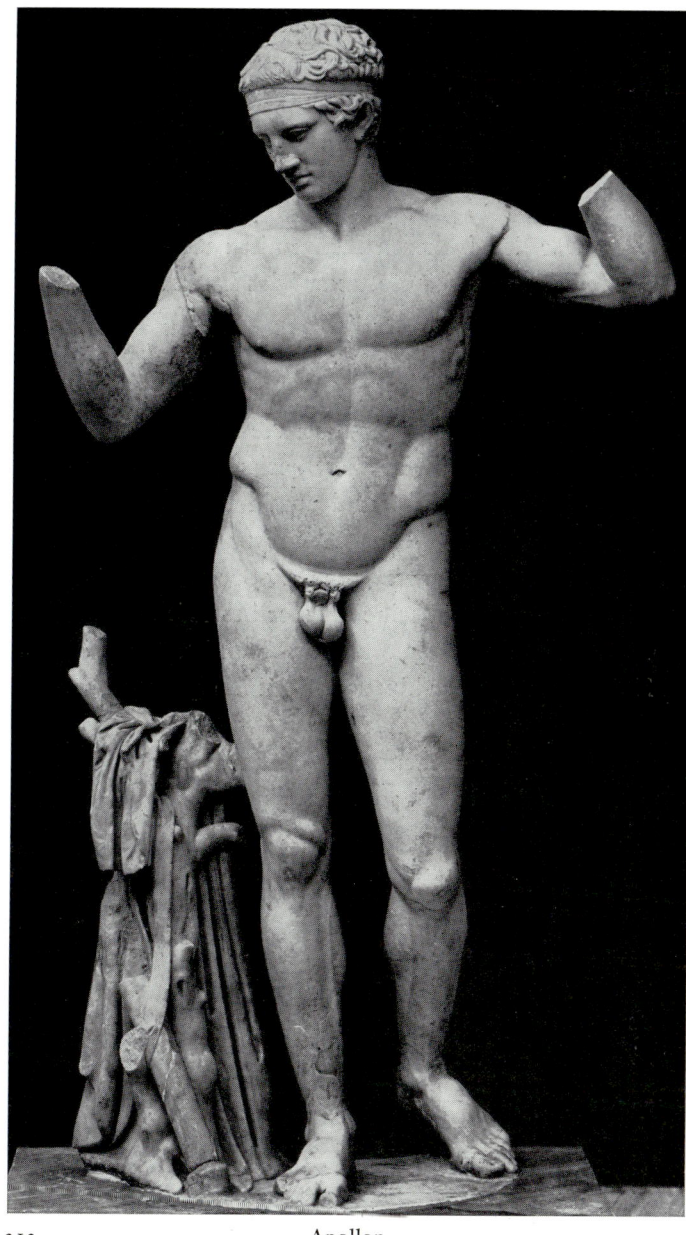

Apollon

zu- und gegeneinander, die Gestalt ist ausgelastet, sie ruht in sich. Da sie aber zugleich auf eine andere Gestalt oder auf ein Etwas – was gleichbedeutend ist mit einer Person – nicht nur gerichtet, sondern bezogen sind, entsteht ein zweifacher Bezug: zu sich und zum Gegenüber. Diesen Bezug aber gibt es nicht ohne den geistigen Zwischenraum. In diesem Raum steht der Mensch zur Gottheit nicht nur im kontrapostischen Gegenüber: sondern er erfährt *aus* dem Gegenüber seine Existenz als Mensch. Diese existentielle Beziehung zwischen der Gottheit und dem Menschen kennen andere Meister nicht in dieser Stärke. Deswegen hat ein Werk des Phidias so viel Spannung und Inhalt, wirkt der Zwischenraum so stark.

Neu gesehen wird gegen die Mitte des fünften Jahrhunderts auch der musizierende Apollon. Er war der früheren Kunst nicht unbekannt, aber erst durch den Kontrapost ist die Gestalt des Gottes auf das Instrument und auf die Musik bezogen (vgl. Abb. 297).

Als letzte frühklassische Darstellung des Apollon soll der Kopf einer Münze aus Katania stehen (Abb. 313), den ein sizilianischer Münzmeister mit wenigen Linien und flachen Wölbungen geprägt hat: die herben Züge bezeichnen seine Unnahbarkeit, die aufragende Form seine Überlegenheit, die knappe Form seine Geistigkeit, die Spannung im Kopf und zum Münzrand seine beherrschende Weite. Es sind Grundzüge des frühklassischen Apollon, mag er den Bogen spannen, die Leier spielen, den Lorbeerstab halten oder auf dem Dreifuß sitzen, mit anderen Göttern zusammen sein, seine Gegner bestrafen oder was sonst immer tun. Daß Apollon der am stärksten strafende Gott ist, verlangt zwar die Weltordnung und Zeus, aber darüber hinaus zwingt ihn seine eigene, allem Unrecht gegensätzliche Natur. In diesem Sinn hat auch Apollon sein Schicksal.

Vom Apollon im Fries des Parthenon (Abb. 120) bis zum Niobidentöter am Thron des Zeus in Olympia (Abb. 290. 291. 94) ist in der Gottesauffassung des dritten Viertels des fünften Jahrhunderts keine tiefe Kluft. Denn Apollon, der sich am Fest Athenas zu Poseidon wendet (Abb. 120), ist kein freundlicher, dem Menschen geneigter Gott, der gar mit den Irdischen auf ›Du und Du‹ steht. Apollon im Fries ist nicht menschlicher geworden. Seine Gestalt ist nur dem menschlichen Organismus nähergekommen.

In die Zeit des Parthenonfrieses gehört ein Werk des argivischen Bildhauers Polyklet: eine jugendliche Gestalt, die sich die Binde um das Haupt legt (Abb. 312). Dem originalen Erzwerk fehlten die Zutaten des Kopisten (Mantel, Köcher, Baumstamm). Die Statue ist, selbst in der Nachbildung des ersten vorchristlichen Jahrhunderts, kühn in der Ponderation, in der räumlichen Dimension und den ausgreifenden Bewegungen, bei einem in hohem Maß ausgewogenen Körper. Apollon, nicht ein Sieger, legt sich die Binde um, freilich ein ganz polykletischer Apollon. Wie soll man die Behauptung der Alten verstehen: den Göttern Polyklets fehle das hohe Maß an Würde, Ansehen und individueller Gestaltung, die die Götter des Phidias auszeichnen? Der Ursprung des polykletischen Apollon ist gewiß ein anderer als der seines attischen Antipoden (Abb. 311). Vielleicht liegt er mit im Athletischen, aber Polyklet hat stets auch den Athleten überhöht. Doch es fehlt der Statue des Apollon der starke Bezug

313 Apollon 314 Apollon

zu einem Gegenüber, hier zum Menschen, wie ihn Apollonstatuen des Phidias haben.

Im Apollonbild des vierten Jahrhunderts (Abb. 314. 315) ist zuallererst das jugendlichere und vollere Gesicht auffällig. Überhaupt ist neu, den Gott als Knaben darzustellen. Diese Sicht ist freilich nur *eine* von den vielen Zügen des Apollonbildes in diesem Jahrhundert. Wichtiger ist die Abkehr vom rein geistigen Achsengerüst der Figuren des fünften Jahrhunderts; sie brachte beweglichere Figuren und den alten Themen neuen Inhalt. Es waren die großen Bildner des Jahrhunderts: Praxiteles, Euphranor, Skopas, Leochares, Bryaxis und andere, die Apollons Bild bestimmt haben. Wenige Statuen des Gottes und nur in römischen Wiederholungen sind erhalten, so der eine Eidechse tötende Apollon (Abb. 315). Ein Knabe ist der Gott, der dem Tier am Stamm auflauert, um im günstigen Augenblick mit dem Pfeil zuzustechen. Das Motiv läßt an den ›Apollon Parnopios‹ (Abb. 311), den Vernichter unreiner Tiere, denken. Aber Phidias hat das Thema nicht so wörtlich genommen wie Praxiteles, sondern den Lorbeer- und Bogenträger erweitert zum Überwinder alles Unreinen. Der praxitelische Gott tötet das Tier wirklich und mit einer Hingabe an sein Tun, wie eben Knaben grausam mit Tieren umgehen. Wovon ist Praxiteles bei seinem Apollon ausgegangen? Von einem jugendlichen Eidechsentöter, den er Apollon nannte? Vereinte er den tötenden Gott und den spielenden Knaben? Eine solche Erklärung würde einleuchten, wären nur die Voraussetzungen richtig, daß in dieser Zeit die Götter vermenschlicht worden seien, da der Gott tut, was auch Menschen tun. Aber ist es richtig, daß eine immer stärker organische Form der

315     Apollon

menschlichen Gestalt auch Vermenschlichung bedeutet? Wenn dem so wäre, dann müßten die Götter in hellenistischer Zeit am menschlichsten sein. Doch zeigen die hellenistischen Göttergestalten etwas ganz anderes: nämlich die Rückkehr in den Kosmos und in die kosmische Funktion.

Man sagt von den Göttern des vierten Jahrhunderts, indem man eine home-

316    Apollon

rische Formel auf diese Zeit anwendet, sie seien ›leichtlebende Götter‹ – Götter, die sich zurückgezogen haben, um fern von den Menschen ein unbeschwertes Leben zu führen. Die fließenden Formen der Figuren, die nicht wie im fünften Jahrhundert gleichsam aus Bausteinen gefügt sind, haben zu diesem Mißverständnis verführt. Man sehe sich die Stelle bei Homer an: das Wort von den

317  Apollon

sorglosen Göttern ist nur ein halber Satz. Will man verstehen, was er besagt, muß man die andere Hälfte hinzunehmen, wie Homer es tut, nämlich die Aussage über die Menschen mit ihrem kläglichen Los und ihrem Leben in Sorgen und Nöten. In diesem Gegensatz sieht das polare frühgriechische Denken die Größe der Götter, aber diese Denkweise – in polaren Gegensätzen – ist homerisch, nicht spätklassisch. Das Thema des eidechsentötenden Apollon ist kein Knabenspiel, sondern das Vernichten unreiner Tiere als eine der Aufgaben des Gottes. Warum sollten die Götter anders mit den Tieren umgehen als die Menschen? Doch das sind äußere Dinge, sie können nicht grundlegend sein, um die Götter im vierten Jahrhundert zu verstehen. Neu ist, wie der Gott dem Tier auflauert und daß er es überhaupt tut. Er tut es nur scheinbar mit Hingabe: denn die Figur kennt nicht den Bezug des fünften Jahrhunderts, sie dreht sich in sich ein. Eine Innenwelt ist in dem Gott entdeckt, aus der heraus er jetzt handelt.

Es gehört zur Vorstellung von Apollon in der zweiten Hälfte des fünften Jahrhunderts, daß die unnahbare Haltung des Gottes nicht durch eine Handlung gestört wird. Wie der handelnde ist auch der nach einer Tat ausruhende Apollon

318  Apollon

der Zeit fremd: dem vierten Jahrhundert jedoch ist eine solche Darstellung des Gottes geläufig. Häufig ist das Original in römischen Nachbildungen verfälscht mit allerlei Beiwerk (Abb. 316). Stößt man durch all dies hindurch, so ist das ursprüngliche Werk überraschend einfach: Apollon, nur den Bogen in der einen Hand, lehnt sich an einen Pfeiler. In dieser lässigen Haltung, wenn eine Figur

319   Apollon

ihr Körpergewicht auf einen Pfeiler verlagert oder sich auf ihn stützt, trägt sie eine Last mit sich, die nicht mehr im Rhythmus des Körpers aufgefangen werden kann. Auch ein Apollon trägt in dieser Zeit offenbar etwas in sich, was auch die Menschen bewegt.
Es ist kein Widerspruch, wenn neben dem Bild des auf den Pfeiler gestützten Gottes das des erregten steht, so ein Kopf vom Mausoleum in Halikarnass (Abb. 317), der von einer leidenschaftlich und angestrengt bewegten Apollonstatue stammt. Der attische Bildhauer Leochares hat im späteren vierten Jahrhundert (Abb. 318) den Gott als den rasch handelnden und plötzlich erscheinenden dargestellt. Der Gott hält den Bogen wie einst. Eigenartig ist sein Gang: Apollon schreitet nicht, er schwebt; er kommt nicht langsam, er bricht plötzlich in die Gegenwart. Er hat ein Ziel, das vor ihm, im Schußbereich seiner Waffe, liegt. Doch sein Körper und seine Schritte sind in eine andere Richtung gewendet.

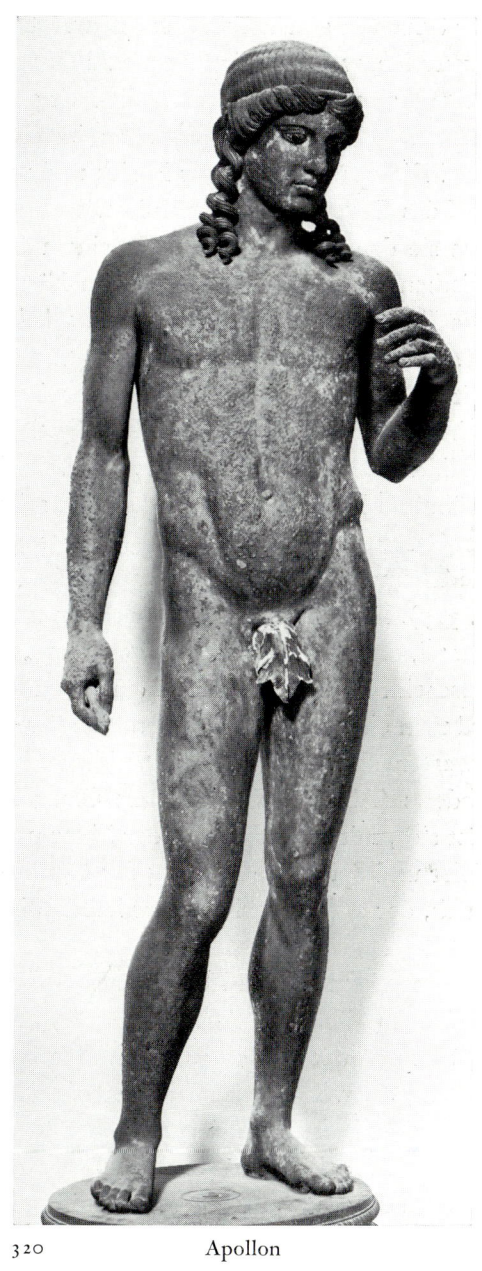

320 Apollon

Es entsteht eine doppelte Richtung und mit ihr der Eindruck des strafenden Apollon, der plötzlich mit den Waffen auftaucht, im Kommen zugleich die Strafe vollzieht und wieder verschwindet. Gegen wen sind seine Pfeile gerichtet? Es gibt keine konkreten Opfer; denn Apollon selbst ist unfaßbarer und sein Tun hintergründiger geworden.

Wenn Götter in einer Situation gesehen werden, sich verhalten wie Menschen, sich aufstützen und ausruhen, wenn ein Anflug des Alltags sich auch nur scheinbar auf ihre alte geistige Haltung legt – dann ist die Zeit gekommen, da sie den Menschen ferner rücken. Mit dieser ›Götterferne‹ ist eine Veränderung im Kontrapost verbunden! Einst ruhte die Figur in sich und war in einer Doppelbewegung zugleich auf das Gegenüber bezogen: im vierten Jahrhundert wendet sie sich in sich, indem sie den strengen Bezug zu einem Gegenüber löst (vgl. Abb. 255. 315). Zwischen der Vorstellung und dem körperlichen Dasein des Gottes gab es bis ans Ende des fünften Jahrhunderts keine Kluft, aber jetzt bricht sie langsam auf.

Die hellenistische Zeit ist eine unapollinische, für sie ist Apollons Gestalt weniger charakteristisch. Wir erfahren aus literarischen Quellen von Werken des Damophon, des Eubulides, des Timarchides von Athen, des Philiskos von Rhodos und anderen berühmten Bildhauern, ohne daß sich sehr deutliche Umrisse der Werke und des Gestaltwandels abzeichnen. Der bogenschießende Gott bleibt, das beliebteste Thema ist jedoch der leierspielende Apollon in emphatischer Haltung (Abb. 319). Er spielt im Stehen oder Sitzen, im langen Gewand des Musikers, im Mantel, um den Unterkörper geschlungen, oder er ruht vom Saitenspiel aus. Er erscheint allein, mit den Musen oder mit Marsyas. Im dritten Jahrhundert wird man einen auf das Spiel und die Situation des Spieles gerichteten Apollon erwarten, aber er ist in Statuen nicht faßbar. Als um die Mitte des zweiten Jahrhunderts (Abb. 319) der äußere Glanz des Spiels gesteigert vorgetragen wird, löst sich, mit der Wendung der Figur nach außen, die innere Verbindung von Spieler und Spiel. Die Haltung des Gottes hat jetzt etwas von dem Kitharoden an sich, der auf der Bühne einer hellenistischen Weltstadt auftritt.

Die frühe Kaiserzeit bringt keine neuen Erfindungen, sondern greift auf ältere klassische Vorbilder zurück (Abb. 320). Aber sie fügt doch etwas hinzu, das nur aus dem Geist der Zeit zu verstehen ist: so, wenn der Gott sich ausruht und zugleich die Kithara hält, als wolle er darauf spielen. Wenn er spielt und zugleich lauscht, mag dies nicht befremden, wenn er aber Untertan seines eigenen Tuns ist, im Spiel seine ›Seele‹ sich löst und der Körper Ausdruck der Klänge wird, dann ist freilich auch das Ende dieser großen Göttergestalt gekommen.

321

# DIONYSOS

Dionysos ist der letzte wahrhaft göttliche Zeussohn. Ein naturhafter und geheimnisvoller Gott. Zweimal wurde er geboren: aus dem Schoß der Semele und aus dem Schenkel des Zeus. Göttlichen Ursprungs durch den Vater und thebanischer Königsproß durch die Mutter, die eine Tochter des Kadmos war, kam er dennoch nicht wie Herakles und andere als Heros zur Welt, sondern als Gott: aber mit der Natur eines Sterblichen, der leiden muß und doch Gewalt hat über die Menschen wie kein anderer. Obwohl aus Zeus geboren, darf er seine Kindheit nicht im Olymp verbringen, sondern muß, als Gott der Wildnis, bei den Nymphen in der Natur, auf Bergwiesen aufwachsen und fortan mit den Geistern der Wildnis, mit Satyrn und Mänaden zusammen sein. Im Olymp ist er

Satyrn

nie recht heimisch geworden. In homerischer Zeit besteht zwischen dem orgiastischen Gott und den Göttern des heroischen Adels sogar eine Kluft. Homer weiß um Dionysos, er sagt in wenigen Versen Treffendes über ihn: er spricht von seiner Kindheit bei den Ammen auf dem Berg Nysa und dann von dem Rasenden, der den Wahnsinn bringt, und von dem verfolgten und vor seinen Feinden fliehenden Gott. In der Hierarchie der Olympischen ist ihm kein bestimmter Machtbereich zugeteilt worden, und dennoch liegt ihm das größte Reich zu Füßen – die Natur und der Mensch.

Dionysos wird vor allem dort verehrt, wo ein Herr der Tiere und der Natur mit ekstatischen Tänzen, mit Beschwörungen und Rufungen gefeiert wurde – auf Kreta, in der Peloponnes, in Attika und an anderen Orten. Die Sage allerdings sieht in ihm einen Fremdling, der aus der Fremde zu den Griechen gekommen sei. Im ersten Jahrtausend soll er eingezogen sein und schwere Widerstände zu überwinden gehabt haben. Doch merkwürdig genug – in der Gestalt des Gottes, in seinem Kult und seinem Mythos gibt es Elemente, die eher altertümlich als fremd anmuten: seine Erscheinung in Stiergestalt, der ihn begleitende Panther, die schwärmenden und lärmenden Frauen, die orgiastischen Tänze, das blutige Zerreißen der menschlichen und tierischen Opfer, die kultische Hochzeit mit der Oberpriesterin, die Phallosriten, die Verbindung mit alten Fruchtbarkeitsdämonen und ihren maskentragenden Darstellern, der Mythos vom Dionysos-Zagreus, der als Knabe von Titanen in Stücke gerissen wird und dann seine Auferstehung feiert und ähnliches mehr. Diese Elemente weisen nicht in die Fremde, sondern auf Zusammenhänge mit Mysterien des dritten und zweiten Jahrtausends.

Was den Griechen des ersten Jahrtausends an Dionysos und der dionysischen Religion als eigenartig und nichtgriechisch erschien, das waren vor allem die

323          Dionysos (?)          Satyrn

Phänomene des Dionysischen: das Rauschhafte und Zügellose der kultischen Begehungen, das Unheimliche seiner Macht über die Menschen. Das mußte diesen Griechen, die mit dem Beginn des ersten Jahrtausends die Welt ordnend zu verstehen begannen, fremd erscheinen. Halten wir also fest: dieser Gott ist ein Alteingesessener; denn ein dionysischer Glaubensgrund war im Griechenland des zweiten Jahrtausends ebenso tief verwurzelt wie in den Frühkulturen der Länder, aus denen er gekommen sein soll. Neu im ersten Jahrtausend ist die Erkenntnis, daß das Dionysische ein Teil der Welt und des Lebens ist und mit zum Wesen des Menschen gehört. Und dieser Erkenntnis folgte dann eine zweite: das Rauschhaft-Verbindende und das Gegliedert-Geordnete, das Dionysische und das Apollinische, waren danach keine Gegensätze mehr, beides war im Kosmos und im Menschen.

Das Unstete und sich Wandelnde gehören zum Wesen des Dionysos. Er kommt und geht und kommt wieder und hat nirgendwo einen festen Ort. Er verwandelt sich und verwandelt andere. Er ist in der Ekstase der Mittelpunkt, wenn der Mensch aus sich heraustritt und in einen außergewöhnlichen Zustand gerät. Viele Jahrhunderte, Jahrtausende, war das Rauschhaft-Ekstatische der Urgrund der Welt – da kam das erste Jahrtausend, und das Ekstatische wurde in der Gestalt des Dionysos gefaßt und das Dionysische an die Person des Gottes gebunden. Nunmehr vertritt er als Person die ekstatischen Kräfte der Natur und des Lebens. Hier liegt der tiefe Unterschied zwischen dem vorzeitlichen und dem späteren Dionysos, zwischen der Ekstase der Vorzeit, die ein allgemeiner Lebensgrund der Götter und Menschen, der Tiere und Pflanzen, der Inhalte und Formen war, und der Ekstase der späteren Zeit.

Die Verbindung verschiedener Elemente des Dionysischen, ihre neue Sicht in *einer* göttlichen Person, in der auch die Grenzen zwischen dem Reich der Lebenden und der Toten aufgehoben sind, geben Dionysos eine unheimliche Tiefe und Abgründigkeit, die Heraklit mit dem dunklen Wort umschreibt: »Der Dionysos, dem sie rasen und toben, ist ja derselbe wie Hades.«

Die bildende Kunst kennt zwei Gestalten des Dionysos, den langgewandeten, bärtigen Gott (Abb. 321) und den schwärmerischen weichen Jüngling (Abb.

324     Silen                    Nymphe

349), der seit dem späten fünften Jahrhundert neben dem alten ehrwürdigen erscheint. Seine Attribute sind der Efeustengel und das Trinkgefäß, ein Trinkhorn oder ein Kantharos, seine Tiere der Löwe, die Schlange, der Stier und der Panther, das Lieblingstier, das stets um ihn ist.

Dionysos hat ein Gefolge, das wie er aus der Wildnis stammt, ihm ergeben ist und, ihn umschwärmend, von ihm verwandelt wird. Die männlichen Gefolgsleute sind die Satyrn und Silene (Abb. 338–341). Nach Aussehen und Gebaren echte Bewohner der Natur und ganz und gar tänzerische und musikantische Wesen. Die Satyrn waren ursprünglich Fruchtbarkeitsgeister, die anfangs mit Dionysos vielleicht nichts zu tun hatten (Abb. 322). Mit den Bergnymphen verschwistert, füllig, mit dicken Bäuchen und Steißen, tanzen sie zu den orgiastischen Weisen der Flöte den Fruchtbarkeitstanz mit seltsamen Bewegungen und Verrenkungen von Bauch und Gliedern. Sie tanzen um einen bärtigen, auf einem Pantherfell sitzenden ›Herrn der Natur‹ (Abb. 323) oder um einen gefüllten Weinkessel (Abb. 322), dabei heben sie das Trinkhorn und gestikulieren. Sie sind häufig mit den Nymphen zusammen oder stehen im Dienst eines ›Herrn der Natur‹, der schon Dionysos sein kann. Obwohl menschengestaltig, sind sie keine Menschen, irdische Zecher, trunkene Bürger, sondern Naturdämonen. Die Dickbauchtänzer und die Tänzer um Dionysos im sechsten Jahrhundert müssen die Satyrn Hesiods sein – ›täppische, nichtsnutzige Geister‹.

Die Silene sind geile tierische Walddämonen des Volksglaubens, struppig, stulp-

325 Mänade

nasig, mit Pferdeohren und -schweif. Hin und wieder sind sie pferdehufig und ithyphallisch (Abb. 230). Die Griechen bezeichneten sie sogar als Tiere; das führt unmittelbar in das animalische Wesen dieser Gestalten hinein. Auch die Silene waren wie die ›Dickbauchtänzer‹ und Satyrn anfangs vielleicht nicht mit Dionysos verbunden, sondern sind erst später zum Gefolge des Gottes gestoßen. Auf älteren Bildern sind sie noch unter sich oder mit Nymphen und Tieren zusammen (Abb. 324). Nach der Mitte des sechsten Jahrhunderts verdrängen die halbtierischen Silene die Satyrn, übernehmen sogar deren Namen und sind fortan eng mit Dionysos als dessen Knechte verbunden. Der Tanz der Silene ist ein Beschwörungstanz, der Dionysos gilt, kein Fruchtbarkeitstanz, wie ihn die Satyrn tanzen.

Die Mänaden, mit Efeukranz, langen Gewändern und Fellen bekleidet, den Efeustab schwingend, Schlangen in den Händen, ins Haar oder um den Leib gebunden, sind Priesterinnen und Begleiterinnen des Dionysos (Abb. 325). Sie stammen von den Nymphen ab, ihr Dienst gilt allein dem Gott, dem sie rasen.

326    Silen   Dionysoskind

*Dionysos im mythologischen Bild.* – Die bildende Kunst hat die Mythen des Dionysos oft dargestellt und vieles hinzuersonnen: seine Geburt und Kindheit bei den Nymphen auf Nysa, seine vielgestaltigen Erscheinungen, seine Ekstase im Kreis der Mänaden und Satyrn, die Vermählung mit Ariadne, den Kampf des Gottes in der Gigantenschlacht und den Sieg über seine Gegner Lykurgos,

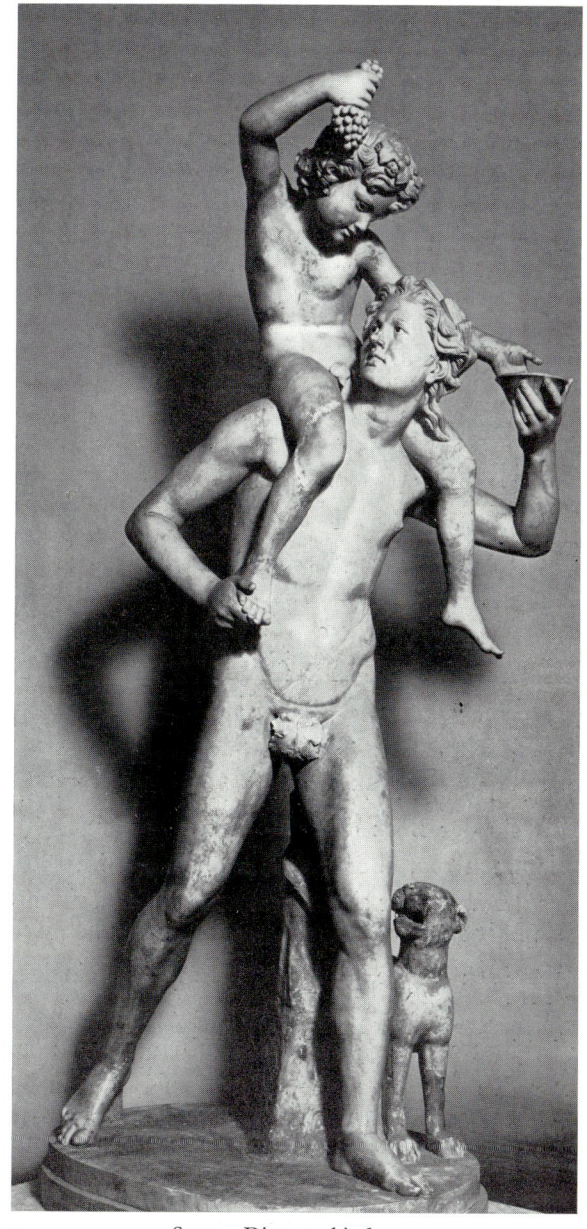

327     Satyr Dionysoskind

Pentheus und die Seeräuber, den Gott als Herrn des Theaters, der Tragödie und des Satyrspiels.

Seine Geburt ist kein aufregendes Ereignis, an dem die Götter des Olymp teilnehmen. Dionysos entspringt nicht dem Haupt des Vaters, wie seine Schwester Athena (Abb. 42–48), noch kommt er erwachsen zur Welt. Er wird zweimal

353

328  Mänade          Dionysos            Gigant              Mänade

und auf mysteriöse Weise geboren. Das steigert seine Doppelnatur. Seine Mutter Semele ist eine Sterbliche. Als sie den Gott vor ihrer Niederkunft leibhaftig schauen will, trifft sie der Blitz des erscheinenden Gottes (Abb. 49). Semele kommt in den Flammen um, aber die unreife Frucht im Mutterleib wird gerettet und zu Zeus gebracht, der sie in seinem Schenkel aufnimmt und den Sohn austrägt. Als Gott der Natur wird er sinnvoll aus des Vaters Schenkel (Abb. 50), dem Sitz der vegetativen Kräfte, geboren und muß als einziger der Götter die Wege eines Sterblichen gehen und sogar die Leiden eines Menschenlebens durchstehen. Es beginnt gleich nach seiner zweiten Geburt: er wächst nicht im Olymp oder unter den Händen einer sterblichen Pflegerin heran, sondern er wird von Zeus oder Hermes zu den Bergnymphen von Nysa (Abb. 253. 255. 51) gebracht. Dort muß er eine richtige Kindheit durchmachen, mit Wiegen, Warten und Spielen. Auf einem Bild aus dem dritten Viertel des fünften Jahrhunderts (Abb. 254) nimmt ein alter Silen den Knaben an sich. Diesmal sind die Umstehenden und um das Kind sorgenden Frauen nicht die nysäischen Nymphen. Sie halten den Efeustab der Mänaden, und der weißhaarige Silen, der die Rolle des Erziehers übernimmt, ist gar kein Bewohner von Nysa, sondern eine Figur des Satyrspiels. Im späteren vierten Jahrhundert ist der Silen sogar in der statuarischen Kunst der Pflegevater des Dionysosknaben. Ein ›rührendes‹ Bild (Abb. 326), wie der Alte, ganz seiner Aufgabe hingegeben, das

329    Satyr

Kind in den Armen hält. Jedoch den Unterschied zwischen Alter und Jugend hat der Bildner nicht verwischt. Die ernste Szene wird schließlich im späteren zweiten Jahrhundert (Abb. 327) zum heiteren Spiel, als jugendliche, ausgelassene Satyrn mit dem Knaben schäkern, ihn in die Arme nehmen, auf die Schultern setzen. Der Knabe macht mit, läßt sich alles gefallen und ist ein zünftiger Genosse der niederen Geister, kein kostbares Gut mehr, wie er es Zeus, Hermes und dem Silen (Abb. 51. 253–255. 326) war.

Dionysos nimmt am Gigantenkampf teil wie andere Götter auch, aber als der am wenigsten kriegerische von allen. Zieht er mit gegen die Giganten, dann nur ausnahmsweise als Krieger im Panzer, mit Helm und Lanze, sonst dienen ihm seine Attribute als Waffen: der Efeustab, vor allem der Rebzweig, den er auf dem Schlachtfeld wachsen läßt, um den Feind darin zu verstricken (Abb. 28. 328). Und während jeder andere Gott im Kampf allein seinen Mann stehen muß, ist Dionysos selten allein: ihm helfen seine Tiere, Panther und Löwe, die den Gegner anfallen oder den Wagen des Gottes (Abb. 28) in die Schlacht ziehen, und die Mänaden, die mit Efeustäben und Steinen auf die Giganten einschlagen. Die Silene greifen gewappnet an, zu Fuß oder auf dem Streitwagen (Abb. 329), doch sind sie schlechte Kämpfer. Am Rande des Schlachtfeldes sind sie noch mutig, aber in der Schlacht halten sie gemessenen Abstand vom Gegner. Silene in Rüstung und auf dem Weg in die Schlacht: das war ein gegebener Stoff für ein Satyrspiel. Die Besetzung eines solchen Bühnenstückes mit Dionysos als Hauptkämpfer, die Silene als Chor und Mitstreiter, war klein und die Handlung gewiß einfach: Großtuerei, begeistertes Vorstürmen, Angst, feiger Rückzug, schließlich Fahnenflucht der Silene – der Gegner war natürlich auf der Bühne nicht zu sehen. Am Ende Beschimpfung durch Dionysos, dann ein rascher Stimmungswechsel: die Silene ziehen mit einem Siegeslied ab.

Im Gigantenkampf streitet Dionysos gegen gemeinsame Feinde der Götter, aber bei der Verkündigung seiner Lehre mußte er persönliche Gegner überwinden.

355

330  Lykurg              Dryas                Dionysos

Einer war der thrakische König Lykurg, der sich ihm und seinen Begleitern entgegenwirft und sie gefangennimmt. Doch Dionysos entkommt und schlägt den König mit Wahnsinn, so daß er gegen seine eigene Familie wütet. Die Darstellungen sind frühklassisch (Abb. 330). Lykurg bricht mit erhobener Axt in die Kultgemeinschaft des Dionysos. Da hält der Gott dem König den Rebzweig entgegen und macht ihn wahnsinnig. Verblendet erschlägt Lykurg seinen Sohn Dryas am Altar.

Der große Widersacher des Dionysos aber ist Pentheus, der Herrscher von Theben, der dem Gott entgegentritt, damit er nicht Gewalt über seine Leute gewinne. Die alte Sage wird in den ›Bakchen‹ des Euripides (aufgeführt 406 v. Chr.) zur Tragödie: als der Gott erscheint, kann Pentheus es nicht verhindern, daß seine Mutter Agaue, ihre Schwestern und Frauen aus Theben dem Gott in den Bergwald folgen, daß selbst der greise Kadmos, früherer König von Theben, und der alte Seher Teiresias sich Mänadenkleider überwerfen und den Efeustab ergreifen. Und der König? Pentheus, der schärfste Gegner des Dionysos, will den Gott des schändlichen Tuns überführen – und wird zum Gottesfrevler. Im falschen Gewand und versteckt, beobachtet er die dionysische Raserei, bis ihn rasende Mänaden entdecken, ihm Arme und Beine aus dem Leib reißen und in der Luft schwingen (Abb. 331). Das Drama erreicht seinen Höhe-

331  Pentheus

punkt: die rasenden Frauen aus dem Haus des Königs, angeführt von der eigenen Mutter, müssen die Rache des Gottes Dionysos an Pentheus vollziehen. Nichtwissend, sinnverwirrt, wird die Mutter zur Mörderin des Königs. Den Kopf des Sohnes als Siegestrophäe im Arm, zieht die Mutter in Theben ein. Aus dem Wahnsinn erwachend, erkennt sie die furchtbare Tat. Die Mutter, Töchter und Frauen von Theben, der alte König und der Seher sind die Opfer und damit Diener des Gottes geworden.

In der Sage von Lykurg und Pentheus reißt Dionysos die Menschen in seinen Bann, läßt sie Herkunft, Zeit und Ort vergessen, treibt seine Gegner in die Ekstase, um sie am Ende zu vernichten. Was ist der Sinn solcher Sagen und Darstellungen? Sie zeigen die Allmacht des Gottes. Verkünden sie auch geschichtliche Ereignisse, etwa wenn der Gott aus der Fremde kommt, in Griechenland eindringt und sich seiner Widersacher entledigt? Nun – Dionysos kommt nicht aus der Fremde, er ist ein alteingesessener griechischer Gott. Die Bilder spiegeln keine frühgeschichtlichen Begebenheiten wider, sondern die geistigen Auseinandersetzungen zwischen gegenwärtigem und vergangenem Glauben: Wandlungen in der Geschichte des Geistes. Die wahren Vorgänge solcher Mythenbildung sind Bewußtseinsstufen des Menschen.

Dionysos ist der Gott der ständigen Verwandlung. Er verwandelt seine Gegner, den Menschen, die Landschaft, oft sich selbst. Der Fries eines choregischen Denkmals in Athen, aus dem vierten Jahrhundert, erzählt ein Abenteuer des Gottes mit anschließender Verwandlung. Der Gott, mit dem Schiff unterwegs nach Naxos, gerät in die Hände tyrrhenischer Seeräuber, die ihn als Sklaven verkaufen wollen. Er entkommt aber mit List, indem er sich in einen Löwen, den Mastbaum und die Ruder in Schlangen verwandelt, das Schiff mit Efeu und

357

Dionysos

Lärm erfüllt, bis die Schiffer, von Angst und Wahnsinn getrieben, sich ins Meer stürzen und als Delphine untertauchen.

Zu Dionysos gehört das überraschende Erscheinen. Er verschwindet und ist plötzlich wieder da. In vielen Kulten und Festen wird der Verschwundene gerufen, er möge wiederkehren. Dionysos hat viele Formen und Wege des Erscheinens: er kommt zu Schiff übers Meer, zu Wagen oder auf Tieren reitend auf dem Land. Er mußte übers Meer fahren, weil er aus Lydien kam, sagt der Mythos. An diese Sage denkt man zunächst bei dem Bild mit der Meerfahrt des Gottes aus dem sechsten Jahrhundert (Abb. 332): ein Zauberschiff mit weißen Segeln, von Delphinen umgeben, darin sitzt der bekränzte Dionysos mit dem Trinkhorn unter einem Weinstock, der am Mast emporstrebt und das Schiff überwächst. Der Gott kommt aber nicht aus der Fremde, er bringt die Rebe,

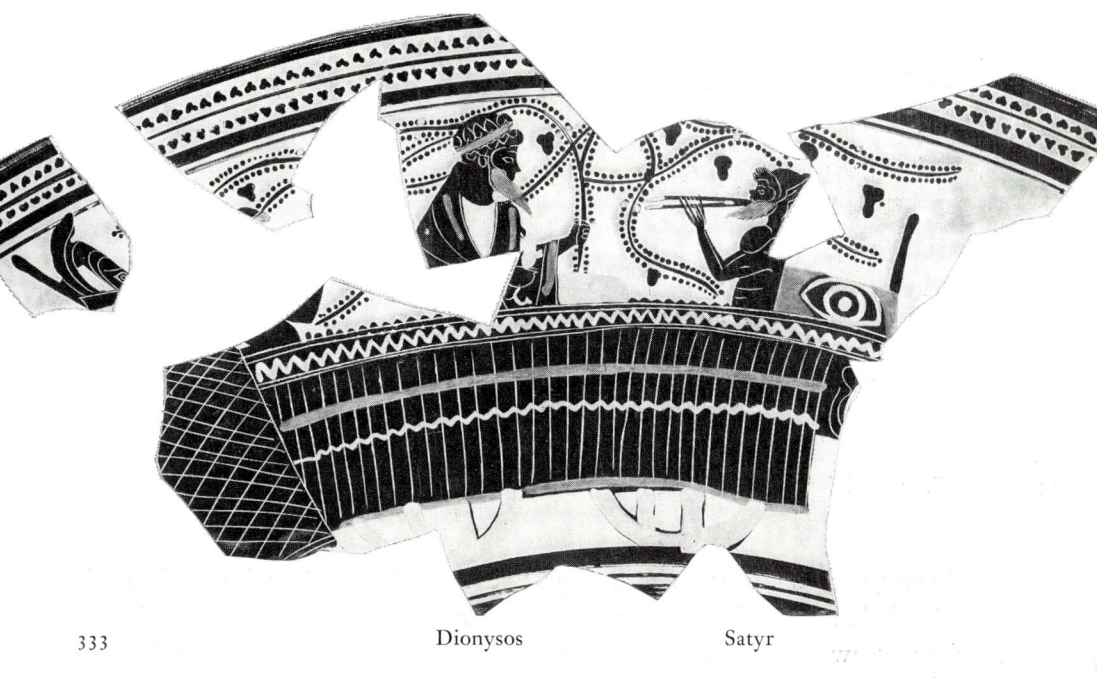

333         Dionysos         Satyr

den Wein und die Vegetation. Ein anderes Bild (Abb. 333): ein Schiff auf Rädern und mit Tüchern behängt, das Kultschiff, bringt den Gott am Frühlingsfest nach Athen. Teilnehmer der Prozession gehen vor und hinter dem Schiffskarren. Im Rumpf sitzen Dionysos und Satyrn, und der Weinstock steigt am Mast empor, zum Zeichen, daß der ankommende Gott mit der erwachenden Natur auch die Rebe bringt. Eine neue Form der Erscheinung im sechsten Jahrhundert sind Götter auf dem Wagen, auf Gespannen oder Tieren. Auch Dionysos fährt auf einem Wagen: einmal ist es ein Flügelwagen, dann ist es ein phantastisches Gespann mit zwei Hirschen, einem Löwen und einem Panther an der Deichsel (Abb. 334). Der Gott hält unterwegs an einem Brunnen, der nicht Wasser, sondern Wein gibt. Ein Silen meldet die wunderbare Entdeckung, zwei andere machen sich auf zu den Nymphen. Natur ist hier nicht Landschaft. Natur sind die Tiere, die Rebe, der Baum, die Silene, die Wachstumskräfte. Im vierten Jahrhundert haben solche Darstellungen allgemein epiphanische Züge, eine neue Art Natur kommt auf, die Landschaft spielt eine Rolle.

Eine andere Form der Verwandlung und Erscheinung ist der Gott in der Maske, die zu ihm und seinem Kult gehört. In einer marmornen Maske des sechsten Jahrhunderts aus dem attischen Dionysosheiligtum in Ikaria (Abb. 335) ist der Gott stark gegenwärtig. Die dionysische Maske will weder Schrecken erregen noch Böses abwehren; man trägt sie nicht wie die Maske eines Erdgeistes, um ihn abzuhalten. Mit ihr ist vor allem die Verwandlung verbunden: man tritt aus

334    Silene    Dionysos Ariadne                    Silen

sich heraus, um als Verwandelter neu zu erscheinen. Der Träger der Maske stellt nicht bloß ein anderes Wesen dar, sondern er verwirklicht es, indem er es in der Maske gegenwärtig setzt. Die Maske hat noch andere Eigenschaften: sie verwischt das Bewegliche und Veränderliche eines menschlichen Gesichts, verbirgt Individuelles und bannt das visionär Geschaute in die feste Form der Voransicht. Die Maske verhüllt und macht zugleich deutlich. Auch das Gesicht des in dionysischer Ekstase Verwandelten verhüllt das Individuum, um zugleich etwas tief Menschliches zu enthüllen: das, was in der Ekstase aus dem Menschen hervorbricht.

Die Ekstase verbindet den Verwandelten mit Dionysos, wie die Maske den Schauspieler mit seiner Rolle. In der Maske ist Dionysos der gerufene und erscheinende Gott. Wenn am attischen Dionysosfest Frauen und Mänadenchöre am Pfeiler mit der vorgebundenen Maske des Dionysos ihren Dienst versehen, Wein aus Krügen umfüllen, dem Gott den Becher reichen, im ekstatischen Tanz mit ihm vereint werden (Abb. 336), wenn das Gesicht des Gottes am Pfahl oder auf dem Tisch mit Kultgewändern und Reben behängt wird (Abb. 336. 337), ist deswegen der mit dem Bild des Gottes behängte Pfeiler nicht Dionysos als Baumgott, sondern ein Kultmal, an dem der Gott gerufen wird, wie einst die Götter des zweiten Jahrtausends an Bäumen gerufen und beschworen wurden. Der Pfeiler, ein Stamm können sogar ein Bild des Gottes sein, wie die alten ›vom Himmel gefallenen‹ Balken. Die Epiphanie des Dionysos ist nicht gebunden an die Jahreszeit. Er erscheint den ekstatisch Rufenden und orgiastisch Tanzenden in der Vision an jedem Ort und zu jeder Zeit.

Der Gott verwandelt sich, verwandelt sein Gefolge, zieht die Menschen an sich, läßt sie toben und rasen und hebt die Grenzen der geordneten Welt auf. Zu

335  Dionysos

seinem Kult gehören der Tanz und die Musik der Flöte, deren Töne den Menschen anstacheln und die Ekstase steigern; denn sie kommen mit den Atemstößen aus dem Naturhaften im Menschen und erregen nicht Gefühle, sondern eine urtümliche ekstatische Seinswelt, an der der Mensch teilhat. Diese durch Tanz und Flötenspiel erregte Schicht im Menschen ist der Machtbereich des Dionysos.

Der Tanz der ›Dickbäuchigen‹ (Abb. 322. 323) war ein reiner Fruchtbarkeitstanz, bei dem Dionysos anwesend sein konnte, aber er galt nicht ihm im besonderen. Erst der Tanz der Silene und Mänaden wurde ein Tanz um Dionysos als Mittelpunkt. Gegen die Mitte des sechsten Jahrhunderts geben die Maler Klitias (Abb. 230) und nach ihm Lydos (Abb. 338. 231) dem dionysischen Gefolge ein wildes, sogar tierisches Aussehen. Struppige Silene, Mänaden, mit Fellen und Schlangen behängt, umtanzen Dionysos und geleiten Hephaistos in

336　　　Mänaden　　　　　　Dionysos　　　　　　Mänaden

den Olymp. Hin und wieder tauchen Satyrn auf, die zwar irdischen Tänzern gleichen, aber doch verbürgerlichte Nachfahren der ›Dickbauchtänzer‹ sind. Die Herrschaft unter den männlichen Gefolgsleuten des Gottes aber gehört den zottigen und bärbeißigen Silenen, die auch im Weingarten tätig sind, keltern und den Gott zur Weinprobe empfangen (Abb. 339).
Als ein Maler, am Ende des dritten Viertels des sechsten Jahrhunderts, das Farbverhältnis der Tongefäße kühn umkehrt und statt schwarze Figuren auf rotem Grund rote Figuren auf den schwarzen Grund setzt, schafft er viele neue Möglichkeiten der Darstellung. Wie jetzt die Kriegergestalten nicht mehr der heroischen Vorzeit entstammen – so sah sie noch Exekias, ein großer Vasenmaler des dritten Viertels des Jahrhunderts –, sondern wie höfische Ritter auftreten, so sind die Silene (Abb. 340) nicht mehr struppig und wild, sondern ›kultiviert‹; die Mänaden nicht mehr ausgelassene Bewohner der Bergwiesen, sondern Hofdamen ähnlich; der Gott ist nicht urtümlich, sondern er gleicht eher einem ›gepflegten Herrn‹; die dionysische Raserei ist nicht mehr drastisch, sondern eine höfische Begegnung.
Auch im fünften Jahrhundert sind alle Gestalten des dionysischen Zuges ge-

337   Mänade        Dionysos        Mänade

wichtig. Einzelbilder, vor allem im Innern von Schalen, tauchen auf: ein Satyr spielt vor Dionysos die Flöte, eine Mänade tritt vor ihn hin. Aus dem Zug aber ragt der Verzauberer seines Gefolges heraus (Abb. 341). Was er ausstrahlt, geht in die Silene und Mänaden ein und steigert ihre Bewegungen und Tänze. Zwar war es immer so, daß die Verzauberung vom Gott ausging, doch sie vollzog sich jeweils auf einem verschiedenen Grund. Im siebten Jahrhundert ist dies ein gemeinsamer geisterhafter Natur- und Wildnisgrund: die Ornamente, die Gestalten, das ›dionysische Treiben‹ sind darin verwoben (Abb. 323). Im sechsten Jahrhundert fällt das Dionysische zusammen mit der neuen Stufe des vitalen Seins. Daher sind alle dionysischen Wesen gleichmäßig voll der Ekstase und des Gottes (Abb. 338. 231. 339). Im fünften Jahrhundert beruht die Verwandlung der an der dionysischen Kultgemeinschaft Beteiligten auf einer Wechselwirkung zwischen dem Gott und dem Menschen (Abb. 341–344). Die Verzauberung ist nicht einfach ein Erfaßtsein vom Dionysischen wie im sechsten Jahrhundert: die Haltung der Gestalten zeigt ein Bewußtwerden des Dionysischen und seiner Macht. Die Möglichkeit des Bewußtwerdens kam mit dem Kontrapost im fünften Jahrhundert, und sie wird stärker, je weiter die Darstellungen in das Jahr-

338　　Silene　　　　Mänade　　Dionysos　　　Silene　　　　　Mänade

hundert hineinreichen, bis am Ende des Jahrhunderts das ekstatische Element den Bildnern und Dichtern, vor allem Euripides, zu einem innermenschlichen Problem wird.

Manche Maler des frühen fünften Jahrhunderts gehören zu den großen Gestaltern des Dionysischen. Ihre Bilder führen unmittelbar in den Taumel hinein. Was Dionysos auf sein Gefolge ausstrahlt, erfaßt nun ihn selbst: er wird zum Rasenden (Abb. 342), schwärmt, schwingt den Efeustab, zerreißt Tiere und tut alles, was die Mänaden tun. Was ihm im Mythos von Dionysos-Zagreus widerfährt, ist das, was er selbst tut. Wie die Mänaden im dionysischen Wahnsinn junge Tiere zerreißen, Kinder zerstückeln, wie er selbst als Kind von den Titanen zerrissen wurde, so tut es jetzt der ›wilde Jäger‹ Dionysos.

Im dritten Viertel des fünften Jahrhunderts (Abb. 343. 344) wird der ekstatische Taumel ruhiger, die Schritte werden verhalten und die Gestalten besinnlich. Jede Gestalt ist für sich verzaubert. Ohne äußere Bewegung, in der Entrückung allein wird die Ekstase von einer Figur zur anderen weitergegeben und vereint alle. Meist erscheinen nur wenige Gestalten. Ein Bild (Abb. 343) hat nur drei Figuren: eine Flötenspielerin geht voran, eine Mänade folgt Dionysos, der sich zu ihr wendet. Der Zwischenraum wird trächtig: die Wechselbeziehung ist da. Diese Beziehung besteht auch dann, wenn der Gott sich nicht umwendet, niemand anblickt (Abb. 344). Es ist, wie wenn Schwingungen vom Gott ausgehen, die auf ein Gegenüber treffen, und dieses Gegenüber antwortet. Ein anderer dionysischer Zug (Abb. 234) hat eine Mitte mit Dionysos, eine dionysische Vorszene und eine Hauptszene: die Rückkehr des Hephaistos in den Olymp. Wieder sind alle Gestalten in einer ekstatischen Spannung vereint. Im Rund einer Schale stehen Dionysos und Ariadne (Abb. 348). Sie bilden eine Gruppe, sind um-

339    Silene          Dionysos          Silene

340    Satyr      Dionysos      Mänade      Satyr

341    Satyr    Mänade    Dionysos

schlungen und zugleich mit anderen verbunden, Ariadne mit Aphrodite, unter deren Einwirkung die Braut des Gottes steht, und Dionysos mit einem Satyr. In den drei Jahrzehnten nach der Mitte des fünften Jahrhunderts wird ein Geschehen nur von wenigen Gestalten getragen und scheint sich in einem Schwebezustand der Bewegungen und Gesten zu ereignen. Um so verbindender wirkt der Zwischenraum, um so geheimnisvoller der Grund, auf dem sich die Gestalten bewegen. Sie erheben oder neigen das Haupt. Immer scheint es, als sei eine bestimmte Haltung, ein bestimmter Blick damit verbunden. In der Tat: in der Haltung und im Blick wird etwas eingefangen, das im Innern des Verzauberten sich spiegelt, nämlich Dionysos selbst, der in der Vision in den Schauenden eindringt. Im mittleren fünften Jahrhundert (die Ansätze liegen schon am Beginn des Jahrhunderts) ist das visionäre Schauen im dionysischen Bereich deutlich. Um jetzt den Gott in der Vision erfahren zu können, sind die Bewegungen der Tanzenden und Schreitenden verhalten.

Das Phänomen des Dionysischen in der Parthenonzeit erhellt sich, wenn man den Kontrapost der Gestalten in dieser Zeit nicht nur als eine Beziehung zwischen Dionysos und dem von ihm Ergriffenen, sondern als eine Begegnung versteht. Die dionysische Ekstase wird im dritten Viertel des Jahrhunderts in der Begegnung des Gottes und des Mysten verwirklicht. Jeder Teilnehmer am

342    Satyr    Dionysos    Satyr

Thiasos hat ein Gegenüber – und das ist Dionysos. In frühklassischer Zeit vollzog sich die dionysische Verwandlung in einer Begegnung des Menschen mit dem Gott. Aber es war doch mehr ein Eindringen des Gottes in den Menschen, der Myste war gleichsam der ›Unterlegene‹. Im dritten Viertel des Jahrhunderts stehen sich der Verzauberer und der Verzauberte im Gleichgewicht der Begegnung gegenüber. Die Vision vollzieht sich im ›Dazwischen‹. Was ist geschehen? Nicht die Sphären zwischen dem Gott und dem Mysten haben sich verwischt, sondern der Myste antwortet dem Gott als Verzauberter und als Mensch: die Begegnung in der Ekstase hat existentiellen Charakter.
An einem Ausschnitt des dionysischen Zuges – ein Satyr faßt eine Mänade – zeigt sich, wie verschiedenartig die Macht der Ekstase ist, wie das Verhältnis der beiden Gestalten zueinander und zum Dionysischen sich wandelt. In der Mitte

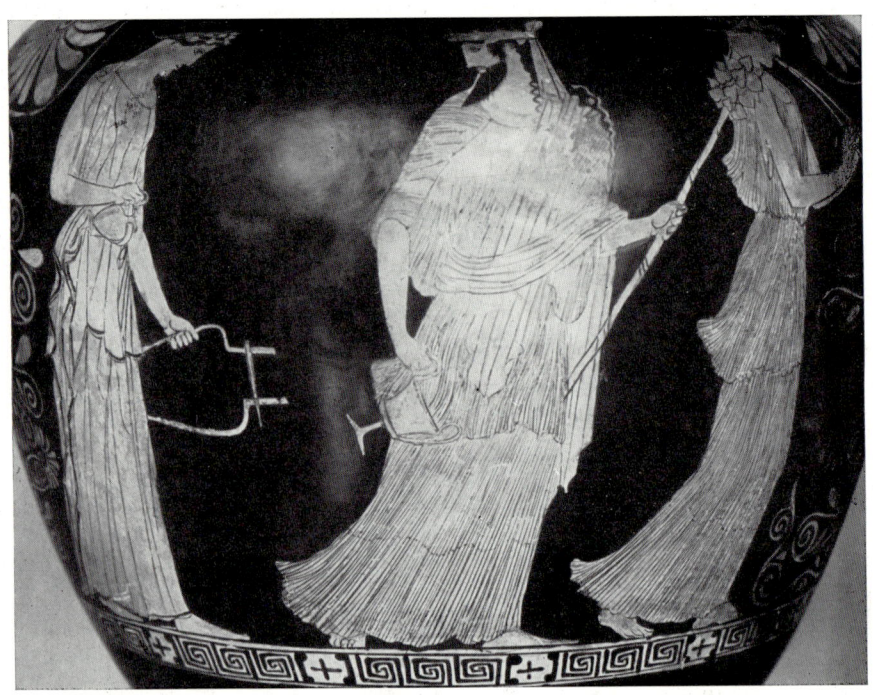

343   Mänade          Dionysos          Mänade

des sechsten Jahrhunderts (Abb. 338): Silene blicken Mänaden an, stellen ihnen nach oder fassen sie an. Die Gesten sind stark und drücken sich auch in der ganzen Gestalt aus. Und doch ist mehr damit gemeint als nur ein ›Ausfälligwerden‹ der Silene; denn der Silen handelt in der Ekstase, sein kreisrundes Auge ist nicht auf die Mänade gerichtet, der Blick ist ekstatisch. Das erste Viertel des fünften Jahrhunderts (Abb. 341) bringt einen tiefen Einschnitt im alten Thema. Das Auge sitzt im Augenwinkel, der Satyr blickt nicht nur nach außen, sondern beginnt auch nach innen zu blicken. In ihm geht etwas vor: im Fassen der Mänade schaut er den Gott. Dann im zweiten Viertel des Jahrhunderts (Abb. 345): ein Satyr stößt mit einer Mänade zusammen und packt sie an der Schulter, ein Spannungsraum entsteht zwischen den beiden. Die Mänade ist dem Satyr durch ihre Erscheinung und ihre höhere Aufgabe im Kreis der dionysischen Wesen überlegen – ähnlich wie der Gott dem Frevler, der Sieger dem Unterliegenden (Abb. 25). Der Satyr hält inne, er und die Mänade schauen den Gott. Schließlich im dritten Viertel des Jahrhunderts (Abb. 346. 234): der Satyr umtanzt die Mänade und blickt zu ihr auf. Doch die Blicke treffen sich auch diesmal nicht. Sie gehen nach außen und nach innen und zu Dionysos, zur Mitte des Geschehens. So ist die Szene eine visionäre Begebenheit, in deren Mittelpunkt Dionysos steht.

Wie seit dem frühen fünften Jahrhundert (Abb. 341) der angreifende Satyr be-

344    Satyr    Mänade    Dionysos    Mänade

sinnlich zu werden anfängt, die Mänade nicht von Dionysos abgetrennt ist; wie im zweiten Viertel des Jahrhunderts (Abb. 345) der Gegensatz zwischen der reinen Dionysosdienerin und dem Wildniswesen verschärft ist und die Reinheit der Mänade über den Satyr siegt; wie beide ohne die visionäre Verbundenheit zu Dionysos nicht zu verstehen sind und wie schließlich im dritten Viertel des Jahrhunderts (Abb. 346) die Blicke und Gesten in der reinen visionären Schau aufgehoben sind – immer ist eines deutlich: es gibt im fünften Jahrhundert, vor allem in dessen mittleren Jahrzehnten, keine Begegnung eines Gottes und eines Menschen ohne die Vision. Dann ändert sich dies rasch.

Der Satyr, der die Mänade auf einem Bild des späten fünften Jahrhunderts (Abb. 347) umtanzt, begegnet ihr zwar noch ekstatisch, aber nicht mehr visionär: die Gesten gehen im bewegten Tanz auf. Aus dem Gegenüber, das sich im frühen fünften Jahrhundert anbahnt, im dritten Viertel den Höhepunkt erreicht, ist eine ekstatisch tänzerische Übereinstimmung geworden. Seitdem sind die Leiber und Glieder der Gottbegeisterten fließend, ist der Spannungsraum von Figur zu Figur verändert, das strenge Gegenüber aufgelöst (Abb. 349). Neben den alten bärtigen Gott tritt jetzt der schwärmerische, weiche Jüngling.

Die Ekstase erhält, ob nun das Gefolge des Gottes wild tobt, ruhig steht oder sitzt, ebensolche schwärmerischen Züge. Es ist eine neue Art der Ekstase: die Gestalten tauchen in eine allgemeine dionysische Atmosphäre ein, zu der der Mensch gleichsam aus seinem Innern etwas hinzugibt. Die im Innern des Menschen erfahrenen ekstatischen Kräfte und die Verwandlung durch den Gott – beides zusammen ergibt die neue Ekstase. Zur neuen Art des dionysischen Außer-sich-Seins gehören die aufgelockerten Gestalten, die wirbelnd bewegten Mänaden und Satyrn, gehören die Landschaft und der Schein der Fackel. Der weitere Weg ist vorgezeichnet: die ekstatische Innenwelt des Menschen bricht immer stärker auf. Im zweiten Viertel des vierten Jahrhunderts kommen sogar innige Szenen auf, bis die Glut der Ekstase nach der Jahrhundertmitte sich zur Leidenschaft steigert und die Mysten an die Grenze des Möglichen führt.

Dionysos ist Herr der Tragödie und des Satyrspiels. So sehr sich das Drama – durch neue, nichtdionysische Themen – von dem ursprünglichen Spiel und Themenkreis entfernt und bereichert hat, es blieb doch an Dionysos gebunden. Weihungen für eine siegreiche Aufführung eines Stückes galten ihm. Die Stücke wurden nicht nur an seinem Fest aufgeführt, er selbst war immer auf der Bühne anwesend gedacht. Dionysos, auf der Kline liegend (Abb. 350), ist nicht etwa in einer Rolle mit den Schauspielern zusammen, sondern als der Herr des Dramas anwesend. An ihn wenden sich die drei maskentragenden tragischen Schauspieler und die Frau auf der Kline – vier Gestalten aus den ›Bakchen‹ des Euripides: Teiresias, der alte Seher, der auch die Rolle des Dionysos zu übernehmen hatte, Pentheus, der König von Theben, dessen Ahnherr Kadmos und Agaue, Mutter des Pentheus und zugleich Anführerin des Mänadenchors.

Auf einem ›Theatergefäß‹ aus dem Ende des fünften Jahrhunderts (Abb. 352) erscheint der Gott mit Ariadne, umgeben von tragischen Schauspielern, dem Satyrchor und seinem Chorführer. Dichter und Chorleiter, Flöten- und Leierspieler sind dabei. Die Szene spielt weder hinter der Bühne noch auf ihr, sie ist weder eine Feier für das göttliche Paar auf der Kline noch eine Vorbereitung zu einem Spiel, wo hinter den Kulissen Schauspieler und Chor die Masken aufsetzen, der Flötist Pronomos und der Leierspieler Charinos zum letzten Mal proben, der Dichter Demetrios vielleicht noch Anweisungen gibt, bevor die Darsteller die Bühne betreten. Versammelt sind die tragischen Schauspieler einer Tragödie des Demetrios über die Geschichte von Laomedon und Hesione. Das Stück ist nicht erhalten, aber der Stoff ist bekannt: Laomedon, König von Troja, betrügt Poseidon und Apollon, die ihm die Mauern gebaut haben, um ihren Lohn. Da schickt Poseidon zur Strafe ein furchtbares Meeresungeheuer. Herakles erledigt das Ungeheuer und gewinnt die Hand der Königstochter Hesione. Die dargestellten Personen sind: der bärtige, langhaarige Mann – Laomedon; die Sitzende, mit der ein Flügelknabe spricht – Hesione, und Herakles. Vom zu-

345　　　　　Mänade　　　　Satyr

346　　Satyr　　Mänade　　347　Satyr　　Mänade

348  Aphrodite    Eros    Ariadne    Dionysos    Satyr

gehörigen Satyrspiel sind anwesend: der alte Silen als Chorführer und der Silenschor. Wie erklärt sich die Anwesenheit von Dionysos und Ariadne, die keine Masken halten? Der Herr des Bühnenspiels kann zwar stets unsichtbar unter den Schauspielern sein, vor allem dann, wenn, wie hier auf dem Bild, keine Handlung dargestellt ist. Aber unsichtbar anwesende Götter sind eine Vorstellung der frühklassischen Zeit und des dritten Viertels des fünften Jahrhunderts. Wäre die Darstellung eine Art Weihtafel, dann ist Ariadnes Anwesenheit unverständlich. Es ist vielmehr so: auf dem Gefäß erscheinen die Schauspieler der ›Laomedon-Tragödie‹ und des Satyrspiels, das vielleicht ›Die Hochzeit von Dionysos und Ariadne‹ hieß. Dionysos und Ariadne sind demnach Personen des Satyrspiels, zu dem der alte Silen und der Chor gehören. Daß Dionysos und Ariadne ohne Masken und in der Mitte des Bildes erscheinen, ist nicht befremdend, sie sind ja Götter, und Dionysos ist Herr des Theaters. Das läßt sich beweisen; denn zur Zeit der ›Theatervase‹ entstehen viele Darstellungen mit

349   Eros   Dionysos   Ariadne

Dionysos und Ariadne in der Mitte, von einer Schar von Silenen umtanzt; auch Mänaden können sich unter die Tanzenden mischen, von den Gefäßmalern hinzuerfunden, die sich ja nicht unbedingt an das Bild der Bühne zu halten brauchen. Und auch der greise Silen kommt vor, er spielt die Flöte; ein anderer Silen stiehlt ein Stück Fleisch von einem Tisch. Solche Darstellungen erinnern an die ältesten Satyrspiele, wo Dionysos mit Herakles feiert und die Silene sie bedienen und Unfug treiben. Das Satyrspiel ist in seinem Spätstadium offenbar wieder zu den einfachen Themen der frühen Spiele zurückgekehrt. Das Satyrspiel ›Die Hochzeit von Dionysos und Ariadne‹ hatte gewiß wenig Handlung, war mehr ›operettenhaft‹ aufgemacht, reiche, musikalisch ausgebaute Szenen werden das Stück gefüllt haben. Das Thema war wohl teils schwärmerisch, teils spielte der Alltag, im Sinne der ›Mittleren Komödie‹, herein.

Wenn der Athener in das Dionysostheater ging, dann ging auch der Gott und Herr des Spiels dorthin. Er war anwesend. Der Dionysospriester saß stellver-

350  Teiresias  Kadmos  Pentheus  Agaue  Dionysos

tretend für ihn im Sessel. So kann Dionysos mit wallendem Gewand (Abb. 351), dem ein Silen, geputzt und gepflegt, Kantharos, Efeu und den Stuhl mit dem bestickten Tuch auf dem Kopf hinterdrein trägt, unterwegs zum Festmahl sein oder zur Hochzeit mit Basilinna, der Frau des Athener Archonten – doch auch der Gott, der ins Theater geht, kann gemeint sein.

*Dionysos als geistige Gestalt.* – Der Gestaltwandel des Dionysos ist ein Wandel des Dionysisch-Ekstatischen überhaupt und seines Gefolges – der Mänaden, Silene, Satyrn. Welches Bild die Griechen des frühen ersten Jahrtausends von Dionysos hatten, ist schwer zu beantworten, gerade für diesen Gott, der ein stets sich wandelnder ist, der die Kräfte der Natur im Übermaß besitzt, als wildes Tier erscheinen kann, dessen Nähe man beim Zerreißen von Tieren, im Genuß des Blutes, in orgiastischen Tänzen und Musik erlebte. Wenn der Bildner *eine* Gestalt dieses Gottes festhält, dann kann sie nur eine von vielen sein. Der geflügelte Dämon mit Blütenranken in den Händen (Abb. 353), der Langhaarige im Fellkleid (Abb. 323), der mitten unter Naturwesen hockt, und der Weinstockträger (Abb. 228), der den Zug anführt – so kann man sich Dionysos im siebten Jahrhundert vorstellen. In solchen Bildern ist er noch ein ausgesprochener Naturgott.

Im sechsten Jahrhundert ist Dionysos der bärtige Gott, der bekränzt das lange Gewand und den Mantel trägt, zu dem das Trinkhorn oder der Kantharos, die Weinrebe oder der Efeustab gehören (Abb. 338. 339). Dieses Bild ist offenbar

351  Dionysos          Silen

352    Laomedon    Dionysos    Ariadne    Hesione    Herakles   Silen

Demetrios              Pronomos     Charinos      Satyr

 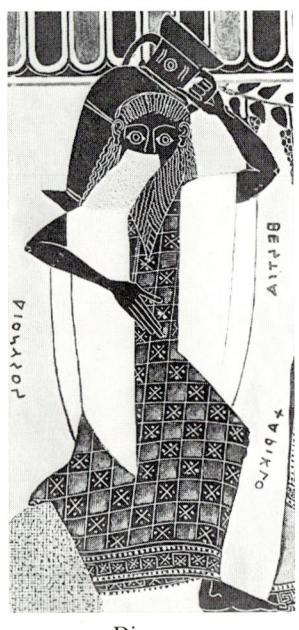

353 Dionysos  354 Dionysos

im frühen sechsten Jahrhundert von Athen ausgegangen (Abb. 355). In anderen Landschaften hat sich der wilde Naturgott langsamer zum olympischen Gott gewandelt; auch sein Gefolge, die alten Fruchtbarkeitswesen, sind in Athen früher als anderswo Satyrn, Silene und Mänaden geworden. Der Wandel ist nicht unwesentlich: Dionysos erhebt sich aus der Naturwelt, wird Herr des vitalen Seinsbereichs. Äußeres und Gebaren seines Gefolges im struppigen Fellkleid, mit umgehängtem Pantherfell und den Zweigen in den Händen, stammen aus der vitalen Natursphäre.

Die stärksten Bilder des Gottes und seines Gefolges sind in diesem Jahrhundert entstanden. Ein marmorner Dionysos auf einem Feldstuhl (Abb. 356) gehört in dieses Jahrhundert. Vielleicht darf man sich ein Kultbild in einem nahe bei Athen gelegenen Dionysosheiligtum ähnlich vorstellen. Hinzu kommen Darstellungen auf Tongefäßen (Abb. 230. 338. 339). Merkwürdig ist sein Aussehen (Abb. 354) mit dem riesigen Bart und dem Dämonengesicht, das gleich einer Maske aus dem Götterzug blickt, wo er als einziger Fußgänger unter den Göttern, den Weinkrug auf der Schulter, zur Hochzeit des Peleus und der Thetis auf den Berg Pelion zieht.

Dionysos ist kein zweitrangiger Gott, weil aber mit ihm ein Stück Natur, die abseits vom olympischen Palast und von den menschlichen Behausungen liegt, in die Götterversammlung kommt, muß er sich von den anderen Göttern absondern. Er steht oder sitzt am Rande der Götterversammlung. Auch wenn er

355            Dionysos            Aphrodite

mitten unter den Göttern erscheint, schafft der Rebenträger seinen eigenen Bereich.

Im fünften Jahrhundert verändert sich die Gestalt des Gottes, er trägt oft ein kurzes Gewand, an den Füßen halbhohe Laschenstiefel. Im zweiten Viertel des Jahrhunderts vertauscht er die Weinrebe mit dem Efeustab. Doch das sind Äußerlichkeiten, schwerer wiegt der innere Wandel. Auf einer Münze des sechsten Jahrhunderts aus dem sizilischen Naxos (Abb. 358) ist Dionysos noch ganz der alte Weinstockträger – ein ungespaltenes Wesen und ganz Ekstase. Auf einer Münze des zweiten Viertels des fünften Jahrhunderts (Abb. 359) ist sein Ausdruck sinnend. Wenn er nun auch selbst schwärmend, von der Ekstase erfaßt, den Kopf nach oben wirft (Abb. 342), wird man erstaunt fragen: kam die Ekstase nicht immer von ihm, dem seine Gläubigen nicht anders folgen konnten als im Zustand der Selbstvergessenheit? Warum erfaßt ihn nun selbst der Rausch? Die rauschhafte Verzauberung ist so wie das Sinnen des Gottes: ist es ein Wissen um die eigene Macht?

Wie alle Zeussöhne wird auch Dionysos im Laufe des fünften Jahrhunderts bartlos dargestellt. Phidias hat, offenbar vorgreifend, im dritten Viertel des Jahrhunderts, den Gott im Ostgiebel (Abb. 357) und Ostfries des Parthenon (Abb. 270) unbärtig dargestellt. Im Giebel wie im Fries ist er Nachbar der eleusinischen Demeter und der lässigste von allen versammelten Göttern.

Fortan stehen zwei Bilder des Gottes nebeneinander: das alte des bärtigen und würdigen Dionysos, das die Kunst des sechsten Jahrhunderts geprägt hatte und das nie verschwindet, und der unbärtige weiche Gott; diese zwei gültigen

377

356        Dionysos

Dionysosbilder gibt es nicht nur in Athen. Auf naxischen Münzen, im letzten Drittel des fünften Jahrhunderts (Abb. 360. 361), erscheinen nebeneinander der bärtige und der jugendliche Kopf des Gottes. Der alte, im Kult gefeierte und gerufene Gott (Abb. 360) trägt das breite Band um die Locken; der andere (Abb. 361) hat weiche, mädchenhafte Züge, ein Ebenbild des Gottes, wie er in den ›Bakchen‹ des Euripides erscheint, schwärmerisch und blühend, dem die Frauen von Theben und sogar Greise nachlaufen. Was bedeuten zwei Dionysosbildnisse? Sind aus dem einen zwei verschiedene Götter geworden? Das neue Bild ist nur aus der Situation des späten fünften Jahrhunderts verständlich. Die mannigfachen Veränderungen in der Kunst, die fließenden Formen, die kurvigen Körper, die leicht verschwimmenden Konturen sind Ausdruck innermenschlicher Regungen. In dem unbärtigen weichen Gott, in dem dionysischen Treiben

357 Dionysos

wird eine Erregung sichtbar, die unverkennbar vom Innern der Gestalten ausgeht. Rauschhaftes, Ekstatisches hatte der Mensch von jeher in sich, aber das Wissen um das Dionysische als ein Teil des Menschen kam erst auf der Bewußtseinsstufe des frühen fünften Jahrhunderts. Am Ende dieses Jahrhunderts erfährt der Mensch solche Elemente als im eigenen Körper wirkende Mächte und erkennt, daß die größte Wirkung im dionysischen Taumel von ihm selbst ausgeht. Denn als die Bildner, Dichter und Philosophen in entscheidender Stunde das menschliche Innere entdecken, erfahren sie in der eigenen Brust die Glut des Dionysischen. Was nunmehr in der Raserei angesprochen wird, ist diese Schicht im Menschen. Dionysos überträgt nicht mehr die Ekstase *auf* den Menschen, sondern er spricht jetzt die dionysischen Schichten *im* Menschen an, und *diese* verwandeln den Menschen, stürzen ihn in Rausch und Wahnsinn. Euripides brachte in den ›Bakchen‹ nicht Erlebnisse in Dionysoskulten in Thrakien auf die Bühne, wohl aber die verheerende Wirkung des Dionysischen, die den Menschen zur Raserei und zum Mord treibt, ihn Zeit, Ordnungen und Gesetze ver-

358 Dionysos  359 Dionysos

gessen läßt. Dieser Kenner des Menschen und der Mächte wußte, obwohl er den Gott aus Asiens Fluren einziehen läßt, daß Dionysos kein Fremder ist, daß das Dionysische in der menschlichen Brust ruht und nur angestachelt zu werden braucht. Er hat in den ›Bakchen‹, im Gewand der Pentheus-Ereignisse gesagt, daß das Dionysische ein Bestandteil des Menschen ist, daß die Menschennatur nicht nur aus Geist und Ordnung und Maß gefügt ist, sondern auch aus naturhaften Elementen, aus Leidenschaft, Rausch, Maßlosigkeit und Zerstörung. Den Glauben an Dionysos haben weder Euripides noch die Bildner erschüttert. Der Mythos ist durch sie nicht, wie man zu sagen pflegt, schwächer geworden. Aber in der Entdeckung des menschlichen Innern haben sie einen geschichtlichen Auftrag erfüllt.

Deutlich erfassen wir also den Gestaltwandel des Gottes aus der Bewußtseinsstufe des späten fünften Jahrhunderts, aus der entdeckten Innenwelt der Menschen. Der unbärtige, schwärmerisch weiche Dionysos ist der Gott des Dionysischen *im* Menschen. Der schwärmerische Dionysos, die Gefühlssphäre des Menschen und die weichen Formen der Kunst der Zeit gehören zusammen. Der bärtige war immer der mehr naturhafte Gott und blieb es durch die folgenden vier Jahrhunderte, um am Ende der hellenistischen Zeit Naturgott zu werden, der allerdings mit dem der Frühzeit nichts mehr gemeinsam hat.

Das Bild des unbärtigen Gottes hat sich in der Rundplastik langsamer durchgesetzt als in der Flächenkunst, doch ist überliefert, daß im vierten Jahrhundert Praxiteles in einer Erzstatue sich zum jugendlichen Gott mit den weichen Körperformen bekannt hat. Die Statue hielt den Efeustab, trug das Rehfell und den

360  Dionysos  361  Dionysos

Efeukranz mit Früchten auf dem Haupt. Der schwärmerische Jüngling mit den langen Locken, der unter den Bildwerken der Spätzeit so häufig vorkommt, kann von dem praxitelischen Dionysos zwar auch nicht annähernd eine Vorstellung geben, doch ist gewiß, daß Praxiteles und andere Meister des vierten Jahrhunderts vor allem den unbärtigen Gott gestaltet und den Grund für die Dionysosgestalten der hellenistischen Zeit gelegt haben (Abb. 363). Daneben bleibt die bekleidete, ehrwürdige Gestalt des alten Gottes. Statuen wie die des Dionysos im langen Gewand, der einem Orientalen gleicht, haben das alte Bild sogar noch gesteigert (Abb. 362). Aber seitdem das weiche, schwärmerische Bild des Gottes in der Kunst aufkam, kann sich die neue Vorstellung von Dionysos und seinem Kult nicht mehr mit der alten decken: der Gott und sein Gefolge sind von der neuen Erlebnissphäre des Menschen nicht zu trennen. Denn als im vierten Jahrhundert der Mensch sich selbst als Quelle von Wirkungen entdeckt, sich als ein Gefäß des Dionysischen erkennt, tut sich ein großes Feld mit reichen Möglichkeiten auf, die Unrast und das Schwärmerische des Gottes (und seines Gefolges) darzustellen. Immer weniger ist Dionysos die beherrschende Gestalt oder Mitte einer Handlung, eher ein Glied einer dionysischen Figurengruppe.

Am Ende des zweiten Jahrhunderts ist in den Denkmälern eine neue Welle des Dionysischen zu fassen. Das Lieblingsthema wird der trunkene Dionysos, der zecht, schwärmt, unsicher dahinschreitet und von einem getreuen Satyr gestützt wird oder, vom Schwärmen erschöpft, sich an einen Baumstamm lehnt oder, auf einen Sitz sich niederlassend, ausruht. Der Kreis seines Gefolges hat sich erweitert, die Satyrn, Silene, Mänaden und Nymphen bekommen neue Gefährten,

381

Dionysos

vor allem solche, die sich auch in der Natur aufhalten und deren Kräfte verkörpern: die Kentauren, die bocksfüßigen Pane nähern sich dem Kreis als des Dionysos ›Scherz und Spiel liebende Diener‹. Ausgenommen bleibt das göttliche Einzelwesen Pan. Auch element- und naturhafte Wesen wie die Tritone stoßen zum erweiterten dionysischen Thiasos, selbst Eros ist darin zu finden.

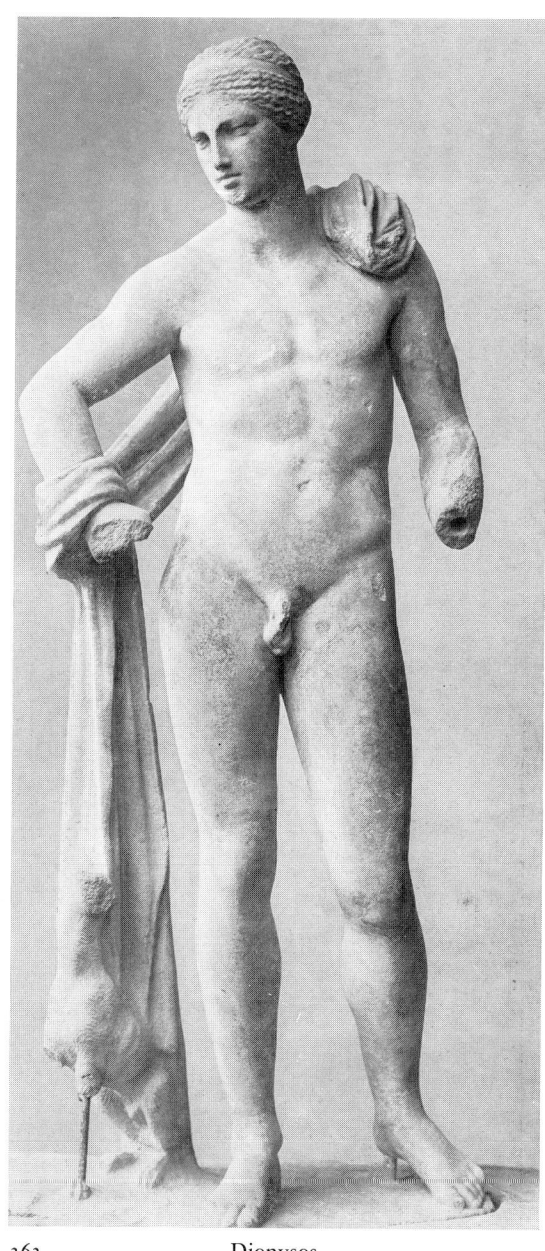

363　　　　　　　Dionysos

Die Satyrn bleiben in hellenistischer Zeit auch nicht unverändert, meist sind sie jetzt unbärtig, selten tragen sie einen kurzen Bart, manchmal haben sie Ziegenzotteln am Hals. Sie laufen, tanzen, blasen die Flöte, pressen Schläuche aus, pflücken Obst in ihr Fell, spielen mit dem Panther, schultern ein Zicklein, reiten auf Delphinen. Sie schlagen der tanzlustigen Mänade mit der Fußklapper den

383

364  Dionysos

Takt, helfen einem Pan den Dorn aus dem Fuß zu ziehen. Ein buntes Treiben, unerschöpflich in der Erfindung. Die Satyrn sind aber auch ihrem Herrn dienstbar, sie stützen den Trunkenen, nehmen sich des Dionysoskindes an (Abb. 327), heben es hoch und schäkern mit ihm, wie mit ihren eigenen Kindern, die sie trösten und tränken, wenn sie weinen und dürsten. Dieses Treiben der Satyrn, vorwiegend in der zweiten Hälfte des zweiten Jahrhunderts, ist nichts Neues, schon auf spätarchaischen Vasenbildern waren sie ein ausgelassenes Volk. Aber dort war es Flächenkunst, Verzierung von Gefäßen – jetzt wird das Thema monumental und in der Rundplastik gestaltet. Und nicht nur dies: dort war Dionysos die Bildmitte, hier wird das Treiben der Satyrn zum Hauptthema; dort war es eine Äußerung der Kraft, hier ist es Ausdruck der Auflösung, der Natursehnsucht, auch der Freude am Reiz. Es ist verständlich, wie sehr Dionysos dafür anfällig wird. Und doch hat das alte Bild des Gottes sicher in Kultstatuen weitergelebt: in den Darstellungen des Dionysos in späthellenistischer Zeit kehrt es wieder. Die Statue des mit Mantel und Fell bekleideten Gottes (Abb. 364) ist, nicht weniger als andere, ein mythisches Bild des Gottes, aber doch auch das eines weisen Alten.

Der philosophische Sinn der hellenistischen Zeit, der Drang der Menschen waren gerichtet auf den Seelenfrieden und auf die Abkehr von Aufregungen. Das unruhige, auf starken Gegensätzen aufgebaute Leben zwang den Menschen, vor allem die Schwachen und Machtlosen, Zuflucht in den Mysterien und Erlösungsreligionen zu suchen. Dionysos ist der Bringer der Ekstase, des Aus-sich-Heraustretens, eines wunderbaren Zustands, in dem der Mensch sich von den Fesseln des gewöhnlichen Daseins befreit und die bedingte Welt aufgehoben wird. Es ist verständlich, daß Dionysos und seine Religion in dieser Zeit eine große Rolle gespielt haben.

# NACHWORT

Nicht das Sterben der griechischen Götter zeigten die Bildwerke, nicht ein Aufsteigen zu einem Gipfel der Vollkommenheit und ein Versinken ins Nichts. Deutlich wurde in ihnen eine innere Bewegung und eine Initiative, die ›nach vorn‹ trieb. Auf jeder Stufe sind die Götter anders, und dennoch blieb jeder eine Ganzheit. Das gleichbleibend Göttliche leuchtet im Werden auf; losgelöst vom Werden kann es nicht erkannt werden.

Die innere Bewegung der Götter und des Mythos verstehen, heißt den Weg des Menschen durch seine verschiedenen Bewußtseinsstufen verstehen. Solange die geistig-körperliche Einheit der Götter und der Menschen im Kraftfeld gegeben war, war keine Kluft zwischen Göttern und Menschen aufgerissen. Als die Einheit in hellenistischer Zeit sich löste, war die Trennung eine notwendige. Als am Ende des ersten Jahrtausends auf dem gespaltenen Gesicht und in der Gestalt des Menschen seine eigenen Fragen auftreffen, muß er sie allein aus sich beantworten.

Man soll die leer gewordene Form am Ende des ersten Jahrtausends nicht geißeln. Was sollte noch festgehalten werden von der Gottheit, die in der irdischen Hülle, im Stein und im Bild, nur den Umfang ihrer Macht zurückließ als großen Symbolgehalt, während sie selbst zu einer kosmischen Gottheit geworden war? Wie sollte der Bildner das Gegenüber des Gottes und des Menschen, aus dem die olympischen Götter eintausend Jahre sich wandelnd gelebt hatten, noch darstellen können, wenn keine Beziehungsmöglichkeiten mehr da waren! Die Begegnung der Götter und Menschen in ihrem Sein war ja nur möglich, solange das gemeinsame Kräftefeld bestand. Und als im fünften Jahrhundert der Zwischenraum zum Ort der Begegnung wurde, konnte er nur bestehen, solange im Gegenüber auch die Fülle der Begegnung enthalten war. Wenn aber die hellenistische Form zerfließt, die Eigenspannung der Figur in den Raum strebt, sind das deutliche Anzeichen, daß die Götter in Sphären entweichen, in die der Mensch nicht mehr körperlich-geistig, höchstens gedanklich reicht. Gestaltet wird jetzt nicht mehr der leibhaftige Gott, sondern der Gottesbegriff, das ›to theion‹, wie die Weihinschriften des ersten Jahrhunderts es benennen. Das Eingehen der Götter in den Kosmos bedeutet auch das Ende des anthropozentrischen Götterbildnisses.

Da Mythos und Göttervorstellung an die Bewußtseinsstufen des Menschen und deren Wandel gebunden sind, ist es sinnlos, diesen Wandel als einen Verlust des Mythos zu verstehen. Wenn die Archäologie geschichtlich denkt, dann kann sie sich nicht mit der Annahme zufriedengeben, der Glaube an die olympischen Götter und der Mythos seien seit der Jahrtausendwende immer schwächer geworden, das erste Jahrtausend sei an seinem Ausgang ein unmythisches gewesen. Den Vorgang so sehen, heißt doch, die Bewußtseinsstufen des Menschen, seinen geistigen Weg durch die verschiedenen Stufen verkennen. Der Vorwurf kann sich nicht gegen die innere Bewegung richten, sondern höchstens gegen den Geist, der sich um die Wende vom zweiten zum ersten Jahrtausend als eine geschichtliche Macht erhob.

Die griechischen Götter sind kein Machwerk der Bildner, Dichter und Seher, keine menschliche Schöpfung, von Menschen zur Kultur hinzuerfunden, sie sind aber anthropozentrische Götter, weil ihre Gestalt nicht losgelöst werden kann von den Bewußtseinsstufen des Menschen. Doch es gab für den Griechen, das sei mit allem Nachdruck gesagt, die Wirklichkeit des Göttlichen.

# VERZEICHNIS DER ABBILDUNGEN

*Vorolympische Götter*

1 Weibliche Tonfigur, aus Lerna bei Argos. Steinzeit, 4. Jahrtausend v. Chr. H. 18,2 cm. Museum in Argos.
2 Scherbe von einem Tongefäß, aus einer Siedlung bei Larisa in Thessalien. Jüngere Steinzeit, um 3000 v. Chr.
3 Siegelabdruck aus Knossos. Kretisch-minoisch, 15. Jahrh. v. Chr. Dm. 2,6 cm. Göttin erscheint auf einem Steinmal oder Berg.
4 Goldener Siegelring, aus Mykene. Festländisch-mykenisch, um 1500 v. Chr. Dm. 3,4 cm. Athen, Nationalmuseum 992. Die ›Schildgöttin‹ ist wohl Athena oder eine ihr verwandte Gottheit. Oben Sonne und Mond.
5 Weibliche Figur mit Schlangen in Händen, aus dem Palast von Knossos auf Kreta. Fayence. Kretisch-minoisch, um 1600 v. Chr. H. 29,5 cm. Heraklion, Museum.
6 Ornament im Inneren einer Schale, Kamaresvase, aus dem Alten Palast von Phaistos. Kretisch-minoisch, 1800–1700 v. Chr. Dm. 54 cm.
7 Pithos (Vorratsgefäß), aus Ägina. Mittlere Bronzezeit, 1. Hälfte 2. Jahrtausend v. Chr. Museum auf Ägina.
8 Goldener Siegelring, aus dem Schachtgrab IV von Mykene. Festländisch-mykenisch, 16. Jahrh. v. Chr. Dm. 3,5 cm. Athen, Nationalmuseum 241.

*Olympische Götter*

9 Geometrische Bauchhenkelamphora, aus dem Kerameikos von Athen. Attisch, 900 bis 850 v. Chr. H. 69,5 cm. Athen, Kerameikos-Museum Inv. 2146.

*Zeus*

10 Attischer Glockenkrater. 460–450 v. Chr. Palermo, Nationalmuseum V 780. Siehe Abb. 66.
11 Attische Pelike. 450–440 v. Chr. New York, Metropolitan Museum 06.1021.144.
12 Römisches architektonisches Tonrelief, ›Campanarelief‹. Augusteisch. Br. 56 cm. Ergänzt. Paris, Louvre. Die Waffentänzer heißen Kureten, sie gehören zu Rhea und Zeus, sind verwandt den Korybanten, den orgiastischen Begleitern der kleinasiatischen Göttermutter.
13 Spartanische Schale. Um 570 v. Chr. Vatikan, Vasensammlung 16592.
14 Attischer Krater aus Vari. Ende 7. Jahrh. v. Chr. Athen, Nationalmuseum 16384.
15 Attischer Kelchkrater des Dinos-Malers. 430–420 v. Chr. Oxford, Ashmolean Museum 1937.983. Die Prometheusdramen des Aischylos sind älter. Das Satyrspiel ›Der Feueranzünder Prometheus‹ gehört zur sog. Persertrilogie (›Phineus‹, ›Perser‹, ›Glaukos‹), aufgeführt 472 v. Chr. Das den Dramen und dem Satyrspiel gemeinsame Grundthema ist Frevel und Vermessenheit gegenüber den Göttern.
16 Attische, weißgrundige Schale. Um 470 v. Chr. London, Brit. Museum D 4. Ergänzt.
17 Attischer Volutenkrater. 450–440 v. Chr. Oxford, Ashmolean Museum 525. Namen sind beigeschrieben.
18 Metope von der Ostseite der Cella des Zeustempels in Olympia. Museum. Marmor. H. 1,60 m. Bauzeit des Tempels etwa 470–460 v. Chr. Der Baumeister war Libon.
19 Bronzegruppe aus Olympia. Mitte 8. Jahrh. v. Chr. H. 11,3 cm. New York, Metropolitan Museum 17.190.2072. Andere Deutungen: Zeus und Kronos, Zeus und Kentaur, Herakles und Kentaur Pholos oder Nessos.
20 Korinthische Lekythos. Um 680. Boston, Museum of Fine Arts 95.12. E. Buschor erkannte auf dem Gefäßbild und in der Bronzegruppe Abb. 19 Zeus und Typhon.
21 Getriebenes Bronzerelief vom Riemenbeschlag eines Schildes, aus Olympia. Um 550 v. Chr. Br. 8,2 cm. Olympia, Museum.
22 Getriebenes Bronzerelief vom Riemenbeschlag eines Schildes, aus Olympia. 600 bis 575 v. Chr. Br. 7 cm. Olympia, Museum.
23 ›Chalkidische‹ Hydria. 550–540 v. Chr.

München, Staatl. Antikensammlungen 596.
24 Attischer Kantharos von der Akropolis. 560–550 v. Chr. Athen, Nationalmuseum 2134. Die Reihenfolge der Kämpfer: Aphrodite (?), Poseidon, Gigant, von Tieren angefallener Gigant, Dionysos. – Hermes, Zeus, Herakles, Gaia, Athena, gefallener Gigant. – Gigant (?), Artemis, Gigant, Eph(ialt)es, Apollon, Hephaistos mit Blasebälgen. Die Weihinschrift an Athena sagt, daß der Weihende das Gefäß selbst gemacht hat.
25 Attischer Glockenkrater. Um 460 v. Chr. Paris, Petit Palais. Gegner des Zeus ist der Gigant Porphyrion.
26 Attischer Kelchkrater. Um 400 v. Chr. Neapel, Nationalmuseum 2883. Oben ist die Darstellung als Zeichnung wiedergegeben. Rechts das Athenagespann. Links ist Zeus mit seinem Gespann als Gegner des Giganten Porphyrion anzunehmen. Das Bild ist ein Auszug aus der Gigantomachie im Innern des Schildes der Athena Parthenos (Abb. 216.217) und auf dem Webgewand (Peplos) der Stadtgöttin Athena. Der Himmelsbogen ist für die Schildgigantomachie nicht möglich. Andere Gigantendarstellungen aus dieser Zeit (Abb. 28.27) haben keinen Bezug zur Gigantomachie im Schild und auf dem Gewand: denn es kommt nicht auf die Motive, sondern auf die Auffassung des Kampfes an.
27 Unteritalischer Volutenkrater. Um 390 bis 380 v. Chr. Leningrad, Ermitage St. 523. Giganten steigen aus der Erde auf.
28 Attische Halshenkelamphora. Um 390 v. Chr. Paris, Louvre S 1677. Die Komposition ist abhängig von einem Wandgemälde aus der Zeit um 400 v. Chr.
29 Gigant mit Stierkopf, vom Südfries des Altars von Pergamon. 180–170 v. Chr. H. 2,30 m. Berlin, Pergamonmuseum. Der Gott, welcher beide Arme zum Schlag hebt, ist Hephaistos (?).
30 Gigant mit Löwenkopf, vom Südfries des Altars von Pergamon. 180–170 v. Chr. H. 2,30 m. Berlin, Pergamonmuseum.
31 Vom Großen Fries des Altars von Pergamon. Ostseite. 180–170 v. Chr. H. 2,30 m. Berlin, Pergamonmuseum.
32 Vom Großen Fries des Altars von Pergamon. Ostseite. 180–170 v. Chr. H. 2,30 m. Berlin, Pergamonmuseum.
33 Attischer Glockenkrater. Um 390 v. Chr. Neapel, Nationalmuseum 2200. Myrtilos ist der Wagenlenker des Oinomaos. Die Göttin mit Schale und Bogen auf der Säule ist Artemis. Namen sind beigeschrieben.
34 Ostgiebel des Zeustempels in Olympia. 470–460 v. Chr. Olympia, Museum. Die Abfolge der Figuren im Giebel entspricht auch der Fundlage der Bruchstücke vor der Ostfront des Tempels: die Figuren links von Zeus wurden nördlich der Tempelachse, die rechts von Zeus südlich der Tempelachse gefunden; abgesehen von Bruchstücken, die in der weiteren Umgebung des Tempels verstreut lagen. – Peter Grunauer hat, im Zusammenhang mit seinen Messungen an der Ruine des Zeustempels, neue für die Komposition des Giebels wichtige Ergebnisse gewonnen. Die Rekonstruktionszeichnung des Giebels stammt von ihm. ›Durch die neuen Giebelmaße (P. Grunauer, Bonner Jahrbücher Bd. 171, 1971) erhalten die Figuren die erforderliche Kopffreiheit. Werden die Skulpturen gemäß der Abfolge (Abb. 34) in das Giebeldreieck eingefügt, so entsteht analog zum Westgiebel (Abb. 283 und Abb. Seite 399) eine enge Beziehung zwischen den Figurengruppen und dem Rhythmus des Triglyphonfrieses. Dabei ergeben sich gegenüber der älteren, gleichlautenden Anordnung – bedingt durch die räumlichen Verhältnisse vor dem Tympanon – einige Verschiebungen: Oinomaos überschneidet um Weniges Sterope; diese wiederum wird im unteren Teil durch den vor den Pferden knienden Knaben verdeckt, ebenso wie Hippodameia von dem vor dem anderen Gespann knienden Mädchen (Dienerin, am vorgehaltenen linken Fuß der stehenden Frauenfigur deren Sandalen bindend?). Die Mittelstatuen stehen nicht mehr additiv nebeneinander; sie werden zusammen mit den knienden Figuren zur Gruppe bezogen, auf die drei mittleren Triglyphen des Frieses und somit auf das mittlere Säulenjoch. Die Stäbe der beiden Seher ergeben eine Symmetrie über sich entsprechenden Triglyphen und Säulen.

Die ganze Giebelkomposition ist zusammen mit der Architektur als Gesamtkunstwerk zu sehen‹ (P. Grunauer).

35 Kretische Kanne aus Kreta. Frühes 7. Jahrh. v. Chr. Heraklion, Museum.
36 Kretischer Pithos aus Knossos. Anfang 7. Jahrh. v. Chr. Heraklion, Museum.
37 Holzgruppe (von einer Kline?) aus dem samischen Heraheiligtum. Um 600 v. Chr. H. 19 cm.
38 Metope von der Ostseite des Heratempels (Tempel E) in Selinunt. 470–460 v. Chr. H. 1,62 m. Palermo, Nationalmuseum. Kalkstein. Gesicht, Arme und Füße der Hera sind aus Marmor.
39 Vom Ostfries des Parthenon. Eigenhändig von Phidias gearbeitet. Marmor. 447 bis 438 v. Chr. H. 1,06 m. London, Brit. Museum. Kopf der Iris befindet sich im Akropolismuseum in Athen.
40 Attische Hydria. Um 340 v. Chr. Leningrad, Ermitage 16878.
41 Kykladischer Reliefpithos von Tenos. Frühes 7. Jahrh. v. Chr. Tenos, Museum. Zwei der geflügelten Wesen rechts sind in der Abbildung nicht sichtbar.
42 Attische Salbenpyxis. 580–570 v. Chr. Paris, Louvre CA 616.
43 Getriebenes Bronzerelief vom Riemenbeschlag eines Schildes, aus Olympia. Um 550 v. Chr.
44 Attische Schale des Töpfers Phrynos. 560 bis 550 v. Chr. London, Brit. Museum B 424. Andere Seite Abb. 64.
45 Attische, sog. tyrrhenische Amphora. Um 570 v. Chr. Berlin-Charlottenburg F 1704. Vor Zeus standen noch: Demeter, Poseidon (?), Amphitrite oder Aphrodite und Apollon.
46 Attische Bauchhenkelamphora. Um 525 v. Chr. London, Brit. Museum B 147. Namen sind beigeschrieben. Die Figuren vor Zeus sind bis auf wenige Reste ergänzt.
47 Attische Pelike. 460–450 v. Chr. London, Brit. Museum E 410.
48 Ostgiebel des Parthenon. 447–438 v. Chr. Hebe, Herakles, Theseus, Geburtshelferinnen können im Ostgiebel nicht vorkommen. Dagegen müssen anwesend sein – außer den erhaltenen Göttern Helios, Dionysos, Kore, Demeter, Artemis, Hera, Poseidon, Hestia, Peitho, Aphrodite, Selene -: Apollon, Leto, Hephaistos, Zeus, Athena, Amphitrite, Themis (?), Ares, Hermes. In der Rekonstruktion ging es vor allem darum, den Kontrapost und den Rhythmus der einzelnen Figuren und des ganzen Giebels zu finden. Hilfe kam von den eigenhändig gearbeiteten Gestalten des Phidias im Ostfries des Parthenon (Abb. 39) und vom Parthenonfries überhaupt. Ob Zeus allein oder zusammen mit Athena die Giebelmitte einnahm, entscheiden die Art des phidiasischen Kontrapostes und die Gruppenkompositionen der Zeit. Ältere Darstellungen der Geburt Athenas können nicht helfen: denn Komposition und Auffassung des Themas im Giebel sind neu. Im Giebel wird außerdem keine archaische Geschichte erzählt. Und Athena ist Herrin des Tempels. Zeus allein in der Giebelmitte und dazu in Vorderansicht entspricht nicht dem Rhythmus und dem Kontrapost der klassischen Zeit. Zeus in der rechten Giebelhälfte, und hinter seinem Rücken Hephaistos mit der Axt, ist sonderbar. Die Vorbilder für die Zeichnung der im Giebel fehlenden Gestalten (Apollon, Leto, Hephaistos, Zeus, Athena, Amphitrite, Themis (?), Ares, Hermes) gaben die Figuren des Parthenonfrieses. Die Rekonstruktion wurde nach den Angaben des Verfassers von A. Prater gezeichnet. Nike (?). Zeus, Athena sind stärker zu drehen.

49 Attische Hydria. Ende 5. Jahrh. v. Chr. Berkeley, Kalifornien.
50 Unteritalischer Volutenkrater. Ende 5. Jahrh. v. Chr. Tarent, Nationalmuseum. Zum Gefäßhals hin sitzt Zeus.
51 Attische Schale des Makron. 490–480 v. Chr. Athen, Akropolis 325.
52 Attischer Kantharos des Brygos-Malers. 490–480 v. Chr. Boston, Museum of Fine Arts 9536. Andere Seite Abb. 58.
53 Attische Schale des Penthesilea-Malers. 460 bis 450 v. Chr. Bologna.
54 Metope von einem Bau unbekannter Bestimmung in Selinunt. Kalkstein. Um 560 v. Chr. H. 84 cm. Palermo, Nationalmuseum.
55 Metope vom sog. Monopteros der Sikyonier in Delphi. Marmor. Um 560 v. Chr. H. 57,8 cm. Delphi, Museum.

56 Relief vom Deckel eines bronzenen Klappspiegels. Um 370 v. Chr. Dm. 15,5 cm. Schweiz, Privatbesitz.
57 Attischer Kelchkrater. Um 480 v. Chr. Leningrad, Ermitage 637.
58 Attischer Kantharos des Brygos-Malers. Um 490–480 v. Chr. Boston, Museum of Fine Arts 9536. Andere Seite des Gefäßes Abb. 52.
59 Attische Schale des Duris. 490–480 v. Chr. Paris, Louvre G 123.
60 Attische Schale des Penthesilea-Malers. Um 460 v. Chr. Ferrara, Nationalmuseum T. 212.
61 Tönerne Gruppe aus Olympia. Aus einer korinthischen Werkstatt, um 470 v. Chr. H. 1,06 m. Bemalt. Olympia, Museum.
62 Relief vom Deckel eines bronzenen Klappspiegels. Um 370 v. Chr. Dm. 15,5 cm. Berlin, Staatliche Museen 7928.
63 Adler und Ganymed. Marmorkopie nach einem Werk des attischen Bildhauers Leochares. 320–310 v. Chr. H. 1,03 m. Vatikan. Ergänzt sind: Kopf und Flügel des Adlers, Ganymeds rechter Vorderarm und Hand, linker Arm, rechtes Bein ab Mitte Oberschenkel, Teile des linken Beins; Hund fast ganz.
64 Attische Schale des Phrynos. 560–550 v. Chr. London, Brit. Museum B 424. Andere Seite Abb. 44.
65 Attische Schale des Töpfers Sosias. 500 bis 490 v. Chr. Berlin-Charlottenburg F 2278. Der Leierträger hinter Hermes muß Apollon sein, nicht, wie die Inschrift sagt, Artemis.
66 Attischer Glockenkrater. 460–450 v. Chr. Palermo, Nationalmuseum V 780. Siehe Abb. 10.
67 Stele aus Arslan Tash. 2. Hälfte 8. Jahrh. v. Chr. H. 1,35 m. Paris, Louvre.
68 Geometrische Bronzestatuette eines Kriegers als Pferdeführer, aus Olympia B 4600. 10. Jahrh. v. Chr. H. 12,6 cm. Er hielt in der linken Hand die Zügel eines Bronzepferdes, in der rechten die Lanze. Pferdeführer und Pferd waren oben auf dem Ringhenkel eines bronzenen Dreifußes genietet.
69 Geometrische Bronzestatuette des Zeus mit Helm und Helmbusch, aus Olympia. 9. Jahrh. v. Chr. H. 10 cm. Olympia 6249.

70 Geometrische Bronzestatuette eines Kriegers oder Zeus mit bebuschtem Helm, aus Olympia B 1698. 9. Jahrh. v. Chr. H. 9 cm.
71 Tönerner Votivschild aus dem samischen Heraheiligtum. Ende 8. Jahrh. v. Chr. Dm. etwa 12 cm. Samos.
72 Halsbild von einer attischen Halshenkelamphora. Ende 8. Jahrh. v. Chr. New York, Metropolitan Museum 21.88.18.
73 Attischer Volutenkrater des Malers Klitias und des Töpfers Ergotimos. Signiert. 570–560 v. Chr. Florenz, Archäologisches Museum 4209.
74 Spartanische Schale. 2. Viertel 6. Jahrh. v. Chr. Paris, Louvre E 668.
75/76 Schatzhaus der Siphnier in Delphi. Inselgriechische Werkstatt. Um 525 v. Chr. Marmor. H. 64 cm. Delphi, Museum. Götterversammlung vom Ostfries. Abb. 75 die den Trojanern freundlichen Götter, Abb. 76 die den Griechen gesonnenen Götter. Auf dem Knie des Zeus ist eine Hand erhalten, wohl von einer bittflehenden Frau (Thetis?). An Demeter schließt eine Kampfszene an: auf troischer Seite kämpfen Aeneas und Hektor (?), Glaukos steht bei den Pferden; auf griechischer Seite kämpfen Menelaos und Aias (?), ein Krieger steht bei den Pferden, vor ihnen Nestor. Zwischen den Kämpfern liegt ein Gefallener am Boden.
77 Bronzestatuette des Zeus, aus Olympia. Ende 6. Jahrh. v. Chr. H. 28,5 cm. Athen, Nationalmuseum.
78 Kopf einer Bronzestatuette des Zeus, aus Olympia. Ende 6. Jahrh. v. Chr. H. 17 cm. Athen, Nationalmuseum.
79 Bronzestatuette des blitzschwingenden Zeus, aus Olympia B 3010. Spartanisch, Ende 6. Jahrh. v. Chr. H. 9,9 cm.
80 Bronzestatuette des blitzschwingenden Zeus, aus Olympia. Korinthisch, 490–480 v. Chr. H. 10,11 cm. Auf der linken Hand sitzt der Adler.
81 Bronzestatuette des blitzschwingenden Zeus, aus Dodona. Korinthisch, 470 bis 460 v. Chr. H. 13,8 cm. Berlin-Charlottenburg 10561.
82 Bronzestatuette des blitzschwingenden Zeus, aus Olympia. Peloponnesisch, 460 bis 450 v. Chr. H. 13 cm.

83 Bronzestatuette des blitzschwingenden Zeus, aus Dodona. Korinthisch, um 440 v. Chr. H. 18,9 cm. Paris, Louvre 158.
84 Zeus vom Ostgiebel des Zeustempels in Olympia. 470–460 v. Chr. Olympia, Museum.
85 Seher aus dem Ostgiebel des Zeustempels in Olympia. 470–460 v. Chr. Olympia, Museum.
86 Attischer Skyphos. Um 460 v. Chr. Wien, Kunsthistor. Museum 3711.
87 Kultbild des olympischen Zeus von Phidias. Zeichnerische Wiederherstellung. Das Goldelfenbeinbild des Zeus hat Phidias nach dem Kultbild der Athena Parthenos im Parthenon (Abb. 216–222) geschaffen. Etwa zwischen 435–430 v. Chr. Phidias verließ offenbar nach der Einweihung des Parthenon 438 v. Chr. Athen und ging nach Olympia.
88 Thronender Zeus von Olympia. Hadrianische Münze von 137 n. Chr. Dm. etwa 3 cm. Florenz, Archäologisches Museum.
89 Skizze vom Thron des olympischen Zeus (Abb. 87). Aus Ebenholz gearbeitet, hatte Seitenlehnen und eine gerade Rückenlehne. Der figürliche Schmuck war in Gold, Elfenbein und kostbaren Steinen ausgeführt. Gezeichnet von A. Prater.
90 Kopf des Zeus der elisch-olympischen Münze. 421–365 v. Chr. Dm. etwa 3 cm. London, Brit. Museum.
91 Kopf des Zeus der elisch-olympischen Münze von 133 n. Chr. Dm. etwa 3 cm. Berlin, Staatl. Münzkabinett.
92 Statue eines Athleten, der sich die Siegerbinde um das Haupt legt. ›Anadumenos‹. Marmorkopie nach einem Werk des Phidias. 438–430 v. Chr. H. 1,48 m. London, Brit. Museum 501.
93 Sphinxgruppe vom Thron des Zeus in Olympia. Kopie aus schwärzlichem Stein, gefunden in Ephesos. Wien, Kunsthistor. Museum. Wiederhergestellt von F. Eichler.
94 Niobidenfries am Zeusthron. Vgl. Abb. 87.89. Rekonstruktion von E. Buschor. Zugrunde liegen Reliefkopien in Leningrad, London und anderen Orten. Apollon und die Geschwistergruppe, am Anfang und am Ende des Frieses, können als gesichert gelten.
95 Niobidenfries am Zeusthron. Rekonstruktion von E. Buschor. Siehe Abb. 87.89. Artemis und Geschwistergruppe, am Anfang und am Ende des Frieses, können als gesichert gelten.
96 Kopf des Zeus aus Kyrene. Um 430 v. Chr. Kyrene, Museum.
97 Statue des Zeus. Marmorkopie nach einem Bronzeoriginal eines Parthenonbildhauers. 440–430 v. Chr. H. 1,95 m. Dresden, Albertinum. Unterschenkel und Füße ergänzt.
98 Kopf des Zeus aus Mylasa in Kleinasien. Von einer Mantelstatue. Marmororiginal. Anfang 4. Jahrh. v. Chr. H. 48 cm. Boston, Musem of Fine Arts 04.12.
99 Zeus von ›Otricoli‹. Marmorkopie nach einem Werk des Bryaxis. 330–320 v. Chr. H. 58 cm. Kopenhagen, Glyptothek.
100 Münze des Zeus Aetophoros. Kurz nach 323 v. Chr. Privatbesitz.
101 Münze des Zeus Stratios von Bithynien. 139–138 v. Chr. Paris.
102 Bronzestatuette des Zeus aus Dodona. Original. Anfang 3. Jahrh. v. Chr. H. 26 cm. Berlin-Charlottenburg.
103 Statue des Zeus aus dem Heratempel in Pergamon. Marmororiginal. Mitte 2. Jahrh. v. Chr. H. 2,50 m. Konstantinopel, Archäologisches Museum 2767.
104 Kopf des Zeus des Eukleides von Aigeira, in der Peloponnes. Von einer Sitzstatue. Marmororiginal. 50–25 v. Chr. H. 87 cm. Athen, Nationalmuseum 3377. Erhalten sind noch: linker Arm mit Rest des Zepters (L. 1,33 m), Finger der Hand.
105 Bronzestatuette des Zeus, gefunden auf Rhodos. Mitte 1. Jahrh. v. Chr. H. 19,1 cm. Rhodos, Museum.

*Poseidon*

106 ›Panathenäische‹ Amphora des Kleophrades-Malers. 490–480 v. Chr. Berlin-Charlottenburg F 2164.
107 Attischer Kolonettenkrater. Um 480 v. Chr. Wien, Kunsthistor. Museum 688.
108 Attische Schale des Töpfers Erginos und Malers Aristophanes. Innenbild. 420–410 v. Chr. Berlin-Charlottenburg F 2531.
109 Westgiebel des Parthenon. 438–432 v. Chr. Rekonstruktionszeichnung nach F. Brommer.

110 Attische Hydria. Um 480 v. Chr. Vatikan, Vasensammlung, Helb. 934. Der Name Aithra ist beigeschrieben.
111 Attische Pelike. 460–450 v. Chr. Rom, Villa Giulia 20846.
112 Attische Lekythos des Phiale-Malers. Gegen 440 v. Chr. New York, Metropolitan Museum 17.230.35.
113 Attischer Glockenkrater. Um 390 v. Chr. Würzburg, Martin v. Wagner Museum 634.
114 Attische Hydria. Um 370 v. Chr. Leningrad, Ermitage B4125.
115 Marmorstatue vom Kap Sunion. Original. Um 600 v. Chr. H. 3,05 m. Athen, Nationalmuseum 2720. Restauriert.
116 Bronzestatue von Liwadhostro. Original. 490–480 v. Chr. H. 1,18 m. Athen, Nationalmuseum 11761. Weihung an Poseidon.
117 Kopf der Bronzestatue Abb. 118.
118 Bronzestatue des Poseidon, im Meer bei Kap Artemision gefunden. Original. 460 bis 450 v. Chr. H. 2,09 m. Athen, Nationalmuseum 15161. Kopf Abb. 117.
119 Attische Bauchhenkelamphora. 470–460 v. Chr. London, Brit. Museum E 264.
120 Vom Ostfries des Parthenon. 447–438 v. Chr. H. 1,06 m. Athen, Akropolismuseum.
121 Torso des Poseidon vom Westgiebel des Parthenon. 438–432 v. Chr. H. etwa 83 cm. London, Brit. Museum und Akropolismuseum.
122 Kopf aus Chios. Marmororiginal. Spätes 4. Jahrh. v. Chr. H. 40 cm. Wien, Kunsthistor. Museum.
123 Statuette des Poseidon. Marmorkopie nach einem Bronzeoriginal vom Ende des 4. Jahrh. v. Chr. Eleusis, Museum.
124 Bronzestatuette des Poseidon, aus Smyrna. Original. Ende 4. Jahrh. v. Chr. H. 25 cm. Sammlung Rupprecht.
125 Statue des Poseidon(?), aus Pergamon. Marmororiginal. Um die Mitte des 2. Jahrh. v. Chr. H. 1,33 m. Berlin, Pergamonmuseum 149.
126 Statue des Poseidon von Melos. Marmororiginal. Um 125 v. Chr. H. 2,45 m. Athen, Nationalmuseum 235.
127 Bronzestatuette des Poseidon. Original. Um 110 v. Chr. H. 29,5 cm. München, Staatl. Antikensammlungen.
128 ›Domitius-Ara‹. Relief von einem Altar. Marmor. 100–70 v. Chr. H. 82 cm. München, Staatl. Antikensammlungen. Ergänzungen.

*Hades*

129 Attische Hydria. Um 430 v. Chr. London, Brit. Museum E 183.
130 Attischer Skyphos. Um 430 v. Chr. Eleusis.
131 Wie Abb. 130.
132 Attischer Glockenkrater des Persephone-Malers. Um 440 v. Chr. New York, Metropolitan Museum 28.57.23.
133 Attische Schale. Innenbild. Anfang 4. Jahrh. v. Chr. Paris, Cab. Méd. 822.
134 Attische Halshenkelamphora. 480–470 v. Chr. Paris, Louvre G 209.
135 Attische Pelike. 430–420 v. Chr. Athen, Nationalmuseum 16346.
136 Attische Schale des Kodros-Malers. Innenbild. Um 430 v. Chr. London, Brit. Museum E 82.
137 Sitzstatue des Hades. Marmororiginal. 3. Viertel 6. Jahrh. v. Chr. H. 40 cm. Sparta, Museum 600.
138 Sitzstatue des Hades-Sarapis. Marmorkopie nach einem Werk des Bryaxis(?). 3. Viertel 4. Jahrh. v. Chr. H. 1,88 m. Alexandria, Museum.

*Hera*

139 Attische, weißgrundige Schale des Sabouroff-Malers. Innenbild 470–460 v. Chr. München, Staatl. Antikensammlungen Inv. 2685.
140 Tonrelief aus dem samischen Heraheiligtum. Frühes 7. Jahrh. v. Chr. H. etwa 6 cm.
141 Holzstatuette der Hera aus dem samischen Heraheiligtum. Samisch, um 650 v. Chr. H. 28,7 cm. Athen, Nationalmuseum.
142 Kalksteinkopf der Hera. Original. Spartanisch, Anfang 6. Jahrh. v. Chr. H. 52 cm. Olympia, Museum.
143 Marmorstatue der Hera, von Cheramyes im Heraheiligtum auf Samos geweiht. Samisch, um 560 v. Chr. H. 1,82 m. Paris, Louvre 686.
144 Attische Schale des Duris. Innenbild. 470 bis 460 v. Chr. Paris, Cab. Méd. 542.

145 Attischer Volutenkrater des Polion, aus Spina. 430–420 v. Chr. Ferrara, Nationalmuseum T. 127.
146 Kopf der Hera vom Ostgiebel des Parthenon. 447–438 v. Chr. H. 31 cm. Von der Statue sind noch zwei Torsen erhalten. Athen, Akropolis Nr. 935 u. 1202.
147 Münze mit Kopf der Hera. Um 421–385 v. Chr. Berlin.
148 Statue der Hera aus dem samischen Heraheiligtum. Marmororiginal. Um 200 v. Chr. H. 2,08 m. Samos.

*Aphrodite*

149 Attischer Skyphos. Gegen 470 v. Chr. New York, Metropolitan Museum 07.286.51.
150 Attische, weißgrundige Pyxis. 2. Viertel 5. Jahrh. v. Chr. Ancona, National Museum 3130.
151 Attische Schale des Sabouroff-Malers. Innenbild. Um 460 v. Chr. Rom, Villa Giulia 50320.
152 Attische Pelike. 3. Viertel 5. Jahrh. v. Chr. Rhodos 12454.
153 Vergoldetes Silbermedaillon aus Galaxidi. Späthellenistisch. 1. Jahrh. v. Chr. (?). Dm. 3 cm. Paris, Louvre.
154 ›Ludovisischer Thron‹. Altaraufsatz. Marmororiginal. Aus einer großgriechischen Werkstatt. Um 460–450 v. Chr. H. 1,04 cm. Rom, Thermenmuseum, Helb. 2340.
155 Attische Pelike aus Olynth. 2. Viertel 4. Jahrh. v. Chr. Saloniki, Museum.
156 Attische, weißgrundige Schale des Pistoxenos-Malers. Innenbild. Um 460 v. Chr. London, Brit. Museum D 2.
157 Spartanischer Elfenbeinkamm. Ende 7. Jahrh. v. Chr. L. 8 cm. Athen, Nationalmuseum.
158 Attischer Skyphos des Makron. Um 480 v. Chr. Boston, Museum of Fine Arts 13.186.
159 Andere Seite zu Abbildung 158.
160 Attischer Kelchkrater des Methyse-Malers. Um 450 v. Chr. Cincinnati.
161 Ausdruck einer Tonform von der Wangenklappe eines Helms. Um 420 v. Chr. 10,3 cm. Ehemals Berlin, Privatbesitz.
162 Attische Spitzamphora des Heimarmene-Malers. 430–420 v. Chr. Berlin, Staatl. Museen Inv. 30036.
163 Wie Abb. 162.
164 Attische Kanne des Heimarmene-Malers. Um 440 v. Chr. Vatikan.
165 Attische Hydria. Um 350 v. Chr. Leningrad, Ermitage St. 1924.
166 Attische Weihtafel von der Akropolis, Athen. Um 580 v. Chr.
167 Naxische Amphora. Halsbild. Um 650 v. Chr. Naxos.
168 Vom Westfries des Siphnier-Schatzhauses in Delphi. Um 525 v. Chr. Delphi, Museum.
169 Attischer Kelchkrater des Peleus-Malers. 440–430 v. Chr. Ferrara, Nationalmuseum T 617. Andere Seite Abb. 170.
170 Andere Seite von Abb. 169.
171 Aphrodite-Peithogruppe vom Ostgiebel des Parthenon. 447–438 v. Chr. H. 1 m. London, Brit. Museum.
172 Statue der Aphrodite von ›Arles‹. Marmorkopie nach einem Original des Praxiteles. Um 350 v. Chr. H. 1,94 m. Paris, Louvre 439.
173 Statue der Aphrodite von Knidos. Marmorkopie nach einem Werk des Praxiteles. Um 320 v. Chr. H. 2,05 m. Abbildung nach Gipsabguß, der den Körper der vatikanischen Kopie Inv. 812 mit dem Kaufmannschen Kopf im Louvre Inv. 3518 vereint.
174 Kopf der ›Kapitolinischen‹ Aphrodite. Marmorkopie. Anfang 3. Jahrh. v. Chr. H. 29 cm. München, Staatl. Antikensammlungen 479.
175 Statue der ›Kapitolinischen‹ Aphrodite. Marmorkopie nach einem Original aus dem Anfang des 3. Jahrh. v. Chr. H. 1,93 m. Rom, Kapitolinisches Museum, Helb. 1277.
176 ›Kauernde‹ Aphrodite. Marmorkopie nach einem Werk des Doidalsas von Bithynien. 250–240 v. Chr. H. 1,02 m. Rom, Thermenmuseum, Helb. 2292.
177 Aphrodite von Melos. Marmororiginal, um 130 v. Chr. H. 2,02 m. Paris, Louvre Inv. 399/400.
178 Aphrodite mit Triton. Marmororiginal. Ende 2. Jahrh. v. Chr. Dresden, Albertinum 196.
179 Aphrodite ›Medici‹. Marmororiginal um

100 v. Chr. H. 1,53 m. Florenz, Uffizien Inv. 224.

## Artemis

180 Attische Lekythos. Um 470 v. Chr. Basel, Kunsthandel.
181 Metope vom Heratempel (Tempel E) in Selinunt. Kalkstein. Kopf, Arme, Füße der Göttin sind aus Marmor. 470–460 v. Chr. H. 1,62 m. Palermo, Nationalmuseum.
182 Attischer Volutenkrater des Pan-Malers von der Akropolis 760, Athen. Um 480 v. Chr.
183 Attischer Glockenkrater des Pan-Malers. 480–470 v. Chr. Boston, Museum of Fine Arts 10.185.
184 Attischer Glockenkrater des Lykaon-Malers. Um 440 v. Chr. Boston, Museum of Fine Arts 00.346.
185 Attischer Glockenkrater. Um 440 v. Chr. Basel, Antikenmuseum D 14.
186 Geschwistergruppe vom Niobidenfries am Zeusthron in Olympia (Abb. 89.95). Von einer Reliefkopie in Leningrad, Ermitage. Abbildung nach einem Gipsabguß.
187 Artemis vom Niobidenfries am Zeusthron in Olympia (Abb. 89.95). Marmorkopie von einer Reliefscheibe in London, Brit. Museum.
188 Bronzerelief aus Olympia. Kykladisch, Ende 7. Jahrh. v. Chr. H. etwa 25 cm. Athen, Nationalmuseum.
189 Frühattischer Krater. 2. Viertel 7. Jahrh. v. Chr. Berlin A 32.
190 Attische Kanne. Um 480 v. Chr. Paris, Petit Palais 315.
191 Marmorstatue der Artemis. Original. Weihung der Nikandre von Naxos. Um 650 v. Chr. H. 1,90 m. Athen, Nationalmuseum Inv. 1. Weihinschrift auf der linken Seite der Statue: ›Nikandre, Tochter des Deinodikos von Naxos, Schwester des Deinomenes und Gattin des Phraxos, die hervorragt unter den anderen, hat der fernhin ihre Pfeile sendenden Artemis geweiht.‹
192 Artemis ›Gabii‹. Marmorkopie nach einem Original des Praxiteles. 350–340 v. Chr. H. 1,65 m. Paris, Louvre 529.
193 Artemis ›Colonna‹. Marmorkopie nach einem Original um 360 v. Chr. H. 1,86 m. Berlin, Staatl. Museen.
194 Artemis ›Versailles‹. Marmorkopie nach einem Original des Leochares. Um 315 v. Chr. H. 2,11 m. Paris, Louvre 589.

## Athena

195 Attische Bauchhenkelamphora des Berliner-Malers. 490–480 v. Chr. Basel, Antikenmuseum Inv. Kä. 418.
196 Attische, weißgrundige Schale. Innenbild. Um 500 v. Chr. Eleusis 619.
197 Athena und Marsyas. Moderne Bronzerekonstruktion nach einem Werk des Myron. 460–450 v. Chr. H. etwa 1,80 m.
198 Attische Amphora. Um 680 v. Chr. Eleusis, Museum.
199 Elfenbeinrelief aus dem samischen Heraheiligtum. Samisch, Ende 7. Jahrh. v. Chr. H. 10,6 cm. Athen, Nationalmuseum.
200 Attische Bauchhenkelamphora des Andokides-Malers. 520–510 v. Chr. Paris, Louvre F 204.
201 Attische Bauchhenkelamphora des Kleophrades-Malers. 500–490 v. Chr. Vatikan.
202 Metope von der Westseite der Cella des Zeustempels in Olympia. 470–460 v. Chr. Olympia, Museum.
203 Attischer Kelchkrater des Niobiden-Malers. 460–450 v. Chr. Paris, Louvre G 341. Andere Seite Abb. 287.
204 Attische Schale des Kodros-Malers. 430 bis 420 v. Chr. Berlin-Charlottenburg F 2537. Andere Seite Aglauros, Erechtheus, Pandrosos, Aigeus, Pallas.
205 Attischer Stamnos des Hermonax. Um 460 v. Chr. München, Staatl. Antikensammlungen 2413.
206 Bronzestatuette der Athena. Ende 6. Jahrh. v. Chr. H. 19,5 cm. Athen, Nationalmuseum 6457.
207 Attische Amphora des Triptolemos-Malers. Um 480 v. Chr. München, Staatl. Antikensammlungen 2314.
208 Attischer Skyphos des Penelope-Malers. 450–440 v. Chr. Paris, Louvre G 372. Gigant ›Gigas‹.
209 Attische Hydria. Um 480 v. Chr. Mailand, Privatbesitz.
210 Attische Kanne. 470–460 v. Chr. Berlin-Charlottenburg F 2415.

395

211 Athena ›Lemnia‹. Marmorkopie nach einem Bronzeoriginal des Phidias. Um 440 v. Chr. H. etwa 2 m. Statue in Dresden, Kopf in Bologna. Die Göttin hielt in der rechten Hand den Helm.

212 Athena von der Marsyasgruppe des Myron (Abb. 197). Marmorkopie nach einem Bronzeoriginal. 460–450 v. Chr. H. 1,73 m. Frankfurt, Liebig-Haus.

213 Athena mit der ›Kreuzbandägis‹ aus Pergamon. Marmorkopie nach einem Original des Myron. 450–440 v. Chr. H. 1,87 m. Kopie aus der 1. Hälfte des 2. Jahrh. v. Chr. Berlin, Pergamonmuseum. Hellenistische Einflüsse.

214 Athena ›Medici‹. Marmorkopie nach einem Werk des Phidias. 440–430 v. Chr. H. 2,50. Paris, Louvre 3070.

215 Vom Ostfries des Parthenon. 447–438 v. Chr. London, Brit. Museum.

216 Zeichnerische Rekonstruktion des goldelfenbeinernen Kultbildes der Athena Parthenos im Parthenon. Nach C. Praschniker. Original. 447–438 v. Chr. von Phidias. Das Kultbild war über 12 m hoch.

217 Statuette vom Varvakion. H. etwa 1,05 m. Marmorkopie nach dem Kultbild der Athena Parthenos im Parthenon. 447–438 v. Chr. Athen, Nationalmuseum 129.

218 Kopf der Athena Parthenos. Marmorkopie. 447–438 v. Chr. H. 34 cm. Kopenhagen, Ny Carlsberg Glyptothek 98.

219 Kultbild der Athena Parthenos. Marmorkopie. Patras, Museum. Außenseite des Schildes mit dem Amazonenkampf.

220 ›Todessprunggruppe‹. Marmorkopie vom Schild des Kultbildes der Athena Parthenos im Parthenon. ›Piräusrelief‹. Piräus, Museum.

221 Relief. Marmorkopie von den Sandalen des Kultbildes der Athena Parthenos im Parthenon. Vatikan, Museo Gregoriano Profano, ehemals Lateran.

222 ›Medusa Rondanini‹. Marmorkopie vom Schildemblem der Athena Parthenos im Parthenon. 447–438 v. Chr. Gipsabguß nach einem verschollenen Original im Archäologischen Seminar der Universität München. E. Buschor hat die Medusa Rondanini mit dem Schild der Athena Parthenos verbunden.

223 Athena ›Giustiniani‹. Marmorkopie nach einem Original um 380 v. Chr. H. 2,25 m. Vatikan, Helb. 449.

224 Athena ›Rospigliosi‹. Marmorkopie nach einem Original um 330 v. Chr. H. 1,62 m. Florenz, Uffizien Inv. 185.

225 Athena Parthenos aus der Bibliothek von Pergamon. Marmor. 1. Hälfte 2. Jahrh. v. Chr. H. 3,10 m. Berlin, Pergamonmuseum. Vorbild war das Kultbild der Athena Parthenos im Parthenon zu Athen. An der Basis ist, wie auf dem Vorbild, die Geburt der Pandora dargestellt.

*Hephaistos*

226 Attische Schale des Erzgießerei-Malers. Innenbild. Um 490 v. Chr. Berlin-Charlottenburg F 2294. Thetis holt in der Werkstatt des Hephaistos die Waffen für ihren Sohn Achilleus.

227 Vom Nordfries des Siphnier-Schatzhauses in Delphi. Um 525 v. Chr. Delphi, Museum. Im Nordfries kämpfen die Götter gegen die Giganten.

228 Korinthische Amphora. Um 600 v. Chr. Athen, Nationalmuseum 664. Abbildung nach einer Zeichnung.

229 Attischer Volutenkrater des Malers Klitias und des Töpfers Ergotimos. 570–560 v. Chr. Florenz, Archäologisches Museum 4209.

230 Wie Abb. 229.

231 Attischer Kolonettenkrater des Lydos. Um 560 v. Chr. New York, Metropolitan Museum 31.11.11. Andere Seite Abb. 338.

232 Attischer Kelchkrater des Altamura-Malers. Um 460 v. Chr. Wien, Kunsthistor. Museum 985.

233 Attische Kanne des Eretria-Malers. 430 bis 420 v. Chr. New York, Metropolitan Museum 08.258.22. Abbildung nach Zeichnung.

234 Attische Pelike des Kleophon-Malers. 440 bis 430 v. Chr. München, Staatl. Antikensammlungen 2361. Vgl. Abb. 346.

235 Attischer Volutenkrater des Malers Klitias und des Töpfers Ergotimos. 570–560 v. Chr. Florenz, Archäologisches Museum 4209. Rekonstruktion nach E. Buschor. Ende des Götterzuges. Der menschliche Teil des Triton ist vom Henkel verdeckt und in der Zeichnung ergänzt.

236 Kopf des Hephaistos. Marmorkopie nach einem Werk des Alkamenes. Um 430 v. Chr. H. 55 cm. Vatikan, Helb. 293. Vielleicht zum Torso Abbildung 237 gehörig; Kultstatue im Hephaistostempel in Athen.

237 Torso des Hephaistos. Kopie nach einem Original des Alkamenes. Um 430 v. Chr. H. 87 cm. Athen, Nationalmuseum.

*Ares*

238 Ares vom Volutenkrater des Malers Klitias und des Töpfers Ergotimos. 570–560 v. Chr. Florenz, Archäologisches Museum 4209.

239 Krieger mit Helm und Panzer aus dem samischen Heraheiligtum. Marmororiginal. 550–525 v. Chr. H. 86 cm. Berlin, Staatl. Museen.

240 Vom Ostfries des Parthenon. 447–438 v. Chr. London, Brit. Museum.

241 Statue des Ares. Marmorkopie nach einem Original um 440 v. Chr. Rom, Palazzo Borghese.

242 Kopf des Ares. Marmorkopie nach einem Original um 430 v. Chr. Paris, Louvre.

243 Statue des Ares ›Borghese‹. Marmorkopie nach einem Werk des Alkamenes. Um 430 v. Chr. H. 2,12 m. Paris, Louvre 866.

244 Statue des Ares ›Ludovisi‹. Marmorkopie nach einem Original um 325 v. Chr. H. 1,56 m. Rom, Thermenmuseum, Helb. 2345. Der Kopf des Eros ist ergänzt.

*Hermes*

245 Attische Bauchhenkelamphora des Berliner-Malers. Um 490 v. Chr. Vatikan.

246 ›Caeretaner‹ Hydria. 530–520 v. Chr. Paris, Louvre E 702.

247 Attische Schale des Brygos-Malers. Um 480 v. Chr. Vatikan, Vasensammlung.

248 Attischer Kelchkrater des Exekias. 530 bis 520 v. Chr. Athen, Agora-Museum.

249 Attische Bauchhenkelamphora des Lydos. Um 460 v. Chr. Florenz, Archäologisches Museum 70995.

250 Attische Schale des Makron. 490–480 v. Chr. Berlin-Charlottenburg F 2291.

251 Attische, weißgrundige Pyxis des Penthesilea-Malers. Um 460 v. Chr. New York, Metropolitan Museum 07.286.36.

252 Attische Hydria. Um 320 v. Chr. München, Staatl. Antikensammlungen. Abbildung nach einer Zeichnung.

253 Attische Pelike. 460–450 v. Chr. Palermo, Nationalmuseum 1109.

254 Attischer, weißgrundiger Kelchkrater des Phiale-Malers. Um 440 v. Chr. Vatikan, Vasensammlung.

255 Statue des Hermes, Marmororiginal des attischen Bildhauers Praxiteles. 330–320 v. Chr. Olympia, Museum.

256 Attische Amphora des Berliner-Malers. 490–480 v. Chr. Berlin-Charlottenburg F 2160. Der Silen heißt Oreimachos.

257 Attische Schale des Töpfers Euphronios. Anfang 5. Jahrh. v. Chr. London, Brit. Museum E 44.

258 Attische Amphora mit gedrehten Henkeln. Um 450 v. Chr. Paris, Louvre G 429. Abbildung nach Fotomontage.

259 Attische Pelike des Lykaon-Malers. 450 bis 440 v. Chr. Boston, Museum of Fine Arts 34.79.

260 Orpheusrelief. Marmorkopie nach einem Original des 3. Viertels des 5. Jahrh. v. Chr. H. 1,06 m. Neapel, Nationalmuseum. Das Gesicht des Orpheus ist ergänzt.

261 Attische, weißgrundige Lekythos des Phiale-Malers. Um 440 v. Chr. München, Staatl. Antikensammlungen 2797.

262 Attische, weißgrundige Lekythos des Thanatos-Malers. 450–440 v. Chr. München, Staatl. Antikensammlungen 2777.

263 Attische, weißgrundige Lekythos des Thanatos-Malers. 440–430 v. Chr. London, Brit. Museum D 58.

264 Attische Schale des Epiktet. Innenbild. Um 510 v. Chr. Kopenhagen, Nationalmuseum 967.

265 Münze von Ainos. 457–455 v. Chr. Privatbesitz. Kultbild des Hermes auf einem Thron. An der Thronlehne hängt ein Kranz, vor dem Thron der Heroldstab des Gottes.

266 Hermes-Herme von der Kykladeninsel Siphnos. Um 510 v. Chr. H. 66 cm. Athen, Nationalmuseum 3728.

267 Hermes-Herme. Hellenistische Marmorkopie des Hermes Propylaios, von Perga-

mon, nach einem Werk des attischen Bildhauers Alkamenes. 440–430 v. Chr. H. 1,19 m. Konstantinopel, Archäologisches Museum 527.

268 Bronzestatuette des Hermes mit Widder. Um 520 v. Chr. H. 25 cm. Boston, Museum of Fine Arts 99.489.

269 Bronzestatuette des Hermes aus Arkadien. Anfang 5. Jahrh. v. Chr. H. 12,5 cm. Athen, Nationalmuseum 13.219.

270 Vom Ostfries des Parthenon. 447–438 v. Chr. London, Brit. Museum.

271 Hermes ›Ludovisi‹. Marmorkopie nach einem Werk des Phidias. 450–440 v. Chr. H. 1,83 m. Rom, Thermenmuseum, Helb. 2326. Ergänzt sind rechter Arm und Füße.

272 Bronzestatuette des Hermes von Annecy. Kopie nach einem Original des argivischen Bildhauers Polyklet. 430–420 v. Chr. H. 63 cm. Paris, Petit Palais.

273 Kopf des Hermes. Marmorkopie nach einem Original des Polyklet. 430–420 v. Chr. H. 27 cm. Boston, Museum of Fine Arts 68.

274 Bronzestatuette des Hermes mit Widderkopf. Kopie nach einem Bronzewerk. 410 bis 400 v. Chr. H. 17,5 cm. Paul Getty Museum, Malibu, Kalifornien.

275 Hermes von Troizen. Marmorkopie nach einem Original des peloponnesischen Bildhauers Naukydes. Um 370 v. Chr. H. 1,80 m. Athen, Nationalmuseum 243. Füße sind ergänzt.

276 Bronzestatue des Hermes des Praxiteles. Original. Um 340 v. Chr. H. 1,30 m. Athen, Nationalmuseum 15118. Auf der linken Hand des Gottes ist ein Gegenstand anzunehmen, wohl eine Schildkröte.

277 Hermes von Andros, ›Farnese‹. Marmorkopie nach einem Original des Praxiteles. Um 330 v. Chr. H. 1,96 m. Athen, Nationalmuseum 218. Beine sind in Gips ergänzt.

278 Sandalen bindender Hermes. Marmorkopie nach einem Original um 310 v. Chr. H. 1,54 m. In der Abbildung sind der Körper in Kopenhagen, Glyptothek 273 a, und der sog. Fagansche Kopf in London, Brit. Museum 1785, vereint.

279 Bronzestatuette des Hermes aus Antikythera. Original. 2. Viertel 1. Jahrh. v. Chr. H. 43 cm. Athen, Nationalmuseum.

*Apollon*

280 Attische Hydria des Berliner-Malers. 490 bis 480 v. Chr. Vatikan, Vasensammlung, Helb. 931.

281 Vom Nordfries des Siphnier-Schatzhauses in Delphi. Um 525 v. Chr. Delphi, Museum.

282 Vom Ostfries des Großen Altars von Pergamon. 180–170 v. Chr. Berlin, Pergamonmuseum.

283 Westgiebel des Zeustempels in Olympia. 470–460 v. Chr. Olympia, Museum. Abfolge der Figuren: Liegende Frauen – Ringergruppe – Knabengruppe – Brautgruppe mit Peirithoos – Apollon – Frauengruppe mit Theseus – Beißergruppe – Stechergruppe – liegende Frauen. Rekonstruktionszeichnung von P. Grunauer. Vgl. Abb. 34 und S. 389. ›Die Skulpturen-Abfolge nach Georg Treu (Olympia III, Tafelband 18–21) ergibt – eingefügt in die genauen Giebelmaße (P. Grunauer, Bonner Jahrbücher 171, 1971) – eine Konkordanz zwischen Figurengruppen und Architekturgliederung. Die sieben Figuren der Giebelmitte (vgl. auch Ostgiebel Abb. 34) sind bezogen auf die drei mittleren Triglyphen des Frieses und somit auf das mittlere Säulenjoch. Ringer- und Stechergruppe entsprechen jeweils zwei Triglyphen und einer Metope. Knabenräuber- und Beißergruppe – über je einer Metope placiert – erfahren nicht mehr aus Raumgründen eine auf Grund unsicherer Brüche mögliche Stauchung; sie erhalten mindestens die von Treu postulierte Höhe (Olympia III, Textband S. 82 u. 84) und werden anatomisch überzeugender. Es entsteht ferner ein logischer Ablauf der Scheitelpunkte folgender Figuren und Gruppen: Liegende Frau (Eckfigur) – Ringergruppe – Knabenräubergruppe – Apollon – Beißergruppe – Stechergruppe – liegende Frau (Eckfigur). Durch architektonischen Befund rücken die zweitletzten Figuren (kriechende alte Frauen, sog. Ersatzfiguren) etwas gegen die Giebelmitte; ihre Hände schieben sich vor die anschließenden Lapithen. Die Komposition zeigt, daß für die ›Ersatzfiguren‹ ursprüngliche Vorgänger vorhanden waren«. P. Grunauer.

283  Mstb. 1:250     Westgiebel des Zeustempels in Olympia     P. Grunauer

284 Attische, sog. tyrrhenische Amphora. 2. Viertel 6. Jahrh. v. Chr. Paris, Louvre E 864.
285 Attischer Kelchkrater des Aigisthos-Malers. Um 470 v. Chr. Paris, Louvre G 164.
286 Attische Schale des Penthesilea-Malers. Innenbild. 460–450 v. Chr. München, Staatl. Antikensammlungen 2689.
287 Attischer Kelchkrater des Niobiden-Malers. 460–450 v. Chr. Paris, Louvre G 341. Andere Seite Abb. 203.
288 Apollon aus einem Niobidengiebel. Marmororiginal. Aus einer großgriechischen Werkstatt, um 440 v. Chr. H. 1,52 m. Rom, Konservatorenpalast, Helb. 1642. Vgl. Abb. 289. Füße sind ergänzt.
289 Fliehende Tochter der Niobe aus einem Niobidengiebel. Marmor. Aus einer großgriechischen Werkstatt, um 440 v. Chr. H. 1,42 m. Kopenhagen, Ny Carlsberg Glyptothek 398. Vgl. Abb. 288.
290 Apollon vom Niobidenfries am Zeusthron in Olympia (Abb. 89.94). Marmorwiederholung in Kassel, Staatl. Kunstsammlungen.
291 Geschwistergruppe vom Niobidenfries am Zeusthron in Olympia (Abb. 89.94). Von einer Reliefkopie in Leningrad, Ermitage. Abbildung nach einem Gipsabguß.
292 Relief von der Musenbasis in Mantinea. Aus der Werkstatt des Praxiteles. Um 330 v. Chr. H. 96 cm. Athen, Nationalmuseum 215.
293 Parischer Krater. Um 650 v. Chr. Athen, Nationalmuseum.
294 Tontafel von der Akropolis. 600 v. Chr. Athen, Agoramuseum.
295 Attische Schale. Innenbild. Um 460 v. Chr. Boston, Museum of Fine Arts 00.356.
296 Attische Bauchhenkelamphora. Ende 6. Jahrh. v. Chr. London, Brit. Museum E 256.
297 Attischer Glockenkrater. Um 460 v. Chr. New York, Metropolitan Museum 24.97.96.

399

298 Attische Halshenkelamphora. 460–450 v. Chr. Würzburg, Martin v. Wagner Museum 503.
299 Attischer Volutenkrater. Um 450 v. Chr. Boston, Museum of Fine Arts 00.347.
300 Unteritalischer Glockenkrater. Um 410 v. Chr. Paris. Louvre.
301 Attische Schale des Kalliope-Malers. 450 bis 440 v. Chr. New York, Metropolitan Museum 12.229.12.
302 Attische Schale. Um 470 v. Chr. Delphi, Museum.
303 Tönerner Kopf vom Amyklaion bei Sparta. Spätes 8. Jahrh. v. Chr. H. 11,5 cm. Athen, Nationalmuseum.
304 Bronzestatuette von der Akropolis. Anfang 7. Jahrh. v. Chr. H. 20,5 cm. Athen, Nationalmuseum 6613.
305 Bronzestatuette aus Theben, geweiht von Mantiklos. Anfang 7. Jahrh. v. Chr. H. 20 cm. Boston, Museum of Fine Arts 03997. Weihinschrift auf den Schenkeln: ›Mantiklos hat mich dem Ferntreffer als Zehnten geweiht. Du aber, Phoibos, schenk mir zum Lohn ein freundliches Geschick‹.
306 Kolossalstatue (etwa 9 m hoch), von den Naxiern im Apolloheiligtum auf Delos errichtet. Um 630 v. Chr. Delos. H. des Oberkörpers 2,20 m. Erhalten sind noch Beckenpartie, Hand, Rest der Plinthe und Basis. Die Inschrift auf der Basis sagt: ›Vom selben Stein bin ich, Standbild und Sockel‹.
307 Bronzestatuette des Apollon, aus Naxos, geweiht von Deinagoras. Ende 6. Jahrh. v. Chr. H. 18,5 cm. Berlin, Staatl. Museen. Inschrift auf der Oberseite der Plinthe ›Deinagoras hat mich dem Ferntreffer Apollon als Zehnten geweiht‹.
308 Apollon aus dem Westgiebel des Zeustempels in Olympia. Marmor. 470–460 v. Chr. H. 2,75 m. Olympia, Museum.
309 Statue des Apollon vom ›Omphalos‹. Marmorkopie nach einem Bronzeoriginal des Kalamis(?). 460–450 v. Chr. H. 1,76 m. Athen, Nationalmuseum 45.
310 Statue des Apollon, gefunden im Tiber. Marmorkopie nach einem Bronzeoriginal des Phidias, um 460 v. Chr. H. 2,04 m. Rom, Thermenmuseum, Helb. 2253. Ergänzt sind rechter Unterschenkel mit Teil des Fußes, unterer Teil des linken Beines.
311 Statue des Apollon. Marmorkopie nach einem Bronzeoriginal des Phidias. Um 450 v. Chr. H. 1,97 m. Kassel, Staatl. Kunstsammlungen.
312 Statue des ›Diadumenos‹ von Delos. Marmorkopie nach einem Bronzewerk des Polyklet, um 425 v. Chr. H. 1,95 m. Athen, Nationalmuseum. Kopie um 100 v. Chr. entstanden. Figur zeigt den Stil des Originals des 5. Jahrh. und den der Zeit um 100 v. Chr.
313 Münze aus Catania. Um 450 v. Chr. Dm. 2,7 cm. Berlin, Staatl. Münzkabinett.
314 Münze des Chalkidischen Bundes aus Olynth. Mitte 4. Jahrh. v. Chr. Dm. 2,3 cm. Berlin, Privatbesitz.
315 Statue des Apollon ›Sauroktonos‹ (Eidechsentöter). Marmorkopie nach einem Original des Praxiteles, um 340–330 v. Chr. H. 1,50 m. Paris, Louvre 441.
316 Statue des Apollon aus Anzio. Marmorkopie nach Original um 340 v. Chr. H. 1,86 m, Rom, Thermenmuseum, Helb. 2271. Pfeiler modern.
317 Kopf vom Mausoleum in Halikarnaß. Marmororiginal. Um 350 v. Chr. H. 40 cm. London, Brit. Museum 1058.
318 Statue des Apollon vom ›Belvedere‹. Marmorkopie nach einem Bronzeoriginal des Leochares. Um 310 v. Chr. H. 2,24 m. Vatikan, Helb. 226.
319 Statue des Apollon von Tralles in Kleinasien. Marmororiginal. Mitte 2. Jahrh. v. Chr. H. 1,92 m. Konstantinopel, Archäologisches Museum 548.
320 Bronzestatue des Apollon aus Pompeji. Frühe Kaiserzeit. H. 1,53 m. Neapel, Nationalmuseum 831.

*Dionysos*

321 Attische Bauchhenkelamphora des Berliner-Malers. 490–480 v. Chr. München, Antikensammlungen 8766.
322 Korinthische Pyxis. Anfang 6. Jahrh. v. Chr. Berlin, Charlottenburg. Inv. 4856.
323 Korinthische Lekythos. Anfang 6. Jahrh. v. Chr. London, Brit. Museum A 1437. Abbildung nach einer Zeichnung.
324 ›Chalkidische‹ Amphora. 560–550 v. Chr. Rom, Villa Giulia, Helb. 2717.

325 Attische, weißgrundige Schale des Brygos-Malers. Innenbild. Um 490 v. Chr. München, Staatl. Antikensammlungen 2645.
326 Silen mit Dionysoskind. Marmorkopie nach einem Original vom Ende des 4. Jahrh. v. Chr. H. 1,87 m. München, Staatl. Antikensammlungen 238. Ergänzt ist der Kopf des Silens nach einer anderen Wiederholung.
327 Satyr mit Dionysoskind. Ende 2. Jahrh. v. Chr. H. 1,74 m. Vatikan, Helb. 538. Ergänzt sind beide Arme und Beine des Satyrs und der Kopf des Kindes.
328 Attischer Stamnos. Um 460 v. Chr. Boston, Museum of Fine Arts 00.342.
329 Attische Schale. 2. Viertel 5. Jahrh. v. Chr. Brüssel, Bibliothèque Royale 11.
330 Attische Hydria. 3. Viertel 5. Jahrh. Krakau 1225.
331 Attischer Psykter des Euphronios. Um 510 bis 500 v. Chr. Boston, Museum of Fine Arts 10.221.
332 Attische Schale des Exekias. Innenbild. Um 530 v. Chr. München, Staatl. Antikensammlungen 2044.
333 Attischer Skyphos von der Akropolis, Athen. 4. Viertel 6. Jahrh. v. Chr.
334 ›Chalkidische‹ Schale, genannt ›Phineusschale‹, nach der Darstellung des Phineusabenteuers. 530–520 v. Chr. Würzburg, Martin v. Wagner Museum 164.
335 Marmormaske des Dionysos aus Ikaria in Attika. Um 520 v. Chr. H. 41 cm. Athen, Nationalmuseum 3072. In der Maske wird der Gott kultisch verehrt, sie hing an einem Stamm, der mit Kleidern behängt war. Vgl. Abb. 336.
336 Attischer Stamnos des Dinos-Malers. Um 420 v. Chr. Neapel, Nationalmuseum 2419. Darstellung bezieht sich auf eine Dionysosfeier.
337 Attische Kanne des Eretria-Malers. 430 bis 420 v. Chr. Athen, Sammlung Vlastos. Dionysische Kultszene.
338 Attischer Kolonettkrater des Lydos. Um 560 v. Chr. New York, Metropolitan Museum 31.11.11. Andere Seite Abb. 231.
339 Attische Bauchhenkelamphora des Amasis-Malers. 540–530 v. Chr. Würzburg, Martin v. Wagner Museum 265. Andere Seite kelternde Silene.
340 Attische Bauchhenkelamphora des Andokides-Malers. Um 520 v. Chr. Bologna 151.
341 Attische Amphora mit spitzem Fuß des Kleophrades-Malers. Anfang 5. Jahrh. v. Chr. München, Staatl. Antikensammlungen 2344.
342 Attische Schale des Brygos-Malers. Innenbild. Um 480 v. Chr. Paris, Cab. Méd. 576.
343 Attischer Stamnos des Danae-Malers. 450 bis 440 v. Chr. Paris, Louvre G 411.
344 Attischer Glockenkrater des Methyse-Malers. Um 450 v. Chr. New York, Metropolitan Museum 07.286.85.
345 Attische, weißgrundige Schale des Pistoxenos-Malers. Innenbild. Um 460 v. Chr. Tarent, Nationalmuseum.
346 Attische Pelike des Kleophon-Malers. 440 bis 430 v. Chr. München, Staatl. Antikensammlungen 2361. Vgl. Abb. 234.
347 Attische Pelike. Ende 5. Jahrh. v. Chr. Paris, Louvre G 433.
348 Attische Schale des Kodros-Malers. Innenbild. Um 430 v. Chr. Würzburg, Martin v. Wagner Museum 491.
349 Attische Schale des Meleager-Malers. Innenbild. Anfang 4. Jahrh. v. Chr. London, Brit. Museum E 129.
350 ›Schauspielerrelief‹ aus dem Piräus. Weihrelief. H. 55 cm. Athen, Nationalmuseum 1500. Zeit der Aufführung der ›Bakchen‹ des Euripides (406 v. Chr.).
351 Attischer Kolonettkrater des Pan-Malers. 480–470 v. Chr. New York, Metropolitan Museum 16.72.
352 Attischer Volutenkrater des Pronomos-Malers. Um 400 v. Chr. Neapel, Nationalmuseum 3240.
353 Tonrelief aus dem Heraion von Argos. Mitte 7. Jahrh. v. Chr. H. 14 cm. Athen, Nationalmuseum.
354 Dionysos vom attischen Volutenkrater des Malers Klitias und des Töpfers Ergotimos. 570–560 v. Chr. Florenz, Archäologisches Museum 4209. Abbildung nach Zeichnung.
355 Attischer Skyphos von der Akropolis, Athen. Um 570 v. Chr.
356 Sitzstatue des Dionysos. Marmororiginal. Um 520 v. Chr. H. 1,07 m. Athen, Nationalmuseum 3711.
357 Dionysos vom Ostgiebel des Parthenon. 447–438 v. Chr. H. 1,21 m. London, Brit. Museum.

358 Münze vom sizilischen Naxos. 550–530 v. Chr. Privatbesitz.
359 Münze vom sizilischen Naxos. Kurz nach 461 v. Chr. London.
360 Münze vom sizilischen Naxos. 430–420 v. Chr. Privatbesitz.
361 Münze vom sizilischen Naxos. 420–403 v. Chr. Neapel.
362 Statue des Dionysos-Sardanapal. Marmorkopie nach einem Original um 340 v. Chr. H. 1,95 m. Rom, Museo Nuovo, Helb. 1726. Ergänzt sind Kopf und rechter Arm.
363 Statuette des Dionysos aus Priene. Marmororiginal. Mitte 3. Jahrh. v. Chr. H. 71 cm. Berlin, Staatl. Museen 1532.
364 Statuette des Dionysos. Rhodos. Marmororiginal. 2. Hälfte 2. Jahrh. v. Chr. H. 65 cm. Rhodos, Museum.

P. Grunauer hat großzügig Ergebnisse seiner Forschungen am Zeustempel in Olympia zur Verfügung gestellt (Abb. 34. S. 389; Abb. 283. S. 398.399).
Für Photographien und Abbildungserlaubnis danke ich: L. Beschi, Athen. M. Bietak, Alexandria. Z. Bochenski, Krakau. D. v. Bothmer, New York. H. A. Cahn, Basel. J. L. Caskey, Cincinnati. G. Daltrop, Vatikan. A. Delivorias, Athen. G. Despinis, Athen. P. Dévambez, Paris. G. Dontas, Athen. K. S. Gorbunowa, Leningrad. A. Greifenhagen, Berlin. V. Kallipolitis, Athen. S. Karusu, Athen. I. Konstantinou, Athen. N. Kontoleon, Athen. E. Kunze, München. R. Lullies, Kassel. S. Mallow, München. L. Marangou, Athen. H. Marwitz, München. P. Mingazzini, Rom. W. Oberleitner, Wien. D. Ohly, München. E. Rohde, Berlin. K. Schauenburg, Kiel. S. Schultz, Berlin. H. Sichtermann, Rom. A. Vavritsas, Saloniki. K. Vierneisel, Berlin. D. Willers, Athen. Agora Museum, Athen. Museum of Fine Arts, Boston. Museo Archeologico Nazionale, Ferrara. Museo Archeologico, Florenz. Ny Carlsberg Glyptothek, Kopenhagen. Britisches Museum, London. P. Getty Museum, Malibu. Museo Archeologico Nazionale, Neapel. F. Bruckmann Verlag, München. M. Hirmer Verlag, München.

# Ernst Buschor

## Griechische Vasen

Neuausgabe. 294 Seiten mit 282 Abbildungen.
Leinen in Schuber

»... ein Muster der Erfassung und Darstellung einer Kunstgattung quer durch ein Jahrtausend, ein unübertroffenes Handbuch für jedes ernsthafte Studium und ein Meisterwerk der Sprache, nicht nur der wissenschaftlichen Prosa. Durch die geschickte Abstimmung von Text und Abbildungen, die man nicht erst mühsam erblättern muß, wird die sinnennahe Lebendigkeit dieser vielgestaltigen Figurenwelt augenscheinlich gemacht.« Christ und Welt

»Mit bewundernstwerter Treffsicherheit wurden aus der Fülle des Bekannten die aussagekräftigsten Beispiele ausgewählt, die in ihrer Beschränkung den Meister verraten.« Neue Zürcher Zeitung

## Frühgriechische Jünglinge

160 Seiten mit 180 Abbildungen. Leinen

»Der große Kenner hat hier einen Gesamtüberblick über eine Gruppe von Plastiken gegeben, die zu den beglückendsten Erscheinungen europäischer Kunst gehören. Buschor beschreibt die Bilder in einer wunderbar plastischen Sprache und nimmt eine Einteilung vor, die sie jeweils sowohl der geographischen wie der geistig-seelischen Landschaft zuordnen.« Der Standpunkt, Meran